MINERVA
人文・社会科学叢書
210

# 「労働力」の成立と現代市民社会

## ―近代日本の歴史認識Ⅱ―

東條由紀彦 編著

ミネルヴァ書房

# 「労働力」の成立と現代市民社会——近代日本の歴史認識Ⅱ　目次

# 序章　近代日本の変容と労働者の人格

## 1　本書の主題と構成

本書は、市民社会とそこにおける労働と人格の様相について、近代を取り扱った前巻『近代・労働・市民社会——近代日本の歴史認識Ⅰ』の続編として、近代から現代の移行期、そして前期現代を中心に、事例とそこから導き出された理論を展開している。この時期の研究は、我々が最も重視し注力してきたところである。

歴史的時代区分として、近世と近代には大きな隔絶があるように、近代と現代にも大きな隔絶がある。通説では現代を、近代の一部として位置づけたり、近代の延長線上でとらえているが、我々は一貫してこれに異を唱えつづけてきた。そしてそれを、主にヘゲモニーという視点からアプローチすることにより浮き彫りにしてきた。本書でも同様のアプローチがとられている。

近代の労働力構成は、家の論理を基軸にしながら、きわめて分節的な市民社会を形成していた。しかし、資本の「浸入」はそれを解体していった。労働者は人格承認要求運動を展開することで、それに抵抗を試みもしたが、結局は、人格的所有者が（幻想としての）非人格的労働力を媒介にして結びつく、現代の単一の市民社会を形成することとなった。

ただし日本においては、人格的関係による非人格的関係の実質的補償、人格を承認する実在の権威である国家

（＝天皇）への恭順、そしてそのもとでの序列と差別を内包した水平主義が特徴であった。これらの特徴は、戦後、実在の権威が「会社」に取って代わられた以外はそのまま引き継がれた。今後の社会変革を考える上でも、この理解は欠かせない。

本書の構成については、第1章から第4章（補論を含む）までが総論であり、理論を中心にあつかっている。近代及び西欧との比較において、現代の雇用契約制、市民社会、国民統合、民主主義をテーマにして検討を試みている。第5章から第8章までが各論であり、事例を中心にあつかっている。取り上げている事例は、戦時期における労務動員の性格、終戦直後に起きた東宝争議、戦後占領期における中小炭鉱の組夫と従業員などである。

本書の事例を含め、我々がこれまでの研究で取り上げてきた事例は、社会の片隅の些細な出来事としてほとんど注目されることもなく、そのまま忘れ去られていたものが多い。しかし、そういったところにこそ「真実」が隠されている、そこからだからこそ「全体」が見渡せるということも多分にある。これまでの研究ではまさにそうした事例を発掘しつづけてきた。そしてそれをもとに独自の理論を構築してきたつもりである。

序章では、その理論のなかで、本書の核となっている、市民社会論の特徴について、特に現代に焦点を当て検討し、全体の理解のための最低限の前提を得ておきたい。

## 2　単一の市民社会

### （1）独自の市民社会論

我々の市民社会論は、その基礎概念を主に、E・フッサール、K・マルクス、M・ウェーバー、A・グラムシ、S・フロイトらの各理論に負っている。これらの各理論はしっかりと繋がっており、それは実証研究を行なう上での基礎概念となっている。そしてその実証研究から、独自の市民社会論を導き出している。

事物「そのもの」といったものは「存在」しない。我々はそうした立場に立脚しつつ、それにできるかぎり接近しようとする。そのために用いるのが、フッサールの「生活世界」という概念である。生活世界とは、ある事物について、人間の想念が及ぶ限りの努力によって、その事物にまつわりついている意味や関連を遮断していき、それでも遮断しきれずに「残って」いると考えざるをえない事物から構成されている人間の行為空間のことである。

我々が用いるマルクスの概念も、この生活世界から再構成されている。即ち、マルクスは「労働」を端的に譲渡・外化とし、それはそれが再び「享受」されることによってはじめてポジティブなものとなりうると考えた。そして、労働によって働きかけられ（対象化）、享受することによって完結する一連の行為を「所有」とし、その所有関係によって人間がとりむすぶ関わりのことを「市民社会」ととらえている。

そこにおける労働のされ方、所有関係は、ウェーバーのいう「支配」により成り立っている。ただしそれは、生活世界から見れば、支配者から被支配者への一方向的なものではない。そこで我々は、グラムシの「ヘゲモニー」という概念に注目する。ヘゲモニーとは、他者に何事かを強制しうる能力のことであるが、それが形成されるのは、被支配者間における「同意の組織化」によってである。支配者と被支配者の双方向性を担保することで、支配の、特にそこにおける被支配者の動態性を浮き上がらせているのである。

支配における被支配者の動態性をよりミクロに見ていけば、個々人の「人格」にまで分解できる。ただし人格が持つ動態性を、ウェーバー、グラムシの概念でとらえることは困難である。そこで我々は、フロイトの「抑圧」という概念を取り入れる。抑圧は個々人における心的活動である。支配は究極的には個々人における抑圧により成立している。労働もまた抑圧の結果であることに相違ない。労働とは、ある人格への他の人格の「服従」であり、その服従は服従する者の抑圧によって成り立っているからである。

我々の市民社会論は、以上のような基礎概念を用いて、実証研究をへることで、生み出されている。以下では、その市民社会論の特徴について見ていくことにしよう。

## （2）現代中枢世界における単一の市民社会

近代において市民社会は、互酬関係で結びつけられた、実在の社会集団の複層的重なりであった。それでは、市民社会は現代においてどのような変貌を遂げたというのだろうか。まずは欧米の中枢世界から見ていこう。

二〇世紀初頭、欧米の中枢世界において、労働者は深刻な実在の所有喪失の不安にさらされていた。当時、大規模工場では、テイラー・フォード方式が普及し、生産が非人格化しつつあったからである。それをもたらしたのは、他ならぬ資本である。

F・テイラーによって提唱された科学的管理法（テイラーリズム）の具体的方法について要約すると、次のようになろう。即ち、⑴時間研究（time study）による客観的な課業（task）の決定、⑵その実行を保障するための賃銀形態としての差別出来高制、⑶ラインとスタッフの分離とスタッフのみによる課業とその配分の決定、⑷それを忠実に実行する職能的職長制度（functional foremanship）である。

ただし、これらの具体的施策は、テイラー自身が強調するように、単なる工夫の束ではなく、次のような運動思想としての性格も有していた。即ち、⑴最適な作業方法と作業量はただ一つ客観的なものとしてあらかじめ決まっており、⑵それは科学的な方法で発見されるべきものであり、⑶そのために、仕事の完全なコントロールが科学者たるI・E（industrial engineer）に委ねられなければならない。テイラーリズムは運動思想としてこうした「心の革命」を自己主張していたというのである（東條 一九九〇：二〇一―二〇六）。

近代において、労働者諸個人は、それぞれが「同職集団」に属しながら、自律的、協働的に生産活動を行なっていた。市民社会は、いくつものそうした同職集団からなる、いわば複層的市民社会であり、そこにおいて労働者個々人は、ブルジョア（有産者）＝市民たりえていた。

ところが、テイラーリズム及びそれを推進した資本は、そうした同職集団を攻撃した。それにより労働者は、そこに存在していた労働のプロセスの自律性、協働性を失い、工場の中でプロレタリア（無産者）、賃銀奴隷へと再編されていった。これが所有喪失の内実である。

労働者はこうして、資本のヘゲモニーの主体となった。本意はどうあれ、資本の存在とそれがもたらした状況を自ら受けいれたのである。しかしそれにより労働者は、社会統治を維持するための内面的規範と、複層的市民社会を通じた社会への同定とを失うことになったのである。

それは資本のヘゲモニーに深刻な危機をもたらした。著しい社会不安、流動的社会状況のなかで、労働者は生産の非人格化の要請に抗い、その人格の承認を強く要求するようになった。双方の衝突の過程で、社会は対抗的ヘゲモニーとしてのボリシェビズムやサンディカリズム等の、一連のラディカリズムを生みだした。これらのラディカリズムのモチーフは、破壊されつつあった、あるいはすでに破壊されてしまった、近代の所有とそのもとでの人格性を直接的に回復することにあったと考えられるが、いずれも成功をおさめるには至らなかった。

そして結局、労働者はこうした対抗的ヘゲモニーのモチーフを取り込みながら、自己を、「非人格的」労働力とその「人格的」所有者へと分裂させることによって対処することになった。同時に国家は、労働者に対し、その労働力の所有者としての人格性を認知することで、単一の「公正さの体系」を担保する主体となり、その存在根拠を労働者諸個人の内面に持つこととなった。

個人とは近代においては家族（日本においては「家」）のことであったが、現代においては家族ではなく個々人のことである。そして個々人は、労働力商品の無人称的（非人格的）取引者として市場に立たされることになった。現代の労働市場の特徴については、新規入職者に対してのみ当てはまるが、次のように要約できよう。即ち、(1)職種毎・企業毎の、位階層的な、経済的利害を基軸にした単一の尺度による社会的評価の体系の明証的な存在、(2)均等な機会の保障、(3)諸個人の計算可能な態度の（体制的な）保障である。

ともあれここに、人格的所有者が（幻想としての）非人格的労働力を媒介にして結びつく、現代の単一の市民社会が成立することとなった。それにより労働者諸個人は、労働力の所有者として（そのかぎりにおいて）ブルジョア＝市民となった。労働者団結は、この関係への同意を組織化する「場」であり、従って、ヘゲモニーの主体として現代市民社会に不可欠なものとなった。後述する〈産業民主主義体制〉は、そのありうる一形態であると同時に典型である。

以上が欧米の中枢世界を対象にした我々の市民社会理解である。非人格的労働力とその人格的所有者との分裂などは、もちろんフィクションである。それでも労働者諸個人は、何も所有しないでいるよりはマシな選択として「前へ逃走」したのである。

フィクションにすぎないとはいえ、それは「共同主観」を通じて、同意の組織化をへればなおのこと、「リアル」なものとなりうる。だからこそ、労働者団結が必要だったのである。もっとも支配的ヘゲモニーとなるには、それだけでは不十分である。最終的に国家による承認が必要となる。だからこそ労働者は、国家にそれぞれの人格性の認知を求め、逆に、その認知の主体である限りにおいて、それぞれが抑圧によるものであるにせよ、国家を承認したのである。またそれが、国家の存在根拠となったのである。

### (3) 産業民主主義体制

ここでは、先に触れた、現代におけるヘゲモニーの一形態であると同時に典型である〈産業民主主義体制〉について、もう少し詳しく見ておこう。

〈産業民主主義体制〉は、相互干渉部分と非干渉部分を厳格に区別する団体交渉制度を、また団体交渉制度は、その関係に入ることへの同意の任意性としてのボランタリズムを、それぞれの基底においている。前述の運動思想としてのテイラーリズムは、当初は抵抗した労働者自身による、この同意の組織化により受け入れられることとなったのである。

そこでは、その労働力取引の、いわば「あとくされ」のなさが特質となっている。即ち、労働者は「売った」部分である非人格的労働力に不干渉である。しかし、「売っていない」人格に対しては絶対に干渉をゆるさない。そしてその前提のうえに、取引のルールをあらかじめ決めておく法治主義、取引行為の基準としての「価値」が定立されている(図序-1参照)。

むろん、非人格的労働力、言い換えれば、「外なるモノ」としての労働力というのはフィクションであり、また、その労働力取引の「あとくされのなさ」というのも表見上のものにすぎない。労働者諸個人は、依然として労働行為の内容に「固着」しつづけるが、それでもやはり、〈産業民主主義体制〉は、外なるモノの交易への「昇華」に最も成功している。

**図序－1　雇用契約**

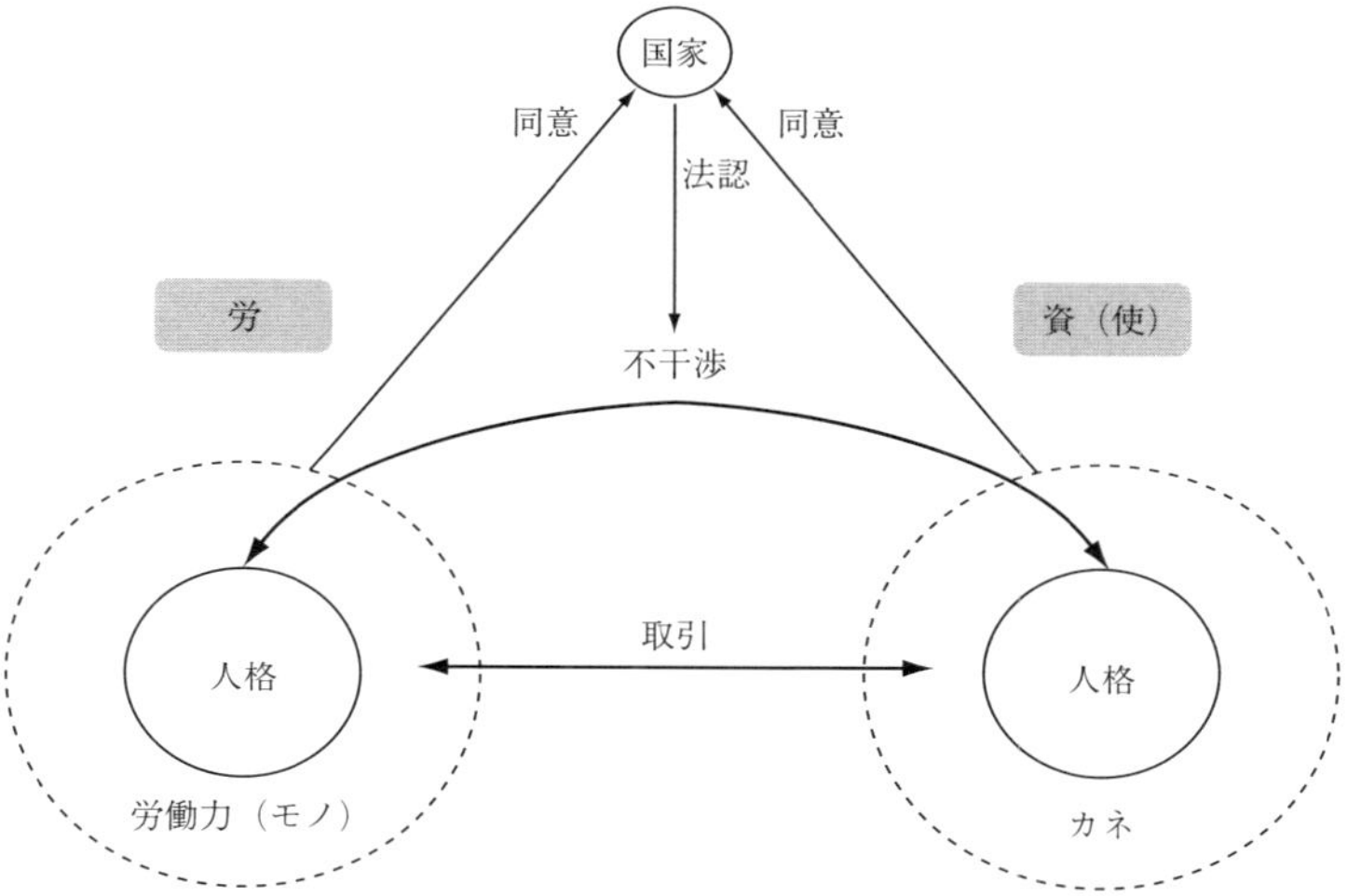


〈産業民主主義体制〉の基本的モチーフをまとめると、以下のようになる（東條 一九九二：一〇七）。

① 相互の人格性を承認する、普遍主義的規範（または理念）への同意。

② ボランタリーで対等な団体交渉。

③ 交渉における人格性の排除。

〈産業民主主義体制〉における国家とは、かかる政治的意思形成のシステムそのものと、それへの同意と、そしてその同意によってつくられる関係の、一定の不動性のことである。

### （4）近代日本における複層的市民社会

近代においても市民社会は成立していた。ただし、現代以降のような単一の市民社会ではなく、無数の多元的市民社会が複層的に構成されている、いわゆる複層的市民社会である。

そこでは、「個人的所有」が成立していた。個人的所有とは、協働性を媒介にした第一次的な私の所有であり、その主体は家族、日本においては「家」である。即ち、第一次的主体は家であり、市民社会はその外延的拡大であるかのように結びついた第二次的構成である。

またそこでは、所有の不可侵性を核とする内面的規範である「公正さの体系」が、多元的に存する諸市民社会に分有され、他の市民社会に対してデマゴギッシュに対応していた。しかし、個々の市民社会は同時に、他の市民社会と等価性を保障しない貨幣経済によって結ばれることで、互酬的たりうる「普遍的融通関係（市民社会間の商品経済的交流）」を保持していた。

従って、近代における国家は、各々の市民社会の、自己にとっては正当な行為の間に矛盾が生じた時、いわば「お上の沙汰で是非がない」ものとして、超越的な裁定を下すことを基本的使命とする、いわゆる公民国家であった。

市民社会の最も代表的な例である「村」は、内的に異種的な構成と外的に家産制的な編成からなる、家の論理に従っていた。これに対し職人たちは、集住はしていないが、相互に仲間として認知できる固有のシンボルを分有し、職業と一定の地域を共にする市民社会を形成していた。それが「同職集団」である。

同職集団は村同様、家の論理に従っていた。親方を中心とする人格的結合関係を形成していた。そして、自らの内部に、また自らの外部に対しても、様々な規制力を及ぼす、自律性と求心力を保持していた。従って、職人たちの自己意識は、第一時的には自らの仕事場に形成されながら、広範な「渡り」を可能とする、一定地域内の職業によって結びついた者としての仲間意識であった。

もっとも、近代における労働力の構成は、同職集団を前提とし、自律した家人格の結合である「同職集団型労働力」だけではない。他にも、家の各分肢の労働力化であり、家人格に没人格的に融合する「生計補充型労働力」、さらには、再生産できない、永続的生命を持たない家の家業であり、全体として家人格を認知されない「窮民型労働力」が存在していた。

いずれも、家の論理を基軸にしながら、きわめて分節的な社会、つまり複層的市民社会を形成していた。そして近代の資本家的経営は、こうした複層的市民社会にポジティブなものとして依拠することによって、その安定した存続を実現していたのである。

## (5) 現代日本における単一の市民社会

欧米の中枢世界に対応するような政治プロセスは、日本においても、やや遅れて両大戦間期、つまり大正デモクラシーからいわゆる大争議時代に進行した。

日本においてもこの時期、人格承認要求の運動が盛んになったが、これは同職集団的な労働者諸個人の結合のあり方を再検討する運動でもあった。同職集団を構成する労働者諸個人が人格承認を要求するようになったのは、生産過程において現実に彼らの人格性が抽象されるようになったからである。

人格性の抽象とは、対象との親密性としての所有の喪失であり、生産、技術、雇用、賃銀等についての彼らの責分の剝奪である。それ故、同職集団を構成する諸個人は、個人=家を成り立たしめる根幹についての脅威を感じ、人格性のもつ異種性が差別に転じる不安に陥ることで、人格承認を要求したのである。

一方この時期には、かつて家に没個人的に融合していた生計補充型労働力が、自律の傾向を見せはじめ、(彼女らの属する家でなく) 彼女ら自身の人格性を要求するようになった。また、かつて永続生命をもつ家の家業として認知されていなかった窮民型労働力が、世代的再生産の可能な職業(家業)を持つようになり、人格性の認知を求めるようになった。

かくして、各々の文脈は異なるとはいえ、三層の労働力の全てが、激しい、あるいは底深い紛争によって、所有の回復、個人の個別性・自律性の回復、人格的結合の回復といった、人格承認を要求するようになったのである。とはいえ、日本においても結局は、労働者は自己を、非人格的労働力とその人格的所有者へと分裂させることによって対処するほかなかった。ここに至って、近代の複層的市民社会は、唯一の所有の対象である労働力の不可侵性という幻想に立脚した、現代の単一の市民社会へと転化し、同時に、労働者諸個人は、労働力を所有し、それを根拠に社会を構成する、「言葉の」真の意味でのブルジョア=市民となり、またそれにより、近代の分節的労働諸階級から現代の単一の労働者階級へと変質した。

そしてここでも国家は、労働力所有者としての人格性を認知し、単一の公正さの体系を担保する主体として、その存在根拠を労働者諸個人の内面のうちに持つこととなった。特に日本においては、詳しくは後述するが、国家は「実在の権威」として外在しており、労働者諸個人は国家に恭順することで、その権威を同一化したのである。

以上が現代の日本を対象にした我々の市民社会論である。欧米中枢世界と同じく、労働者は「前へ逃走」したが、日本では何らかの形でリアルなものを求める傾向が強かったといえよう。

その一つのあらわれが、大正デモクラシーにおける普選運動ではなかっただろうか（東條・志村 二〇一五：五〇―五二）。自らの労働力しか所有していないにせよ、その限りにおいて労働者も所有者である、つまりブルジョア＝市民である。ならば、従来のブルジョア＝市民と同等に、参政権を持っていてしかるべきである。労働力の所有などフィクションにすぎないが、だからこそ却って、実質的なものとしての参政権を強く求めたという側面もある。

もっとも、大正デモクラシーをリードしたイデオローグのなかには、必ずしも労働者を含む大衆が政治主体となることまでは望まない者もいた。吉野作造はその代表格であるし、実際に大衆が政治主体となることはなかった。それは、普通選挙法と抱き合せで、治安維持法が制定されたことからも明らかであろう。日本の民主主義はここでも退行的なものであった。

大正デモクラシーのなかで展開された労働運動にしても、同様の結末をみることとなった。労働者団結をより強固なものにするために、団結権、団体交渉権、ストライキ権の獲得運動が展開されたが、どれも法制化されることはなかった。代わりに、労使懇談により解決を図る機関として、工場委員会が任意で設置されることとなったのである。

欧米の中枢世界同様、日本においても、前述のように、労働者は国家に対して、それぞれの人格性を認知し、単一の公正さの体系を担保する主体となることを求めた。ただし日本においては、国家は実在の権威として外在しており、労働者諸個人は国家に恭順することで、その権威を同一化した。またそれが、国家の存在根拠となった。大正デモクラシーが頓挫した一因はここにあるといえよう。

## 3　前期現代のヘゲモニー

### （1）工場委員会体制

こうして一九二〇年代中葉に、日本における現代最初のヘゲモニーである〈工場委員会体制〉が成立することとなった。それは、単なる〈産業民主主義体制〉の模倣ではない。近代の家産制社会と直接の連続性はないにせよ、その理念的特質をいっそうデフォルメすらして継承したものであった。

家産制は、ヘル（簡単に言うと、主人、その典型が王）による本源的扶養としての分家行為にまでさかのぼる。これは一方向的なものであり、ステロ化（簡単に言うと、単に永く続いているという理由で、そういう状態に至っていること）されると、元の（つまりヘルの）家に対する、家権威への信仰にまで伝統化する。もはや太古のことで忘れ去られていても、そのようなものがあったと観念される本源的扶養が、社会編成の基軸になる。人々に求められるのは、この本源的扶養への恭順の態度である。規範は外に立てられて権威となる。従って家産制は、人間関係の元型により近いということができる。

それはつまり、フロイトのいう自我及び超自我が未成熟であり、その帰結として、退行に陥る可能性が高いということをも意味している。人間は退行すると、幼児体験をくりかえさねばならないが、それは両親の実在の権威を同一化することからはじまる。家権威への信仰は、こうした経路を通じてさらに強化される。

我々は、家産制をこのようにとらえた上で、〈工場委員会体制〉は、この退行性をさらにさかのぼる形で、その理念を継承したと考える。即ち第一に、労働力と人格の分裂に基づく普遍主義的な規範に耐えきれず、人格を承認する主体として国家を認知し、その実在の権威を同一化した。第二に、非人格的相互関係に不安を覚え、人格的関係による実質の代償を求め、秘かに導き入れた（「密輸入」した）。

同職集団、村と共に、家を失った労働者にとって、国家という実在の権威はそれに代わりうる存在となったのである。明治期以来奨励されてきた「立身出世と家族主義」というスローガンは、当初は近代市民社会の本来の性格の素朴な言い換えにすぎなかったが（立身出世は参入の目的を、家族主義は行動基準を意味していた）、やがて、国家を家に見立て、その国家に寄与させるという意味へと変容していき、また、労働者もそれを受けいれていったのである。

効果があまり見られない「主従の情誼」に代わるものとして、経営側によって一方的にとられた「経営家族主義」にしても、疑似的な家族を演出しようとしたものにすぎない。しかしそれは、労働者に受けいれられることはなかった。近代にあっては、労働者は同職集団で自前の人格性に関する理念を保持していた。現代になると、同職集団と共にそうした理念も失われるが、経営側による押しつけであったため、労働者の同意を獲得することができなかった。経営側が労働者に、「会社」を「家」とみなし、そこで没人格的関係を築くよう迫ったのとは反対に、労働者が求めていたのは人格承認であった。そもそも、実在の権威はあくまでも国家であり、「会社」ではなかったのである。

〈工場委員会体制〉は、このようにきわめて特異な「例外国家」において成立したヘゲモニーである。〈工場委員会体制〉とは、制度的には、労使懇談制のことであり、内容的には、「実質性」の原則によって、人格的関係による代償を約束することであり、また形式的には、「平等」要求を、労使相互の関係としての「対等」的解決ではなく、国家という第三の権威に対する「水平」な位置に、実在の差別と序列へと、競争を包摂しながら組み込むことである。かつての窮民型労働力の多くがその実在の差別と序列の対象となったことは、言うまでもない。

〈工場委員会体制〉のモチーフをまとめると、以下のようになる（東條 一九九二：一〇八）。

① 人格を承認する、国家という実在の擬似普遍主義的権威への同一化（この言葉で、さしあたり天皇制を表象してかまわない）。

② ①との関係で水平である（が序列づけられた）労資協議（水平ではあるが、権威の流出経路に沿った権威の着地点か

**図序-2　工場委員会体制**

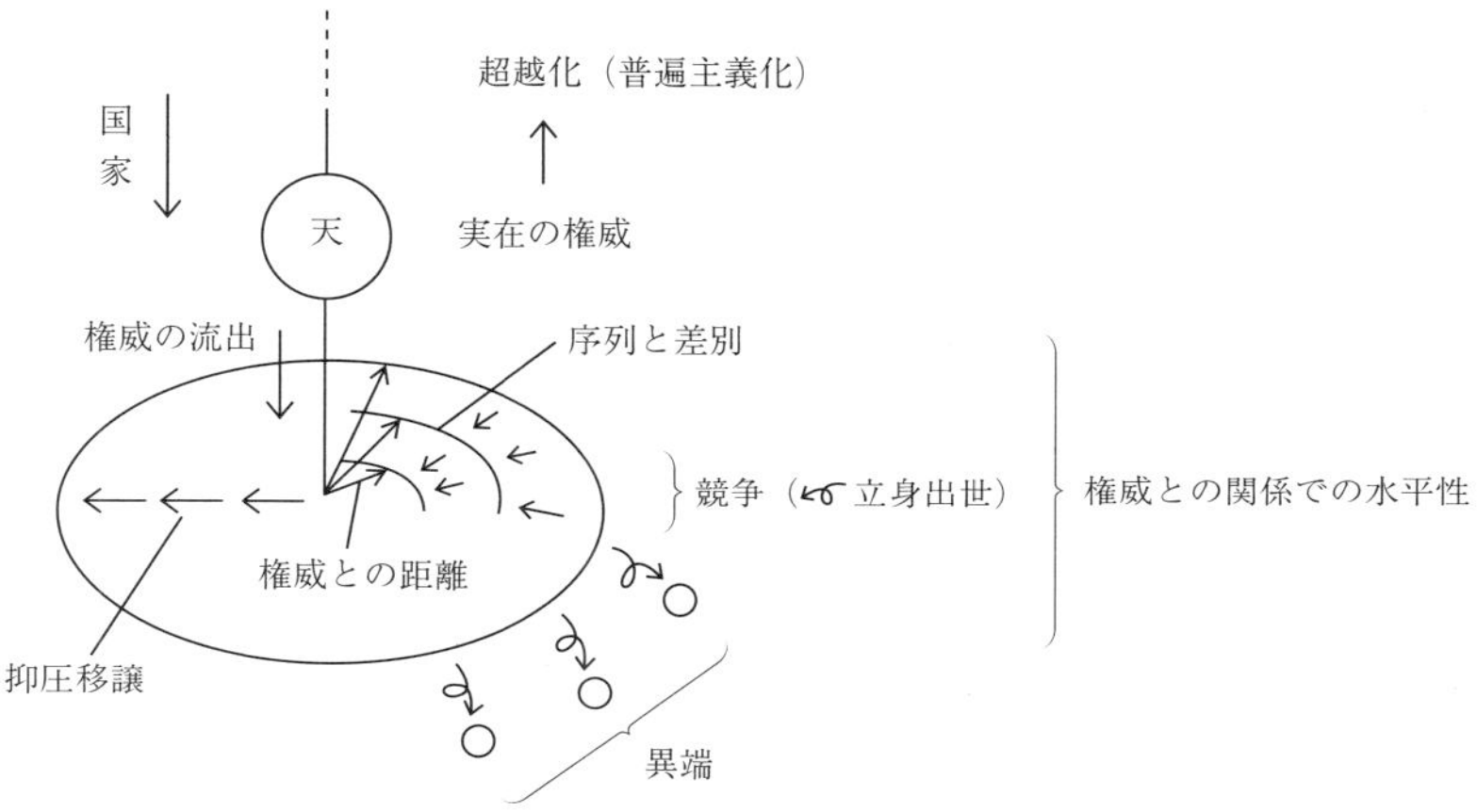


（出所）　東條「日本労働者の自己意識の変遷と社会形成」，144頁。

らの同心円的な距離による序列と差別、着地点への距離をめぐる競争を包摂する）。

③ 人格的関係（生産現場における人間の面接関係）による非人格的関係の実質的補償。

この関係を丸山眞男にならって「コマ」の姿になぞらえると、図序-2のようになる。

### (2) 産報体制

一九三七年に勃発した日中戦争が長期化の様相を呈し、それに伴い天皇制軍国主義がより深化するなか、それまでの〈工場委員会体制〉を、国家を収斂軸に再編成するかたちで、〈産報体制〉というヘゲモニーが生成した。

こうした経緯からもうかがえるが、〈産報体制〉は〈工場委員会体制〉のモチーフをさらに退行させていった行き着く先であった。即ちそこでは、擬似普遍主義的権威は、「大御心と母心」といった、より超越的かつよりマターナルな契機へと退行していった。それは、出生の外傷にまでさかのぼったものと見ることができる。また、代償関係の進行は、「勤労報国」といった、人格的諸関係の無定形に融合した理念へ収斂していった。かくして成立した「労使一体」の世界は、もはやほとんど市民社会ではなかった。

前述のように、「立身出世と家族主義」というスローガンは、国家を「家」と見立て、労働者をその国家に寄与させるべく、その意味がすり替えられていったが、言うまでもなく、ここでの「家長」は天皇である。とはいえ、それがどのようにして、「大御心と母心」というスローガンへとつながっていったのだろうか。

家産制においては、超自我が未成熟であると、先に述べたが、それはつまり、父性の作用が弱い、裏を返せば、母性の作用が強いということでもある。だからこそ、天皇は人格を持った男性であるにも拘わらず、その事実を無視して、天皇のなかにより超越的かつよりマターナルな契機を見るまでに退行していったのであろう。その退行の様は、「国民は天皇の赤子《せきし》である」とのスローガンからもうかがえよう。

権威の超越性は、実在の権威との距離をあまりに遠いものにするため、その中間に位置する、ある種の職能団体の機能をはたすような媒介物の必要が生じる。〈産報体制〉は、経営内にかかる媒介的権威をつくりだそうとするものでもあった。

しかし、媒介的権威の導出はあまりうまくいかなかった（東條・志村 二〇一五：五四）。そのために、理念のみが突出して、ある種の集団発狂状態を招くこととなった。一部の軍人、右翼などが、「一君万民」思想のもと、媒介的権威を除去すべく、暗殺行為に走ったのは、その帰結である。もっともその行為は、大衆からも、そして天皇からも受けいれられることはなかった。現状を憂いての行為だったとはいえ、理念が突出しており、ヘゲモニーを形成することができていなかったのである。

ただし、理念の突出によって、万人の「勤労者」としての水平性が、たとえたてまえではあれ強化されたことは、後の日本のヘゲモニーにとっても重要なことであったといえよう。

### （3）生産管理と生産復興

一九四五年の終戦と共に、〈産報体制〉は破砕され、資本のヘゲモニーは危機に陥っていた。ただしヘゲモニーの再建は、かつての〈工場委員会体制〉、〈産報体制〉を対抗的ヘゲモニーとしてポジティブに生かし、取り込むことからはじまった。

終戦直後、労働組合の結成が相次いだが、その多くは労働争議突入と同時であった。ただこの時代を代表する争議は、通常のストライキのみにとどまらず、労働組合が経営者を排除して、自主的に生産を管理しつつ要求の実現を迫る、生産管理争議であった。

この対抗的ヘゲモニーを〈生産管理〉と呼んでいるが、その最大の特徴は、生産序列（非人格的関係）と権力関係（人格的関係）が無定形に融合していることにある。従って、「職制機構丸のみ」が問題として提起されず、労働者の位置づけも、「実務スタッフ」の位置づけも、非常に不明確である。また、「外」（市場社会）に無関心で、その結果、個別主義的で、普遍的規範を求めない。〈生産管理〉はいわば〈産報体制〉の「裏返し」であり、戦前のヘゲモニーのモチーフを受け継いでいることは明らかである。

争議の鎮静化と共に、〈生産管理〉に代わって、〈生産復興〉というヘゲモニーが台頭することとなった。〈生産復興〉は〈生産管理〉の基本的モチーフを継承しているものの、労使関係の自律性がより強い。またそこでは、第三の権威＝生産の主体が樹立されている。

生産復興構想とは、具体的には、労資対等による直接民主主義型の生産復興会議を設置し、それとの関係で労資を秩序づけようという構想である。生産の担い手である組合と、同じく担い手たる経営陣とが、生産の主体たる生産復興会議に対して、生産をサボることを見張る、という位置に立つのである。即ち、〈生産復興〉の担い手として自らを秩序づけた日本の労働者団結は、生産の主体としてのデモニッシュな何かを、自ら要求したわけである。

〈生産復興〉はいわば〈工場委員会体制〉の「裏返し」であるといえよう。第三の権威が天皇に象徴される国家から生産の主体たる生産復興会議に移行しているのは、見逃せない相違であるが、現場における生産活動及びその管理に関しては、〈工場委員会体制〉と大差はない。

占領軍による戦前の軍国主義の否定、それを通じての戦後民主主義の隆盛などが、第三の権威の移行に多大な影響を及ぼしていたことは、言うまでもないだろう（東條・志村 二〇一五：五五—五六）。しかしそれでも、実在の第三の権威自体を除去することができず、別のものを打ち立ててまで、再びそれに縋ろうとしたところが特徴的である。家産制的な伝統、そのもとでの本源的扶養への恭順の態度は、根強く残っていたのである。占領軍が戦後統治のために、天皇制を廃止せず、むしろ巧みに利用したのも、こうした日本人の特性をある程度見抜いてのことであったともいえるだろう。

## 4　中期現代のヘゲモニー

### （1）従業員民主主義体制

戦後危機が収束するなか、一九五五年には五五年体制が成立したが、この頃を境に、〈生産復興〉に代わって、〈従業員民主主義体制〉というヘゲモニーが台頭することとなった。〈従業員民主主義体制〉は、対抗的ヘゲモニーとしての〈生産復興〉の破砕の上に成り立ったが、しかしほとんど、〈生産復興〉の実現であるほどに、それをポジティブに生かし、取り込んだ。

〈従業員民主主義体制〉のモチーフをまとめると、以下のようになる（東條 一九九二：一一〇）。

① 人格を承認する実在の第三の権威としての、生産の主体＝「会社」の樹立。
② 生産の主体との関係で水平に序列づけられた労資と、その間の労資協議。
③ 生産の場における人格的関係による、規範的な非人格的関係の実質的代償。

これは、先述した戦前の〈工場委員会体制〉における三つのモチーフが、そこにおける擬似普遍主義的権威が「会社」に代わっただけで、ほとんど無修正に引き継がれている。この関係については図序-3のように示すことができよう[1]。

C・G・ユングによれば、母は子供を包み込む存在であると同時に、子供をのみ込む存在である。これに対し子供は、母の背後にある母の元型を打ち壊すことを通じて、大人へと成長していく。先に述べたように、戦前の日本において擬似普遍主義的権威は、「大御心と母心」といった、より超越的かつよりマターナルな契機へと退行していった。そこでは、その権威に母の元型が色濃く投影されていたといってもよいだろう。しかしその権威、つまり母の元型は、自ら打ち壊したのではなく、敵によって侵されてしまった。ユングに従うならば、それにより日本人は、自ら「大人」へと成長する機会を失ってしまったととらえることもできよう。戦後に生じた〈生産管理〉、〈生産復興〉、〈従業員民主主義体制〉といったヘゲモニーがどれも、戦前のヘゲモニーと驚くべき同型性を維持していたのは、このためでもあろう。

ただし〈従業員民主主義体制〉においては、実在の権威が天皇に象徴される国家から「会社」へと移行している。それは、「会社」こそが戦前の国家に代わって、人格承認の主体となったためである。

「会社」は天皇とは異なり、根源的に人格性を有していない。そもそも、共同主観を通じて「リアル」なものとなっているにすぎない。しかしそれでいて、あたかも人格性を有しているかのごとく存在している。従って、人格承認の主体として、また権威として利用しやすく、労資双方にとって都合がよいのである。

**図序－3　従業員民主主義体制**

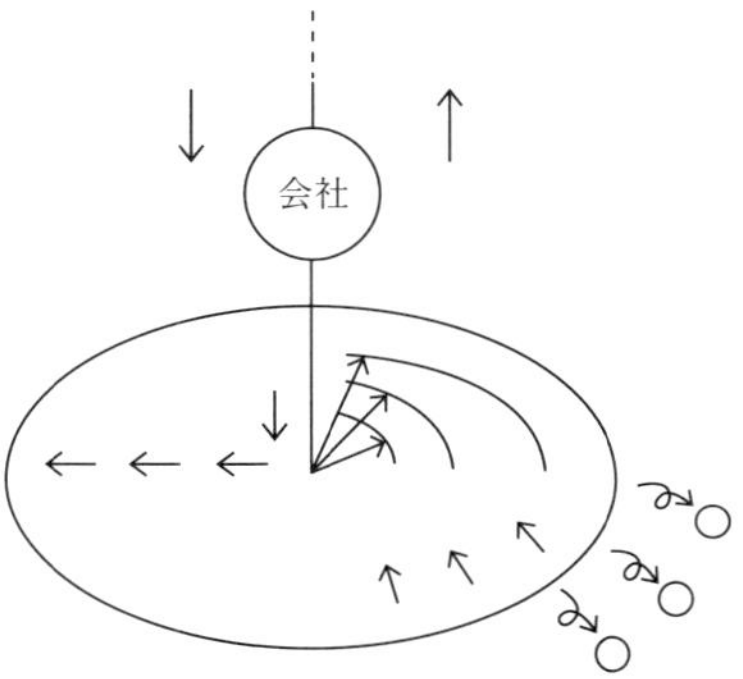


（出所）　東條「日本労働者の自己意識の変遷と社会形成」，144頁。

「会社」のもとで水平に序列づけられた労資関係は、代償関係の進行をさらに助長することともなった。家産制的な伝統、そのもとでの本源的扶養への恭順の態度は、変わることはなかった、というよりむしろ、より強くなっていったのである。

水平性原理のもとでは、わずかな序列に対して敏感になりやすいということもある。それにより、差別が生じやすくなるということもある。水平性は攻撃性を宿しているのである。〈従業員民主主義体制〉においては、この性質を巧みに利用し、労働者間に競争原理を導入している。労働者諸個人は他者との競争を煽られ、また、自らもそのなかで勝ち抜くことに、生き甲斐を見出してさえいる。

そこでは、売り渡した労働力に人格がいわば「密輸入」されている。労働力と人格の分裂などフィクションにすぎないが、それを前提にして現代市民社会は成り立っている。にも拘わらず、〈従業員民主主義体制〉においては、その前提が危うくなるほどに「密輸入」が行なわれているのである。「会社人間」という言葉が流布しているのを見ても、このことは明らかであろう。

ただし、〈従業員民主主義体制〉は本来、労働者がよりいっそう苦でしかない労働を受け入れ、生産性の向上に寄与する見返りとして、持続的に賃銀を引上げるという、「生産性インデックス賃銀」に支えられているという側面も忘れてはならない（東條・志村 二〇一一：七八―八一）。労働者は必ずしも「会社」を実在の権威として心の底から受けいれているわけではない。持続的な賃上げが破たんすれば、その権威もあやうくなるのである。

## （2）平和と民主主義

戦後の「平和と民主主義」のシンボルをめぐる政治構造にしても、〈従業員民主主義体制〉とほとんど変わるところがない。ヘゲモニーの構造自体は基本的に維持した上で、第三の権威としての「会社」の位置に、憲法なり平和なり民主主義なりを置こうというのがその基本的モチーフである。

戦後、占領軍の意向のもとに制定された「平和憲法」が、まがりなりにも受け入れられてきたのは、それがこうしたヘゲモニーの構造のなかで擬似普遍的権威となっているからでもあろう。

「平和と民主主義」のヘゲモニーにおいては、日本の社会民主主義は、「周辺」（遠距離部）から攻めのぼったのではなく、はじめから権威流出の着地点にいた。従って、これが支配的ヘゲモニーにとって代わったところで、日本のヘゲモニーの存在形式に変わるところはないだろう。

もっとも、一九六〇年代中葉以降は、「企業内従業員民主主義」の成熟と共に、「平和と民主主義」のシンボル自体が陳腐化し、かかる限定的意義をもったヘゲモニーの可能性も閉ざされることになった。確かに、一九六八年にフランスで発生した五月革命の影響を受け、日本でも学生を中心にして反体制運動が一時的に盛り上がりを見せた。またその後、一九七〇年前後には「多数者革新運動（統一戦線運動）」路線が、一九七〇年代後半からは『市民』運動」路線が、日本の社会民主主義にある種の可能性を与えた。しかし、それらもついに〈従業員民主主義体制〉を脅かすにはいたらなかった。

〈従業員民主主義体制〉における実在の権威は、労資によって形成・維持されている。従って、一方の労働者が同意することをやめれば、すぐさま消滅するほど、不確かな存在である。にも拘わらず、それを絶対的なものとして崇めているところに、家産制的な伝統、そのもとでの本源的扶養への恭順の態度だけに帰すことのできない、労働者の抑圧の高さが見てとれよう。

### (3) 従業員民主主義体制の腐朽化と崩壊

揺るぎない様相を呈していた〈従業員民主主義体制〉であるが、一九七五年のスト権ストの敗北を契機に、一九七〇年代中葉以降、腐朽化していくこととなった。九〇年代初頭のバブル景気崩壊後は殊に顕著であった。ミクロ的に見れば、ヘゲモニーの内部は常に流動的であり、「力のある関係」がせめぎ合っている。

労働はますます強化されているにも拘わらず、経済低迷により持続的な賃上げはほとんど行なわれなかった。それどころか、給与削減、リストラ、非正規雇用の拡大等が横行するようにさえなった。労働者はひとりでは非常に弱い存在である。だからこそ、団体交渉制度があるのだが、それも形骸化していった。労働組合、特に企業内労働組合の多くは、企業に加担し、労働強化、給与削減、リストラ、非正規雇用の拡大等、何でも受けいれていった。それどころか、それに抗しようとする動きを阻止するようにさえなった（東條・志村 二〇一三：五九）。

先にも触れたが、労働者は「会社」を実在の権威として心の底から受けいれているわけではない。持続的な賃上げが破たんすれば、その権威も失墜するのである。

労働者団結は、公正な市民社会への「同意の組織化」の唯一の回路であった。労働組合がこの機能を担えなくなれば、もはや存在の意味はない。現に、ノンユニオニズムが進行しているのは、その何よりの証拠だろう。ただし、この回路を破壊することは、〈従業員民主主義体制〉にとって自殺行為である。〈従業員民主主義体制〉はちょうど二〇〇三年の職業安定法及び労働者派遣法の改正を象徴として、内部から崩れ去っていったのである。

（東條由紀彦・志村光太郎）

注

（1）より詳細な図は本書第8章で示されている。

参考文献

東條由紀彦（一九九〇）『製糸同盟の女工登録制度――日本近代の変容と女工の「人格」』東京大学出版会。

東條由紀彦（一九九二）「西欧社会民主主義と日本の『社会民主主義』」『社会科学研究』（東京大学社会科学研究所紀要）第四四巻第一号。

東條由紀彦（一九九一）「日本労働者の自己意識の変遷と社会形成」『歴史学研究』第六二六号。

東條由紀彦（二〇〇五）『近代・労働・市民社会――近代日本の歴史認識Ⅰ』ミネルヴァ書房。

東條由紀彦・志村光太郎（二〇一一）『ヘゲモニー・脱ヘゲモニー・友愛――市民社会の現代思想』ミネルヴァ書房。

東條由紀彦・志村光太郎（二〇一三）『討議――非暴力社会へのプレリュード』明石書店。

東條由紀彦・志村光太郎（二〇一五）『互酬――惜しみなき贈与』明石書店。

# 第Ⅰ部　日本現代社会の論理的再検討

# 第1章　移行期における資本家的経営と労働者

## ——近代〈雇傭報酬制〉から現代〈雇用契約制〉へ——

本章の課題は、一般的な、つまりその国民的な個別性を可能な限りで視野から抽象した形で、近代的・現代的な〈資本家的経営〉の基本的性格を、人間の歴史形成の論理に即して論ずることにある。

### 1　資本家的経営（資本家的生産様式）の存立条件

歴史的過程において、資本家的生産様式の成立と、資本家的生産様式の支配的な社会の形成とは、異なる事柄である。後者はいわゆる「原蓄」期を経て成立した。前者は西欧においては一四世紀頃、日本でも一六世紀頃には、社会の重要な領域において成立していた。又社会の特異な領域（端的には社会と社会の間《はざま》）には、世界の主要な「文明圏」には、紀元前から存在していた。それら全体を通して、つまりそれが「支配的」でない場合も含めて、〈資本家的経営〉が存立しうる条件は、以下の四点であると考えられる。

第一に、私的所有の存在である。私的所有がある社会における所有の支配的な形式となっていること、つまり全社会的な私有財産制度・「市場経済」が存在していること（後述する〈複層的市民社会〉が形成されていること）、ではない。局所的にでも存在することである。〈私的所有〉とは、所有（対象への働きかけ）が、その主体が何らかの集団に「生来的」に（つまり、「有機的連帯」・ゲゼルシャフトと区別される意味でのゲマインシャフト的に）帰属していることを根拠としてではない（かのような）姿形で、自らが第一次的な主体である（かのような）ところのその対象へと直接的に確保されていることである。（排他的でない場合はもちろん）排他的に自由が確保されていても、それがあるゲマインシャフトの成員であることを通して実現されることがその第一次的な存在根拠であることが隠されていない場合、所有がその主体がゲマインシャフトの一員であることを根拠として成り立っている場合は、私的所有ではなく〈個人的所有〉と呼び、それは〈共同体《Gemeinschaft》的所有〉の一般的な（つまりその全てに汎通的な）存在形式である。私的所有と個人的所有の区別のメルクマールをより具体的に言えば、「非所有の自由」（譲渡《Entäußerung》による所有の喪失）をも原理的に「肯定的」に処理するに到った社会編成において、個人的所有は私的所有に「転化」すると言える。「非所有の自由」を招くような所有の譲渡《Entäußerung》・外化を、共同体は原理的に「否定的」なものとして規制（基本的に不当なものとして禁止）するからである。

かかる私的所有は、「原蓄」に直接的に先行する時期（後述する）以前には、社会の特異な場にのみ存立しえた。即ち、社会と社会、共同体と共同体、まとまりあるコスモスとコスモスの間《はざま》に、その境界領域にのみ存立しえた。共同体内においては、個人的所有としての共同体的所有が支配的であったからである。それ故この私的所有の担い手は、当然のことながら、共同体から排斥された人格であり、それ故おしなべて賤民性をもっていた。商品は〈共同体間交易〉によってまず生じたと言われる。だがこれを共同体と共同体とが主体として「交易」し、生じたものと考えてはならない。共同体と共同体の間《はざま》に、共同体的秩序（コスモス）の及びえない空隙、場が生じる。そしてその場に、異端的存在・賤民的存在であるが故にそれが可能な、私的所有とその担い手が生ずるのである。かかる異端と共同体との関係は、共同体にとっては共同体内的論理によって律せられ、何ら「市場経済」的なものではない。かかる境界領域に発生した私的所有の集成により、はじめの資本家的経営が生じる。

第二に、権力的関係からの、相対的自律である。経営の活動の根本的部分が権力的関係により制限されている時、または逆に活動の根本的部分が権力的関係に直接に依存している時は、「資本蓄積」の論理が働かず、その活動は「資本の運動」としては総括できないから、資本家的経営とは言えない。

第三に、計算可能な、少なくとも予見可能な営業的利潤の存在である。経営の活動とは、最広義には経済的チャンスの選択であるが、それの計算・予見の可能性と何らかの〈営業〉行為がなければ、その活動も「資本の運動」としては総括しえない。

第四に、動員可能な〈労働管理システム〉の存在、ないし開発である。資本家的経営は共同体の間《はざま》の境界領域に生じたものであり、その労働という行為を直接根拠づける論理をあらかじめ基盤として持っていない。従ってその活動の支え手の行為を、あらかじめ定まったものとして期待できないから、それを組織しなければならない。労働生産分野の資本家的経営の安定した存続にとって、最後に最も困難な問題として残ったのは、これであった。

## 2　動員可能な〈労働管理システム〉に不可欠な要件

労働生産分野の資本家的経営に不可欠な〈労働管理システム〉において、それが何を根拠にしているかをさしあたり留保した上で、ともかく事実として達成されねばならない要件は、以下の二点だと考えられる。

第一に、生産の場での〈企業的専制〉である。予見可能な投入＝産出関係が「資本の運動」の要件であり、その為には何らかの形態で、生産の場が、基本的に経営の意思にそってその活動が組織されている「専制」状況が要請される。それが達成されるために経営が依拠する論理・形態は、歴史的時期や産業分野、地域等により、様々である。鞭と鉄鎖、「家」に対する没人格的融合関係、同職集団の自律的内部規律、単一の市民社会の〈公正さの体系〉への同意、等である。資本家的経営がある社会において支配的かつ安定的であるためには、その社会を編成する支配的論理によって、この〈企業的専制〉を組織しなければならない。近代、現代の資本家的経営は、それを固有の制約とうけとめつつ、その支配的論理を、「ポジティブ」なものとしての存在条件とすることを達成していた。それ以前の資本家的経営は、それに成功していなかった。

第二に、安定した「労働力」供給の社会的確保である。これもそれがいかなる論理に基づいているかにはさしあたりは拘わらず、ともかく達成が要件である。〝安定した「労働力」供給の社会的確保〟には、主要には二つの型が存在する。一つはその「労働力」は直接的には消耗されてしまうが、つまり「労働力」のその社会内での再生産は確保されていないが、継続的な「労働力」の「外から」の移入が、「社会的に確保」されている場合である。一八世紀中葉までのラテンアメリカの鉱山経営、農場経営がその典型といえる。初期には現地インディオの絶滅、次いで奴隷貿易によって「労働力」の「安定的な供給」が「社会的に確保」された。それが涸渇すると、その種の資本家的経営は衰退し、「労働力」の「社会的再生産」をなしうる分益小作制に基づく大土地所有制（ラティフンディオ）に主要な部分は再編成された。しかしこの種の「確保」の型は、二〇世紀初頭まで世界経済の中に無視しえない存在として存続しつづけ、また〈中枢資本主義〉の国民経済の内部においても、特に近代にあってはその主要な領域に存在していたことは重要である。その社会編成の異種的性格が近代社会を特徴づけるものだからである。この種の「労働力」が日本近代においても広く存在していたことは、これまでにも論じてきた。だがこの種の「労働力の社会的確保」のシステムに依存する所の資本家的経営が支配的な社会は、その社会が内部で「労働力」を再生産しえないのであるから、いわゆる「関節脱臼」を起こし、「衛星」経済として、「自律的」な国民経済を形成しえないのは当然であり、安定的たりえない。もう一つの「労働力」の「安定した確保」のあり方は、その社会を構成する諸個人の世代的存続の論理にそいながら、「労働力」の「社会的再生産」としてそれに依拠する場合である。この場合は、「その社会を律する支配的論理」によってそれが調達されている場合が普通であるが、そうでないものもある。「労働力」が世代的に再生産されてはいるが、それがその社会の支配的論理に基づく支配的集団ではなく、その社会の異端者が特定の身分や宗教に属するものである場合である。ヨーロッパ中世のユダヤ人その他の少数民族、初期のイギリス統治下のインド等に、それをみることができる。「労働力」の「社会的再生産」も、それがその社会を律する支配的論理によって調達されていない場合、〈資本家的経営の支配的社会〉として安定的たりえない。

## 3　〈資本家的経営（生産様式）の支配的な社会〉としての近代社会の形成

### （1）資本家的経営と私的所有

資本家的経営の支配的な社会が形成されるためには、その社会の支配的領域で、少なくとも〈中枢〉部で、資本家的経営の論理が、即ち、私的所有と、それに基づく〈経営《Betrieb》〉の論理（それは本章1節で確認したような特徴を持つ）が、支配的なものとして形成される必要がある。つまり、私的所有者としての（私的存在としての）個人と、私的所有者としての相互の認知に基づく市民社会とが、形成されることが前提となる。ごく抽象的な議論のレベルにおいては、この命題はかなり自明に近いものと考えられる。資本家的経営の論理は、私的所有の論理であり、それがある社会において支配的、安定的たることは、その論理がその社会の特異な領域にしか通用しないようでは不可能であり、その社会全体を律する基本的な論理が、私的所有の論理となる必要がある、との主張だからである。しかし現実の歴史過程はさほど単純なものではなかった。我々がこれまで、市民社会の普遍的形成を前提としないで、資本家的経営の性格を論じてきたのも、その現実的な歴史過程の認識枠組みとしての有効性を問いたいからであって、それ故その過程とその性格を、五点にわたって論じておきたい。（抽象的な論理においては、市民社会の形成は資本家的経営の成立の根拠として充分である。例えば『資本論』はそうなっており、それはその限りで不当なものではない。）

### （2）〈複層的市民社会〉の歴史的形成

これまでの歴史において、少なくとも新石器革命以降、所有（対象への働きかけと享受）が、完全に共同的であったことも、完全に私的であったこともない。所有は常に、個の契機と協働性の契機の複合であった。今日の私的所有も、それが市民社会に自己を同定せしめている限りにおいて、享受される。逆にどのような「原始社会」においても、個人と〈個人的所有〉が存在することは、今日各種の人類学等によって、広く認められている。所有が、自らがある社会（ここでは、ゲマインシャフト、ゲゼルシャフト両用に）を構成することを根拠としての自己の所有の実現であること、協働性を通した自己の実現であること、即ち、〈個人的所有〉であることは、所有の規定的性格であり、対象に対する自由を求める、人間の生来のあり様である。[1] 厳密な意味での〈私的所有〉とは、第一に、その所有の存在根拠が所有の主体が第一次的なものとしての共同体《Gemeinschaft》を構成していることに根拠づけられているのではなく、所有自体が第一次的に不可侵のものであって、社会《Gesellschaft》はそれを根拠に第二次的なものとして信託されたにすぎないものであるかのように処理する、という特異な所有の存在形式とその「虚構性」に基づくものである。狭義の〈個人的所有〉の存在の根拠は、諸個人が自己とその所有＝具体的欲望充足の実現と何らかの疎遠な関係（矛盾や緊張）を持たないものとして自己を「埋めこんで」いる、という協働性の存在形式である所の、共同体《Gemeinschaft》である。それに対し、「本源的かつ概念的」には社会《Gesellschaft》の有機的連関としての共同態《Gemeinwesen》を通してそれが実現されているにも拘わらず、それに先立つ私的存在とその所有、という「フィクション」に立脚する所に、〈私的所有〉の規定性が存在する。それ故第二に〈私的所有〉は、それが排他的のみならず不可侵であること、と同時に、ある私的存在の所有は他の存在の非所有であり、ある私的存在の対象への自由は他の存在の不自由であること、という性格を持つ点で、狭義の〈個人的所有〉と区別される。私的所有は「非所有の自由」を前提にするが、個人的所有を否認する。共同体は、所有の譲渡・外化一般は所有をより豊かにする契機としてとりこんでいるが、その構成主体に「非所有」を実現させるような譲渡・外化《Entäußerung》は、否認する。〈個人的所有〉は、私的所有におけるような、先述した規定性は持たない。「類的存在」としての自己が、対象化の行為を通して自己の自由を実現する、という本来の人間の存在構成の現出としての個人的所有の「疎外」態、外なるモノの自己への支配の現出が、〈私的所有〉なわけである。

共同体と共同体、社会と社会の間《はざま》には、そうした私的所有は早くに生じたが、その社会内部を律するものとしては、長期の歴史過程を要した。それは、所有の本来のあり方としての個人的所有の様々な「形成」の展開として、把握することができる。マルクスはそれをいわゆる〈農業共同体〉論として論じたが、それに従っていま一度整理してみよう。

(1)　狭義の「原始共同体」。ここにも個人と個人的所有は存在する。対象への働きかけは自己の自由の実現であり、その成果を享受するのも自己である。ただ対象への働きかけとしての所有は共同で行なわれる。特定の個人が特定の対象に専ら関わること、即ち、「占有《Besitz》」は部分的である。大陸アジアではこの段階で、権力国家の形成を見た。いわゆる「総体的奴隷制」は、〈権力的民族共同体〉の、そうした存在形式の一つである。

(2)　農業共同体の前期。特定の個人[2]が特定の対象に、一定期間専ら関わる（働きかける、所有する）、即ち、占有する。だが一定期間によって、それは定期的に割替えられる。ここで言う「個人」とは、いわゆる〈家父長的世帯共同体〉、拡大家族のことである。日本ではこの段階の末期に権力国家の形成を見た。律令国家がそれであり、班田収授制は、農業共同体レベルで行なわれていた定期的割替を、それが「衰退」しつつある中で（それ故社会的危機が存在する中で）、国家レベルにおいて再編・強化しようとする試みであったと言える。

(3)　農業共同体の後期。特定の個人が特定の対象に、原則的に終世、また世襲的に専ら関わりつづけ、占有し続ける。土地の定期的割替は停止される。その主体である〈家父長的世帯共同体〉も、「直系拡大家族」に分立してゆく。日本について言えば、「郷戸」からの「房戸」の分立である。しかしこの〈個人的所有〉は、自己がそれを構成する共同体の一員であることをとおしての自己（の自由）の実現であることが、隠されていない。共同体から追放されることは所有の喪失であり、又共同体の意思を通さず自己の（土地）所有を譲渡《Entäußerung》（外化）することもできない。

尚、(2)(3)を通してこうした社会編成の原則は、その社会の基軸的構成員についてのみ妥当した、ということは重要である。その社会を構成する様々なレベルの共同体、即ち、〈家父長的世帯共同体〉〈農業共同体〉〈権力的民族共同体〉各レベルにおいて、奴隷、奴婢、賤民、異端が存在する。また「基軸的構成員」が数量的に多勢であるとも限らない。（むしろ異端的境界領域者の包摂力がその「文明」を支える、とさえ言える。[3]）ゲルマン世界ではこの段階の後期に権力国家が形成され、中世社会を支えた。また古典古代のポリス、キヴィタスは、かかる農業共同体としての「氏族共同体」が集住して形成された「戦士共同体」、権力的民族共同体である。

(4)〈新しい共同体〉（いわゆる「村落共同体」）。土地は第一次的に、即ち、共同体に先だつものとしての個人の「個人的所有」。「共同体的所有」はその「補完物」、あるいは「ゆるやかな規制者」。原理的に「私的契機が優勢」。

以上のようにマルクス、エンゲルスは述べる。筆者の「定義」に従えば、これは私的所有の普遍的な形成であり、〈自己労働に基づく自己労働の領有〉の〈領有法則〉の形成である。対象に対する、自己の、排他的な、自由である。それ故自己の自由としての対象の譲渡・外化が可能な状況の形成である。[4] しかしマルクス、エンゲルスは、このように総括する対象となった事象そのものは、先の後期農業共同体と重なり合せて考えていたようである。つまり(3)の次に(4)がくるというよりは、(3)と(4)の重なりあう状況として中世の共同体の現実を見ていたようである。筆者の基本的な考え方もそれと同様である。マルクスによればこの共同体は、「全中世を通じて自由な人民生活のカマド」であった。

(5)　市民社会状況（「自由な小土地所有」）〈新しい共同体〉において「可能性」としてあった、対象に対する自由としての所有の譲渡が、「現実的」なものとして展開する。市民社会とは、〈普遍的交通《Verkehr》（交易）〉の実現であり、〈自己労働に基づく他人労働の領有〉という領有法則の形成である。しかし所有の譲渡の実現は、原理的に非所有の自由の実現の端緒でもあり、即ち、個人に非所有をもたらす譲渡の自由が公正なものとして相互に認知されること（非所有となることをも個人の自由として認めることこそ、対象への不可侵な、第一次的な行為者としての個人の認知の決定的な契機である。社会が非所有の自由を認めていない状況は、市民社会状況ではない）の実現であり、著名な〈領有法則の転回〉をそれ自体正義《Recht》として認知することが可能な状況の形成である。

さて筆者はかかる〈個人的所有〉の展開、自己の自由としての行為・所有とそれが協働存在性を通して実現されることの弁証法を、それほどリジッドな歴史の「発展段階」だとは考えていない。あえて、「段階」なのか、可能な「領域法則の転回に直接先行する所有の諸形態」なのか、あいまいなままにしておきたいと思う。しかし歴史理論としては、少なくともマルクスの言う progressive の含意で、論理に先に述べた順での継起性を認めるのが自然であろう。そこで「なぜこの移行が生じるのか」「この移行の根拠は何なのか」という問に答える必要がでてくる。

マルクスはそれを「生産諸力」に帰している。マルクスにおけるこの概念は多義的であるが、これまでの文脈の中では以下の二側面に分けて論じえよう。一つはある歴史的社会における諸個人の行動と、それをその社会の存立のために動員する編成のあり様の「原理的」な公準、とでも言えるような側面である。（この含意にそってマルクスは、例えば「革命こそ社会の究極的な生産諸力」と言ったりする。）筆者の論じてきた文脈では、マルクスは明らかに、社会編成における「個人」の領域の拡大を「肯定的」に、あたかもそれへ向かうことが人間の「本能」であるかのように論じている。血や土は人間が呪術からの解放のために断ち切られるべき「紐帯」であり、そこからの脱出が人間の自由の実現の出発点である。[5] だがこの「本能」についてのそれ以上の説明を聞くことはできない。いま一つは、純粋な、きわめて狭い語義での「経済的余剰」である。この面において、マルクスは先の「肯定的」な過程の裏側を見せる。社会はその社会の存続に必要な最低限以上の余剰をえることなくしては自由の領域を拡大しえない。しかし社会の万人をうるおす程の余剰は、まだ存在していない。それ故それは一部の「個人」の領域の拡大であって、それは他の多数の収奪に基づく「否定的」なものなのである。こうした二重の「生産諸力」の発達に従って、マルクスにおける社会の「土台」は「発展」する。

筆者も基本的にはこの考えを継承するが、それをより「明快」に（つまり「露骨」に）、「本能」とその外化のプロセスを考えたいと思う。以下それを要約的に示しておこう。

(1) 人間の個体性と協働性。マルクスにおいては、人類史の起点と極北においては、人間は完全に共同的だと考えられたが、筆者は〈個人的所有〉という姿形での人間の存在を、さしあたり「本能的」な（つまり「本源的かつ概念的」な）ものとして考える。即ち、「所有」という形成、対象への働きかけ（対象化）、その一時的な外化《Entäußerung》（その崇拝）、その享受、という形式を、人間の生来的な自由のあり方と考える。と同時にその「所有」は、常に〈個人的所有〉であった、つまり、人間は本来自己を一つのまとまりの単位＝自我としてもっており、自己の自由を、協働性を通して実現する、という形式の下にあった、と考える。

それ故あらゆる社会の労働・生産・生活の場は〈個人〉に基礎をおいており、それを豊富にすること、つまり

「個人」の自由を拡大することは、自然的・歴史的状況の許す限り、「自然史的」に進むものと考える。

(2)　対象化と富。しかしその「所有」のプロセスには、必ず外化と「崇拝」の契機が伴っている。対象をいったん外なるものとして外化し、それをあがめることは、人間が第一次的欲望にのみ従っていたのでは存続し続けえない所を、一旦迂回させることによって成り立たせる、少なくともフロイトの言う所の「現実原則」であり、それ自体は抑圧でありながら、人間の存在にとって不可欠の回路である。ある一連の行為と、それが外化された物とが「昇華」され、崇拝される。それが富である。いかなる物が富であり、いかなるものが富を生みだす「聖なる行為」であるかは、自然的・歴史的に様々でありうるが（例えばトロブリアンド諸島のクラ交易においての、特定の時期に特定の〈個人〉と特定の資格に基づいて行なわれる遠洋航海と、特定の腕輪。あるいは労働一般と現身の金）、人間の存在形式の帰結として、本来、人は富を崇拝し、〈個人的所有〉の実現は、他ならぬその富の所有の実現である。〈個人的所有〉は、この富に対する自由である。こうして人間は外なるモノ、崇拝されるモノを生み出すが、享受によってそれを回復する。[6]マルクスの「自由の拡大」と「収奪」の弁証法は、かかる関係を指摘したものである。

(3)　富の蓄積と交易。それ故富は「個人的」なものであるが、[7]それが蓄積可能、更に交易可能となると、社会編成は大きく変わってくる。例えば巨大なタロイモが収穫され崇拝されても、それは戸前に掲げられたまま腐敗によって消滅したり、きわめて上等の腕輪であっても定期的交易によって必ず他の個人に互酬される社会と、全く何の役にも立たず動かすことすらできない巨石であっても、それが第一次的に誰々のものとして、富として蓄積される社会とでは、その性格は全くちがってくる。

富の蓄積の形成には、共同体と共同体の間《はざま》、その境界領域のあり様が、きわめて大きな意味を持つ。主要な境界領域は二つある。一つは権力者とその周辺である。権力的民族共同体において権力者は異端としてその特別の性格の認知をうける。その周りには賤民的異端も集められる。もう一つは文字通りの共同体の周辺部、外なる世界との接点である。そこにおいてはすでに形成されている私的所有が、インパクトを与える。富がまず流通手段として生じたと考えるのは大きなまちがいである。それはまず支払手段であった。一つには権力者への貢物、一つには共同体の外来者への贈物である。そうした関係が形成され、富は、蓄積されるもの、交易されるものとなる。

こうした関係の形成が、〈個人的所有〉という人間の存在形式の顛倒であり、マルクーゼ流に言えば、「現実原則」の「実行原則」への転化の起動点、崇拝されるものによるそれを生みだした者の支配のはじまりである。

(4)　普遍的な富と普遍的交易（市民社会状況の形成の根拠）。富の蓄積の進行は、「非所有の自由」、自己の所有の譲渡の自由、外化したものを享受することなく放棄する自由をも要求し、また実現する。他方富の公益性は、もはや〈新しい共同体〉の間の異端的担い手を介すことのない、相互の交易性、普遍的交通をも要求しまた実現する。それらはすでに、相互に複層的市民社会を形成するもの同士として相互に認知しあい、資本の本源的蓄積に直接に先行する社会状況を形成している。

後にふれるように、資本の本源的蓄積は、それまでの共同体内に蓄積された富に基づき、またその富の蓄積の様式に従って行なわれる場合と、共同体外における富とその蓄積の様式を根拠とする場合とは、二者択一的なものではなく、相互に補完しあいながら、歴史的現実を構成している。ただ論理的には、普遍的交通をなす複層的市民社会の集成体の形成が、社会の支配的論理（としての私的所有）に根拠を置く〈資本家的〉〈経営〉の成立にとっては不可欠の要件である。それ故非所有の自由（譲渡）をも認める複層的市民社会が形成されるためには、社会の基軸的存在である農業共同体自体がその正義《Recht》をも認知する者として自己を内的に転形しておらねばならず、それ故ただ共同体間に生じた富の蓄積の「包摂」によってのみ〈資本家的経営〉の支配的な社会の成立根拠を求めることは、誤まりである。他方そうした正義《Recht》の形成にあっては、「境界領域」にすでに形成されていた私的所有と、その所有の形式がかかえている富の蓄積と交易性の論理とが、決定的な意義を持ち、また実際の〈経営〉の出自の多くはこの「境界領域」にあったから、共同体内分業によってのみ〈資本家的経営〉の成立を論じても、歴史的現実の把握としてのリアリティーに著しく欠ける。

(5)　「本能」を方向づける自然的・歴史的諸条件。対象への自由の拡大としての〈個人的所有〉の発展、終局的には富の蓄積・交易から「非所有の自由」にまで展開するそれは、「自然的歴史的条件」に依存すると、すでに述べた。それを更に具体的に考えるならば、「諸条件」は主要に次の三点に根拠づけられるであろう。第一に風土的諸関係である。とりわけて水利の制御が大きな意味を持つであろう。大規模な治水を要するのか、精密な配水が重要なのか、天水に依存するのか、等々である。それによって権力関係の性格も変わってくるし、富の形成の様式も変わってくる。第二に権力的共同体をめぐる諸関係である。権力的共同体の規範や性格は、富の形成の性格に大きな意味を持つ。第三にその農業共同体（とその集合体）にとっての対外的諸関係である。略奪を行なう外敵が存在するのか否か、交易性をもつ私的所有を実現している「賤民」的異端者の存在とそのあり様、規範、特質等は、〈個人的所有〉の形成に大きな影響を与える。それらのより具体的な役割はまた後にふれるが、いずれにせよ、歴史的現実としての〈個人的所有〉の形成は、この種の諸条件に決定的に左右されるものである(8)。

ただ一点強調しておくべきことは、これら諸条件は、いずれも基軸的農業共同体にとって、「境界領域」に生ずる問題群であることである。「風土」的諸条件は、共同体間の緊張の性格とその処理のあり方の問題であり、権力とその周辺部分の特異な認知はその異端性に負うことは先に述べた。対外的諸関係も、言うまでもなく「共同体の周辺」に生ずることである。

それ故共同体の間《はざま》に存する〈私的所有〉とその性格が、決定的な契機となるし、またそれに触発された共同体内の所有の私的契機も、その周辺部、「境界領域」から発生する。例えばまず権力者とその周辺に、あるいは共同体間の仲介者がもたらす「道具」から、そして基軸的な所有の対象である土地についても、その付随的・周辺的部分から始まる。最後の点の具体例として、我々は宅地や「フーフエ」の問題や、日本中世における「私的所有」のはじめが谷地にはじまったこと等を、あげることができよう。

以上が「原蓄」に「直接に先行」する、つまり〈領有法則の転回〉がまさにその時点で起ころうとしている、複層的な市民社会状況の、歴史的形成に関する認識枠組みである。

### （3）〈複層的市民社会〉の論理

資本家的経営の存立一般ではなく、その社会における「支配的」な〈経営〉としての存立にとっての、論理的・歴史的な前提である「市民社会状況」の形成は以上のようなものである。それは〈資本家的経営〉の論理――外なる物としての富の自己増殖としての資本蓄積と、それを可能ならしめる〈領有法則〉＝〈他人労働に基づく他人労働の領有〉――を、「非所有の自由」をも認める程の〈個人的所有〉の領境の拡大を通して、その社会における普遍的な正義《Recht》として認知する。と同時に、その論理の具体的な展開として、先にふれた〈労働管理システム〉を動員可能なものとして提供する。即ち、「本源的」かつ「概念的」に人間の自由を求める行為としての所有に（それ故それは「人格的」なものではあるが）、「ポジティブ」に依存する姿形で（それ故「生きた」労働の形で）、まとまった労働行為の場を提供する。その具体的過程が、いわゆる「原蓄」であるが、その検討に入る前に、「原蓄」に直接に先行する市民社会状況、「転回」直前の〈領有法則〉（自己労働に基づく他人労働の領有）の基本的性格について、述べておきたい。なぜならその編成の論理こそが、近代社会における〈資本家的経営〉の公正さを究極的に支えているもの、言い換えれば近代社会における「同意の組織化」、生産当事者諸主体の自律的行為を通して近代の〈資本家的経営〉の成り立ちを支えているものであり、本書の究極的課題と深く関わるからである。

まず第一の問題として複層的近代市民社会の構成「原理」について、若干の議論の敷衍を行ないたい。あらゆる社会は、その社会が安定的であり、その下でその構成諸主体が安心立命を達するためには、基軸的な「原理」、その社会の構成諸主体の様々な行為において、その「公正さ」を律する究極的な価値規範的基準が存在していなければならない。近代市民社会をそれたらしめている「原理」は、私的所有と、その不可侵性である。私的所有は、人間の本来の行為の形式としての〈個人的所有〉のあり方の一つであるが、その「顛倒」した姿形である。それを分かつものは、共同体（社会）に先立つ者としての個人の所有であり、よりクリティカルには、個人の所有の基軸的部分（土地や主要な生産用具）においても、それを個人の資格において（つまり共同体、社会の規制をうけずに）譲渡《Entäußerung》すること、つまり非所有の自由をも公正なものとすることにある。そこから、私的所有は、排他的かつ不可侵のものとなり、対象に対する働きかけとしての所有の対象との一時的な切りはなし（自由な交易）、更に永続的な切りはなし（非所有の自由）、外化され崇拝された対象としての富の蓄積、等が正義とされる。「原理」のこの側面が、「自由」という価値・規範である。かかる「自由」な諸主体も、社会を形成する。これまでの歴史学は、「共同体」の存在する社会とそうでない社会のちがいの、このクリティカルな契機をとらえていないように考えられる。あらゆる人間社会は、個人的であると共に共同的であり、協働性を通して自己を実現しようとする諸主体の、そうした行為によって構成されている。近代の「自由」な個人も、相互の行為を通して共同態《Gemeinwesen》を構成する。一つの市民社会は、共同態であり、「物的依存性に媒体された全面的相互依存」の体系である。「自由」な個人の相互行為の基本的なあり方は、その不可侵の所有の譲渡である。それ故、共同態《Gemeinwesen》（市民社会）の編成の「原理」は、私的所有の主体としての限りにおける、相互に不可侵な者としての承認、対等性の認知である。そうした相互の主体的行為としての認知を根拠として、市民社会は構成される。（それは先の私的所有の論理の「顚倒」性の発現として、「顚倒」した社会編成の原理であるが。）「原理」のこの側面が、「平等」という価値・規範である。（但し、この価値規範は、抽象的な私的所有の主体という資格においてのみ、また相互の認知を通して構成されるものである。それ故後述するように、相互の認知には範囲があり、近代市民社会は、複層的市民社会の集成である。またすぐ後にふれるように、抽象的な所有の主体としての同質性の認知は、相互の、具体的には異種的存在としての認知に他ならない。他の様々な資格において——例えば権力的民族共同体の構成主体である〈公民〉という資格において、あるいは同族団の「親分」という資格において——諸個人は不平等である。というよりむしろ、そうした不平等な社会構成の「正当化」、公正なものとしての認知の組織化の回路が、抽象的な所有の主体としての「平等」の規範である。[9]）〈個人的所有〉、即ち、協働性を通した自己の所有・自由の実現が、人間本来の存在形式であると、くりかえし述べてきた。対象化・外化（崇拝）・享受としての自己の実現が人間の「本能」であるならば、「協働性を通して」それが求められるというのは、はたしてどうなのであろうか。それが「生存のための人間の狡智」とは到底考えがたい。いかなる「未開社会」においても、本書で見てきた現代社会のように人間が「物化」された世界でも、また我々の日々の生活の経験の場でも、それが人間にとっての価値であることが認められる。

それは人間の本来の欲求であり、言葉を換えるならば、〈自己の所有を通した協働性の実現〉こそ、人間の存在形式である。それ故社会は、この契機をも「ポジティブ」なものとして生かしていかなければならない。相互が不可侵の所有の主体であることに基づいて、つまり相互の所有の主体としての実現を究極的な行為の判断規準として、社会を編成すること、協働性の働く場を確保すること、つまり協力しあうことが、内容として達成されねばならない。所有の主体である、侵すべからざる主体である、その一点に賭して相互の連帯を求める、「原理」のこの側面が、「友愛」という価値・規範である。この最後の命題をつけたしと考えてはならない。何故ならば、この「原理」こそ、私的所有という「顚倒」した形式において市民社会が達成した、我々が新たな社会形成において「肯定的なもの」として引きつぐべき「原理」だからである。マルクスの語った数少ない、市民社会の「彼岸」の「原理」とは、「資本制社会がすでに達成した」「共同的《gemeinsam》使用」、即ち、「共同占有《Gemeinbesetz》に基礎をおいた」「個人的所有《individuelle Eigentum》の再建」としての「事実上すでに社会的《gesellschaftlich》生産経営に基づいている資本家的所有の社会的所有《gesellschaftlich Eigentum》への転化」であった。〈個人的所有〉は、協働性を通した自己の対象への自由の実現、という人間の本来的な存在形式であり、それが〈共同体的《gemeinschaftlich》所有〉の存在形式であった。〈私的所有〉という「顚倒」を経ることは、これに何を「止揚」されるものとして残すのであろうか。上の命題が示しているのは、資本制社会が、「共同的《gemeinsam》使用」「共同占有《Gemeinbesetz》」「社会的生産経営《gesellschaftlich Produktionsbetrieb》」をすでにもたらしている、という、一見平凡そうな事柄である。だがこのことこそ決定的である。直ちに言えることは、資本制社会（つまり市民社会の展開）が、私的所有という「顚倒」した形式においてではあるが達成した、具体的な〝協働性の働く場〟が、基本的に「肯定的」にひきつがれる、ということである。では私的所有の「顚倒」が、他ならぬそれであることによってもたらした、個有の〈協働性〉の実現のあり方とは、何なのであろうか。それはその〈協働性〉が、不可侵の（行為としての）所有の主体の相互的行為として、その協働性が実現される、所有の主体としての不可侵の自由一点に賭した、その二次的構成としての連帯に基づく、ということである。近代市民社会の成立を見るまでの〈個人的所有〉は、「共同体的生産経営《gemeinschaftlich Produktionsbetrieb》」に媒介されたものであった。それは生まれおちたその時から、共同体の共時的存在拘束性をうけ続ける。

私的所有の「顚倒」は、協働性を、第一次的な行為主体としての個人の、gemeinsam な、gesellschaftlich な形成として実現する。マルクスが、〈個人的所有の再建〉を、「直接的に《unmittelbar》社会的《gesellschaftlich》」な社会構成であると共に「市民社会の再建」として論じたのは、この文脈においてであると考えられる。筆者はこれが究極的な人間の解放であるか否かは留保する。だが市民社会の論理の「止揚」、その積極性の継承を考える限り、自由な行為者としての所有の不可侵性という一点に賭した連帯、「友愛」こそが、その決定的な契機なのである。市民社会の背理は、その所有の自由の「非所有の自由」への転回、「領有法則の転回」を通して、不自由を自由として処理するフィクション、そこに存在する「不自由な人間の行為」を、「自由な物の運動」として処理するフィクションを構成した。だが本来所有は、対象化とその享受に収束される行為であり、「外なるモノ」を「持ち」「手放す」という形式は、その外化《Entäußerung》されたものの支配である。自由とは、本来きわめて具体的な、欲望充足の行為であり、対象化と享受の間にある禁欲は、その充足の拡大のための、具体的「現実原則」にすぎず、それが聖なるものとして崇拝され、支配するに至ることは、人間の本来の存在形式が背理として持つ面であるにせよ、可能性としてのがれようのないものと考えるべきものでもない。（正確には、〈協働性を通した自己の自由の実現としての所有〉を「肯定的」な存在形式とみなす立場においては、そう考える以外に出口はない。）私的所有の「顚倒」がもたらした、自己と、自己が主体として形成する Gesellschaft とが、そうした本来の自由をその形式において支えうるか否かが、「個人的所有の再建」の、究極的な課題となるのである。[10]

第二の論点に移ろう。それは、近代市民社会における相互の市民としての、私的所有の不可侵の主体としての認知は、現実的には、相互の異種的存在性の認知に他ならない、ということである。この命題は先の主張に背理するように見えるがそうではない。現実的・具体的に諸個人相互が同質的なのであれば、また対等なのであれば、私的所有の「顚倒」（フィクション）に立脚した市民社会が形成される必要もない。相互に実際には異種的存在であるからこそ、そうした社会の「公正さ」の同意・「合理化」として、形式的・抽象的私的所有の不可侵性を究極的根拠とした、市民社会を相互に形成するのである。これを換言するならば、近代市民社会における相互の市民としての認知は、一つ一つの個人の、固有の人格性・人間的資質《Vermögen》をもつものとしての認知、その人格的個別性を、あたかもそれがその個人が形式的抽象的私的所有の外化された対象であるかのようにふるまうことを通して（そういうフィクションの形式で）、その社会形成の「公正さ」を損うことなく尊重する、そうした過程である。誤解を恐れず言えば、現実世界の個人的契機、他ならぬ人格的個別性を充分に実現させ、それに根拠を与えるためにこそ、市民社会はつくられるのである（フィクション）。この関係は複層的市民社会内でも、それ相互間にも言えることである。この関係が社会における異種的存在としての資本家的経営、そこにおける人格的、あるいは「没人格的」な諸関係、更には抑圧と搾取を「合理化」する根拠となっている。と同時にそれに対する「人格的規制」も「合理化」される。我々はこうした関係は、「具体的不自由」の「形式的自由」による「正当化」という「顛倒」として、廃棄しようとする。だがそうした過程としての〈個人的所有の再建〉は、本来市民社会が持っていた、固有の人格的個別性の実現という契機を、「ポジティブ」なものとして「止揚」しようとするものである。

第三に明確にしておくべきことは、近代における市民社会形成は、現実的な存在としての複層的市民社会の形成に他ならない、ということである。筆者は先から市民社会は「つくられる」と言っているが、それは単なるレトリックではなく、（複層的）現実（のある層）として主張している。市民社会形成は、具体的な、相互の不可侵性の認知（確認）による、具体的な第二次的集団形成である。それ故その社会の構成主体としての認知には、明確な範囲がある。それ故儀礼的性格を持つ相互の所有主体としての認知・確認の根拠となるしるし、としての所有の対象には、きわめて大きな意味がある。日本ではそれが一言に言う「家産」であり、土地に対する耕作権であったり、のれんであったり、道具箱であったり、杯であったりする。抽象的な私的所有の主体としての認知は現実的には、究極的な富（「昇華」された価値）のしるしの確認によって、具体的な根拠を与えられる。その外の世界の住人は、共に市民社会を形成している主体ではなく、それ故その所有は不可侵ではない。（近代における製糸経営と「家」との関係は、最終的なものとしてそういう性格を持っていたことは、すでに述べたことである。）だが近代社会の〈中枢〉的部分においては、それぞれの市民社会における基軸的な〝価値あるものとして「昇華」された行為〟と、その〝聖なる」行為の外化されたモノとしての富〟には、すぐ後に述べるように、大いなる「共通性」、融通性がある。〈中枢〉においては、その行為は、基軸的には「労働一般」、その富は、「労働生産物」にまで「昇華」されている。それ故それを根拠として、複層的市民社会間に、交易性、富の移転、そして市民社会の「重合部面」、が生ずる。最後に言う「重合」とは、特定の市民社会と市民社会が、他の者より質的に強い連環を持ち、相互の構成員を内部のものと「擬する」ことが可能なまでに進んだものである。製糸経営は、自己をその「地盤」とする村の構成員として、自ら「すりよる」ことにより、無定形な移動回避の内面的心性をひきだしていた。こうした結びつきは近代においてはごく普通に、農村と特定の商家同族団の間等に見ることができた。もともと市民社会の歴史的形成自体が、異なる共同体における交易性と富の蓄積に根拠をおいていたのであるから、こうした関係は当然とも言えるが、近代市民社会は、こうした複層的市民社会の有機的結合として、存在しているのである。〈個人的所有の再建〉は、またしても、かかる契機を「肯定的」に「止揚」しようとする。〟具体的欲望充足の行為としての所有・自由〟を根拠とした連帯、相互認知も、やはり具体的なものである。労働という行為者としての相互の確認は、その五感をもって具体的に行なわれるものであり、そうした第二次的面接集団の協働性の有機的結合として、社会は構成される。現代社会も〈職場集団〉をとおして、この契機を「顚倒」した形式において「生かし」ていたのである。

最後の論点に移ろう。先に少しふれたように、近代の複層的市民社会も、その〈中枢〉において、価値ある行為と富の「融通性」がある。それは他の何者でもなく、それぞれの市民社会を構成する諸個人が、「融通性」ある内面的価値とその規範性（普通「エトス」という言葉でよばれているもの）を持ち、それに基づく「融通性」ある社会形成の能力を持っていることを意味する。これを根拠として、交易性、富の移転と共に、労働行為の「融通」が可能となる。このことは、資本家的経営が近代市民社会において「支配的」となりうる根拠、特に近代において最大の隘路であった〈労働管理のシステム〉の動員において決定的な意味を持った。市民社会において一般に諸個人は、「昇華」された価値ある行為としての労働という行為の遂行を基軸として、〈労働者〉としての固有のエロス、〈生産者〉としての固有のパトス、〈生活者〉としての固有のロゴス、を保持している。そしてそれを満たすものとして、社会を形成し、同じこととして、それを満たす限りにおいて、その社会を「公正」なものとしそこに自己を同定する。私的所有の「顚倒」によって結ばれた〈普遍的交通〉も、それがこの契機を満たすことを通して、またその限りで、「正当化」される。近代市民社会の〈領有法則〉＝自己労働に基づく他人労働の領有は、まずその労働という行為自体の遂行において、本能の欲望充足（「昇華」された形式での、それ故「迂回」されたものであるが）として満足を与えるものであり、また自己の人格的個別性、固有の人格的資質の実現として、そこですでに「肯定的」なものとなっている（エロス）。またすでに所有の「正当性」の「原理」、外なる富の形成とその（他方に非所有を生じてなおかつ正当と認知される）移動をみとめているから、その外なる富の蓄積は彼において際限はなく、それ故他者の際限のない富の蓄積も「正当化」されている（パトス）。またその所有の形式本来の性格から、この〈領有法則〉の下では、彼の生存は、自己労働に基づくもの、少なくともそれを根拠として正当化しうるもの以外にはなく（つまり共同体的な所有の保障はなく）、生存という究極的な欲求を満たすものは自己労働であり、自己労働を遂行しないことの帰結としての生存の否定の正当性を、価値的には同意している（ロゴス）。このように近代の諸個人は、多面的に彼の労働行為を「肯定的」なものとして「同化」している。（上の例において、ウェーバーの「エトス」は、第二の「生産者としてのパトス」を一面的に強調したものであり、マルクスの「原蓄論」は、第三の「生活者としてのロゴス」を、フロイトの「本能」は第一の「労働者としてのエロス」を一面的に強調したものと言えよう。）そして彼らは、そうした労働への「固着」を根拠とした社会の形成の能力を持ち、その過程において他方での彼らの欲求である〈協働性〉を、「顚倒」した形式の下においてであるが、満たし、それら全体の総括的自己表現として、限定された境界をもつものではあるが、そこにおける自律的な行為主体としての自己、その境界の内における自己の責任能力としての〈自律性〉を、実現する。即ち、「本源的」かつ「概念的」には、労働という行為を通した有機的連帯とその担い手としての自律性なのであるが、その「顚倒」した形式としての、外化された所有の交易性によって結ばれた（マルクスの言う「物的依存関係に媒介された」）有機的連帯と自律性（マルクスの言う「全面的相互依存関係」）としての〈普遍的交通〉を、実現する。資本家的経営は、こうした諸契機を、「肯定的」なものとして動員することによって、近代社会総体において、「支配的」たりえ、安定的たりえる。労働という行為に対する「肯定的」な価値関心と規範性を持った、しかもそれをあらゆる意味での具体的な欲望充足に究極的な根拠を与えられたものとして「肯定的」に「昇華」した諸個人、更にまたそれを根拠として有機的連帯を自ら形成しうる諸個人、彼らとその行為の論理を「ポジティブ」なものとして依拠することによって、近代の資本家的経営は存立しえた。逆に言うならば、異なる市民社会からの行為主体の「融通」、市民社会形成者の「重合」において、諸個人の人格的「制約」は、その「存在条件」に他ならないのである。しかし工場で働くことは、それ自体は異種的市民社会間の関係であり、そこに事象として存在する抑圧と搾取、具体的な不自由の実現と、常に緊張関係が存在する。だがそうした複層的現実の形成を、その一歩手前に準備している状況としての近代市民社会の歴史的形成が、その「支配性」の根拠である点には変わりがない。そしてまた構想される〈個人的所有の再建〉も、そうした具体的な欲望充足に究極的な根拠を与えられた〝労働〟という行為への固着と、それに基づく有機的連帯の契機を、「肯定的」なものとして「止揚」するのである。

### （4）近代複層的市民社会における資本家的経営の「支配性」とその限界

以上、近代市民社会が本来保持しているその社会形成の論理を明確化すると共に、それを敷衍する形で、それが資本家的経営の「支配的」な社会の母胎となりうる根拠、と同時に〈個人的所有の再建〉において積極的に止揚される契機を、論じてきた。それ故これからそうした近代市民社会とそこにおける〈領有法則〉――自己労働に基づく他人労働の領有――の「転回」過程、即ち、外なる富の自己増殖としての資本家的経営の（本源的）蓄積と、それに根拠を与える新たな〈領有法則〉――他人労働に基づく他人労働の領有――の、歴史的形成を、論じなければならない。ただその前に、逆に資本家的経営の存立にとって、という形で、近代市民社会が準備したその「支配性」の根拠と、固有の制約を、要約的に示しておくことは、有益であろう。

まず資本家的経営の「支配的」な存在としての存立の根拠である。これは、これまで論じてきた、一般的な資本家的経営の存立の要件が、その社会における支配的部面での社会の存続の論理に適合的に、(従って）満たしうること、と一言に要言できよう。

第一に、私的所有の普遍的形成である。資本家的経営の論理は、私的所有の論理の展開であるが、成立当初の資本家的経営の依拠した私的所有は、社会（共同体）と社会の間に形成された異端的存在であった。家父長的世帯共同体、農業共同体、権力的民族共同体、そのあらゆるレベルにおいて経済は「実質経済」的なものであり、資本家的経営はその変化にきわめて重要な役割をはたしたが、各レベルの共同体の存続の論理――つまりそこにおける人間の欲望充足と世代的再生産を共立させうるシステム――に直接〈経営〉のための根拠を持つことはできず、また社会にとっては賤民的性格をもった。近代市民社会が私的所有の論理をもってその存続の論理――やはりそこにおける諸個人の欲望充足と世代的再生産の両立――の基軸をおいたことにより、資本家的経営はそうした異端性、パリア性（賤民性）から解放された。資本家的経営は、私的所有が富の蓄積は当然として、「非所有の自由」をも公正とするとき、ごく正当な、理性的な、それ故現実的存在となる。このことはきわめて具体的な問題として、その時代における人々にとって資本家的経営の存在の意味を、決定的に変えたと思われる。のみならず私的所有の普遍的形成は、近代市民社会の〈経営〉一般を、「擬似的」資本家的経営として処理する根拠を与える。これは重要なことであるが、資本家的経営の「支配的」な市民社会において、経営一般が全て「資本家的」なものとなるのではない。両者は明確に区別される。即ち、〈他人労働に基づく〉ものであるか〈自己労働〉に基づいているか、である。（付言すれば、この区別は普通言われる所のメルクマール――生産手段の所有――とは少しずれるものである。）両者は具体的に、全くちがったものである。しかし近代市民社会を構成する諸個人は、一方での非所有と、他方での際限のない富の蓄積を「正当化」している。それを根拠に、自己労働に基づく経営も、自己労働自身を、経営としての自己の「外なるモノ」として処理することにより、それを資本家的経営に擬する。資本家的経営の「支配性」は、こうした契機をも含んで、根拠づけられる。

第二に、権力的関係が、市民社会の形成それ自体によって、市民的諸関係から相対化、「第三次」的構成化されることである。先に述べたように、経営の活動の根本的部分が権力的関係に制肘される、あるいは逆に依存する場合は、その「運動」を「資本蓄積」として総括できず、それ故資本家的経営たりえない。市民社会の形成に先行する歴史過程においては、個々人、家父長的世帯共同体（個人）、農業共同体、権力的民族共同体は、それぞれ、その上位の共同体の成員であることを通してその所有を実現していたから、その権力関係[11]の相対化は問題になりえず、それ故その社会の内に資本家的経営は存立の基盤をもちえず、その力の及ばない「境界領域」にのみ生じえたのであった。もちろん近代市民社会においても、諸個人は市民社会の形成（という形での〈協働性〉の実現）を通してしか、所有を実現しえず、それ故共同態《Gemeinwesen》的存在拘束性は貫かれており、市民社会の形成と、公民という立場からの近代〈名望家〉国家の形成は不可欠のことであり、重要な役割をはたす。しかしその、二次的構成としての複層的市民社会は、上位の（具体的には権力的民族共同体の）共同体に先だつ諸個人の、相互の第一次的主体としての認知による構成であり、権力的民族共同体に歴史的源流を持つ〈名望家〉国家は、はじめから、複層的市民社会における社会統合（有機的連帯）とは「ズレ」ており、相対的に、また自律的存在である。近代市民社会はこうして、私的所有の一般的成立と共に、資本家的経営に、権力関係との相対的自律性の条件を与えるのである。

第三に、近代市民社会の形成は、経営活動における営業と、その営業的利潤についての計算可能性、予見可能性を、質的段階差をもって高める。これは営業の、流通と「生産」両局面について言えることである。近代社会以前の資本家的経営においては、流通面では、利潤とその計算可能性は、共同体の間の私的所有の側にのみ存在したのであって、共同体の内に及ぶものではなかった。また「生産」（といっても商業活動が主であった）の担い手の私的所有者も、自らの所有の対象の価値を何に求めるか（何に「昇華」するか）、は多様であった。それ故そこでの計算可能性は、きわめて不確定なものであった。（それ故期待値としては「莫大」な利潤がなければ、長期にわたる経営の存続は不可能であった。）近代市民社会における私的所有の普遍的形成は、まずそれ自体「市場社会」（〔普遍的〕交易の社会）の形成であり、基本的に、計算にとって不可欠な価値尺度としての富が、一般的なものとして形成される。と共に、流通の対象としても、生産の「融通」された担い手としても、複層的市民社会における諸個人は、その市民社会の構成の論理に即する限りでの計算可能性が著しく高まるのみでなく、特に重要なこととして、共に私的所有に根拠を持つことにより、その行動が資本家的経営にとって決定的に異郷的な、理解の困難なものではなくなった。それ故一般的利潤率の形成やそれを基準とした経営の活動をも可能にしたのである。

最後に、近代市民社会の形成は、「動員可能」な〈労働管理システム〉を、著しく拡張する。そうした〈労働管理システム〉の近代における主要な形態は、後に詳説するが、生産の場における〈企業的専制〉、労働力の再生産の「社会的確保」を、共に動員される労働者諸個人のそれ自身の論理に即して、調達することが可能である。特に近代社会の〈中枢〉部における〈労働管理システム〉である〈雇傭報酬制〉においては、空間的・時間的に彼の形成する市民社会から隔離されているにも拘わらず、基軸的には労働という行為に帰着する彼の属する市民社会の固有の論理に即することによって、彼の内面的価値の規範性に依拠した〈企業的専制〉と労働力の社会的再生産が可能である。（その「内面的価値」がどのような種類のものであるかは先に述べた。）このことは、熟練職工のような〈同職集団型労働力〉、製糸女工のような〈生計補充型労働力〉、共に言えることである。

他方で、資本家的経営にそうした「支配性」の根拠を与えた存在条件としての近代市民社会の形成は、同時にその制約の根拠でもある。

近代市民社会は、複層的市民社会の重合として、具体的には存在した。その構成主体としての相互認知は、最終的には具体的な所有対象のしるしに帰着するもので、その各々の局面について明証的な範囲が存在した。またその認知は、相互の異種性、人格的個別性、固有の人間的資質を認めあう関係であった。またその関係の基礎にあるものは、それ自体が具体的な「昇華」された欲望充足である労働という行為を基軸とした、つまり自己労働に基づく、具体的欲望充足としての自己の実現と社会形成（〈協働性〉「有機的連帯」）の実現であった。それ故その「友愛」＝「有機的連帯」も、明証的な境界をもつ個別の市民社会内においてのみ成立するもの、具体的な人格性と欲望充足に根拠をおくものであった。

第一にそれ故、資本家的経営は、賤民性からは解放され、むしろ神々しい存在とすらなったが、具体的な市民社会の構成者としての諸個人にとっては、やはり疎遠《fremd》な存在であった。諸個人は、資本家的経営において、そこで市民社会の形成者と成るのではなく、異邦の民として、異なる市民社会の出会として関わった。逆に言えば資本家的経営は、自ら自律的に労働者諸個人を「市民」として組織しえたわけでは決してなく、他所で形成された内面的価値や行動様式を、自らが「計算」しうる範囲で、ありがたく受けいれたにすぎない。「普遍的」な、あるいは単一の市民社会が形成されたわけではなく、また資本家的経営がその場で諸個人に内在的な価値、規範を組織化したのでもない。それ故資本家的経営は、直接的かつ具体的な、諸個人の、またそれら諸個人の形成する市民社会の（同職集団や村がそうである）、「人格的制約」をうける。マルクスは一貫して、〈資本家的生産様式の支配的な社会〉は論じたが、「資本主義社会」は論じていない。〝――ismus〟という「原理」的な、つまりその社会における究極的な〈公正さの体系〉が、そうした総括の形式になじまなかったためと考えられる。筆者は後者の表現が「まちがい」等とは言わないが（つまりそうした総括の形式が的をえた現実が存在すると考えるが）、そこで問題となっている含意は、充分理解すべきである。

　第二にそれ故、資本家的経営も、それぞれの市民社会に対し、「他者的」にふるまう。特に、特定の市民社会が経営にとって具体的な障害となった時、問題はクリティカルな性格を帯びる。「他者的」に、とは、その諸個人の具体的欲望充足の行為に（いかに「昇華」〔外化〕された形式によるものであっても）そっていない方式で、つまり諸個人に対する直接的な抑圧の姿形で、ということである。それは具体的には、暴力、及び所有の収奪、である。収奪とは、内面的に「正当化」された交易性に基づかない、当事者に「不公正」と認知される形式での、所有の移転である[12]。近代社会は複層的市民社会であるから、市民社会の「外」に対しては、始終これが発生した。奴隷貿易、囲い込み、違反操業、リンチ等である。留意すべきことは、一般の市民の側からも、これが行なわれた、ということである。女工の「家」による二重契約による前借金のだましとり等がそうである（東條『製糸同盟の女工登録制度』）。資本家的経営にとって主要な「収奪」の形式は、権力国家への依存であった。近代における、とりわけその草創期における、権力国家の暴力と収奪の契機を見ないことは、歴史的現実の認識としては、決定的なリアリティーを欠いている。近代の資本家的経営は、権力国家に対し一応の「相対的自律性」を保持していたが、いくつかの重要な局面においてそれに依存し、複層的市民社会における市民関係にとっては「他者的」な契機にもちこんだ。この意味でも、近代の資本家的経営は、制約《Bedingung》・存在条件をうけていた。

第三に、営業活動の〈計算可能性〉にも大きな限界があった。私的所有をその根拠とし、また一般的には価値ある行為とその外化された富に交易性が存在したから、経営が「資本の論理」により「運動」すること自体を妨げるものではなかったが、複層的市民社会は、それぞれの固有の人格的個別性と、それぞれに具体的な欲望充足の行為に基づく「有機的連帯」を形成するものであった。それ故それは、特定の資本家的経営の形成する市民社会にとって異種的な論理であり、究極的な価値関心も規範性も異質で、自らの「論理」に即して「計算」することはできなかった。この問題は、先に労働市場局面において、述べておいたとおりのものである。諸個人は、それぞれの市民社会において、固有の〈価値合理的〉〈実質（合理）的〉な規準を内にかかえて行為しており、それは「掛けがえ」のない、それ故「代わりがえ」のない価値であり、資本家的経営の保持する規準に還元しきることはできないものであった。

最後に、以上を端的に総括することとして、〈労働管理システム〉の「動員」において、労働者諸個人の、生産過程に対する「人格的規制」に、むしろ「ポジティブ」なものとして依拠することとなり、それを自律的に編成することはできなかった。この命題が、いかなる具体的現実の表現なのかは、これまで筆者がつとめて論じてきたことそのものだから、更にくりかえす必要はないであろう。ただここで一点明記されるべきことは、近代的な〈労働管理システム〉において諸個人は、その最も〈中枢〉たる〈雇傭報酬制〉においても、具体的な行為としての労働の成果として、報酬を受けとっている、ということである。筆者においては、「労働力商品仮説」は、近代社会の問題構成の理解の枠組みとして適切でない。労働者諸個人は、自己労働の確証された成果、または、確証された成果を約束する責任ある行為、その「報酬」として賃銀をうけとる。同時にその行為は、彼自身（及び彼の構成する市民社会）にとって、具体的な欲望充足の行為として「肯定的」なものである。労働者諸個人が、自己をその社会に

「同定」する局面、その端的な言い換えとして、自己の属するその社会を「正当化」する局面、その局面においては、工場でする焼入れ作業とその交易による果実の取得、両者を通じた欲望充足の過程と、自分の仕事場におけるその過程とは、根本的なちがいはないものとして（ものであるかのように）処理される。その局面においては、これも具体的な事柄として、工場における労働と働かない工場主の安楽の共存は、「不公正」なものではなかったのである。（もちろん労働者諸個人は、他の工場生活の局面がある。そこでの具体的な〔様々な含意における〕「抑圧」は、もちろん「不公正」である。）筆者の「投下労働価値説」の内容が問われることになるだろう。筆者は、近代においては、労働者の労働行為が「取引」されるとする。さすれば剰余価値はどこから生ずるのか。不等価交換によってである。〈市民〉社会の複層性が、それに具体的根拠を与える。筆者は、私的所有の（非所有の自由を認めるまでの）不可侵性・排他性、その所有としての行為の価値とその対象物の労働と労働生産物への「昇華」、そこでの相互の対等性と「有機的連帯」等について語ってきた。しかし筆者は、これらの「公正さの体系」が、等労働量交換にまで及ぶとは一言も述べていない。行為の価値の究極的根拠が労働ととらえられることと、等労働量交換とは別の事柄である。実際近代市民社会の歴史的現実は、それを抽象することは到底できない程に、不等労働量交換が〈価値合理的〉＝〈実質（合理）的〉規範に支えられ、「ポジティブ」に存在したことを示している。更に筆者は、そうした〈公正さの体系〉は、複層的市民社会間には及ばない、と言っている。そこでは搾取や「収奪」が広く一般に行なわれる。そして〈雇傭報酬制〉は、まさにこの異種的市民社会間の「出会」なのである。

## （5）〈領有法則の転回〉＝「本源的蓄積」

自らその形成に決定的に関与しつつ、近代市民社会の形成により、資本家的経営は、その社会における「支配性」の根拠をうる。それが現実のものとなっていくことが、「資本の本源的蓄積」であるが、近代市民社会の歴史的形成の論理に即するならば、それは〈領有法則の転回〉＝〈自己労働に基づく他人労働の領有〉の成立を根拠とした、〈他人労働に基づく他人労働の領有〉である。「他人労働に基づく」という命題も、具体的・現実的なものと考えられるべきであり、「他人が労働して作った生産手段を用い、他人が労働して作った生産物を交易すること」によって、「他人によって、外化された富を所有すること」である。近代市民社会の形成は、すでに論じたように、すでにその成立の時点で、私的所有の論理を、譲渡《Entäußerung》から「非所有の自由」をも正当化するまでに徹底した時に（つまりはじめから）、この種の経営を公正なものとしえていた。先に述べたように、工場における労働も、それ自体が欲望充足の行為であり、また充分な果実をえている限りにおいて、市民社会における彼のあり方と根本的なちがいはなく、「肯定的」に処理可能なものであった。従ってこの論理の文脈での「法則」の「転回」は（究極的には「非所有の自由」を認めた地点で）、困難なものではなかった。

　だが現実の歴史形成においては、このことには障害がいくつも存在した。マルクスはこの問題を、資本家的経営の支配的な社会の歴史的前提としての「二重の意味で自由」な労働者の出現、という問題構成として提起した。このレトリックの提起は比較的容易に理解できるから、あまり深く考慮されてこなかったが、実は重要な問題を含んでいる。

　マルクスのレトリックも、ごく具体的な歴史的現実の総括として、うけとめられるべきである。第一の自由とは、「あらゆる種類の『前近代的』（『伝統的』）な拘束性をうけない」、ということである。この局面は筆者がこれまで近代市民社会の歴史的形成として論じてきたこととほぼ重なる。つまり、〈家父長的世帯共同体〉〈農業共同体〉〈権力的民族共同体〉それぞれのレベルで、上位の共同体の一員であることを通しての自己の実現というその究極的な生存の性格から生ずる、上位の共同体の規範的拘束力が及ばなくなる、ということである。ただこれまでとりあげられてこなかったことは、この種の変化が、「革命（的暴力）」をクリティカルな契機とする、ということである。「革命（的暴力）」は、単純化するならば、以下の四つの契機の複合と考えることができる。第一に、その社会がコスモスを維持するためにとっておいた「ハケ口」としての、祝祭的・異端的カオス・「境界領域」の継時的形成の伝承（「ケ」に対する「ハレ」）。第二に、ペストの流行なり慢性的人口過剰なり飢饉なり、具体的な生存（欲望充足を脅かされる状況の出現と、それに対する本能的な攻撃衝動と行動。第三に、上位の共同体（及びその人格的代表者たち）が、自分たちの自由の実現を実質的に保障していないことの自覚（一般的には一時的なもの）と、異議申し立て。第四に、上位の共同体における「支配階級」的地位を占める人々の間の、ヘゲモニー争い、である。これらの複合は、複雑なものであるから、具体的実証の課題である。ただ一般的に言えることは、第一に、この種の過程においては通常、明確な目的意識性が存在しない、ということである。この過程においてカリスマ性を持つ預言者が重要な役割を担ったとしても、一般には、彼の預言そのものはその後の歴史展開とは関わりを持たないのが普通である。にも拘わらず第二に、この種の過程をへることによって、具体的なその時点で、権力的民族共同体等の上位の共同体の規範的拘束が著しく弛緩している状態が、つくられるということである。それがまた回帰する場合も稀ではないが、そういう状況《conjuncture》の形成自体が、歴史の「カマド」となる。この種の過程が一気に進行するか、くりかえしの出現によって次第にそうした状況が生ずるかは、様々である。だが近代市民社会の形成において、そうした状況の出現が決定的な意味を持つことは、充分納得のいくことである。

　マルクスのレトリックの言う第二の自由は、「生産手段の非所有」の形成である。この命題は、具体的に二つの歴史的現実をさしている。一つは「市民」が生産手段を失うこと、もう一つは何らかの意味で「肯定的」なものとして（つまり「生存のため」という理由を含めて）、他人の労働指揮の下に入るということ、である。最近の歴史学の一般的風潮として、こうした契機、とりわけてその前者を無視、ないし軽視する傾向があるが、これは全く妥当でない。くりかえし述べているように、所有は、具体的欲望充足の行為としての自己の自由の実現である。その形式としては、工場で働くという形式が、自己の生産手段で作ったものを自己が取引して満たす形式より「疎遠《fremd》」なものであることは、疑いをいれない。それを同質的なものとして処理することは、そこにある現実の「正当化」、より正確に言えば、そこにある現実を構成する者としての自己のそれへの「同定」・「合理化」、の論理にすぎない。従って歴史的現実は、生産手段を喪失した市民は、まずその回復を求め、ただちに工場の門をくぐったりはしなかった、それを欲しなかったことを示しているのである。主要な所有（マルクスの言葉で言えば「現実的領有」。マルクスは領主が「所有」し、農奴が「現実的領有」する、と言う）の対象を喪失した諸個人は、「地主」の元へ行く形にせよ、まず「現実的領有」の回復を求めた。それ故卓抜したマルクスの洞察力は、市民と生産手段の「持続的分離」は、先とまさしく同じ言葉、「革命的暴力」を媒介とする、と語ったのである。その具体的あり方は様々でありうるが、その契機を否定することは、全く現実性《reality》がない。ただその生産手段の「持続的分離」が、他人の労働指揮の下に入ることを根拠づける論理に関し、マルクスは簡単に問題を処理しすぎている。マルクスの論理は、「これでもう売るものがなくなったから、生存するために、『労働力』を『売る』以外にない」、というものであった。むろん第一に、この命題は、資本家的経営の存立の、象徴的、神話的表現としては成り立ちうる。（その際には「生存する」ということの意味を、広範な問題群のレトリカルな表現、とみなすことになろう。）他方歴史的現実的にも、特定の領域において、たしかにこの論理に依拠した〈労働管理システム〉が存在した（〈窮民型労働力〉）。またこの存在は決して軽視できない。だが近代社会の〈中枢〉的部分に成立した資本家的経営を、歴史的現実的にとらえる認識枠組みとしては、この命題には、重大な難点がある。それはこの表現が、資本家的経営は、自らその形成の一端を担いつつ、生産手段を喪失した諸個人が、他人の指揮の下に入ることを「肯定的」なものとして組織し、その現実とそれを形成する自己の「合理化」が、不可欠であったことを示しえていない、ということである。歴史的現実が近代の諸個人にとってそうしたものであったことは、『製糸同盟の女工登録制度』『近代・労働・市民社会』を通じ、筆者が一貫して主張してきた事柄である。またそうでなければ、そうした社会システムはあまり長続きしないであろう。そうした「肯定的」なものとしての組織化の基本的な姿形は、本来その諸個人が帰属していた所の市民社会の論理、これも現実的な事柄として、その諸個人がそれまで享受してきた具体的欲望充足の行為とその果実の「同化」のあり方、それを可能な限り（これには二つのベクトルがある）「生かす」ことであった。そうした「生きた」労働の組織が、近代の資本家的経営が、人格的存在たる諸個人を「ポジティブ」な存在条件とする、ということの内実であった。マルクスの表現をもってしては、かかる契機をくみとることができないのである。

〈領有法則の転回〉が以上のような性格のものであるとするならば、それは「資本の自己運動」としての「資本蓄積」の、究極的な姿形ではありえない。〈他人労働に基づく他人労働の領有〉の原則は、文字通り、（諸個人にとって資本家的経営がそうであったのと同様、（経営にとっての諸個人の行為は）他人の、「疎遠《fremd》」な他者の行為に依拠することであり、資本の「運動」の「自律性」の根拠が、その「運動」の外に根拠を持つことを意味するからである。その克服は、資本家的経営自体において、資本家的経営を自ら構成するものとしての労資その他の生産当事者が、その場を（経営を）、相互の認知を通して構成する単一の市民社会と成し、しかもその過程が諸主体にとって「肯定的」なもの（さしあたりは、労働への「固着」、協働性、自律性）をそこに実現するまさにその場所と成す、そのことによってはたされる他ない。それが現代資本主義社会を成り立たせようとするものであり、「顚倒」した形式においてではあれ、現代社会がはじめて成した歴史的創造である。そこでの〈領有法則〉は、一言にすれば、〈社会的《Gesellschaftlich》労働に基づく他人労働の領有〉に「転回」している。最終的・究極的な自己の実現は、やはり他者的《fremd》なものだが、先に述べたように、そこでは「すでに事実上達成されている共同的生産」が過程として存在する。誤解を恐れず言えば、ここに近代市民社会が「完全な形ではなしえなかった」「二重の意味での自由」な労働者をつくりだす。そしてそれは新たな〈領有法則〉〈社会的労働に基づく自己労働の領有〉の前提、〈個人的所有の再建〉の前提となる。そこで、自律的諸個人が、自己を第一次的主体とし、その「直接的《unmittelbar》に社会的《gesellschaftlich》」な結合として、自己の自由を実現する。〈領有法則の転回〉が、（つまり共同体的所有の否定が、ではなく）、所有の「第一の否定」であり、この否定の否定が新しい社会の起点である、とマルクスが語る時のその含意は、ここにあると考えられるのである。

### （6）近代社会の「支配性」と世界性

近代社会は、その構成の複層性・異質性をその「ポジティブ」な契機とする複合的な社会システムであり、その異種性は、「世界経済」のレベルでとらえられねばならない。〈資本家的経営の支配的な社会〉あるいは「支配性」という概念は、その異種性を前提として成り立つものである。このことは何らむずかしい事態の説明ではない。単純な言い方をするならば、圧倒的な生産技術上の優位を持つ機械制大工業に基づく紡績工場が起こったとしても、もしその生産物を買う者がイギリスにしかいなかったとしたら、それ自体によってイギリスの社会構成に、それ故当然「世界経済」の構成に、大した変化は起こらなかったであろう、つまりその種の資本家的経営は、イギリスという国民経済においても世界的にも、「支配的」な〈経営様式〉とはならなかったであろう、ということである。産業革命という「革命的暴力」は、そうした自らとはちがった種類の（異種的な）、だがやはり私的所有と交易性はまだ存在する広大な地域の存在を前提とし、それとの関係において、その極心に、「支配的」な、〈雇傭報酬制〉に基づく〈資本家的経営〉を創出した。そうした地域は、単に「原蓄」における蓄積される「富」の源泉であっただけでなく、近代社会そのものがそうした異種的経済の複合としての世界システムであり、その契機を無視しては、近代の資本家的経営も、その「支配性」とそれをもたらした「革命的暴力」としての産業革命も、理解することはできないのである。こうした関係は、より小さな規模では、例えば日本近代の国民経済等の内部においても指摘できる。

次節で述べるように、同じく〈資本家的経営〉といっても、近代においては、〈雇傭報酬制〉〈分益小作制〉（工場部門では〈元請制・問屋制〉）〈強制労働制〉という、異種的な〈労働管理システム〉に基づく経営が、〈中枢〉〈半辺境〉〈辺境〉をなしていた。その周りには他人労働によらない（つまり自己労働に基づく）私的所有としての非資本家的〈経営〉が、更には共同体世界も存在していた。これらの複合的な世界システムが、まず実在の世界経済であったのであり、そこで〈資本家的経営〉が「支配的」だったのであり、またその中でも〈雇傭報酬制〉に基づく〈経営〉の、周辺の〈経営〉の、A・G・フランクの言葉に従えば「ルンペン化」を通して、そのヘゲモニーが実現されていたのである。〈資本家的経営の支配的な社会〉としての近代社会が、まずこうした異種的〈経営〉間の有機的連関として存在していたこと、その固有の歴史的・自然的条件が、初期の異端的な資本家的経営が、世界経済において「支配的」なものとなる要件であったことは、その歴史的現実の形成を考察する上で、欠かすことのできない視点である。

## 4　近代における〈資本家的経営〉の主要な形態

以上、近代的な資本家的経営の形成と、その条件、基本的性格について論じてきた。本書全体の性格から言うとやや問題に立ち入りすぎたようであるが、本章のねらいである、「近代的・現代的な〈資本家的経営〉の基本的性格を、より長期の歴史的パースペクティブの中に位置づける」試みとしては、一応筆者の「問題了解の枠組み」については、理解をえたと考える。以下、重点を近代的な〈資本家的経営〉の現代的なそれへの移行過程に移し、「長期の歴史的パースペクティブの中での位置づけ」の試みを続けたい。

すでに述べたように、近代社会は、異種的〈経営〉間の複合・有機的連関として、まず存在していた。その異種性は、資本家的経営そのものにも及んでいた。近代における〈資本家的経営〉の異種的存在形態としては、主要には以下の三つがあげられよう。〈雇傭報酬制〉〈分益小作制〉（工業部門においては〈元請制・問屋制〉）〈強制労働制〉の三者である。

この三者は、主要には〈経営〉が動員し、依拠する〈労働管理システム〉のちがいによって区別される。それぞれについてその形態的特徴を述べれば、〈雇傭報酬制〉は、具体的労働の場が〈経営〉によって人工的に設定されたものであることを諸主体が認知している（労働者諸個人はその中に出自の市民社会的関係を持ち込むが、その場それ自体は彼にとって異種的世界である）と共に、労働の果実は、（確証された成果を生むものとしての）具体的労働に対する報酬としての賃銀（交易性における普遍的富）の形で、その一部が労働者諸個人に還元される。〈分益小作制〉では、労働の場は労働者諸個人の属する市民社会における生産の場がほぼそのまま維持されると共に、労働の果実は、〝確証された成果〟そのものの形か、または確証された成果自体の代償として、その一部が労働者諸個人に対して控除される。〈強制労働制〉では、労働の場は出自の市民社会から空間的にも時間的にも、また労働の質の点からも切断されており、市民社会におけるその構成主体者の「崩潰」の処理のシステムという市民社会の再生産の特異な局面に依拠し[13]、労働の果実は、(その世代的再生産ではなく)その一代限りの個人に対する直接的扶養として、労働者諸個人にその一部が分与される[14]。

これらの三つの〈労働管理システム〉に基づく資本家的経営は、近代社会の、それぞれ〈中枢〉〈半辺境〉〈辺境〉を構成している。ここで重要なことは、先に述べた「時空間」「場」における存在の仕方は、設定されるあらゆるレベルの「場」にみられる、ということである。「世界経済」レベルにおいては、すでにA・G・フランク等がその事情を明快に解いている。重要なことは、〈中枢〉国家の一つである日本の内部においても、かかる構成がみられたことである。炭砿業や辺境の土木事業に〈強制労働制〉がみられたし、広大な農村地帯に〈地主制〉がみられた。更には、ある産業の特定の〈経営〉のレベルにもそれはみられた。〈同職集団型労働力〉に依拠する〈雇傭報酬制〉に基づく「基軸」的経営においても、〈経営〉の存立に不可欠なものとして、雑役や土木関係で〈元請制〉(それは〈分益小作制〉の亜種である)に依拠し、更にその補助労働として、(「土方の手伝」や「左官の土練り」等)、世代的再生産の保障されない〈窮民型労働力〉に基づく〈強制労働制〉を動員していたような例は、枚挙にいとまがなかった。

こうした異種的な諸々の〈資本家的経営〉にあって、〈雇傭報酬制〉が〈中枢〉を占めるのは、歴史的・自然的諸条件による。それらには、〈雇傭報酬制〉が、武器や主要な生産手段の生産を担っていたことや、より交易性・収益性の高い(つまり交易条件がよい)こと等も含まれるが、より直接的には、〈資本家的経営の支配的な社会〉そのものの形成にあたって、その種の〈経営〉の構成する市民社会がヘゲモニーを持ち、権力国家とも関係が深かったという、歴史的経緯による。簡明に言えば、まずイギリスのその種の〈経営〉が「世界経済」の形成にヘゲモニーを発揮し、それと対抗しようとした後発の〈中枢〉国家においても、その中核はその種の経営が占めていた、ということである。そして多くの場合他の種の〈資本家的経営〉は、その種のヘゲモニーの利害に自己の利害の実現を重ね合せ信託することに「同意」し、「辺境」の地位でそれを「享受」したのである[15]。しかしそれは可塑的ヘゲモニーとして存在したのであって絶対的なものではない。例えばある時期までの日本の近代では、中枢の〈雇傭報酬制〉に基づく経営と〈分益小作制〉に基づく経営との「共同支配」を考える方が、妥当であろう。

だがこの項での議論に関し何よりも重要なことは、これら三つの異種的経営において、いずれも、だがそれぞれに異なる仕方で、先の項で述べた近代の複層的市民社会の「論理」とそこに形成された実体的関係を、〈労働管理システム〉を構成する「ポジティブ」な、かつ不可欠な前提として、依拠し、動員している、ということである。そしてこのことが、先の〈雇傭報酬制〉の〈中枢〉的性格の、遡及的な根拠ともなっている。

すでに述べたことと重なるから、ここで多くを語ることはしない。ただこの項で特に言及しておく必要があるのは、先の三つの〈経営〉のあり様において、より〈中枢的〉なもの程、複層的市民社会の「論理」とそこでの実体的関係への依存が、より「抽象化」された、誤解を恐れず言えばより「間接的」な仕方で達成される、ということである。このことは、本来「市民社会」という社会構成が、自己の欲望充足の協働性を媒介とした実現という普遍的な個人と社会のあり様を、抽象化された対象一般に対するこれまた抽象化された所有という形態で実現するものでもあることと考え合せるならば、より〈中枢〉的な〈経営〉ほど、より「成熟」した複層的市民社会の形成を前提とするものであることを示している。それ故この関係が、〈雇傭報酬制〉の〈中枢〉的性格の歴史的淵源をなすとも考えうるのである。具体的に見てみよう。〈雇傭報酬制〉においてもその出自の複層的市民社会における労働力の処理・再生産の論理、そこでの実体的諸関係が動員されていること、わかりやすく言えばそれが空間的に隔離された〈経営〉に「持ちこまれ」ていることに、変わりはない。しかし〈雇傭報酬制〉では、まずその〈経営〉における具体的な労働＝生産行為が、即自的にはそれまでの市民社会にはなかった種類のものである場合が多い。その場合でも労働者諸個人（またはそれを「融合」せしめている「家」）は、比喩的に言えば、基本的に、その〈経営〉内に新たに自分たち（だけ）の市民社会をつくるという仕方でその問題を処理するのだが、もちろんそこでは、労働者諸個人の行なう具体的な行為に、経営は強くサンクションする。労働行為が旧来のものと連続性を持つ場合でも、それは最終的には〈経営〉の手によって交易されるのであるから、具体的な作業のすすめ方や雇傭に対し、当然〈経営〉は発言する。このように〈雇傭報酬制〉においては、労働者諸個人は、具体的欲望充足としての労働行為、労働の生産物、他の労働者諸個人、いずれに対する関係においても、より「疎遠」な立場にある。それ故彼らは、より抽象化（「昇華」）された仕方で、そうした「疎遠」な関係を「合理化＝正当化」し、そこに「同定」することができねばならない。具体的には、まず、自己の行為を、具体的労働とその報酬との交易であるとしてその「抑圧」的部分をも「合理化」する。更にその行為を、相当な程度において、市民社会においては、〈労働者〉としてのエロス、〈生産者〉としてのパトス、〈生活者〉としてのロゴス、その三局面の融合として「肯定的」欲望充足的なものであった〈労働＝生産＝営業〉行為を、より抽象化された「具体的労働の支出」へ向けることができなければならなかったのである。

〈分益小作制〉や〈元請制〉の場合、事情はかなり簡明である。それまでの市民社会において「肯定的」であった具体的欲望充足の行為とそれを媒介する協働性が、ほぼそのまま維持されるからである。この点で〈雇傭報酬制〉と、状況は全くちがう。しかしこの場合でも大切なことは、（例えば栽培作物やできあがりの構造物を経営主のみの意思で指定する等として）労働者諸個人の欲望充足とは独立の要素や、場合によっては即自的にはそれに反する要素として、〈経営〉が関与する場合があり、また、自己の行為が最終的に〈経営〉の領有する所となる不条理も存在する。しかも重要なことは、そうした事態に直面した時、彼らにはそれとは異なる選択の余地が残されている、ということである。つまり〈分益小作制〉においても、より困難の低い程度においてではあるが、そうした〈経営〉の包摂下にある自己の具体的行為を、自ら「肯定的」なものとして「合理化」できる程度に、所有や譲渡の契機を抽象化された次元で「正当化」しなければならないのである。そうでなければこの種の経営は「逃散」的な方向で分解、もしくは不安定となるし、現にインド等でのその種の試みがそうした帰結を招いた歴史的現実も存在するのである。

〈強制労働制〉の場合でも、複層的市民社会の論理とそこでの既存の実体的諸関係を前提にしている点に変わりはないが、それはより特異な局面に属するものであった。それは「非所有」の帰結としての死に対する、共同的、あるいはその発現形態としての「個人」的責任における、一代限りの救恤的扶養のシステムであった。これはその

「非所有」に直面した個々人にとって、本来もはや選択の余地のないものである。それ故その水路が〈資本家的経営〉に向けられ、更には他の水路が断たれた時には、〈企業的専制〉の、そして「非所有」が現実に市民社会において着実に「再生産」されている限りその[16]「社会的確保」の、より「直接的」かつ強力な根拠となる。先の二例におけるような「肯定的」な欲望充足の行為の組織化の形式をへずとも、市民社会の「否定」に対する本能的な「逃走」の衝動によって、つまり、具体的欲望充足の現実的「否定」としての「非所有の自由」の直接的帰結としての死に対する、迂回された欲望充足の方法である「現実原則」としての「抑圧」の発現として、自発的な行為がひきだせる。言葉を変えてみよう。筆者はここで、単に死への恐怖からその種の個々人が労働せざるをえない、と言っているのではない。彼らにすでに市民社会において、「非所有」の現実化した時、自己の欲望充足のために（具体的には死なないために）、自己をどのように「抑圧」し、行為するのかを知っている。比喩的に言えば、その種のすでに切り開かれた「死なぬ」という「エトス」を、「肯定的」に組織したものが、〈強制労働制〉なのである。それ故彼らは、歪曲された形式においてではあるが、この制度の下においてさえ、内面的な根拠を持つ自発的な自己充足の実現として（誤解を恐れず言えば「喜んで」）、行為するのである。〈強制労働制〉の世界は、マルクスの表象した「労働者階級」の創出のイメージに近い。しかしこの場合さえ、その〈労働者管理システム〉は、複層的市民社会の論理と実体的諸関係、その発現としての個々人の内面的価値規範に、「ポジティブ」なものとして依拠している。ただその組織化の過程は、「直接的」かつ即自的であり、〈経営〉における行為のために動員されるシステムとしての抽象度は低い。複層的市民社会の「成熟度」が低くとも、「非所有の自由」が存在する限り（それは市民社会なのであるから、定義によりそれは必ず存在する）、それに対する救恤的扶養は存在し（それは市民社会の存続の条件として必ず存在する）、その水路の転轍としてのこの種の経営は「どこにおいても」存在しうるのである。

以上の如く、三つに区別された近代の〈資本家的経営〉は、いずれも、それぞれに異なった程度と形式において、複層的市民社会の論理とその実体的諸関係に、「ポジティブ」に依存し、その制約《Bedingung》・存在条件の下にあるわけである。

図1-1　日本近代の労働力編成（生産分野）

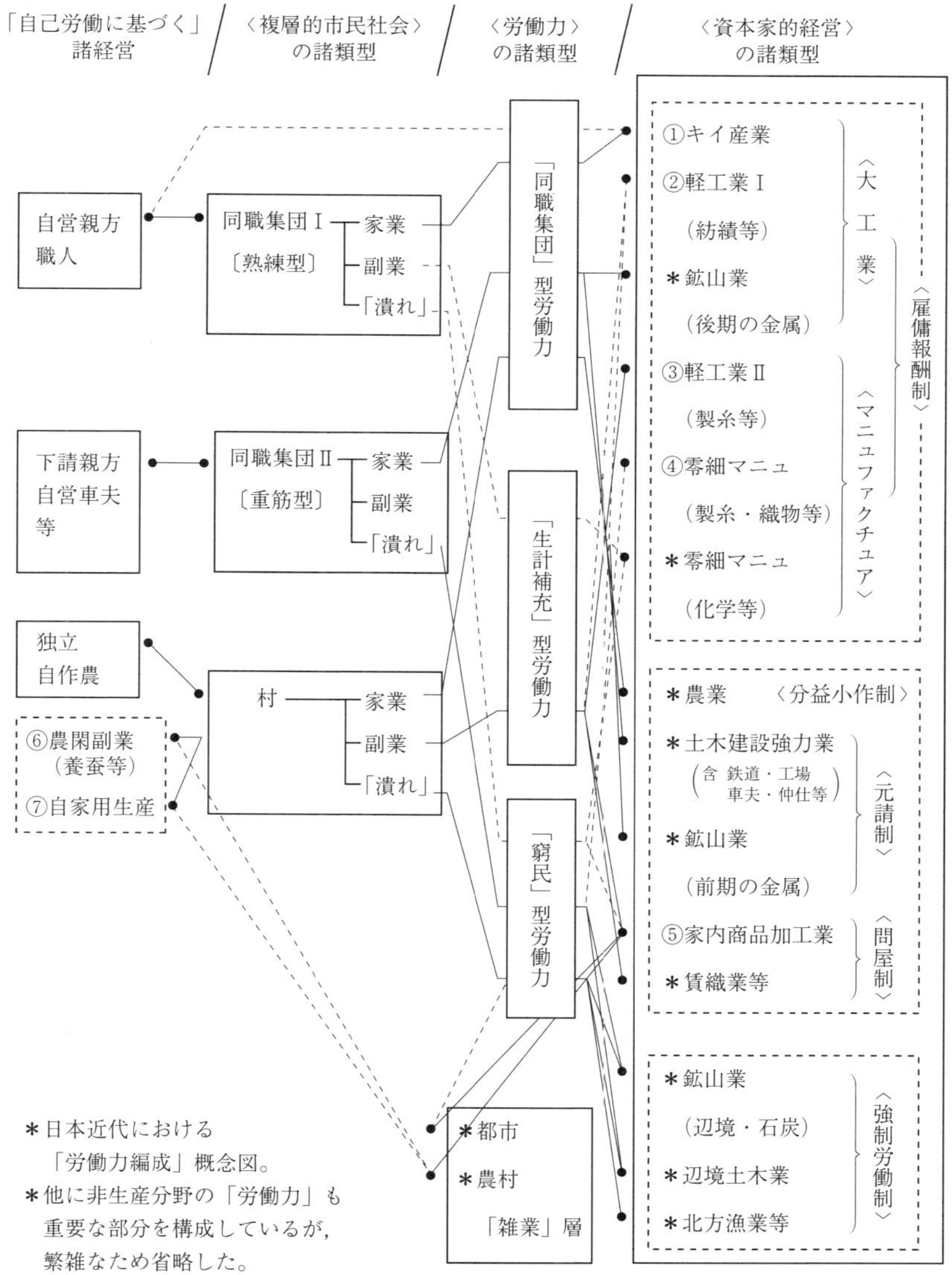


＊日本近代における「労働力編成」概念図。
＊他に非生産分野の「労働力」も重要な部分を構成しているが，繁雑なため省略した。

最後に、以上の〈資本家的経営〉とその依拠する〈労働管理システム〉についての仮説をもとに、日本近代の、また生産的分野に限っての、「労働力編成」についての概念図を提起しておきたい。山田盛太郎が「七階層の等級制」と呼んだ問題構成を、リアルに示しえていればと思う（図1‐1参照）。

## 5　近代〈雇傭報酬制〉の基本的性格

以下、先に述べた近代社会において〈中枢〉の位置に立つ〈雇傭報酬制〉の性格について検討しよう。〈雇傭報酬制〉は、近代社会における複層的市民社会の様々な〈自己労働に基づく経営〉や、〈分益小作制〉や〈強制労働制〉等の他の種の〈資本家的経営〉と区別されると共に、現代社会における〈雇用契約制〉との区別を念頭においた概念である。本節での検討は、その〈雇用契約制〉との区別を明確にするためのものである。

〈雇用契約制〉と区別された時の〈雇傭報酬制〉の特質は（近代における他の〈資本家的経営〉同様）、〈資本家的経営〉にとって不可欠な要件である動員される〈労働管理システム〉の二つの要件、〈企業的専制〉の達成と「安定した労働力の社会的確保」を、「自律《autonomous》的」に編成できない、ということに、さしあたり求めることができる。そのことをこれまで我々は、資本家的経営が、「諸個人による『直接的に人格的』な制約《Bedingung》をうけると共に、それを反面『ポジティブ』な存在条件《Bedingung》とする」こと、と呼んできた。それを本章での文脈にそって言い換えれば、資本家的経営が、論理的にも歴史的にもその「支配性」の前提である所の複層的市民社会の論理とそこでの実体的諸関係を、「ポジティブ」な制約・存在条件とする、ということである。そして大切なことは、「複層的市民社会の論理とその実体的諸関係」とは、人間の社会が常にそうであった〈協働性を通した自己の実現〉のあくまで一つの存在形式であり、「不可侵の所有の主体としての譲渡・外化《Entäußerung》を媒介とした有機的連帯」という存在形式を通した複層的市民社会も、やはりあくまで諸個人の「人格的個別性」「異種的存在性」を、その形式によって「ポジティブ」に実現しようとするものである、という契機をもっていることである。そうした「人格性」の実現としての「複層的市民社会の論理と実体的諸関係」が、その構成主体としての諸個人の制約と存在条件の内容をなすのである。

具体的に見てみよう。まず〈同職集団型労働力〉に依拠する経営においては、〈企業的専制〉の達成は、複層的市民社会の一つである、諸個人（「家」）間の結合としての〈同職集団〉の内部規律を存在条件としつつそれに制約されている。他方その「労働力」の社会的確保は、徒弟養成制度等の〈同職集団〉自身の社会的再生産の機構に依拠している。〈生計補充型労働力〉では、〈企業的専制〉は、これも複層的市民社会の一つである「家」（諸個人）内の、〈没人格的融合関係〉に依存している。と同時に、経営の一方的な専制的支配が貫徹しているかに見えるこの種の〈経営〉も、実は諸個人としての「家」をめぐる様々な内外の人格的諸関係によって強く制約されていたことは、我々のこれまでの一貫した検証の課題であった。もちろんこの「労働力」の「社会的確保」は、「村」の構成主体としての「家」の再生産に依拠している。〈窮民型労働力〉においてさえ、その専制的支配は、「非所有の自由」の帰結としての死に直面した市民社会の構成主体の内面的価値規範と、複層的市民社会が本来持っているその協働的扶養のシステムが前提となっている。他方彼らは、彼ら自身が世代的に再生産されることはないが、様々な複層的市民社会において、その一定の構成主体が恒常的に「崩潰」していくという社会システムの存在によって、その「社会的確保」が達成されうるのである。

さてそうした〈雇傭報酬制〉について、それを〈雇用契約制〉との比較の視点から、いま一歩ふみこんでより端的な基本的性格の特徴づけを試みてみよう。

すでに述べたように、一定の留保を付すならば、〈労働者〉〈生産者〉〈生活者〉という三局面は、人間の汎歴史的な存在形式と言えた。（この区別はH・アーレントの労働・仕事・活動という人間行動の区別に対応するとも言える。）これを〈経営〉は、〈労働〉〈生産〉〈営業〉という三つの契機を持つ、と言える。まだその含意は充分に示していないが、我々の立場においては〈経営〉とは、本源的には諸個人としての「家族」のことである。それ故近代社会における諸個人も、〈経営〉そのものであり、その三つの契機を持つ。他方もちろん資本家的経営も、〈経営〉である。

以上をふまえる時、近代〈雇傭報酬制〉を端的に特徴づけるものは、資本家的経営の〈経営〉としての性格に視点をすえた時、〈労働—生産〉局面の第一次的主体として、労働者諸個人が行為するということである。労働者諸個人が、その構成する複層的市民社会の論理と実体的諸関係に基づき、〈労働—生産〉局面を第一次的に組織する。これに対し経営側は、〈営業〉の局面から、〈生産〉局面にサンクションし、他方労働者諸個人も〈営業〉に影響を及ぼす。もちろん経営者、労働者共々、それぞれの立場において、〈労働〉〈生産〉〈営業〉の局面を持つ〈経営〉である。しかし労働者諸個人における〈営業〉、経営者諸個人における〈労働〉〈生産〉は、具体的な生産の場としての〈経営〉、言い換えれば両者の相互行為の場としての〈経営〉からは、「疎遠」な場において、基本的に遂行される。それ故具体的生産の場としての〈経営〉においては、くりかえし述べるが、〈労働—生産〉の第一次的主体は労働者諸個人であり、〈営業〉の第一次的主体は経営者諸個人であり、それらが相互の立場からサンクションするのである。

したがってそこから、〈雇傭報酬制〉を〈雇用契約制〉から分かつ具体的なメルクマールがはっきりしてくる。〈雇傭報酬制〉においては〈労働—生産〉の第一次主体として労働者諸個人は行為し、それ故異種的な複層的市民社会間の「出会」の場における相互の所有の譲渡、つまり「取引」は、（確証された成果、または確証された成果を生みだすものとしての）具体的〈労働—生産〉行為、現実に具体的な（生産にとってそれ自体 useful な形象をもった）行為に対する「報酬」という姿形をとるのである。

これに対し現代〈雇用契約制〉においては、〈生産—営業〉局面を第一次的に組織するのは、経営者として現れる。もちろん彼らはそれを全く恣意的に行なうのではなく、彼らと労働者諸個人両者が共に認めた〈公正さの体系〉に従わねばならず（より正確に言えば、経営者諸個人もそれによる内面的な規範的拘束性の価値をもっており）、それが「単一の市民社会」が形成される、ということの意味である。だがまさにその〈公正さの体系〉においてこそ、具体的生産の場としての〈経営〉で、その〈生産—営業〉の第一次的主体が経営として現れることが「同意」されているのである。この同意を前提に、経営側は、「生産の組織」として具体的な労働者諸個人の行為としての労働を組織し（それがこれまで〈労働力編成〉と呼んできたものである）、その立場から、それ自体が労働者諸個人の具体的欲望充足である彼らにとっての〈労働〉一般にもサンクションする。他方労働者諸個人も、この「疎外」された形式においても、自己の具体的欲望充足の立場から、〈生産〉（並に〈営業〉）局面にサンクションする。どのような社会構成においても、従って〈雇用契約制〉下の〈経営〉でも、労働者諸個人の具体的欲望充足を「否定」するようなシステムはありえず、それは「生かされ」ている。それは端的に言えば、人間本来の所有（自由）のあり方としての〈協働性を通した自己の実現〉であり、より具体的には、いずれもそれ自体が「肯定的」なものとしての、（「昇華」された欲望の対象である）労働への「固着」、協働性あるいは連帯、行為（生産等）の場の自律性、等であった。そしてそれらは、複層的市民社会の歴史的形成をへて、〈労働者〉としてのエロス、〈生産者〉としてのパトス、〈生活者〉としてのロゴスを持つ、歴史的存在としての不可侵の所有の主体である「諸個人」とそれらの形成する有機的連帯である「市民社会」という存在形式をえた。それらの契機は「生かされ」ねばならない。それは「否定」はされないが、ただ「抑圧」された形式で、つまり「現実原則」として、みたされる。即ち、〈生産―営業〉の第一次的主体として経営を認め、その立場に基づく〈労働力編成〉を決める権利《Recht》を経営に認め、自己は単なる可能的労働《Arbeitsvermögen》・抽象的人間労働の提供者として、自己を「抑圧」（「同意」）する。本来労働は、それ自体が具体的な欲望充足であったのであるから、これは「抑圧」以外の何者でもない。だがここで我々は、「抑圧」という言葉の本来の含意に注意しなければならない。まず「抑圧」は（「無意識」の領域においてであるが）、（「自我」としての）自己が、（「エス」としての）自己に対し、行なうものである。次に「抑圧」は、具体的欲望充足の「否定」ではなく、それを他のものにふり向け、他のなにがしかの「代償」行為によって満たそう、とするものである。まさにそうしたものとして、〈雇用契約制〉の下で、労働者は自己を「抑圧」する。自己の具体的欲望充足の行為を、他者の権利《Recht》の下に編成せしめることを認め、自己を単なる可能的労働《Arbeitsvermögen》またはその外化《Entäußerung》された形式としての「労働力」の提供者とする。だが労働者諸個人は、比喩的に言えば、その「リビドー」を他の「代償」行為に向ける。即ち、労働への「固着」、協働性、生産の場での自律性等の価値を、その「外なるもの」としての（その「処理」は本来新たな「所有」主体の「自由」の下にある）「労働力」の、「公正な社会的代価（代償）」をめぐる「取引」として、いわゆる joint regulation、「職場規制」といった局面も含めて、「抑圧」されたその形式において「満たす」のである。

それ故そこから、〈雇用契約制〉の具体的メルクマールがはっきりしてくる。まず第一に、それは単一の市民社会における、共通に認知された〈公正さの体系〉に基づく「取引」である。それ故それは基本的に「等価交換」（共通の価値尺度に基づく両者が共に価値的に正当と認めた譲渡）の形式をとらねばならない。異種的市民社会間の交易であった〈雇傭報酬制〉の下では、不等価交換は、相互に各々の価値体系において何ら不公正なものではなかったこととの、大きなちがいである。近代ではそれが利潤の源泉であった。

第二により根本的には、〈雇用契約制〉の下では、〈生産―営業〉の第一次的主体は経営側として現れ、その権利《Recht》の下に具体的な〈労働力編成〉は実現され、労働者諸個人は（先述のようにそうした「抑圧」された形式の下でも、具体的欲望充足の過程は「生かされ」はするのだが）、単なる抽象的な可能的労働《Arbeitsvermögen》の提供者に自己を「抑圧」しているから、「取引」は、具体的〈労働―生産〉行為に対してではなく、可能的労働の外化《Entäußerung》（「譲渡」）された存在形式である「労働力」という「外なるモノ」に対する「代価（代償）」という姿形をとる。〈雇傭報酬制〉の下では先述した形式の下で展開された具体的欲望充足の様々な行為は、〈雇用契約制〉の下では、この形式を通して実現されるのである。(17) この「労働力の成立」と共に、現代市民社会ははじまる。

## 6　現代〈雇用契約制〉の基本的性格

近代の〈資本家的経営〉と比較した時、現代の〈雇用契約制〉に基づく経営と、それがおりなす社会編成がどう性格づけられるかについては、これまでの我々の一貫した関心であった。またそれが「人類史」的な視座の中でいかなる「意味（意義）」をもつ歴史社会であるかについても、たびたび論じてきた。それ故このテーマに関しては、ここでは簡潔な回顧的考察を行なうことによりこのテーマのまとめを行なっておきたい。

近代社会に対し、〈雇用契約制〉に基づく現代社会の特質として、我々がまずはじめに提起したことは、近代の

〈資本家的経営〉が、生産過程における「労働力」の処理、全社会的再生産の場（≒労働市場）での「労働力」の社会的再生産、その両局面にわたって、「諸個人」による、それ故「諸個人」がその〈資本家的経営〉への参与に先だって構成する複層的市民社会の論理と「実体的諸関係」による、「直接的に人格的」な制約《Bedingung》・存在条件に「ポジティブ」なものとして依存したのに対し、現代の〈経営〉は、さしあたり（あくまでカッコつきであるが）その両局面の過程を、「自律的」に編成しうる、ということであった。その「自律的編成」は、まず生産過程における〈企業的専制〉の、当の生産の場としての〈経営〉における〈三つの原則〉の、即ち〈仕事の先決原則〉〈抜擢制原則〉〈職場集団との〉同意原則〉、その同意形成によるものであった。他方それは、労働力の社会的再生産の過程における〈統一的位階層的労働力市場〉の、言い換えれば〈職種の社会的評価の体系〉〈均等な機会《Chance》〉〈計算可能《Berechenbar》（合理的）な態度〉、その同意形成によるものであった。こうして編成された「単一の市民社会」が、現代の〈資本家的経営〉の制約・存在条件であった。

次に我々は、この「社会」編成を究極的に支えている「構成原理」という視点から、この両過程の「自律的編成」を成り立たしめている「論理」についても考察したい。それは第一には、労働者諸個人が、「本源的かつ概念的」には（つまり本当は、本来は）自己の具体的欲望充足の行為である労働（それを通した自己の実現としての自由）の主体以外の何者でもないものを、「外なるモノ」としての「労働力」の「所有」者として自己編成することが、決定的な契機となっていた。他方第二には、そうした行為者としての諸個人の、〈協働性〉を通した自己の実現としての対象化という人間本来の存在形式が故に）滅却しきれない、労働への「固着」、協働性、職場の自律性等の契約を、その「外なるモノ」の「公正な取引」という（「疎外」された）存在形式で「満たす」（「代償」する）ことが、決定的な契機であった。こうして現代の「資本家的経営」は、労働者諸個人の、「外なるモノの公正な所有・取引者」（即ち、他ならぬ「市民《bourgeois》」としての自己編成、彼らをも包摂した〈単一の市民社会〉の形成を存在条件とすると共に、その「公正な取引」という新たな形式で、“joint regulation” の契機も含む制約の下にあるものであった。

と共に、我々は本書の中で、より長期の歴史過程の中に位置づけるならば、こうした諸個人の存在形式も、〈個人的所有〉＝協働性を通した自己の実現の、「抑圧」されたものであるが、その一つの発現形式であり、労働への「固着」、協働性、生産単位での自律性といった、これまでの歴史社会が常に「肯定的」なものとして組織してきた、あるいは組織することを欠いては存立しえなかった契機を、そうした「疎外」された形式を通して「満たす」「代償」するものであった。と同時に〈雇用契約制〉は、これまでの歴史社会には見られなかった新たな「肯定的」な契機をも、その可能性・潜在性の形式において創造した。その契機とは、自己に先だつもののない「自律的」第一次的諸個人によって形成される、ウェーバーの言う所の「結 社《Gesellschaft》」、デュルケームの言う「有機的連帯」としての、マルクスに所謂「すでにうちたてられた事実上の共同的生産《Gemeinsam》」であった。それはもちろん、おおいつくすことのできない「搾取」「支配」「抑圧」の形式の下にあり、諸個人にとって"fremd"な姿形をとって現れ、事象として厳存する「非所有」、それ故それを根拠としてこれも事象として厳存する「階級」、その「合理化」の過程《Prozess》に他ならない。だがその形式の下で諸個人は、事実上、先だつもののない第一次的主体の「自由な」「結社」「連帯」「社会」形成としての〈経営〉を、内在的に、誤解を恐れず言えば「新たにその場で」、具体的欲望充足（とその実現形式である相互行為＝協働性発現）の「場」として、創造した。我々が新たな社会形成における「原理」たらしめようと欲する、「否定の否定」としての〈個人的所有の再建〉の過程において、第二の「否定」において「止揚」される、つまり「肯定的」なものとして保持される契機が、創造されたのである。

同時に我々は、以上のような検討をへて、現代〈雇用契約制〉を、近代〈雇傭報酬制〉と分かつ「具体的メルクマール」をも、明確にしえる。それは、市民社会一般においてその形成の最もクリティカルな契機である譲 渡《Entäußerung》の存在形式、に求めることができた。即ち、異種的市民社会間の「交易」としての近代〈雇傭報酬制〉における譲渡が、〈労働―生産〉の第一次的主体として労働者諸個人が存在することを根拠として、〈確証された成果、または確証された成果を約束するものとしての〉具体的労働行為に対する「報酬」として発現するのに対し、単一の市民社会内の「取引」としての現代〈雇用契約制〉における譲渡は、〈生産―営業〉の第一次的主体として〈経営〉が現れることを根拠として、単なる労働の可能性《Arbeitsvermögen》の「外 化《Entäußerung》」された存在形式である「労働力」「外なるモノ」としての

「労働力」の移転に対する「代価」として、発現するのである。

以上のような〈雇用契約制〉の基本的性格、あるいはそれを支える新たな単一の市民社会の「構成原理」には、その考察にあたって留意せねばならない重要なことがいくつかある。

第一に、そうした〈雇用契約制〉とそれを支える単一の現代市民社会は、くどいようだが、そうしたものとしてのそれらの構成主体である労働者諸個人の（正確には彼らも含めた）、〈同意の組織化〉を媒介として形成されてき、構成されている、ということである。そうした労働者諸個人の存在形式は、何事かの外件的予件による「因果律的帰結」ではない。彼ら自身のそうした存在としての自己編成を通して形成・構成される。彼らは、「抵抗」するが「統合」される、「解体」されるが「陶冶」される、といった存在ではない。彼ら自身が、「外なるモノ」としての「労働力」の「集合的取引者」として、主体的に自己編成し、〈経営〉は、それを自己の存立にとってあくまで「ポジティブ」な存在条件《Bedingung》としているのである。

第二にしかし、かかる「同意」とは、それ自体が決定的な契機としての「矛盾」を内包している、言い換えれば、そうした形式での「同意」の形成自体が、あくまで究極的には「フィクション」であり、「無理」であり、歴史社会に生まれながらにその解決を未来に託した人間の行為であり、またタームとしてもそれを内包した概念である、ということである。

(1)　まず「同意」とは、「本源的かつ概念的」には具体的欲望充足としての自由な行為以外の何者でもない過程を、「外なるモノの所有・取引」の形式として変換するというその究極的な性格から、現に事象としてそこにある「非所有」を、それ故「不自由」を「正当化」する行為であり、それ自体が抑圧的なものである、ということである。「同意」という概念を、我々はグラムシに負うている。しかしこうしたパラドキシカルな、「矛盾的」契機は、現実に存在する社会構成の存立のクリティカルな契機であるが故に、現実に対して究極的かつ総体的な批判を行なったと言われる程の思想家は、これに対応する自らの概念を持ち、かつそれはその思想家の現実批判の立脚点となっていた。フロイトにおける「抑圧」、ウェーバーにおける「支配」、マルクスにおける「疎外」ないし「外化」、ヘーゲルにおける「自由」等である。これらの諸概念の提起しようとする現実の問題構成こそ、「同意」という概念で筆者が考察しようとしてきた、まさにその問題構成に他ならない。「同意」はそれ自体、「本源的かつ概念的」な人間の具体的欲望充足の行為の「抑圧」なのである。

(2)　しかし「同意」された社会編成は、他方でいかに「抑圧」された存在形式を通してであれ、現に具体的欲望充足をみたすものでなければならない。それを行ないえない社会は、決して長続きしない。この逆説を包括しうる力こそ、先に上げた「抑圧」「支配」「疎外」「自由」といった諸概念の生命力であり、それらを社会批判のカギとして提示した思想家の現実認識の深さである。「抑圧」を例にして言えば、「抑圧」とは抑圧によってリビドーを他の対象にふり向け、その代償によって、「迂回された」形式で本能の充足を与えるものである。労働者の仕事への固着・協働性・自律性等の価値は、決して滅却しきれるものではない。ただ「抑圧」され、その代償の形式で「生かされ」、「迂回され」て充足されるだけなのである。「労働力の公正な取引」という形式での規制は、その現れなのである。

従って、そうした「代償」は、経営にとって、決して「やむをえざる譲歩」としてあるのではない。まさしくそれが存在することによって、現代の〈雇用契約制〉は成り立ちえているのであり、そうした労働者諸個人の行為は、現代社会にあっても、経営にとって制約《Bedingung》であると同時に存立条件《Bedingung》なのである。

(3)　しかし現代社会の究極がそのような虚構に支えられたものであるなら、「抑圧」がたえがたいまでに強化されてくる時、決定的な矛盾として、「本当の」(「本源的かつ概念的」な)立場に立ちかえった諸個人にとって看破されることになるだろう。その過程の検討は本章の対象外である。しかし「公正な市民社会」がとめどもなく腐朽化しつつある「現在社会」に、その契機が見え始めていることを、筆者は読者と共に共感できるものと信じている。

第三に、「同意」がそのような性格をもつ以上、そこに形成された「公正さ」についての価値・規範は、社会のあらゆる構成員を内的に拘束する。「内にありながら外からさしずする」超越的な価値となる。近代の複層的市民社会の「出会」の場において相互が「不公正」たりえたこととの、決定的なちがいである。それ故この意味でも、

「同意」は、経営にとっても「やむをえざる譲歩」では決してなく、自己を内的に規制する規範なのである。

第四に、「同意」のそうした性格故に、現代社会においてそれは、最終的には国家において担保されるものである。この点は、第３章において詳しく論じるはずであるから、ここではごく簡単な指摘にとどめておきたい。以上の整理によって、「同意」という行為はきわめて「政治的」な行為であることが、明らかとなったであろう。それ故それは、「政治的行為の場としての国家」において、最終的な形成を見るのである。

近代社会においては、〈公正さの体系〉は基本的に複層的市民社会内に閉じていた。それ故国家は、それら諸市民社会と「代表関係」に立つ名望家国家であった。諸個人は〈公民〉の立場で、複層的市民社会間の「公正さのぶつかりあい」や「不公正」を、それらに超越的な、だがごくゆるやかでかつ諸個人の内面に立脚しない「お上の裁きで是非のない」調停に、あずけたのである。これに対し現代国家は、諸個人の多様な行為のうちに埋めこまれた「政治的行為の場」である。「同意」された〈公正さの体系〉とそれに基づく社会編成は、そうしたものとしての国家における〈ヘゲモニー〉としてのみ、存在できるのである。

## 7　現代〈雇用契約制〉の歴史的形成

さて近代社会と現代社会が、以上述べてきたような一般的性格を持つ社会であるのならば、両者は基幹的な部分で異質な社会構成である、とみなすのが、さしあたりは当然であるだろう。もしそうであるならば、その「移行」がどのようにしてはたされたかを考案することは、歴史分析としてはきわめて重要な課題となる。

近代の〈資本家的経営〉も、複層的市民社会の存在とその諸主体の「人格的規制」を「ポジティブ」なものとして存在条件としている限りにおいて、自己の存在の正当性、即ち、〈資本のヘゲモニー〉を実現していた。

しかし資本は、資本のヘゲモニー形成の主体である労働諸階級を攻撃した。資本はまず工場の中で、諸個人の行為と出自たる市民社会の論理との間にクサビを打ちこみ、はじめて工場の中に、文字通りの無所有、プロレタリアを創りだした。他方複層的市民社会自体に対しても、資本は、その「生命力」、本源的扶養による個人の「再建」と、立身出世による個人の「発展」をもたらしうる能力を、枯渇せしめていった。

諸個人は深刻な無所有とその不安に陥った。それにより〈資本のヘゲモニー〉も危機に陥った。社会は著しく不安定で流動的な状況となった。こうして世界的には二〇世紀の前半、特に一九二〇年代中葉、社会構成の〈移行期〉がはじまった。自己と対象を喪失した諸個人の強迫的行動は、各種のラディカリズムとなって現れた。

この危機は、諸個人を「労働力の所有」者たる労働者階級として再形成し、本章で論じてきた現代的な「単一の市民社会」を共に構成することにより、新たな〈資本のヘゲモニー〉をうちたてる以外に、回復しようのないものであった。

しかし危機の深刻さと急速性のために、この過程は、スムーズには進まなかった。諸個人は〈公正さの体系〉の内面的な究極的な価値を形成するには充分な余裕がなく、外面的な超越的な権威を同一視してとりこむことによって、その多くを代償したのである[18]。こうした契機と諸国民の「国民的」な価値の存在形式が結びついて、はじめて現代社会は〈移行期〉に固有の矛盾に刻印された、様々な「例外的」国家諸類型として、現れたのである。日本の戦前天皇制軍国主義も、言うまでもなくその一つである。

しかしこれらの「例外的」国家も、もちろん現代国家の存在形式の一つである。ただそれは「成熟」した現代社会に比し、より「過剰抑圧」的であり「倒錯的」「退行的」である。だがそのような「過剰抑圧」「倒錯性」「退行性」は、我々の自然な欲望充足の立場から言って、根本的な所で現代社会において一般的に変わらないものである。我々は来たるべき「危機」においても深刻な不安に再び陥るのであろうが、その時に〈ヘゲモニー〉のそうした流動性に常に注意を払いつつ、現代社会全般への究極的な批判を通じて、自然な具体的欲望充足の立場としての〈対抗的ヘゲモニー〉の形成のために、まず蓄積された経験に学ぶべき地点にいるのである。

（東條由紀彦）

## 注

（1）〈個人的所有〉という概念は二義的に用いられる。〈私的所有〉の対極の概念としての場合と、それを含む所有の一般的な存在形式の意味での場合とである。一般的には前者の意味で用いるが、〈協働性を通した自己の実現〉――これは近・現代の私的所有に基づく社会も含めた、人間の一般的な存在形式である――としての所有のあり方として言われる時は、後者の意味である。その場合の意味のちがいは、決定的なものとしては、その所有を媒介する〈協働性〉の性格にある。私的所有に「先行」する個人的所有の場合は〈ゲマインシャフト〉であり、私的所有としての個人的所有の場合は〈ゲゼルシャフト〉（とそれによって実現される〈ゲマインヴェーゼン〉）であり、「再建」される社会主義としての個人的所有は、マルクスの言う〈直接的なゲゼルシャフトとしてのゲマインシャフト〉である。それら全てをとおしては、「社会」であり、それによって実現されるゲマインヴェーゼンである。

（2）所有の直接的主体としての個人とは、家族のことである。現代も含めて、「本当は」行為の主体は家族なのである。先にこれまでの人間社会は「完全に」共同的であったことも「完全に」私的であったこともない、と述べたが、それらの接点をなすものこそ、家族である。行為の主体・まとまりとしての「家族」の自律性を埋めこんでしまう程の共同性も存在しないし、逆にそれを分解してしまう程の個体性も存在しない。人間にとって、対象への働きかけ、対象化（そして広い意味での崇拝）、その享受、という存在形式が「肯定的なもの」としてある限り、そのことは今後も変わらないであろう。（但し、筆者はこの「現実原則」に「彼岸」があるやもしれぬことを留保している。）

（3）例えば、ギリシア・ローマの高い文化水準を支えたのはそのような異端である。〈奴隷制〉という概念は、基軸的な〈農業、あるいは戦士〉〈共同体〉の構成の中にくみこまれた、〈共同体〉を構成する主体からははずれた様々な異端分子を包摂する、「サブドミナント」な社会システムを総称する概念として用いるのが、妥当であると考えられる。

（4）従って、第一次的主体である個人の所有の譲渡＝交易によって、「非所有の自由」の実現も原理的に可能な状況である。しかしそれには「補完物」である共同体の「ゆるやかな規制」が及んでいる、まさしくそうした社会状況のことである。「新しい共同体」における様々な「ゆるやかな規制」の、中核にあるものはこの規制である。

（5）マルクスの描く「原始共同体」は、そこへの回帰を彼自身が示唆しているにも拘わらず、そのイメージはひどく「暗い」。ここで、「経哲草稿」におけるマルクスの主張が思い起こされる。彼はこれまでの共産主義は全て「否定の否定」であったが、自らのものは「あくまで肯定的なもの」としての運動体であると、そこでは語った。彼はその生のうちに解答を見出したようには見えない。

(6)「富」の出現と共に、「富に根拠をおいた権威」も出現する。共同体において、もちろんはじめから、首長や神官、家族の中の家長等の権威が存在する。しかし、諸個人において昇華された「聖なる・価値ある」行為の外化された富、それを根拠とし、かつそのような意味ある行為をなすための権威の出現の意味は決定的なものである。それは富の形成と共にはじまるのであるが、ここではこれ以上論ずることはしない。

(7) くどいようだが、ここでは決して富が「私的」なものだとは言っていない。「共同体的」の存在形式として「個人的」なのである。

(8) それらの諸条件を総括するものとして、「個人」としての家族の存在形態、家族制度のあり方が、その究極的な「条件」となる。それと同時に、我々が欲求する社会編成の基軸的「原理」を、〈個人的所有の再建〉という概念を中心に構想する我々の立場においては、その「再建」過程で、市民社会形成のいかなる契機が「肯定的」なものとして〝止揚〟されるのか、という我々の究極的な関心とも深く関わるからである。

(9) 実際には異種的存在であるが故に、のみならずその異種的性格を「ポジティブ」な契機として「生かす」ために、相互が原理的に同質的でありうる根拠としての、「私的所有」の主体であるという抽象された契機に基づく「平等」の価値・規範が存在する。それはリアルな不平等となんら対立しない。それが市民社会における、人間社会の連帯（協働性）の不可欠性の、存在形式であり、後述する「友愛」の価値・規範と相補して、はじめてまとまりのある規範体系たりうる。

(10) この点に関しては、中西洋「《友愛主義》宣言―〈自由・平等・友愛〉の社会科学」『世界』一九八一年二月号を参照。この論文は、世界を構成する行為主体としての諸個人が、その自由を新しく実現するにあたっての依られるべき「原理」を提示したものだが、それに対する近・現代市民社会の形成、私的所有の「洗礼」のもつ決定的に「ポジティブ」な契機の何たるかを力強く語っており、筆者もそこから多くを学んだ。ただ総体としての「原理」の内容においては、氏の主張は筆者と相当なへだたりがある、というよりむしろ対極に位置するとさえ言える。ところが実は、筆者と中西氏の二つの「対極的」な「問題了解」の重なりあいと緊張関係のうちに、我々の眼前の世界のリアルな構成の核心にふれる部分があるように、筆者には思われる。それ故以下やや長くなるが、「友愛主義宣言」が提起している核心的・究極的問題構成の性格と筆者の立場との関係、つまり中西氏が提起する構築さるべき「原理」と筆者の提起する構築したい「原理」との関わりを論ずることを通して、その問題を考えてみたい。中西氏も「法則性」への予定説的信仰に立ち続けうる程に強固な自我は保ちえないのであろう、うちたてるべき「原理」を構想する。そこにおいて氏の立場の個別性は、人類が「安らかな死」をむかえるまでは（この留保の持つ決定的な意味については後述する）、私的所有はそのものとして、つまり筆者の言う「非所有の自由」も含み、また一意的に排他的でかつ不可侵なものであり、かつ諸個人の媒介するものをへない第一次的で直接的なものとしての所有として、「本源的」かつ「概念的」に「正当」な人間の権利、あくまでも「肯定的」なものと、認める点にある。否むしろ、「非所有の自由」をも認めることこそが個人の「自由」な存在の根拠地であり、それを認めない真の意味での「自由」など存在せず、それ故筆者の定義する所のすぐれて私的所有こそが、構築さるべき「原理」の基軸となる。つまり相互に私的所有の第一次的主体と認知しあい、不可侵の主体と尊重することの一点に賭けて、「自由」な連帯としてのゲゼルシャフト、デュルケームの言う「有機的連帯」を形成することが「原理」の基柢となる。それはこれまで人間が歴史的に形成してきたあらゆる〈協働性（共同性）〉と、つまりゲマインシャフトの一員であることを前提・担保としての「自由」の実現と決定的に区別されるべき「連帯」の「原理」であり、（近代・現代）市民社会は、「資本家的生産様式が支配的」な形態をとおしてではあるが、人間のそうした「自由」な連帯の可能性をひきだしたのであり、それ自体「肯定的」なものとして継承されねばならないのである。それ故中西氏は、筆者におけるような、私的所有の「顚倒」性を見ようとしない。「非所有の自由」を否定的に考えること、「外なるモノ」（としての富）の支配をそこに見ること等は一切拒否する。それ故、我々がこだわっている〈個人的所有〉――〈協働性〉を通した自己の実現としての自由な行為――とその外化としての私的所有の問題など、そもそも問題構成《Problematik》として目に入ってこない。だから氏の提起する「原理」における所有を個人的所有と呼ぶのか私的所有と呼ぶのかなどは、「さしあたりどうでもよい」問題にすぎないのである。だが〈私的所有〉は、またその母胎としての市民社会は、「資本」を生みだしたのではないか、それが少なくとも「非所有」としての「貧困」やその他よからざることをまた再びもたらさないとの保障はどこにあるのか。中西氏の答はひどくそっけないものである。身もふたもない言い方だが、氏は実際そう言っているのだからしかたがない。氏は言う。「私的所有は正しかった。だがその濫用がよくなかったのだ」。それ故氏の「原理」の次の課題は、その濫用を防ぐ「公正さ」の基準を明確にすることである。氏はこれもごく明快にやってのける。私的所有の対象にあらかじめプライオリティー、優先順位をつけるのである。第一位が、諸個人の自己の「労働力」の所有、第二位が、働いた者の自己の「労働生産物」に対する所有、第三位が、その他凡百の所有、である。それぞれの私的所有は、それに先だつ私的所有の不可侵性を脅さない限りで、如何様にも「自由」なのである。それ故氏の「原理」の支配する社会では、第一、第二の所有を脅させない範囲であれば、「他人の労働生産物」をファンドとし、「他人の労働」によって「運動」する、私的資本は充分存立しうるのである。（もっとも実際にはマージナルな存在と氏は考えておられるようであるが。）ここからいくつかの重要な命題が出てくる。まず、私的所有は「非所有の自由」をも認知することによって私的所有たりえたのであるから、第一順位の「労働力」の私的所有も同様である。「失業の自由」を認めない社会は公正でない。次にあるべき社会編成の「原理」は、先に私的所有の不可侵性・排他性の相互の認知に基づく連帯、とよんだが、それは万人に等しくある所の自己の「労働力」所有の不可侵性・排他性に基づく連帯、と改めねばならない。それ以外は「不可侵」でないから当然である。最後に筆者の議論にとってもきわめて重要な命題がある。その他ならぬ「労働力」の私的所有者としての諸個人が、労働組合の自己形成を通して現実のものになる、ということである。そして中西氏もそうした関係が近代社会からあったのではなく（氏にとってあったのは、もう有名な言葉になった、かの“master and servant”の関係である）、すぐれて現代社会において形成されたものとする。しかし氏における「市民としての労働者」、あるいは、「労働者が市民と成る回路としての労働組合」という規定――それ自体は筆者も同意する規定――は、内包するものには筆者と相当のへだたりがある。筆者はくりかえし述べているように、そうしたものとして現に存在している現実は、実は「事象」そのものとしては「フィクション」であり「象徴的暗喩」であって、「本源的」かつ「概念的」には（筆者の言う意味で）「自由」な「行為」が外化された姿形にすぎず、自己の（欲求の）「抑圧」「昇華」によってそういう「ふりをしている」現象、ととらえる。しかし中西氏にはそういう視点はない。「外なるモノ」としての「労働力」の「所有」という形式は、何か別の事柄の「顚倒」ではなく、それ自体掛け値なしに「肯定的」なものである。それ故氏における「市民としての労働者」は、筆者におけるようなシニカルな、諧謔的な、「逆説」的な、それ故〝ネクラ〟なひびきは全くなく、カラッと晴れあがった存在である。しかし逆に言えばそこからは、「市民的であること」の、「抑圧」としての苦痛、それが言いすぎであれば、それを維持することを「苦痛」と感ぜしめる程の緊張感は、何も伝わってこないのである。以上の議論によって、中西氏と筆者における提起しようとする問題構成、誤解を恐れず言えばその「共通性」と「相異」はある程度明らかとなったであろう。筆者は根本的な点で、中西氏のあるべき「原理」に対し、諸個人はそれに従いたくないと言うであろう、という批判的意見を持つ。だが筆者が、近・現代市民社会から我々が批判的に「止揚」し、「肯定的」なものとしてうけつぐべきものがどのような要素であるかについて、中西氏がそのクリティカルな場面を照らしだすことに成功していることを認める。非常にずるい言い方ではあるが、筆者が「肯定的」なものとしてとらえようとしていることを、中西氏は、それをデフォルメした姿形で、示して見せてくれているのである。最後に筆者の我々が構築したい「原理」を、中西氏の議論と対比させて要約しておこう。ただしそれは中西氏のように明快なものではないことをことわっておかねばならない。筆者にとっての「原理」は、まさに中西氏が永遠の彼岸に追いやってしまったかの「安らかな死」の、〃持続的追求の過程〃とでも形容しうるものである。（だから中西氏は、氏の議論に欠けているものを、「本当は」知っていたのである。中西氏がこっそり保険をかけていたことを、筆者は正面にすえる。）「安らかな死」とは、フロイトにおけるエロスとタナトスの融合としての「ニルヴァーナ原則」、ユングに言う太母への母胎回帰、あるいは仏籍に言う「無無明亦無無明尽。亦復無老死亦無老死尽」「真実不虚故」「遠離一切顚倒夢想。究境涅槃」の世界、といえよう。これは彼岸性を持つ。それ故この彼岸へ向けての不断の「行」の過程が、筆者にとっての「原理」である。筆者の議論において「所有」とは、具体的な（本能の・生命の・生物の）欲望充足の行為としての自由である。「非所有」は欲望充足の放棄であるから自由ではない。「外なるモノ」としての対象の関わりも、欲望充足をそこで切断することであるから自由にとっての制約である。むろんこうした自由の充足にとって、近・現代市民社会は、その「疎外された形式」を通してであれ、「肯定的」なものを残した。第一に自由の第一次的な不可侵の担い手としての個人であり、第二に様々な欲求の労働への「昇華」、諸個人の究極的連帯となる根拠としてのエロス・パトス・ロゴスの形成であり、第三にそこに「事実上形成された共同的生産」である。そしてそうした諸関係を出発点にして、中西氏が剔抉して見せたような新たな質を持つ連帯に依拠して（その「力」で）、具体的な自由と所有を「行」ずるのである。市民社会は、形式的所有・自由を通して具体的自由・所有の実現の根拠を形成した。労働者諸個人を単一の市民社会に包摂する回路としての労働者組織・労働組合は、「外なるモノ」として対象化と享受という行為を切断された「労働力《Arbeitsmögen》」の「所有」という形式ではあれ、過程の自由な主体としての自己の第一次的存在性を確認し、万人にひとしき労働能力の相互の発見から労働という行為を通して〈協働性〉を実現する相互連帯の可能性を確認し、それに基づく具体的欲望充足としての「共同的生産」の可能性を開示し、一言に要約すれば〈個人的所有の再建〉の新たな姿形における形成の拠点を提供したのである。だが私的所有そのものは、それ故近代・現代市民社会もそれを導いた労働組合も、それを諸個人にとって「外なるモノ」が主語となる形式を通して、つまり「顚倒」した形式によって準備したことは、何をもってもおおいがたい現実なのである。（但し先にもふれたように、欲求の労働への「昇華」、それ故それを根拠とした連帯が、人間にとっての最終的解放を意味するか否かについては、我々は意見を留保している。）最後にこう述べておくことは意味なきことではないだろう。中西氏も筆者も、「法則性」の予定説的信仰に立ち続けることはできなかった。人間の社会に未来があるとすれば、最低限の物質の存在拘束性を承認した上で、人間の行為における自由の領域の限りなき広大さの可能性にかけるしかない。これは共通の出発点である。ただ、「真の社会科学」に立ちきる力を失い、中西氏が「善の社会科学」へ向かった時、筆者は「美の社会科学」へ向かった。しかし、筆者が「よい」という言葉の両義性に解決を与えているかどうか不安なように、中西氏も「ただしい」という言葉の両義性に解決を与え得ているかどうかは、おそらく〈類的精神過程の弁証法〉が決めることなのであろう。

(11)　権力関係という言葉から直ちに即自的な外面性・「抑圧」性を想起しないようにすべきである。ここではウェーバーに言うところの「権威」の関係が問題になっており、ゲマインシャフト（共同体）においては、それは本源的にはその扶養者に対する、本来のピエテートの内面的な倫理感情に基づいた、行為の主観的に意味づけられた連関のことである。

(12)　従って、市民社会間の「収奪」は、ある市民社会内の「公正な譲渡」に基づく「搾取」とは、全く異質のものである。

(13)　本来市民社会は「非所有の自由」を可能性として認める程に譲渡《Entäußerung》を「ポジティブ」に組織する社会であるから、その構成主体の一部が所有を喪失し、「崩潰」する可能性は常に存在し、また時に現実化した。だが〈領有法則の転回〉に論理的に先立つ）市民社会は、現実の「非所有」の実現を「ポジティブ」なものとする社会ではなく、またそうであっては社会として安定的に存続しえない。それ故複層的市民社会は、歴史的にそうした「非所有」の出現に対し、新たな譲渡〈本源的扶養〉によってその「個人」を再建するシステムを保持すると共に、それすら困難な崩潰した個人に対しても、その直接的帰結としての〝死〟から救恤するシステムを内含しており、かつその存在は、当該の市民社会の長期の存続に不可欠のものであった。それらは一般には、その市民社会の構成主体の協働によって、「崩潰」した市民を一代限りにおいて直接に扶養する、ということを基本的な内容とするものであった。その形態は様々であって、「崩潰」した市民が擬制的な仕事をする場合もあればそうでない場合もあり、その個人に市民社会の特定の構成主体が特別な責任を負う場合もあれば、そうした契機の稀薄な場合もあった。またそうした扶養は市民社会における協働的な仕事の遂行を通してかなりの部分がまかなわれた場合も多かったし（例えば農繁期の加勢や入合地の保守など）、他の人格的存在としての個人の構成員として融合されることによって解決される場合もあった（養子、幼時からの奉公人、家事使用人など）。また上位の権力的名望国家がそれを担う場合もあった。そのように様々であるが、市民社会とその構成主体にとって、「非所有」とその帰結としての死は、彼らの行為における非常に重要な契機であり、近代の市民社会とその構成主体は、それぞれにまた協力しながらそれに対応するシステムを既につくりだしていた。〈強制労働制〉は、その回路に「ポジティブ」に、自己の労働力の「社会的確保」と〈企業的専制〉の達成のための水路として、依拠し、組織化したのである。複層的市民社会にとっては、「崩潰」者が一代限りにおいて死をまぬがれている限り、そうした水路の形成は否定的なものではなかったし、「崩潰」者も、非所有の帰結としての死に対する対応として、「ポジティブ」に〈強制労働制〉に自己を同定しえたのである。なおこのように議論をすすめていくと、そうした論理は「世界経済」レベルでの〈強制労働制〉の実態にはそぐわないのではないか、という疑問が出てこようが、これに対し筆者は次のように答えたい。ラテンアメリカ等では、その極端な交易条件の劣悪性（それは本来そうである以上に、権力関係による収奪によるものであることに留意が必要である）と、交易性そのものの未成熟（つまりそこでは、市民社会状況の形成自体が問題であった、まだ共同体レベルの社会であったとも言える、ということである）のために、複層的市民社会の支配的部分が「崩潰」せしめられたのである。

(14)　形式的に一旦「賃銀」が支払われる場合もあるが、その場合でも生活資料は〈経営〉からまた買戻さねばならず、基本的な関係に変わりはない。「弛緩」した〈強制労働制〉において、労働者諸個人が「賃銀」をふやそう、あるいは蓄積しようとする性向を持たない、と言われている事実も、事実そうであるならば、このことと意味連関があると考えられる。

(15)　A・G・フランクがブルジョアジーの〝ルンペン化〟として語っているのは、このような問題群である。

(16)　二つの点を補足せねばならない。第一は、「非所有」者の「再生産」の問題である。「非所有」者は、〝個人としての「家」〟としては再生産されない、つまり家族としての世代的再生産はされないのが、「非所有」者の救恤的扶養の原則である。だが複層的市民社会レベルから見れば、諸個人の「崩潰」は、その異なる諸主体のうちからきわめて「安定的」に再生産される。そうでなければ、分家行為によって構成主体の増殖する市民社会は、いずれその全体が崩壊するであろう。一般に戦前の日本の農村は、一年に約二〇万人の非常に「安定」したペースで人口を流出していたとされる。その相当部分はこの種の「崩潰」者であったであろう。〝挙家離村〟と呼ばれるものがそうした部分である。特にいわゆる「原蓄」期、明治三〇年頃までは、二〇万の大半は「崩潰」者であったと言える。農村人口の世代的再生産を考える時、一年に人口の一％弱が「崩潰」しているとすれば、それは相当に安定した、かつ強力な、「労働力の社会的確保」の水路であると言えよう。第二の問題は、こうした「崩潰」者は、〈資本家的経営〉がはじめて創りだしたものでは決してないが、その「増加」には大きく寄与したであろう、ということである。この意味でも機械制大工業に基づく産業革命の「革命的暴力」は大きな役割をはたした。この点は、「世界経済」レベルで問題を考える場合には、非常に重要な契機ととらえられるべきである。

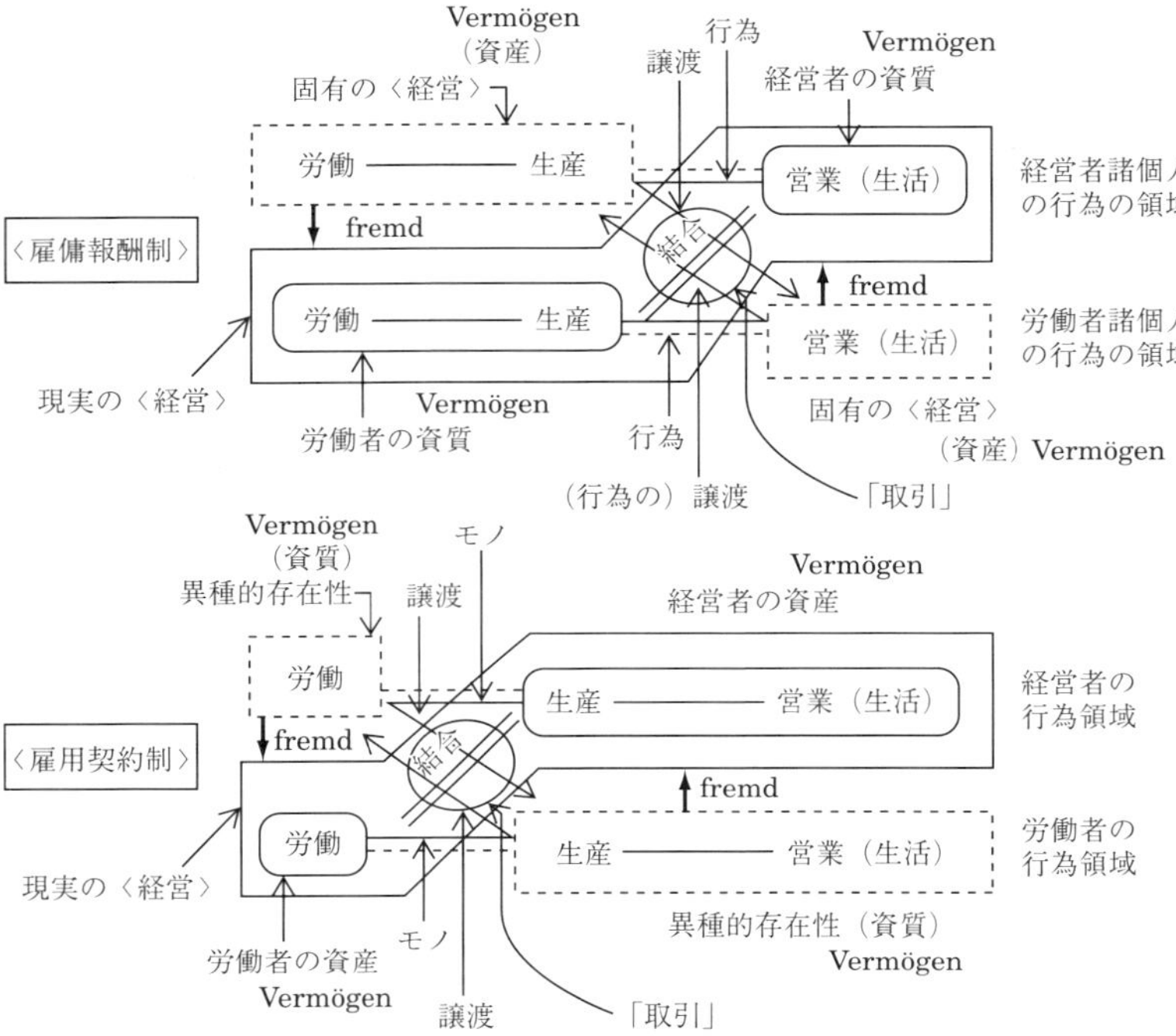


（17）具体的には明言しなかったが、〈雇用契約制〉の下でも、労働者諸個人が彼らに固有の〈労働〉〈生産〉〈営業（生活）〉の領域を持ち、経営者諸個人も彼らに固有なそれらを持つこと、だが具体的な生産の場としての〈経営〉、彼らの相互行為の場としての〈経営〉からは「疎遠」な場で、それ故その場における充足としては「疎外」された形式で、〈雇用契約制〉の場合では、労働者諸個人の〈生産―営業〉、経営者諸個人の〈労働〉、それぞれの局面が関わりあう、という点で、変わりはない。〈雇傭報酬制〉〈雇用契約制〉それぞれの場合について、この三つの契機、及びそれをめぐる諸主体の相互行為（「取引」）のあり方を、簡単に図示すれば、上の通りになるであろう。

　さてこのように図式化してみると、他の種の〈資本家的経営〉も、この三つの契機による特徴づけが可能であることに気づかれよう。

　これを見るならば、こうした〈経営〉のあり方は、日本の〈新しい共同体〉における諸〈経営〉〈家族〉の結合様式、〈家産制〉的結合様式に重ね合せて理解しうる部分が、相当に大きいことがわかる。即ち、〈本源的扶養〉とそれに対する「恭順《Pietät》」関係としての、「報恩」なり「奉公」の関係である。（但しそれらは、資本家的社会における諸

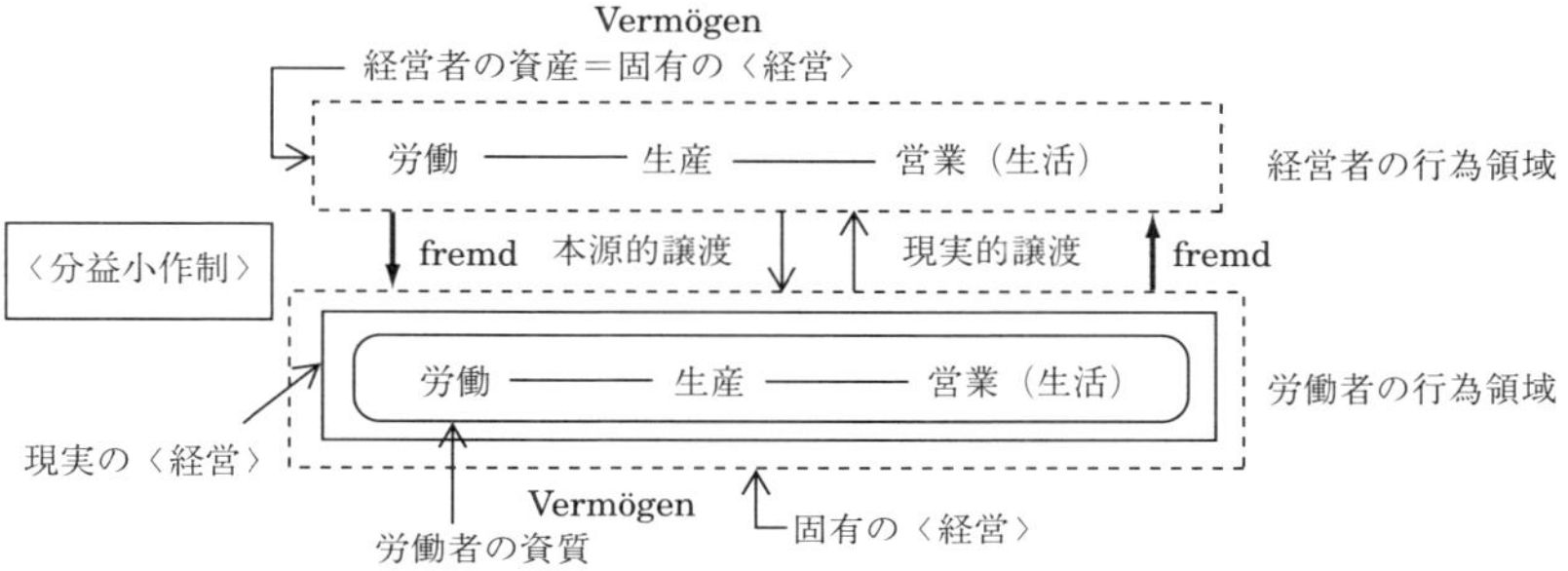


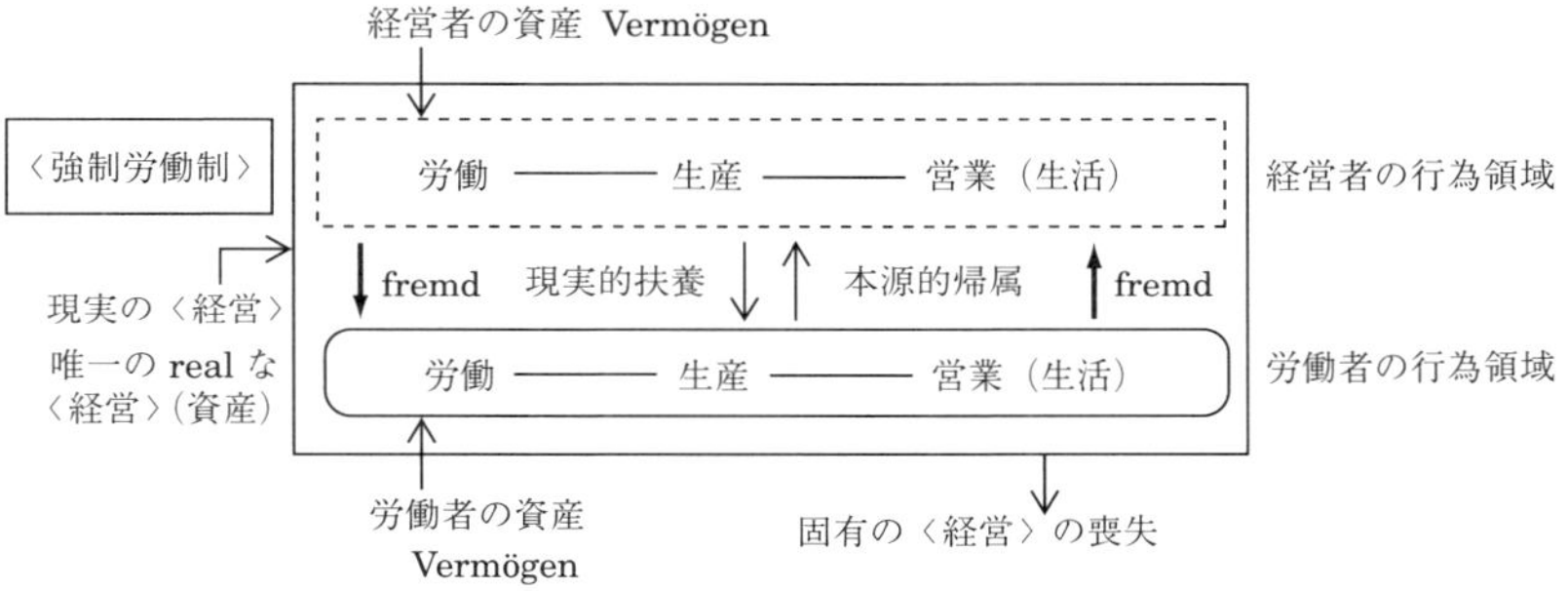


〈経営〉間がそうであったような意味で“fremd”な関係ではなかった。）我々が議論してきた社会の〈家産制〉的編成様式とは、通常言われる意味での「封建的」な諸関係の一つの存在形式、と言うことも不可能ではない。だからこれまでの歴史学で、この種の経営が「半封建的」と呼ばれてきたことも根拠のないことではない。少なくとも筆者がこの種の経営を「資本家的」と呼ぶ時は、〈地主経営〉をイギリスに見られたような単なる地代取得者、〈農民経営〉を資本家的借地農に見たてる議論に従うものでは全くない。（〈地主経営〉が「他人労働に基づく」経営であり、〈小作経営〉は、市民社会を構成する「自己労働に基づく」経営である。）〈分益小作制〉を「半封建的」と呼ぶ立場も一つのパラダイムとして成り立ちうるし、少なくとも借地農を資本家的経営とみたてる立場よりははるかにリアリティーのある認識枠組みである、と筆者は考える。同様に〈強制労働制〉は上のように図示できよう。

こうした〈経営〉のあり方（あるいは「無き方」）は、「オイコス」、即ち、〈経営〉（諸個人としての家族）がいまだ上位の〈経営〉（共同体）に融合していた「総体的奴隷制」的編成に重ね合せて理解しうる部分が大きい。（但しもちろん“fremd”ではない。）

この種の経営が「奴隷制」に基づくという認識の立場も、そうしたリアリティーをもつわけである。

(18)　無所有の不安にさらされ続けるよりは、そうした同一視の方がはるかにましである。

# 第2章　複層的近代社会と現代市民社会

## ——国民的・個別的（単一的）性格の形成過程——

本章の課題は、第1章で考察した、〈雇傭報酬制〉を中枢とする近代複層的市民社会、〈雇用契約制〉を中枢とする現代市民社会、それぞれの個別的性格及び国民的特質が、どのようにして形成されるのかを検討することにある。

### 1　「本源的蓄積」をめぐる「二つの道」

近代社会の個別的性格を検討するためには、それに先立つ「本源的蓄積」即ち〈領有法則の転回〉過程の分析がその環をなすということに大方の異論はないであろう。ところでマルクスは、その過程に「二つの道」があると主張した。その主張の文脈の一つの部面については、筆者はすでにその提起をどううけとめるべきかについて、判断を示した。その部面とは、共同体の間に形成された私的所有と、それら外界との交易性と富の蓄積として共同体内に形成された私的所有の、現実の資本家的経営の形成との関わりの問題、及びそれと「革命的暴力」の関わりの問題、である。前者については、私的所有のその二つの契機は、現実の資本家的経営の形成に対し、それぞれの文脈において、それぞれ決定的な意味を有しており、相互補強的、相互規定的な関係においてとらえられるべき性格の問題であった。また後者については、主要には（多くの場合その「保持階級」は資本家階級ではない）権力国家を通して行なわれる「革命的暴力」は、あらゆる市民社会形成において一般的に不可欠の契機であるが、同時に資本家的経営がそうした権力関係と「相対的に自律」していることは、資本家的経営をそれたらしめている要件であった。それ故、一般的に「上から」「下から」という言葉によって表象されているこの二つの問題群は、共に相補的に理解されるべき事柄であった。

しかしマルクスのこの提起は、他方の部面として、そうした「原蓄」過程のかかえる一般的契機の問題とは区別される、現実の市民社会形成の個別性を考察せよとの提起の意味を持っている。この意味では、「道」は、「二つ」でも「三つ」でも存在しうる。だが事物の個別性を考証しようとする時に、その最も「対極的」と「思われる」ものを表象しつつそれを性格づけて行く方法は、それ自体きわめて有力なものであり、またマルクスが「思考方法」として維持しつづけた「弁証法」にとっては、その根本的な要素になっている。こうした意味でマルクスは、（無数の）個別性の考察方法としての「二つの」道、を設定し、彼がその時点で歴史的検証にたえうるものとしては彼にとって「対極」にあった、イギリスと大陸ヨーロッパを表象したのである。筆者が明らかにしようとしているのは、日本の市民社会の個別性である。それはそれ自体として「固有のもの」以外の何者でもないわけだが、マルクスの方法的提起は、依然として有力なものであると考える。それ故筆者は、現時点で筆者の表象しうる「対極」として、それを「西欧」と「日本」に移しかえた形で、その考察を試みたい。

## 2　〈新しい共同体〉の個別的性格

第一に、複層的市民社会形成の「直前」の状況、〈新しい共同体〉状況、「自己労働に基づく自己労働の領有」状況を、その「対極性」を考察する形式で、その個別性の認識を試みよう。

先に述べたように、農業共同体の現実の展開としての〈新しい共同体〉の形成とその特徴は、「歴史的風土的諸条件」によって大きく異なった。その主要な「諸条件」としては、第一に水制御のあり方、第二に外敵となる異民族の存在、第三にその「間」に存在する流動的私的所有の展開、第四に、若干論理を異にするが、それらと深い関わりを持つ家族制度の展開、とがあったと言えよう。

具体的に考えるならば、例えば大陸アジアでは、まずその極度の気候の湿潤または乾燥のため、大規模な治水を要した。次にたえざる遊牧民の侵入に直面していた。更にその社会に流動性を与える「間」の民が権力的共同体の人格的代表者（首長）への依拠・被制約性が強かったから、私的所有としての展開は一般的に弱かった。最後にそれ故、家族は、〈家父長的世帯共同体〉以上に分立することに抵抗があった。（中国における宗族制、インドカーストにおけるジャーティ制、等がその例である。）それ故この社会では、農業共同体の展開の早い時期に権力国家の形成を見、それはその基盤となる社会構成を一般的に維持しようとする性格が強かったから、〈新しい共同体〉の形成には、固有の困難が伴った。「総体的奴隷制」とマルクスが呼んだ状況は、こうした事態をさしている。

西欧古ゲルマンの「風土」的条件の下では、農耕は、まず天水に依存し、比較的小規模に編成された有畜・粗放農業として行なわれ、〈経営〉は、無主地（森林）をはさんだ散村形態をとる場合が多く、農業共同体による規範的拘束性は、主要には定期的集会の形式をとおして及ぼされた。また継続的な遊牧民の脅威は存在しなかった。他方成熟した権力的民族共同体の形成を見なかったために、それを通した「再分配」機能に生存のための交易性を充分に依存することができず、当初から共同体間の私的な民の比重が大きかった。そうした条件は、生産諸力を、農具・家畜・農法等の形で、比較的小規模の単位家族に分散して蓄積せしむることになった。〈新しい共同体〉状況は、こうした単位家族を基礎に、農業共同体の規範的拘束力の減退（定期的集会の終息）と共に、現実のものとなった。

日本の場合、事情はかなり微妙であった。日本の「風土」的条件は、大規模な治水事業は要求しなかった。しかし狭小な耕地に高密度の〈経営〉が集中しており、そのための小規模な灌漑と、それをめぐる家父長的世帯共同体間、並びに農業共同体間の、高度に精密な配水、水制御が必要であった。そのため大規模な治水や有力な外敵の脅威が存在しないにも拘わらず、比較的早い時期に、農業共同体間のたえざる緊張関係の過程で、その首長層の「連合国家」として、権力的民族共同体の形成をみた。形成された権力的民族共同体は、それを構成する首長層が、出自である農業共同体（部曲）と距離を持つことにより「貴族」化し、優勢な大陸アジアの影響もあり、その「超越性」を志向する一方、基盤となる農業共同体の維持に努めたが、ごく一時的なものにとどまった。(1) 結局農業共同体の「後期」の支配的期間、権力的民族共同体は、すでに「貴族化」してその出自から相対化しながら、宗教的にも経済的にもその超越性の根拠を欠き、全般的な諸々なレベルの共同体間の秩序の維持というゆるやかな制御の場として保持され、従ってその構成も、分節化された「弛緩した血族」としての「伝統的」な集団による、〃たえず流動するヘゲモニー〃としての支配、といったものであった。権力的民族共同体は、農業共同体レベルでの展開に対して基本的にはそれを制御しうる程に強力な存在ではなかったが、無視しうるものでももちろんなかった。私的所有の比重も大きかった。それらはまず商工業分野で、「伝統的」集団である寺社の周囲の賤民として、次いで農業分野でも各々の農業共同体の境界領域に成立していた。それらが賤民性を振り払い、交易性と富の蓄積の「正当化」を獲得する過程は比較的急速なものであったが、西欧に比べるならば、彼らに対する「伝統的支配」による規制、逆に彼らの「伝統的支配」への依存の度合は、相当に大きなものであった。(2) その間家父長的世帯共同体は、直系拡大家族に分立していった。しかしそれも西欧と比べれば、ユニット自体が大きいだけでなく、後述するように、独立した家族相互間の関係ではあるが、その編成において血族関係が、事実上も「象徴的」にも重要な意味を持った点が、大きく異なる。こうした展開の中で、第一次的には独立した家族間の結合、という新しい編成「原理」に基づく社会集団が形成されてきた。日本に固有の「武士」階級とそれを中心とした共同社会である。しかし「武士」階級も、そのまま直ちに新たな成熟した社会編成をつくりだすことはできなかった。第一に、「独立した家族間の結合」といっても、その「結合」のために、彼らは決定的部面において、家父長的世帯共同体の内的編成の論理に大きく依存した。彼らは事実として血族であった場合が多く、またそうでない者をくみいれる場合も、「家父長的権力の拡大」を「擬制」した。（この問題を考えるために決定的なことは、家父長的世帯共同体自体が本来相当に大きな「数十人の」ものであり、かつその中に、奴婢・奴隷・下人等の賤民的な非血縁者を含んでいたことを認識することである。）言い換えるならば、ちょうど「貴族」層が変質しつつある農業共同体の代表性をもって社会を構成したように、

「武士」層は、変質しつつある家父長的世帯共同体の第一次的主体性をもって社会を構成しようとする、「過渡的」存在、と言うこともできる。第二に、従来の「伝統的支配」階級の支配が非常に弛緩していたために、彼らのリーダーシップを担う部分が容易にそれに「代わり」得、それ故それと同質的な行為類型を、相当広い領域でとることとなった。[3] その地位にあることによって、彼らは彼らの具体的欲望充足としての所有を「肯定的」なものとして実現しえたから、そうした現状の維持の志向を持つことは当然であろう。もちろん権力国家を担う部分の「結合」の「原理」が、明確に異種的なものに変わったことは事実であり、また画期的であり、社会編成の「土台」の転形に、大きな意味を持った。しかし彼らには、先の論点と合せて、新たな社会編成の「原理」を「成熟」させる点においては、あまり好条件は与えられていなかったのである。そうした条件は、日本に統一的な権力国家がほとんど喪失された状況の下で形成されたと言える。[4]

以上のようにして、日本においては、一五～一六世紀頃、「成熟」した〈新しい共同体〉の形成を見、またその固有の特質は、そうした自然的・歴史的条件によって形成された、と筆者は考える。（後述するように、その後成立する幕藩体制は、基本的にはその「ある種の」「反動」、と考える。）もっとも、〈新しい共同体〉という概念自体が、流動的なものであり、先にも述べたように、マルクス自身、「後期」の農業共同体、〈新しい共同体〉、「市民社会」状況、この三者を相当に重なりあうものとして、ある意味では同一の事象の異なる視座からの把握としてとさえ、考察していた。それ故そうした歴史形成の個別性を、〈新しい共同体〉という「同じ」ものの、「対極」的な特質、という視点でとらえることに、「無理」がある、ということもできる。（具体的に言えば、ちょうど日本近代の特質の把握として、「固有の市民社会の構成原理」というパラダイムと共に、「市民社会の欠如」や「未成熟」という視座がありえたのと同様、「新しい共同体の特質」という形で筆者が提起している問題構成に、「新しい共同体の欠如」や「未成熟」、という視角からアプローチすることもできる。）しかし我々がこれまでとってきた論旨に従うならば、日本における歴史形成を先のように総括することは、ごく自然なことであろう。我々の規定では、〈新しい共同体〉とは、所有の第一次的主体は個人としての家族であるが、なお、共同体が「ゆるやかな規制者」として存在している、という所有の状況、つまり、私的所有は明確に存在しているが、それを「補完」する「共同体的所有」も（それは限定されたものであるが、あくまで「共同体的」なものであるから、当然、その限りで、諸個人に先だつ規範として）存在している、という状況のことであった。それは、具体的には（「メルクマール」としては）、諸個人は原理的に、潜在的には共同体の意思としてではなく自らの「自由」として土地を譲渡《Entäußerung》しうる、第一次的主体となっているが、その帰結としての「非所有の自由」を現実的にもたらすことの拒否として、ゆるやかな共同的規制力をその属する社会集団が行使している、という状況であった。この視点から我々は、日本の歴史形成の特質を、〈新しい共同体〉としての特質、つまり、第一次的主体である個人としての家族の固有のあり方、それが「ゆるやかな規制」の下にあるうけ方、「補完」する「共同性」の性格、等として、把握しようとするわけである。

我々はそうした視点から、日本の〈新しい共同体〉の形成の先に、その自然的・歴史的諸条件を見てきたわけである。それをふまえて、その特質を端的に総括する必要があろう。我々はその有力な手がかりを、M・ウェーバーに求めることができる。

## 3　社会の〈家産制〉的編成と〈封建制〉的編成

### （1）〈家産制〉と〈封建制〉の異同

結論的に言うならば、我々がウェーバーに学びながら獲得しようとするものは、社会（ゲマインシャフト・ゲゼルシャフト両義）の編成の特質を総括する上での、対極的概念としての〈家産制〉的、〈封建制〉的、という対概念である。この両概念は、主として『経済と社会』第九章「支配の社会学」において、その性格の検討がなされている。それを可能な限り短く要約すれば、以下のようなことになろう。

主要な正当化された「支配」には、合法的（官僚制的）支配、伝統的支配、カリスマ的支配、の三類型が存在する。伝統的支配の「本源的」で「最も純粋な型」は「家父長的支配」である。家父長的支配は「家権力」の「分散化」「ステロ化」により「家産制的支配」に転化する。家産制的支配にも様々な類型があるが、「封建制的支配」は、その「身分的家産制の方向における極限的ケース」である。「封建制的支配」が「合法的支配」に直接転ずるわけでは決してないが、「同じく契約によって確定された」「権利義務関係」に基づく点で、重要な意味連関を有する。以上の関係を図示すれば図2-1のようになろう。

**図2-1　支配の諸類型**

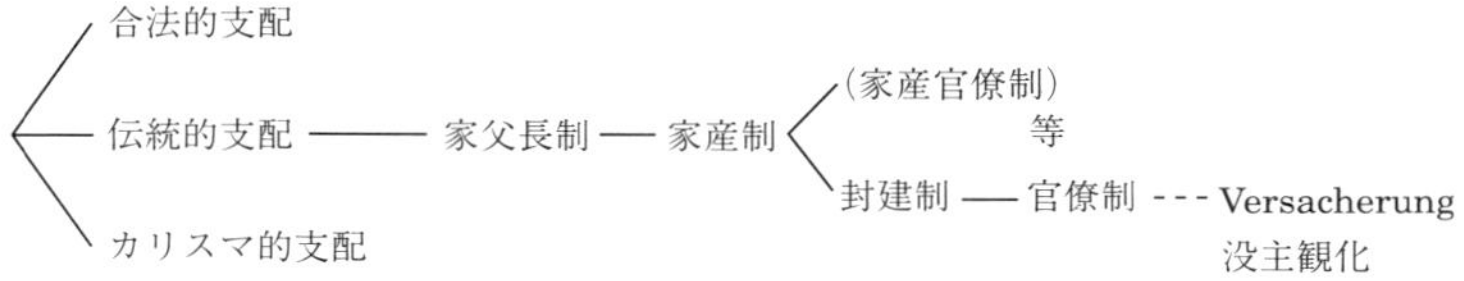


以上の要約ですでに明らかなとおり、〈家産制〉〈封建制〉の両概念を、歴史汎通的なゲマインシャフト＝ゲゼルシャフト的関係を特質づける対概念として捕捉しかえそうとすることは、実は容易なことではない。まず第一に、ウェーバーはこの分析の主要な関心を、主として政治的支配の領域に限定して注いでいる。諸個人の共同体的《Gemeinde》関係や、まして市民社会的《Gesellschaft》関係の分析としてなされたものではない。第二に、〈家産制〉〈封建制〉の両概念は、対概念、さしあたり対極にある概念ではない。

しかし筆者は、ウェーバーの議論を、共同体論、共同体からの「個人」の分立論として再構成することを通じ、この「試み」が一定の生産性を持ちうると考えている。それはまずウェーバーにおける「支配」「権威」という概念の包容性に、その根拠がある。ウェーバーにおけるAのBに対する支配とは、誤解を恐れず筆者なりに「定義」すれば、「AとBの共同意志的行為の場で、Bの行為においてAの意思がBの主観的に意味ある内容をなし（ここではその意思がそのまま行為され）、かつそれが、外面的にはそれが単にAの命令であるからというだけの根拠に基づくかのように実現されるケース」のことである。Aの〈ヘル〉としての人格性を抽象化すれば、あるいは〈ヘル〉をある種の共同意思におきかえるならば、それは共同体（含家族）内の没人格的な意思形成の、他方市民社会における組織化された同意形成のプロセスとして、我々が考察してきたものと、ほとんど重なりあう。

他方両概念の「対極性」については、我々がそうした作業を通じて両概念をそのようなものとして捕捉しかえしたとしても、それは決してウェーバーの意に反することではない。ウェーバーの概念は「理念型」である。ウェーバー自身も数多く行なっているように、それは共時的な構造分析と通時的な歴史分析において、無限に相互に流動的なものとして切りとられてきた断面である。その「理念」に立脚して現実のリアルな再構成に成功する限り、それは「理念型」としてその概念を創造したウェーバーの、意図する所のものである。

### （2）〈経営〉

この種の「読みこみ」は、実は我々はもうすでに、ことわりなしに行なってきている。気づかれているとおり、筆者はこれまで、歴史汎通的な個人的所有の主体・家族を、包括的に〈経営《Betrieb》〉と呼び、しかもウェーバーを意識しながら、そう行なってきた。ウェーバー自身について言えば、彼は〈経営〉概念を、ゲゼルシャフト的な諸個人の共同意思行為の場で、かつ官僚制的に編成されたものに限って、使用している。（筆者が使ったような文脈では、「経済共同体」ないし「経済団体」という概念を、必要であれば用いている。）しかし筆者は、〈経営〉とは本源的に家族である、という筆者にとってはきわめて重要なテーマを、他ならぬウェーバー自身に学んだ。もちろんウェーバー自身もそう語っている。ウェーバーにとっても「〈経営〉と〈家計〉の分離」（分離していないのが「オイコス」である）というテーマは、最大の関心事であった。このような時に、「本源的な〈経営〉」としての家族、というテーマを端的に表示するレトリックとして、また先資本主義的〈経営〉として家族を表示することは、そのことが明晰に了解されているならば、許されえないものではないと考える。（従ってこれからも、そういう〈経営〉概念を用いることとする。）

### （3）家共同体

以下、ウェーバーに依りながら、〈経営〉の展開・形成過程を、共同体論・家族制度論として、整序してみることとしよう。

ウェーバーの議論を共同体論として整序してみるならば、基本的に以下の四つの「類型」が想定されていると考えられる。第一に、「家共同体《Hausgemeinschaft》」。「とくに始原的なもの」であるが、詳しくは後述する。第二に「氏族・民族」等。基本的に「太古」のものであるが、「分散化」されたものが中世まで残った（メナーハウス等）。「拡大された」「家共同体とは理解できない」。第三に、「近隣共同体」等。これは「独立」した家相互間の「援助」の共同体。「マルク仲間」がその典型である。第四に、「カリスマ的共同体」。選ばれたカリスマの「従士」の共同体。

単純な比較の困難な「カリスマ的共同体」を除けば、ウェーバーも我々がこれまで論じてきた「共同体論」とほぼ重なりあう認識をもっていた、と言えるだろう。「家共同体」が本源的な〈経営〉たる家族＝家父長的世帯共同体。「氏族・民族」が原始共同体以来の農業共同体。「近隣共同体」が「新しい共同体」に、それぞれ対応している。ウェーバーの議論は、我々と同様に特にそれを重視する「家共同体」の考察に入る時、更に我々に親しいものとなっていく。

家共同体は、「全く原緒的なものではない」が「最も普遍的な『経済共同体』」である。「それ以外の多くの人間ゲマインシャフトの土台」であり、「ピエテート《Pietät》と権威の本源的基礎」である。その「伝統によって聖化された権威」への「信仰」に基づく「家父長制」がその内的編成の原理であり、それは「本源的に家的な性格を持ったそれぞれの関係（家産制及び封建制）に転化」する。同時にそれは、その「解体」によって、「家共同体の胎内から生みだされ、ついにはそこから端的に離脱した資本主義的『経営』」を生みだす（傍点筆者）[5]。

まさしくその「分散化」「分権化」「分立」のプロセスこそ、我々が究明しようとしてきた事柄であり、同じく「家父長制」をその始源とした「支配の社会学」における「伝統的支配」の考察こそが、その関心に答えうるものなのである。

## （4）家父長制

以上をふまえて、「支配の社会学」に戻るならば、「伝統的支配」の分析は、とりもなおさず人間の共同体《Gemeinschaft》的諸関係の分析であると、読みこむことは充分に可能であろう。（非常に古いタイプの共同体の分析には、「カリスマ的支配」についての分析の援用が必要であろうが。）それ故以下、〈伝統的支配〉についての検討を進めることとしよう。

先述のように、「伝統的支配」の「最も純粋な型は家父長的支配」である。すでに我々は先に、「家父長制を内的編成の原理」とする〈経営〉は「家共同体」であることを知っているから、我々はこれを家族の「純粋な型」、我々の用いてきた言葉では〈家父長制的世帯共同体〉のことをさしている、と読まねばならない[6]。

〈家父長的支配〉における〈ヘル〉は、「伝統によって聖化された彼自身の権威によって、ピエテートの念から服従される」「厳密に人格的なピエテート《Pietät》関係に基づく」。「伝統に対するピエテートと人格《Person》に対するピエテートが権威の二つの根本要素」である。そのピエテートの心性は、「伝統……すなわち信仰に基づき」、信仰とは究極的には「家共同体は『不滅である』という単純な考え」に、その淵源をおいている（傍点筆者）。

このように見てくるならば、ウェーバーの〈家父長制〉が、我々が論じてきた、日本における〈個人としての「家」〉の内的編成の原理、〈没人格的融合関係〉と総括したものとほぼ重なりあい、それがまた家族の本源的な姿形であった、と言い得るであろう。ちがいはただ一点、ウェーバーが〈ヘル〉の人格の〈支配〉[7]を考えるのに対し、筆者は「人格」をもつものは「家」自体であり、ピエテートは「家」に向けられるのであり、家父長（〈ヘル〉）の権威も、その〈位座〉として存するのみであり、その内部の関係は「没人格的」である、と考える点である。この点は決定的な問題ではある。しかしウェーバーも、〈ヘル〉の「命令の内容は伝統によって拘束される」一方、〈家父長制〉の下では、「家内部での完全な消費共産主義」が実現されている、と述べている以上、ウェーバーと我々のその点での相違は、半ばレトリカルなものであり、ウェーバーとて、我々の理解を、彼の主張を否定するものとは、おそらく考えないだろう[8]。

### （5）〈家産制〉

さてかかる〈家父長制〉は、その「分解」によって、一般に〈家産制〉に転ずる。家産制は「家共同体の分散化」「土地の『貸与』によって分散化された家権力」に基礎をおく。そこでは諸個人は、基本的に、「ヘルの個人的なしもべではなく、ヘルとは独立の、彼ら自身の固有の地位の故の社会的実力者」「自由な権力服従者」である。それ故「権力服従者からの双務性の要求」が出される。家産制においては、その要求の基本は「扶養」である。同時にこの社会編成も、「本源的に家的性格を持つ」故、「ピエテートはもともと家的性格を持った諸関係（家産制、封建制）に入って行」き、「多数の人間的結合関係の基礎」となる。但し家産制の場合でも、それはより「ステロ化」され、「伝統の持つ『成果』の力」「伝統とピエテート関係を擁護する『宗教的な諸力』」といったものとなる。[9]

以上によって、ウェーバーの〈家産制〉が、我々が論じてきた、日本における「個人」としての「家」の外的編成の原理、市民社会の構成原理、〈人格的結合関係〉と総括した、日本に固有のそのあり方と、基本的に重なりあい、それが社会（ゲマインシャフトとゲゼルシャフト）の本源的姿形であった、と言い得るであろう。ここでも〈ヘル〉が問題となるが、〈ヘル〉（こんどは文字通り人格である）と「権力服従者」との関係が、複層的に入りくんでいたとしても、議論を妨げるものではないだろう。また「扶養」について、筆者が「本源的扶養」を特に重視したことも、家産制においても「権力服従者」の自律性が特に強い場合、社会編成の基軸であるピエテートの根拠として、より象徴的な行為がそれを担うことは、当然のことであろう。とまれウェーバーも、〈家産制〉を、独立した〈経営〉間の第二次的編成として提起していることは、きわめて重要なことである。

### （6）〈封建制〉

さて次に〈封建制〉の検討に入ろう。〈封建制〉も〈家父長制〉の「分解方向」の一つである。しかし封建制は家産制の対極概念ではなく、乱暴に言えばその「下位概念」である。ウェーバーは〈家産制〉を、まず〈家父長制的家産制〉と〈身分制的家産制〉とに分ける。それ故まずこの区別から、検討してみよう。

他の多くの概念同様、ウェーバーはこの対極概念の間に、無数の〈家産制〉が存在するものとする。またその歴史性についても、単純に家父長制的家産制から身分制的家産制へ向かう、とも見ていない。それは容易に流動する。だがごく一般的な特徴づけとしては、その定義名から知れるように、「本源的」で「純粋」な〈家父長的家産制〉

に対し、〈身分制的家産制〉がより「遠い」、という分には、ウェーバーにも異論のない所、と考えられる。それ故両者の区別に、明確なメルクマールが存するわけではないし、そのことについてのウェーバーの記述も少ない。言われていることは、〈家父長制的家産制〉の場合は、先述の「純粋」な〈家父長制〉の特徴をより多く、明確に残しているのに対し、〈身分制的家産制〉の場合は、先の「権力服従者」の「ヘルの個人的なしもべではなく、ヘルとは独立の彼ら自身の固有の地位の故の社会的実力者」としての程度が、より強いことと、〈ヘル〉と「権力服従者」とを律する規範として、ピエテートと区別される意味でのトロイエ《Treue》関係の比重がより大きいこと、である[10]。〈封建制〉は〈家産制〉の、「身分制的家産制の方向における極限的ケース」なわけである（傍点筆者）。「真の封建的組織は全て家産制的基礎に基づく」「家父長的家産制とは逆の身分的家産制の方向における極限的ケース」である。しかしそこでは、「人格的《Persönlich》な誠実《Treue》義務が家の一般的恭順《Pietät》関係との関連から解放され、この誠実《Treue》義務を基礎として権利義務の秩序《コスモス》が展開される」。従って「相互に自由な契約関係に立ち、家産制的従属関係に立つことはない」。つまり「家共同体の内部から『ベトリーブ《Betrieb》』を成立せしめる」のと同様の力が、「家産制的大経済の中から、レーエン関係という同じく契約によって確定されたトロイエ＝フェアヘルトニス」を成立せしめ、それは「恣意の範囲の広い」「伝統の信仰に基づく」「家産制的なピエテート＝ベツィーウンク」とは、明白に区別されねばならない。もっとも「『平民的形式』の家産制」においても「ピエテートとトロイエはその基礎」である。しかしその場合でも家産制には「名誉（Ehre）の心情」が欠けている。封建制は「行為の構成的動機として『名誉《Ehre》』と自発的な人的な『誠実《Treue》』に訴える」のである[11]（傍点筆者）。

以上の、〈経営〉の展開過程、その編成様式としての〈家父長制〉〈家産制〉〈封建制〉等の諸概念を、共同体論として整序する試みを、最後に図示してまとめるとすれば、図2-2のようになろう。

### （7）社会編成の存在形式

以上の検討をへて、我々は、〈封建制〉と〈家産制〉の両概念を、歴史汎通的な社会の編成様式を特質づける対

図２-２　ウェーバーにおける共同体と社会

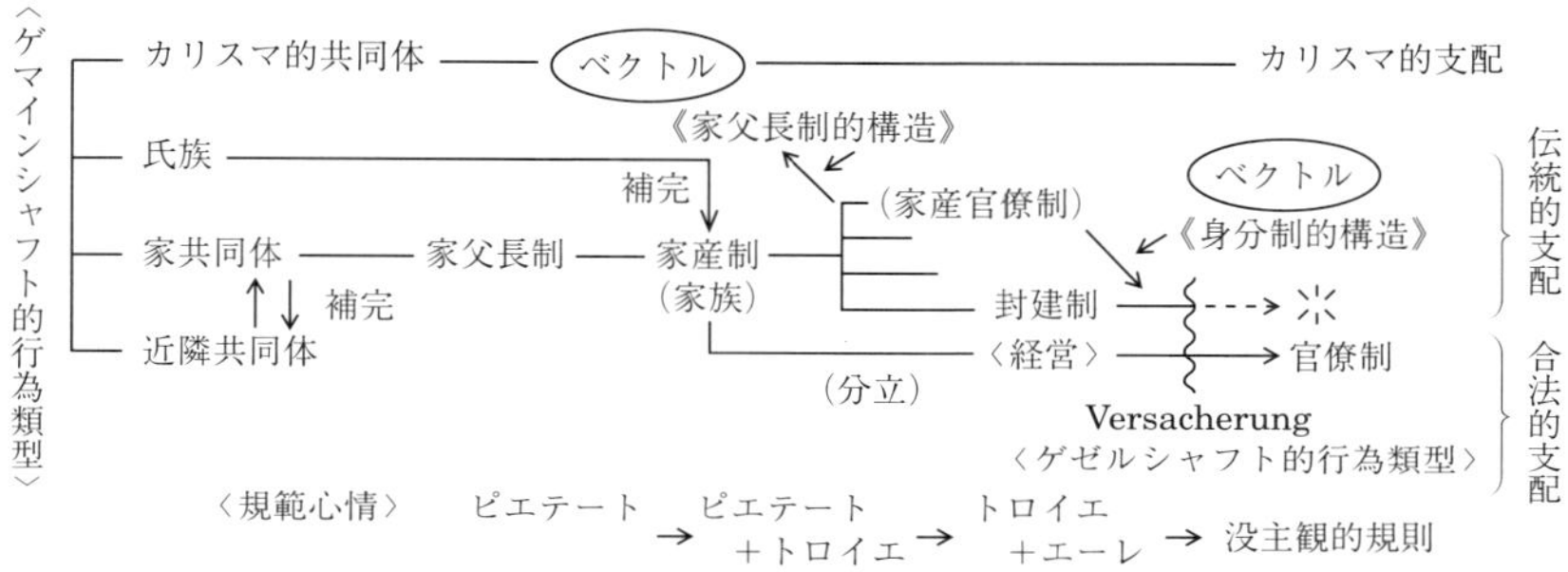


極概念として再構成することが、決してウェーバーの分析の核心を壊すことにはならない、と言ってよいだろう。ウェーバー自身、この両者を、対極的な意味でも、包摂的な意味でも、歴史継起的な意味でも、柔軟に用いていたことは、すでに見てきたとおりである。それはそのように見ることこそが、複層的現実の認識として、リアルであったからである。それ故、我々が見ようとする現実における「理念型」として、この内容豊富な両概念の対極的性格を見ることは、それがリアルである限り、我々の思考の柔軟性を示すものであって、方法的錯誤は意味しない。そのような意味連関を明確にしている限りにおいて、我々は、〈家産制〉的な〈新しい共同体〉と〈封建制〉的な〈新しい共同体〉を、〈家産的市民社会〉と〈封建的市民社会〉を、更には〈家産的資本主義〉と〈封建的資本主義〉すら、語りうるのである。[12]

同時に我々は、この両概念が、筆者がこれまで問題にしてきた日本と「西欧」の社会編成の存在形式の相違の総括として、非常に有効なものである、とも言うことができるであろう[13]。実は我々のこれまでの、日本の「家」に関する諸議論も、多くは以上のウェーバーの議論に学んだものでもあった[14]。それ故ここで、以上の議論をふまえ、より筆者自身の理解にひきつけた形で、再度、〈家産制〉的な日本の社会編成の特質を、〈封建制〉的な西欧のそれと対比させて、〈新しい共同体〉レベルの社会構成を舞台として、以下のように論じたとしても、それはさほどウェーバーから遠いものとは言えないであろう。

### (8)〈家産制〉的編成

社会の〈家産制〉的編成において、〈経営〉としての家族＝「家」は、以下のような編成の原理を持つ。まずその内的な編成においては、それは〈家父長制〉的である。個々の人間主体は「家」から独立しておらず、「家」に「没人格的に融合」する。諸主体の価値・権威は、「家」における〈位座〉としてのみ、実現される。それは、究極的には「家」が不滅であるとの「単純な考え」を淵源とする、家権威の「信仰」に基づく、純粋の恭順《Pietät》の倫理心性によって、不可分に結びつけられている。この恭順《Pietät》は、あらゆる人間関係の基礎でもある。他方「家」は、その第二次的な編成の主体でもある。その編成の原理は、〈家産制〉的である。〈家産制〉とは、〈家父長制〉の分解方向の一つであり、家産の分与による「家」の独立であり、基本的に独立した「家」相互間の関係である。それ故独立主体間の関係としての双務性の契機が、入りこんでいる。しかし〈家産制〉においては、分立した「家」間においても、なお依然として家父長的な家権威に基づく「伝統的支配」の倫理心性が強く及んでいる。家産の分与を行なった祖先に対する、「聖化」された「宗教的諸力」が及んでいる。従ってその人格的結合における双務性の契機は、「権威」への服従に対する「扶養」として現れる。とりわけ「家産の分与」と結びつく「本源的扶養」が、強力な象徴性を持つきわめて重要な行為となる。(その力により、実際上非常に片務的な人格関係も、この社会に包摂されうる。)以上に従い、〈家産制〉的編成における人間の倫理心性は、依然として伝統的な「家権威」への「信仰」が外面化された恭順《Pietät》関係が基礎となり、それに双務性の契機に基づく誠実《Treue》関係が結びついた、恭順・誠実の心性、〈封建制〉との比較のために単純化して言えば、恭順《Pietät》の心性が基本となる。

以上に対し、社会の〈封建制〉的編成においては、〈経営〉の編成原理は、以下のような特質を持つ。その内的な編成においては、やはり基本的に〈家父長制〉的である。即ち、家族を構成する個々の人間主体は、家族からやはり独立していない。しかしそれは、より分立の程度の激しい単婚家族であり、〈家産制〉的社会編成におけるそれと比し、はるかに本源的な「家」からの独立の記憶がうすらいでいる。それ故家族が、本源的家族の分立としてより、〈封建制〉の外的編成の影響もあり、独立人格間の結合と擬制される傾向が優勢となる。また家族内の権威も、特定人格に帰着するかのように現れる。その基本的性格故に、ここでの倫理心情も、やはり恭順《Pietät》である。しかしそれは伝統的な「家権威」への「信仰」としての本源的契機との結びつきを弱め、単に一般的な家族の心性であるかのように現れる。他方かかる家族も、第二次的な社会編成の主体となる。その編成の原理は、〈封建制〉的である。〈封建制〉も、〈家父長制〉の分解方向の一つであり、家産の分与により独立した「家」相互の関係である。「全ての封建的組織は全て家産制的基礎に基づく」。ただしその「家」の独立の程度が強く、もはや本源的な家の分立の契機が記憶されていない程の「極限的ケース」である。従ってそこでの人格的結合関係における双務性の契機は、もはやその基軸であった家の分立をめぐるものとの記憶が消しさられ、相互に本源的に独立した者同士の関係であるかのように現れる。支配は依然として〈伝統的〉であるが、それは「自由な契約関係」に基づくものであるかのように現れる。従ってここでの双務性の契機は「契約」であり、その重要な行為は、契約に基づく「譲渡」(占有からの離脱)である。「権威」の服従に対する占有離脱が、双務性の契機であり、そこにおける諸主体の倫理心性も、本源的には恭順《Pietät》である。しかしそれが本源的な「家」分立に伴う家権威への信仰であることは、潜在的にしか記憶されていない。従ってそれは、双務性の契機に忠実であるという誠実《Treue》関係の、一般的前提としての人間関係に対する信頼、という以上の意味をもっては現れてこない。加えてその誠実関係に基づき、「契約」の不可侵の第一次的主体性に起源する名誉《Ehre》の倫理心情が生ずる。このようにして、〈封建制〉的社会編成においては、誠実・名誉の倫理心性が、〈家産制〉との比較のために単純化して言えば、誠実《Treue》の心性が、その基本となる。[15]

以上の議論をふまえるならば、西欧の〈新しい共同体〉が〈封建制〉的に編成されているのに対し、日本のそれが〈家産制〉的である、との結論は、我々の社会の個別性をめぐる総括的判断として、充分に意味ある命題と言えるであろう。

同時に、「伝統的支配」におけるそのような個別性は、「合法的(官僚制的)支配」に基づく社会編成の個別性に、大きな影響を与えた。近代複層的市民社会は、それ自体が第一次的なゲマインシャフトではなく、第一次的主体としての「個人」の形成する、第二次的ゲゼルシャフトとして現れる。(究極においてそれが「フィクション」であるにせよ。）従って、ゲマインシャフト的共同行為である「伝統的支配」の特質そのものが、その個別性を構成するのではない。「合法的支配」は、規制に対するザハリヒ《sachlich》な服従を、全ての行為の基礎とする共同意思的行為類型である。しかし我々は、その「服従」そのものが、組織化された同意に基づく、対象への欲求の昇華された形式としての同意に基づく、という立場にある。その内容が〈公正さ（正当性）の体系〉であり、規則に対するザハリヒな態度という点でのウェーバーの公準をみたすという意味での同一性はあるものの、それは無限に多様でありうる、という立場にある。一方で〈公正さの体系〉を形成する内面的な価値規範[16]の点でも、それに基づく行為による諸個人の結合の結合様式の点でも、「伝統的支配」がそうであったように、「合法的支配」にも無限に多様な諸類型が存在しうる。そしてそれには先行する「伝統的支配」における倫理心性と諸人格の結合様式が、決定的な意味を持つであろうことは、容易に納得できることである。一方で恭順・誠実の倫理心性が、その外面化された規範的価値に、誠実・名誉の倫理心性が、その外面化された規範的価値に、それぞれ転じる。〈家産制〉的な社会編成の実質が、その種の社会編成を維持する規範的規則に、〈封建制〉的な社会編成の実質も、同様に規則に転じる。かようにして我々が歴史汎通的な対極概念として再構成した〈家産制〉〈封建制〉両概念を用い、〈家産制〉的市民社会と〈封建制〉的市民社会、という比較の視座によって、日本の近代市民社会の基本的性格をも、考察することができるのである。[17]

　そうであれば、例えば、〈位座〉や〈本源的扶養〉、「家の不滅の信仰」、「家産」とその分与、伝統的な「家権威」、そして「恭順」の倫理心性、そういった諸テーマが、日本近代の複層的市民社会における、価値体系、日常知、協働性形成の全ての領域にわたり、きわめて重要な意味を持ったことは、再論するまでもないことであろう。そして後に第3章でも論じられるように、それらのテーマは、日本の現代社会の構成の個別性の分析にとっても、欠くことのできないものなのである。

### （9）日本の〈新しい共同体〉

さて以上の検討をへて、我々は再び日本の〈新しい共同体〉についての、その個別性をめぐる議論に、たちかえることができるであろう。

〈新しい共同体〉は、私的所有に基づく、つまり所有の第一次的主体としての個人の排他性・不可侵性に基づく、それ故共同体の意思としてではない個人の意思に基づく所有の譲渡（＝外化）を、原理的に正当と認めた社会編成である。（それ故〈個人的所有〉を媒介にした、本来の語義での共同体ではない。）しかしそれは、現実に非所有を招くものとして、その譲渡に、「共同体」的な意思形成の仕方で、「ゆるやか」で「補完的」な規制を加えた、まさにその譲渡が起こらんとする「直前」の社会状況である。（それ故〈新しい共同体〉の考察は、〈自己労働に基づく自己労働の領有〉という〈領有法則〉の考察だったわけである。）〈家産制〉的な、あるいは〈封建制〉的な、「伝統的支配」の様々なあり様、それを「正当化」する「恭順《Pietät》」や「忠誠《Treue》」といったその外面化された価値規範こそ、そうした現実的で具体的な所有、マルクスが「現実的領有関係」と呼んだ所のものを維持しようとする「規制」の、表現であった。

複層的市民社会の形成は、そうしたクリティカルな意義を持つ所有の譲渡（＝外化）を「肯定的」なものとする（それ故、原理的には「非所有の自由」を正当なものとするが、まだそれを現実的なものとはしていない、その「直前」の）、つまり交易性と富の蓄積をポジティブなものとして認めあう社会編成である。（それ故その考察は、〈自己労働に基づく他人労働の領有〉という〈領有法則〉の考察であった。）その時その譲渡（＝外化）を現実的に（ネガティブに）規制してきた当の社会編成とそれを「正当化」する価値規範が、逆説的ではあるが、共に所有の譲渡が何よりもクリティカルな局面であるが故に、譲渡と、その主体と、譲渡を媒介として形成される社会編成とを、「ポジティブ」なものとして構成する「原理」的規準に、「変態」するのである。そこに〝固有の市民社会のあり方〟の、つまり所有の第一次的主体としての〈経営〉＝個人としての家族の構成のされ方、それらが相互に認知しあうことによる社会編成のあり方（その時日本にあっては、その〈家産制〉的伝統により、「家」の編成のあり方の内的な局面と外的な局面との連関が、とりわけて重大な意義を持ってくる）、その決定的契機である譲渡のあり方、[18] それらを律する〈公正さの体系〉の、歴史的形成の根拠があるのである。

### （10）日本の幕藩体制

最後に先に約束したとおり、こうした歴史形成における、日本の幕藩体制の意味についてふれておこう。第一に幕藩体制は、〈新しい共同体〉を、確固としたものにした。検地・石高制は、貢租の収納の責任を諸個人レベルに設定することにより、所有（現実的領有）の第一次的主体としての諸個人を一層確かなものとし、また一部の〈経営〉内に依然として存在していた「非自由民」をも第一次的所有の主体とする方向で行動した。（賤民は独自の第二次的集団の形成主体として、再編した。）また「村切り」や村請制は、〈新しい共同体〉としての村が、第二次的社会編成であることを更に確かなものにした。こうした意味で、幕藩体制の成立に「革命的」意義を認めた安良城説は、相応に評価されるべきである。（但し筆者は、大閤検地によって〈新しい共同体〉が成立した、等とはいわない。それはあえて言及しても長期にわたる歴史過程の「総括」である。[19]）しかし第二に幕藩体制は、権力国家が一般にそうであるように、その〈新しい共同体〉に依拠しつつ、その維持・保守に主要な努力を注いだ。つまり〈個人的所有〉の展開自体に対しては否定的に、〈家産制〉的な「恭順」関係による「伝統的支配」に依拠し、それを通しての「譲渡」の現実的展開の規制、という、〈新しい共同体〉自体が持つ保守的契機の維持に、主要な関心があった。[20]この意味での幕藩体制はある種の「反動」であり、著しいイモビリズムであった。幕藩体制は権力的支配として著しく強力なものであったから、上述の両契機にわたって、その活動がもたらした影響は大きなものであった。

## 4　複層的近代市民社会の個別的性格

さて以上をふまえ、次なる論点、〈複層的市民社会〉、〈自己労働に基づく他人労働の領有〉状況の歴史的形成の、「対極性」の検討を通しての個別性の考察に移ろう。

市民社会状況とは、（すでに形成されていた）私的所有における譲渡の契機が、それ故交易性と外なる富とその蓄積とが「肯定的」なものとして諸個人によって認知された社会編成であり、それ故「非所有の自由」をも原理的には「正当化」されているが、現実的には未だ部分的な（「支配的」でない）、社会状況である。

西洋におけるその展開は、共同体間と共同体内に共に形成された私的所有の両契機の連関の問題が正しく把握されるならば、これまで「局地的市場圏」の形成だとか「商業的農業」の展開だとかの呼び方で総括されてきた所の内容を、筆者も共通の認識としている。

日本の場合、そうした市民社会の構成原理が、つまり諸個人の相互の不可侵の主体としての認知と、それら相互の〈普遍的交通〉を律する〈公正さの体系〉が、固有のものであったことは、これまでも機会をもうけて論じてきた所である。つまり先に述べたように、譲渡《Entäußerung》（＝外化）というクリティカルな契機を規制（制限）していた〈家産的〉な「伝統的支配」とそれを支える倫理心性が、その譲渡を「ポジティブ」に構成する際の「公正さ」の規準へと「変態」しながら、固有の形成を見たのである。

それは具体的には、日本における「農民的商品経済」の特異な発展、という形で、最も包括的に論じうる。その「特異性」は、主要には二つの局面としてとらえうる。第一に、個人としての「家」（家族）の内的編成の原理である。これらはこれまでにも、「家」を第一次的主体とする（それ故その構成員は家長も含めて「没人格的」にそれに「融合」する）〈位座〉の問題、として提起した問題である。それはより具体的には、「家」の「所有」する「労働力」の構成の複合性・異種性の問題であり、端的には、商品生産（つまり譲渡されるものの生産）が、主穀生産に対する「家の副業」として一般的に組織される、という形で現れる。そしてこの関係が、それに関わる生産手段が剝奪された時（「非所有」が現実に支配的になった時）、日本に固有の〈雇傭報酬制〉を特徴づける根拠となるのである。第二に、個人としての「家」の外的編成の原理、これも「家」を第一次的主体とする（それ故それらが「人格的」に「結合」する）相互の認知と、それに基づく交通の原理である。これは先にウェーバーに依って検討した、独立した〈経営〉間の〈家産制〉的編成の議論が、趣旨としてはそのまま、だが譲渡と交易性を「ポジティブ」に組織していくための論理として、適用できる。つまり、「家産の分与」という行為「本源的扶養」（しばしば始原的なものとしてのみ想定される観念的・「象徴的」なものである）をへていることによる第一次的主体としての認知が、その流れの方向での〈家産制〉的性格での、現実の存在としての異種性の（つまり「実質的」な「身分」のちがいの）「正当化」と、そうした異種的存在としての結合の様式とを、律していくことになる。具体的には、同族団及びその複合としての「村」が、商品生産の過程のある局面においてそれ以上分割することのできないまとまりとして存在すること（なぜならある局面においては、諸個人は商品生産に異種的な関わり方をするからである。同時にそれはある局面においてであって、商品生産の全ての領域においてではない）、端的には、「村」なり何なりを単位とした商品生産という把握がある局面においてなしえ、「村役人層」なり何なりがそれを「人格的」に代表し、他方で「村」内部での商品の流通においてそれらが特別の仕方で関わるということ、である。それがいわゆる「豪農的商品経済」と呼ばれているものの特質であり、この関係がまた、「非所有」が実現した際の、日本に固有の〈雇傭報酬制〉を特徴づけることとなる。本書が一貫して問題にしつづけてきた、「人格的」な「縁」に関わる議論は、それをさかのぼればこの点にいたるのである。

日本におけるこうした社会状況の歴史的形成の画期として、筆者はいわゆる「質地地主」の形成の時点にそれを求めることができると考える。幕藩体制が、〈新しい共同体〉を保守する方向で〈新しい共同体〉の論理に依拠できなくなったこと、譲渡の規制として諸個人の〈家産制〉的編成に依拠できなくなったこと、それ故「譲渡」を通して「非所有の自由」が現実的なものとして生じはじめる、つまり〈領有法則の転回〉がはじまること、それらをそれは示しているからである。地域によって差はあろうが、一八世紀の中葉には、それは相当広い領域に形成されていたと考えられる。

## 5　〈領有法則の転回〉の個別的性格

続いての論点は、〈資本家的経営の支配的な（市民）社会〉〈他人労働に基づく他人労働の領有〉〈領有法則の転回〉の、まさにその局面の歴史的形成の、個別性の問題である。

先に述べたように、近代市民社会はすでに、譲渡を通した「非所有の自由」の形成を、原理的に「公正」とする社会であった。しかし「非所有」は、それ自体としては具体的欲望充足の否定という事実そのものであって、諸個人は本来それを欲求するものではない。（念のためにくりかえすが、具体的欲望充足の対象は、労働生産物の享受と共に、「昇華」された労働という行為そのものである。他人の指揮の下で工場で働くということそのものが、諸個人にとって本来「疎遠《fremd》」なものであり、具体的欲望充足の抑圧なのである。）それ故諸個人はそれを回避しようとするし、仮にそうした状況に陥ったとしても、所有を回復しようとする。それ故それが現実化するためには、人類史的な意義を持つ契機が必要であった。

マルクスはそれを、以下のような論旨で説明した。第一に、「二重の意味で自由な労働者」の「創造」である。これもすでに述べたように、これに含まれる「自己に先立つ（共同体的）拘束性からの解放」「生産手段からの持続的分離」の両局面について、「革命的暴力」こそが、それを生みだした。筆者も、それら「自由な労働者」の資本家的経営への包摂は、諸個人が市民社会において保持していた諸々の条件を「生かす」ことにより、極力「肯定的」なものとして組織された、という点を留保しつつ、基本的にその視点を支持した。

第二にマルクスは、〝マニュファクチュア〟の形成の問題をとりあげる。マニュファクチュアは資本家的経営（生産様式）である。だがそれは市民社会において「支配的」な存在ではなかった。これは歴史的現実としてそのとおりであり、我々も支持する。その段階で「支配的」な〈経営〉は、依然として「自己労働に基づく」ものであった。このことは非常に重大な問題を含んでいる。先の「革命的暴力」は、実は、市民社会の「非支配的」領域にのみ「自由な労働者」を創出しただけであり、それは社会の基軸部面を構成するものではなかったのである。

それをうけてマルクスは、第三に、産業革命と機械制大工業の問題をとりあげる。これこそが市民社会の「支配的」領域に、「自由な労働者」を創出したとする。それ故マルクスは、産業革命こそ最大の「革命的暴力」であり、それに先だつ権力国家によるそれはそれの「産婆」と位置づけるのである。[21] マルクスはこうした機械制大工業に基づく資本家的経営の「支配性」を、二層の現実認識としてとらえていると考えられる。第一に、他の「自己労働に基づく」経営に対する、圧倒的な生産性の上での優位である。これこそが社会における支配的領域において、「自由な労働者」を生ぜしめた「革命的暴力」のなかみであり、その種の経営をなくするか、市民社会における副次的存在におしやったものである。第二に、資本家的経営が、（資本蓄積という）自己の論理に基づいて、市民社会を自律的に対応しうる、ということである。言うまでもなくこれは、我々がたびたび問題にしてきた彼の問題了解の枠組み、即ち、生産過程における「労働力」の「モノ」としての処理、及び、労働力の社会的再生産の局面における「相対的過剰人口」の形成をとおしてのその自律的な調節、という、最終的には恐慌論として総括される認識枠組みによるものであり、しかもそこにおいて、「外なるモノとしての労働力の公正な取引」という形式をとることによって、それが市民社会における確固とした「正当性」を根拠にしえていることを示している。

しかしこの点に関しては、筆者は明確に意見を異にしている。まず後者に関しては、再三述べているように、近代社会においては、資本家的経営はその種の自律性は保持していなかった、と考える。マルクスの提起した二局面両方にあって、諸個人による直接的な「人格的制約」の下にあった。のみならず日々に労働を「生きた」ものとして組織するために、歴史的・論理的に自己の（資本家的経営の）論理に先立つ既存の複層的市民社会の論理を、その「ポジティブ」な「存在条件」として動員しなければならなかった。前者についても筆者は相当な留保を行なう。マルクスが想定したような資本家的経営の、他の種の経営に対する生産性の上での優位は、限られた産業分野で見られたにすぎない。歴史的現実としては、実際数量的には少数であった場合が多い。マルクスが想定しなかった種類の〈資本家的経営〉（先述したように、分益小作制と強制労働制）や、「資本家的」でない種類の〈経営〉の方が、世界経済に視点をおくならば、明らかに多数であった。のみならず〈雇傭報酬制〉に基づく資本家的経営は、そうした異種的〈経営〉の存在を前提にしてはじめて、自己と、その世界経済におけるヘゲモニーを発揮しえた。マルクスの言うような資本家的経営の「支配性」は、そうした流動的ヘゲモニーとしてのみ、存在しえたのである。

にも拘わらず、マルクスの提起した問題は、クリティカルなものである。筆者はこの頃のはじめに、「新石器革命」以来、人間の存在形式は、協働性（共同性）を通した自己の自由の実現としての〈個人的所有〉である、と述べ、それは現実的・具体的な自己の欲望充足である、と述べた。しかし産業革命（という「革命的暴力」）こそが、これを覆し（正確には〝かくし〟）、それまでには支配的領域に存在したことのなかった現実的・具体的「非所有」を社会の「中枢」的部分に実現したのである。それ故マルクスもそう示唆したとおり、「新石器革命」に次ぐ人類史上の画期は、権力と階級の出現でも、市民革命あるいは市民社会の形成でもなく、また筆者の提起した現代社会の形成でもなく、産業革命なのである。そしてそれに次ぐ画期を、産業革命によって否定された具体的欲望充足としての〈個人的所有の再建〉に求めるのである。[22]

さて、それでは以上のように一般的には総括されうる〈領有法則の転回〉過程は、日本においてはいかなる個性として現実化したのであろうか。

筆者は、日本においても一九世紀の初頭に、「先進的」地域においては、「社会の非支配的な資本家的経営」たるマニュファクチュアが安定的に再生産されうる社会状況が生みだされていた、という現在の所の学界の多数説を支持する。[23]のみならず特定の歴史的・自然的条件が存在したならば、自ら「産業革命」を「起こし」、新たな歴史形成を充分ふみだしうる程に、それは「成熟」していた、と考える。

ただここで言う「歴史的・自然的条件」とは、何をおいても先に述べた資本家的経営の展開のための「世界性」、航海術や地勢学的な問題、「周辺」資本主義の存在等も含めた「世界経済」システムの形成のことであり、そうした条件は日本にとっては全く存在しなかったことが、明記されねばならない。イギリスにとってのそうした条件は、大航海時代やそれ以前の交易にまで遡る、複合的な（複数の）交易主体や権力国家の歴史的形成と相互のヘゲモニー争い、そのある種の帰結としての植民地支配や「統合」された「世界経済」の存在にあった。だから、マニュファクチュアの成熟度としてはそれと変わらぬ状況が形成されていたとしても、そうした条件を欠く日本において、現実の「産業革命」の形成を考えることは、殆ど夢想的である。開港がもう少し遅かったら、あるいは日本のマニュファクチュアの展開がもう五〇年早かったら、等と仮定しても、そうした「世界経済」の形成との連関を持たない日本にあっては、事情は殆ど変わらなかったであろう。仮に当時のヨーロッパ世界が全く存在しなかったとしても、the Industrial Revolution の担い手としての日本は、数百年の単位でそれを準備する他なかったであろう。(従って開港前にすでに見られたとされる日本の先進地におけるマニュファクチュアの展開の「停滞」は、巨視的にはこの視点から検討されるべきであると考えられる。)

だがそうした可能性を持った日本の〝マニュファクチュア〟は、日本に固有のものとして個別的なものであった。つまり、それに先だつ「市民社会的状況」の個別性を「生かす」ことが近代の資本家的経営の「存在条件」であることの貫徹として、(それ自体は新たなそれまでには見られなかった歴史的現実である)不払労働の取得も、「村」や同族団、都市にあっては同職集団、といった複層的市民社会の存在とその再生産の論理に依拠し、自らがそこにおける商品生産を「人格的に代表」する存在であり、かつその市民社会内での商業流通の要である、その地位に依拠することを通して行なわれた。(「豪農」という概念は、農村におけるそうした存在形成をさしている。)より具体的に言えば、そうしたマニュファクチュア〈経営〉は、その礎である「家」内部、及びそれ相互の外的な結合における、伝統的な〈家産制〉的編成を極力維持しようと努め、「家」及びその外的編成の安定した再生産と自己の「価値増殖」を結びつけることに、自己の再生産の基盤を見出したのである。[24]

従ってそれが開港による根本的な「編成替」をへることなく、「順調」に規模の大きな資本家的経営に展開していったと想定しても、同じく近代の〈雇傭報酬制〉としてもちろん総括しうるものであるが、きわめて特異な展開を見たであろう。生産分野におけるそれとしても我々は、開港による「打撃」が少なくそれ以前からの連続性がある程度みられるいくつかの分野、伝統的な高級織物業、高級染色業、酒造業等において、その展開の持った可能性を、ある程度垣間見ることができる。そこにおける雇傭のあり方、生産過程における「労働力」処理のあり方、その再生産における複層的市民社会との結合様式等は、日本近代における一般の資本家的経営以上に、その特異な性格を保っていた。

日本の場合、開港とその時点での世界資本主義への編入によって、主要な分野におけるマニュファクチュアの展開は、壊滅的打撃をうけた。農業分野における商品作物生産は、資本家的経営ではあるが、より辺境的で自律的社会編成（「支配性」）の視点からは従属的な〈分益小作制〉へ、工業分野でもそれに対応する〈問屋制〉へ退行することにより、生きのびうるものは生きのびた。（これらの含意については後述する。）しかし〈中枢〉的な〈雇傭報酬制〉に基づく大規模な資本家的経営は、国家や優勢な商業資本によって「上から」、つまり、それぞれの複合的市民社会をさしあたりとしては基盤として持たず、それ故それらにとってはまずは「疎遠」なものとして出発した。それ故そのことが、これらの経営のかかえる困難の、主要なものの一つであった。

しかし、世界経済における〈中枢〉資本主義としての自律性のためには、〈雇傭報酬制〉に基づく〈資本家的経営〉とその国民経済における「支配性」の形成が不可欠であり、そのためには更に、成熟した複層的市民社会とその再生産の論理の、「生きた」形での「ポジティブ」なものとしての動員が、不可欠であった。本来複層的市民社会にとって、資本家的経営は異種的な〈経営〉であり、その程度の大きさ自体が決定的な障害となるものではない。日本の場合、開港による打撃も、自生的マニュファクチュアの展開を阻止する程のものではあったが、その母胎であった複層的市民社会そのものを破壊することはなかった。（このことも、地理的関係や列強の関心、権力国家の性格等も含めた「歴史的・自然的諸条件」の合成、として達成されえた。）日本の多様な資本家的経営は、各産業分野において、新たに、それぞれの再生産に結びつく既存の複層的市民社会とその論理との結合に成功し、それを根拠として、〈中枢〉的な〈資本的経営の支配的な社会〉が編成されえた。その具体的な態様の検討が、筆者における一貫した課題であった。ごく大雑把に言えば、基軸的な重工業分野では都市職人層の〈同職集団〉が、その周辺で「旋回」する実体的推進力となった軽工業分野では「村」が、それぞれ「基柢」的な複層的市民社会として結合し、そこにおける「労働力」の「処理」とその社会的再生産の論理に依拠することによって、〈経営〉における〈企業的専制〉と、「労働力」の安定した確保が、存在条件として与えられた。

逆に言うならば、日本における自生的な複層的市民社会の成熟度、世界資本主義における被規定性、両方を含めた「歴史的・自然的諸条件」が、新たな異種的〈経営〉としての機械制大工業に基づく〈雇傭報酬制〉の「基柢」たりうる市民社会状況を保ちえ、究極的にはその（〈家産制〉的性格を持つ市民社会編成の論理の）個別性の発現として、日本近代の固有の資本家的な〈領有法則〉は、その「転回」を見たのである。

日本近代社会の実体的推進力となった、〈生計補充型労働力〉に基づく〈雇傭報酬制〉は、あのように広範なものとしては世界に他に例を見ない、きわめて特異な〈資本家的経営〉であり、日本近代資本主義の個別性を端的に現出せしむるものであった。その成立は様々な歴史的・世界的な条件が結合して生じたものだが、結局究極においては、「家」内外の編成を中心とする、「基柢」たる複層的市民社会の個別性に、礎をおくものだったのである。

## 6　現代市民社会の個別的性格

最後に、第四の論点として、「現代資本主義社会」〈社会的《Gesellschaftlich》労働に基づく他人労働の領有〉という〈領有法則〉の歴史的形成の個別性についても、ふれておこう(25)。

この点に関しては、マルクスが悲しむべき錯誤に陥っていたことは、これまでにも述べてきた。つまり、労働の単能化・単純化と、それに基づく即自的な諸個人の代替性の構想のことである。この点ではマルクスは預言者の立場にあった。だがその立場からの発言にあたって、彼は自らの思想の根幹にあるものを見失った。人間は対象的動物であること。外なるモノへ自己を対象化し、外化し（更にそれを崇拝し）、それを享受することによって、具体的な欲望充足をみたす存在であること。それ故その対象物と対象化の行為に対する「固着」と「昇華」が生ずること。その「肯定的」なものとしての組織化が所有であり、自由であること。そうした「昇華」された行為として、人間は〝労働〟を歴史的に形成してきたこと、等々。他方人間は「類的存在」であること。そうした具体的欲望充足としての自由な所有は、協働性を通した自己の実現であったこと。それ故所有はこれまですぐれて〈個人的所有〉であり、資本家的経営の支配的な社会においてさえ、人間の共同存在性《Gemeinwesen》を通したものであり、〈普遍的交通〉＝「物的依存性に媒介された全面的相互依存関係」の形成として、「肯定的」なものであること、等々を見失ったのである。そうでなければ、具体的な欲望充足の行為である、具体的な（特定の）労働行為に対する「固着」や、その場に（つまり職場に）形成される協働性、具体的な欲望充足を構成するものとしての具体的な協働性の形成の問題を、そう簡単に抽象できるはずはない。

しかしそれはおくとして、この段階の〈領有法則〉についての、マルクスの最終的総括命題は、依然生命力がある。それはこの社会が、資本家的生産という形式の下ではあるが、「すでに事実上うちたてられた」「共同的《Gemeinsam》生産」に基づいており、これが〈個人的所有の再建〉の基礎となる、ということである。（念のために言えば、マルクスがこの「段階」を、先の〈他人労働に基づく他人労働の領有〉の〈領有法則〉と区別しているわけではない。〈社会的労働に基づく他人労働の領有〉という言葉は、筆者の造語である。マルクスは具体的には一九世紀中葉の紡績工場を表象しながら、そうした種類の〈経営〉の急速な世界的普及として未来を構想し、比較的短期かつ連続的に、そうした事態に至ると考えていたと考えられる。言い換えれば、マルクスは、近代の機械制大工業に――もちろん先に強調したように、筆者もそれが人間の歴史形成において「解決」したものの巨大さは充分認めつつ――、あまりに多くの困難を解決させすぎたために、先に述べた労働への「固着」や協働性の問題も含めて、資本家的経営の現実に直面した課題のきわめてクリティカルな性格に、充分な注意を払いえなかったのである。）この社会においても〈他人労働の領有〉が、即ちおおいかくしようのないものとしての搾取が、同時にそれをもたらす支配と抑圧、「階級」的諸関係が存在している。それ故そこでの人間と行為（労働）、対象、人間相互の関係は、依然として「疎遠《fremd》」である。しかしその問題を解決しさえするならば、労働者諸個人は、それを具体的欲望充足の行為としての自由・所有の実現として、その欲するところに従ってそれを組織しうる、協働的行為を通しての自己の欲望充足としての「共同的生産」を、自ら担いうる主体として、「すでに事実上達成」しているのである。

筆者の言葉で言えば、現代資本主義社会は、労働者諸個人が、「概念的」かつ「本源的」には（つまり「本来は」、「本当は」）具体的な欲望充足の行為以外の何者でもないにも拘わらず、労働という行為を、あたかも「外なるモノ」としての「労働力」の「所有・取引」関係であるかのような「ふりをする」ことによって、〈経営〉の側から言えば、そうしたものとしての自己の同定＝〈同意の組織化〉を通して、彼らを〈経営〉とその「取引」の限りでは対等で自由な単一の市民社会の構成員として組織化することにより、成り立っており、またそのことによってあくまで括弧つきながら、生産過程と労働力の社会的再生産との「自律的」な編成が可能になった、そのような社会である。

この世界も、労働者諸個人にとっては、依然として「疎遠《fremd》」である。もちろん現代の資本家的経営も「生きた」労働を組織しようとする限り、彼らの労働への「固着」、協働性、生産の場での自律性等の契機を「生かす」回路を敷設せねばならず、それは具体的な職場規制（rule making のプロセスとしての joint regulation）の内容も含んだ、広義の「労働力の社会的代価」をめぐる「集合的取引（collective bargaining）」の場として設定される。だがそれは、労働への「固着」や協働性等を、「直接的に肯定的」なものとして充足しようとするものではなく、「外なるものの公正な取引」という「疎外」された形式の下におくものであり、それ故、労働者諸個人と自己の労働という行為、自己の労働生産物、そして周囲に働く他の諸個人との関係は、依然として「疎遠」である。そしてこの「疎外」された形式こそが、そうした「疎遠」な社会関係を「合理化」し、究極的にはおおいようのない「搾取」と「支配・抑圧」（他者の自己の対象物の横領と自己の行為に対する支配）を「合理化」している。端的に要言すれば、自己の具体的欲望充足における「非所有」を、現実化している。

だが今論じている文脈において決定的に重要なことは、こうした「疎外された形式」においてであれ、労働者諸個人が、〈経営〉の場において、かつ自らも第一次的主体として、市民社会を形成したということであり、またその〈経営〉の場において、その「形式」の制約の限りにおいてではあるが、〈経営〉に内在的に、自己の具体的欲望充足としての自由（生活資料の獲得、労働への「固着」の充足、協働性の発現等）の実現の場を、新しくつくりだした、ということである。近代においても労働者諸個人は、市民社会を構成する主体であり、また労働への「固着」や協働性を満たしていた。しかしそれは資本家的経営にその場を形成したのではない。経営は彼らにとってあくまで異種的世界であり、その経営における具体的欲望充足も（その内容は経営に対する「直接的に人格的な規制」として、これまでにもたびたび論じてきたものである）、その〈経営〉を構成する主体としての立場によるのではなく、〈経営〉の外にある異種的市民社会の構成主体として、なしえた。（〈経営〉のある職場がたとえ全面的にある〈同職集団〉によって占拠されていたとしても、根本的な事情に何ら変わる所はない。）現代においてはじめて労働者諸個人は、協働社会〈Gesellschaft〉としての〈経営〉を自ら構成する第一次主体としての、具体的行為の場を形成した。それが「（直接的に《unmittelbar》）社会的《Gesellschaftlich》労働」であり、事実上の「共同的《gemeinsam》生産」である。ここにおいて諸個人は、自立した自己として、新たな「結社《Gesellschaft》」を自己の自由として構成する可能性、それを通して自己と協働性を充たす可能性、即ち、〈個人的所有〉に基づく自己の自由と相互の対等性、そして有機的連帯としての友愛の可能性を自ら捕捉する。これが現代社会の「止揚」において保持されるべき究極的な「肯定的なもの」なわけである。

さてこうした〈社会的労働に基づく他人労働の領有〉という〈領有法則〉の歴史的形成の個別性は奈辺に存在するのであろうか。すでに述べたようにそれは、単一の市民社会の形成にあたっての、単一のものであるが故に全社会的な（一部の異端を除く労働者、経営、国家機関全てにとって）規範的拘束性をもつ、市民社会を構成する全ての主体に匿名的な、そこにおける行為の正当性を律する〈公正さの体系〉の個別性として把握できる。その詳しい検討は次章以下での課題なので、ここで細かい点まで立入ることはしない。だがこれまでの論旨の展開上必要と思われる二、三の点についてふれておきたい。

第一に、新たな市民社会の形成においては、それは単一のものであるから、それを構成する諸主体にとって、〈公正さの体系〉は、基本的に同一のものである。むろん諸主体の行為の領域は非常に多様である。だがその正当性を律する規範は、全ての構成主体に「同意」された比較的単純な原理である。この点が近代市民社会と全く異なる点である。だがこの命題には裏がある。〈公正さの体系〉には国境が存在する。この命題は二つの問題群をはらんでいる。第一には、文字通り、〈公正さの体系〉の同質性は、国民国家の領域内に形成されるものであること、それ故この「段階」になって厳密にははじめて、市民社会形成の論理を、「国民性」というタームで把握しうる、ということである。[26] 近代の複層的市民社会は、全体としてゆるやかな特徴づけは可能であったが、それぞれ具体的な必要に応じて、きわめてフレクシブルな論理を持っていた。それ故「家」や超越的権威（具体的には天皇制のことである）の観念は、現代社会への移行と共に、その経済的基盤の弱体化にも拘わらずかえって強化される、といったパラドックスが生じる。第二の問題群は少し複雑である。行為の公正さ（具体的には「労働力」をめぐっての）を問う場は、政治的行為の場であり、法《Recht》の領域である。それ故諸主体は、最終的には国家における〈公正さの体系〉において、自己の行為の正当性を問う。それ故「単一の市民社会の形成」「その構成主体としての自己の同定」と、国家における〈国民統合〉とは、実は同じことなのである。近代社会において諸個人は、それぞれの市民社会を構成するのとはちがう立場で〈公民《Citoyen》として〉、〈名望家的〉国家を構成していた。強調しているように近代国家も経済過程に決定的な役割をはたしていたし、また（非常にさえない公民であったとしても）自己に対する諸個人の公民としての「同定」（ありていに言えば「帰属意識」）を獲得していた。（皆が日本国の民であることを認めていた。）だからそれらの程度の差を強調しても（もちろん程度の差自体は重要なことだが）、肝腎の所はつかめない。現代国家との決定的なちがいは、近代国家が、各々の複層的市民社会にとって外的な、超越的な存在であり、露骨な言い方をするならば、異なる市民社会間の「利害調節者」、第三者的な「仲裁者」の位置にあった、ということである。複層的市民社会は、相互に、それぞれ自己の〈公正さの体系〉に照らして全く正当な行為を行ない、その利害を追求する。ところがそれが他の市民社会にとっては不公正であり、利害が衝突する。そうした時に、そのいずれの〈公正さの体系〉にもよらない、それはそれで別の規準をもつ国家の立場で、問題が裁定される。そうした国家の「規準」は、多くの場合諸々の市民社会における「公正さ」をいくばくかは反映していても、もともと異なる〈公正さの体系〉が存在するわけだから、超越的たらざるをえず、ただ「お上が決めたことであるから、是非がない」ことであったり、ただただ暴力的であったりする。不利益をこうむる市民社会は、自己は正当であるにも拘わらず、国家の場において、正当な行為を抑圧されるのである。一般に近代社会においては、「国家機関」の「保持階級」は「第三者」でもその社会における支配的な階級の構成する市民社会の正当性が通るのが普通であった。だから「国家は階級支配の道具」という命題も、近似としてきわめて有効であったのである。現代社会における国家は、これとは全くちがう。国家自体が、市民社会における政治的（つまり正当性を問う）領域の行為の場として埋めこまれた場であり、その諸構成主体の内面的な「公正さ」にそった、逆に言えば、国家において単一の〈公正さの体系〉が組織される、そういう場である。それ故、日本において明らかに国家の超越性が強化されていくのにそれが諸主体の内面によりたちいった存在となること、権力国家としての連続性の過程において質的な転換点が存在し、それはその過去における国家よりもその時点での市民社会のカオス的状況の再編への対応としてより理解が可能であること、現代国家における〈ヘゲモニー〉という概念の重要性、等が主張しうることとなる。そして、新たな単一の市民社会における〈公正さの体系〉の個別性が、政治的行為の場としての国民的国家の構成の論理の検討をとおしてこそまずは把握できる、その根拠もここにあるわけである。

第二の論点に移ろう。究極的にはそれは第一の問題と同じことなのだが、そうした現代の〈公正さの体系〉は、単一の市民社会を律するものであるが故に、それを構成する主要な主体、労働者、経営、国家機関の agency 全てにとって、内面的な価値規範的拘束性を持つ。もちろん政治的行為の場には、常に「おおいようのない階級的支配の亀裂・トポスの露呈」としての〈政治社会〉の部面があり、諸主体はそこではきわめてデマゴギッシュに行為する。またその社会構成の根幹の是否、つまり〈公正さの体系〉自体が相対化され、その是否が問われるような「異常時」においては、〈政治社会〉こそが「政治的行為の場」の主要な舞台となり、そこでは「階級」という自己の存在拘束性の一点に規範はしぼられ、それに従う限りでの広範な「自由」を諸主体は手にする。しかし日常的な政治的行為の場においては、諸主体は〈市民社会〉レベルでの〈公正さの体系〉に自己を「同定」することに「成功」しており、かつそれに「成功」することなくしては、その社会は安定的ではありえない。（また異常時における行為も、そうした存在拘束性と全く無縁ではありえない。）それ故現代の〈経営〉にとっては、その〈公正さの体系〉について、労働者諸個人の〈同意の組織化〉がなされると共に、逆説的ではあるが、そこで「組織」された「公正さ」が、自己の（経営自身の）内面的価値規範に対しても拘束的であるものとして共有されねば、自己の「正当化」とそれに立脚した社会構成の安定は達成されえないのである。近代における資本家的経営においても、もちろん内面的価値規範の拘束性は存在した。しかしそれはその経営の属する市民社会内に形成されるもので、それにとって異種的な労働者諸個人には及ぶものではなかった。経営は、自己にとって「公正」である限り、労働者諸個人にとって「不公正」な行為に関しても、「自由」であり、近代の複層的・異種的な社会構成は、それを許してもなお安定的たりうる柔軟性を提供していたのである。現代の経営は、自己にとってと共に労働者諸個人にとっても「公正」であらねばならない。のみならずその「公正さ」が自己に対する規範的拘束力を持つ、つまり単なるデマゴギーではなく、内面的価値に従って形成されたものであり、自己をも拘束するものとして自己を含む諸主体に「同意」されねばならないのである。同様のことは、労働者諸個人についても言える。例えば第3章で詳しくふれるように、現代社会の形成の端緒で労働者諸個人は、「人格承認」を経営に要求した。近代社会においては、こうした形での問題は起こり様がなかった。〈経営〉は労働者諸個人にとって異種的世界であり、〈経営〉の属する市民社会の構成主体という意味での「人格」が承認されるわけではなかったが、自らの市民社会においては（くどいようだがそれは経営の作業場での〈同職集団〉という形で存在していたことが多かったことは、忘れてはならない）、その人格的個別性こそそこで「肯定的」に組織されるべき究極的なものであり、それ故、複層的市民社会への同定を媒介とした近代社会への同定が（つまり人格が）、〈経営〉における「非人格」的な立場にも拘わらず、達成されえたのである。しかし複層的市民社会がしだいにその実体的性格を失うと共に、「本源的かつ概念的には人格的存在」たる労働者諸個人は、そうした存在（人格の否定された存在）であり続けることはできなかった。新たに、〈経営〉というその場に形成される諸関係として、自己の人格的個別性の実現を求めねばならない。当然それは〈経営〉というその場を共に構成する経営（者）と、相互に認知しあう関係であり、労働者諸個人の立場に即すれば、「人格承認」を（可能な限りの自由な行為の主体としての人格を生かすための共通の規範的拘束性の場としての市民社会と、その構成主体としての自己を）、経営に求める過程である。そしてそれは労働者諸個人の究極的な存在根拠の要求であるから、現代社会ももちろんこれを基本的に「肯定的」なものとして組織するし、また組織されえずしてはその安定した存続はありえないのである。こうした点から、二つの重要な結論が出てくる。一つは現代の国家が、（近代におけるような諸市民社会の「外」に立つ「仲介者」ではなく）単一の市民社会における政治的行為の場の〈ヘゲモニー〉と呼ぶことによって、「近似」しうる、ということである。〈もちろん〈政治社会〉はあらゆる歴史の局面に発現するから、依然として「支配の道具」でもある。〉先に述べたように〈ヘゲモニー〉は、現代社会を構成する諸主体全てが、共に自らが第一次的主体として、自らがつくりだしたものとして存在する、〈公正さの体系〉の形成をめぐるリーダーシップ、とでも呼べるものである。国家とは、〈ヘゲモニー〉という、「場の状況」なのである。それ故次の点として、現代社会を律する〈公正さの体系〉は、最終的には、国家という政治的行為の場における〃労働「政策」〃という形で、集約される。現代社会を構成する諸主体、労働者、経営、国家機関の agency が、自らをそこに同定せしめる〈公正さの体系〉の形成の行為において、共に内面的に「正当化」された集約的発現がこれである。この意味でそれは、近代社会におけるあらゆる「社会政策」と性格を異にする。そしてひどく遠まわりになったが、現代社会の〈公正さの体系〉の国民国家的個別性は、それ故、国家という場における〃労働「政策」〃の検討によって、それを構成する諸主体の内面性をも含んだ根幹的部分として把握が可能であり、またそうした把握がその基軸となるべきでもあり、本書が「政治的行為の場」の検討を通して、現代の市民社会の「構成原理」の根本の解明をめざす根拠でもあるのである。

第三の論点が、この章の文脈においては、一番説明の必要のある所であろう。それは、現代社会の単一の〈公正さの体系〉の歴史的形成と、近代における複層的・多元的な様々な「公正さ」との連関の問題である。これも詳しくは第3章の課題であるが、一般的に言って、新たな〈公正さの体系〉は、それまでにはなかった全く新しいタイプの社会的関係の形成であり、基本的に新たな規範の創造であって、それに先だつ特定の「公正さ」がアプリオリなプライオリティを持つものではない。言い換えれば、複層的市民社会の解体過程は、それへの「同定」を媒介にした近代社会への諸主体の「同定」が脅かされる、「危機」的状況であり、「革命的」な「生産諸力」が動員される。もちろん新しい〈公正さの体系〉は、それまでの様々な「公正さ」と無縁ではありえない。何らかの意味連関を有する既存の「公正さ」で「体系的」なものとしては、主要には三つが想定されよう。一つは近代社会で支配的であった資本家的経営の構成していた「公正さ」、二つ目に複層的市民社会における労働者諸個人における「公正さ」、最後に〈公民〉を担い手とした近代名望家国家の規準としての「公正さ」、である。しかしそのいずれも、自己が他の「公正さ」を包摂する形式では、新たな〈公正さの体系〉を形成しえなかった。例えば第3章で論じるように、「主従の情誼」という〈経営〉の構成する「公正さ」への諸主体の包摂の努力は、ほとんど見るべき成果はあげなかった。ここから導かれる主要な結論として、以下の三つがあげられる。第一に、〈経営〉の場における単一の〈公正さの体系〉の形成は、全く新たな歴史的現実の創造であり、さしあたりはその歴史的時点における労資関係の諸主体の相互的行為の産物、としてまずとらえられるべきであること。第二にそれ故、それはもちろんそれに先だつ様々な「公正さ」と無縁ではありえないが、それを構成していた様々な市民社会における実体的な諸関係をうけつぐ性格のものではなく、むしろそれらになにがしか共通に見られた、理念的・観念的・超越的な要素をうけつぐものであること。（この点では新しい〈公正さの体系〉への諸個人の「同定」が、究極的には「フィクション」であったことに、今一度注意を払う必要がある。）更に第三に、そうした超越的・抽象的理念は、状況が「危機的」であり、解決せねばならぬ課題が「革命的」なものであるだけに、さしあたりそれが本来もっていた以上にデフォルメされた形で動員されること、である。第二の点についてもう少し説明すれば、新たな市民社会の形成は、基本的に異種的人格としての相互の認知と発現、と同時にそれを実現するための社会構成の基軸的行為としての所有と譲渡の不可侵性の相互の承認であり、これ自体は本来の生きた市民社会の論理をうけつぐものである。（現代市民社会も、所有と譲渡の不可侵という究極的規範によって、資本家階級と労働者階級という相互の異種的存在性を「ポジティブ」なものとして実現する社会システムである。）だがその「あり様」を歴史的に形成するものは、先行する市民社会の実体的諸関係そのものではなく、そこにおける「公正さ」を律していた「理念」的特質である。何となれば新しい市民社会は、実体的関係としては、それまでには全くなかった種類のものだからである。詳しくは第3章で論じるが、そうした「理念」的特質は、諸個人の〈生活世界〉にまで固着している。〈生活世界〉を構成する要素を、筆者は、〈価値体系〉〈日常知〉〈協働性形成〉という三つの局面から成るものとして考察する。それらはそれぞれに固有の歴史過程の所産としての特質をもっている。〈価値体系〉においては、すでに述べた〈実質（合理）的〉→〈目的合理的〉な行動態度、それを遡及すれば労働への「固着」のあり方、具体的には、〈労働者〉としてのエロス、〈生産者〉としてのパトス、〈生活者〉としてのロゴス、それら各々とその結合のあり方が、問題となってくる。〈日常知〉においては、協同の意思決定のための知恵としての〈民主主義〉のあり方が問題となってくる。〈協働性形成〉とは、行為における協働・連帯のあり方の問題であり、日本の市民社会が保持しつづけてきた〈家産制〉的編成として、問題となってくる。即ち、〈本源的扶養〉や〈位座〉を根幹とする諸人間主体の結合関係や、その基礎にある「恭順《Pietät》」関係の歴史的展開としての有機的連帯の形成である。これらの「生きた」契機を、「生かす」こととして、新しい〈公正さの体系〉の個別性の形成がある。「従業員」という存在のあり方、権威の超越性とその発現形式（戦前で言えば天皇制）、「正当性」の主張の形式、労働者団結の組織形態、雇用と賃銀決定に対する考え方等々の個別性の発現は、そうした回路をとおして根拠づけられたのである。と同時に第三の点に論及すれば、こうした「理念」的特質は、本来日本の市民社会が育んできた実体的なもの以上にデフォルメされて、「生かさ」れた。本来近代市民社会は、複層的かつ異種的、多様かつ柔軟なものであって、先に述べたような特質も、決してきわだって支配的に見られたものではなく、また近代の諸主体が（後の時期のように）厳しい緊張関係をもって接したものでなく、むしろ自然でなごやかな、それ自体が欲望充足の回路であった。それが厳しい緊張関係を要求するもの（つまり「リビドーの解放を抑圧するもの」）として内面的規範となるのは、そうした近代の複層的市民社会が、逆説的だがまさに解体しようとしているからであり、その「危機」を、諸主体がそれぞれに「革命的」に克服しようとしているからに他ならない。我々の言う「同意」と、ほぼ同義に重なる部分をもつ概念として、ウェーバーが「支配」「権力」という言葉を用いていたことを想起してもらいたい。そしてウェーバーは、社会構成が根本的に変換されるような時には、そうした「支配」「権力」は、「カリスマ的」な性格を帯びると語った。また同時にフロイトにおいては、我々の言う「同意」と重なり合う概念が「抑圧」であったことにも留意してもらいたい。「抑圧」は、とざされた具体的欲望充足の「代償」行為として、「昇華」された新たな対象へそのリビドーをふり向けることであり、強度の緊張関係へ自己をさし向けることであった。日本近代の市民社会を特質づけていた個別性は、その解体が故に、むしろ諸個人にとって耐えがたいまでの緊張関係を要求するものとしてうけつがれた。それを「解決」するものが「昇華」された「カリスマ的」なものへの信仰であり（天皇や「家」や、その他一般に日本の社会編成の理念が、その時点で超越的なものとして再編されたものへの「信仰」である）、それはむしろその個別性を極端に強調することによって、人々を「実体的」関係の解体の不安から「逃走」せしめ、逆説的だが達成されえた。こうした事柄は、一般的に現代社会への移行過程で、世界の国民国家でみられたものであった。〝両大戦期〟は、そうした意味で、現代社会への世界史の巨大な〈移行期〉であった。ファシズム、ニューディール、ある意味でロシア革命も、そうした〈移行期〉固有の矛盾、自己とその所有の喪失の危機に陥った人間の「不安の弁証法」の進行経路であった。日本の天皇制軍国主義も、もちろんその一つである。それは〈移行期〉固有の「危機」がより深刻であったが故に、より抑圧的・倒錯的・退行的たらざるをえなかったのである。

（東條由紀彦）

注

（1）律令制の早期の解体をさしている。班田収授制は、前にもふれたように、農業共同体レベルで衰えつつあった耕地の定期的割替を、権力的民族共同体レベルで再編・強化しようとする試みであったが、それを行なうにたる程の力はそこにもなく、分権的な荘園貴族の連合へと移っていったわけである。

（2）それ故自治都市の発達は例外的なものであった。

（3）典型的には平氏政権。鎌倉幕府も基本的にはそうである。

（4）応仁の乱から徳川幕府成立に至る時期がそうである。この固有の時代状況を前提に、日本の〈新しい共同体〉は形成されたわけである。

（5）以上は主として『経済と社会』第三章「ゲマインシャフト結合とゲゼルシャフト結合の諸類型」による。

（6）この点は、ウェーバーも、家父長的支配のうちに、しもべ（Deaner）が含まれる、と述べた、その意味を特に重視する必要があろう。

（7）くどいようだが、この言葉の語感にとらわれてはならない。ウェーバーの言うAのBに対する支配とは、AとBの共同意思行為のことである。

（8）　以上は主に『経済と社会』第九章「支配の社会学」第四節、とりわけその第一、二項による。

（9）　家父長制ではピエテートそのものが「信仰」であったことに注意されたい。家産制における「宗教的諸力」は、ピエテートを擁護するための第二次的形成なのである。

（10）　「誠実《Treue》」関係については、後の議論の上で決定的に重要なことなので、もう少し説明しておきたい。まず「恭順《Pietät》」関係については、ウェーバーは、あらゆる「伝統的支配」の類型の人間関係の「基礎」として言及している。しかしその「本源的基礎」は〈家父長制〉であり、かつ、〈家父長制〉においてのみ、ピエテート以外の価値的心性に、言及していない。また、一般に〈家産制的支配〉は「恭順・誠実関係《Pietät-und-Treue》」に基礎をおく、とされるが、その〈身分制的構造〉については、誠実関係のみが言及されている。更に後述のように、〈封建制〉においては、「家の一般的ピエテート関係との関連から解放され」といった記述もされ、他方〈家産制〉においては「『平民的形式』の家産制でもピエテートとトロイエは基礎」といった限定を付される場合もある（傍点筆者）。以上の点から、一般にピエテートの情はあらゆる「伝統的支配」の基礎であるが、それがより〈身分制的〉であればある程、そこから生成したトロイエの心性の契機が優勢になる、という理解は、充分成り立ちうると考える。何故そうしたニュアンスが生じるのかというと、ピエテートが家権威への信仰であるのに対し、トロイエは、独立人格間の双務性の契機によって生じた価値的心性であるからだと考えられる。（言うまでもなく「純粋」な家父長制に双務性は存在しない。）そうであれば、人格的独立性のより強い〈身分制的構造〉において、しだいにトロイエの心性が優勢となっていくことは、当然だと考えられる。

（11）　以上は主に、『経済と社会』第九章「支配の社会学」第四節、第五節、特に第四節二、三、十六、第五節一、二、五、十一、による。

（12）　実際にウェーバーは〈家産的資本主義〉を問題にしている。家産制の経済的基礎は、ヘルの需要をみたすための大家計〈経営〉たる「オイコス」であるが、これが営利をも目的とすれば、そうなる。〈封建的資本主義〉は、筆者に言わせれば、たいていの近代資本主義はそうなので、特にそう呼ばなかっただけである。

（13）　周知のようにウェーバーは、日本の「封建制」を、西欧〈封建制〉に、相当に近いものと考えていた。しかしそれでも、日本においては双務性の契機が弱く、またレーエン制以外の「権利義務」関係（プフリュンデ制）が相当に優勢であったことを、ウェーバーはもちろん了解していた。それ故日本の「封建制」が西欧のそれより、より〈家産制〉的であったと言う分には何らまちがいはなく、従ってその対概念を用いた対比も、充分可能なわけである。

(14)　念のために言うが、「自由な契約関係に基づく伝統的支配」とは、何ら背理ではない。ウェーバーにとっても筆者にとっても、行為が契約に基づくこととそれがザハリヒ《sachlich》に遂行されることとは、それ自体としては全く別の事柄である。但し、重要な意味連関が存する。契約は、伝統的なピエテートの倫理心性に基づいても、成立しうる。それに対し規則への服従はそうではない。それは組織化された同意、により、市民社会の虚構性が、それを実現する。規則に対するザハリヒな服従は、「本源的かつ概念的」な人間の存在形式への抑圧であり、フィクションとしてのみ成立しうる。しかし、契約という双務性の契機が、〈家産制〉的な双務性の契機に対し、より他者的でフレムトである点で、「規則」に対し、より優勢な主観的意味連関を有する。

(15)　蛇足を付せば、以上の立論でも明らかなとおり、〈封建制〉的社会編成こそが「特殊」な、「極限的ケース」なわけである。個人とは「本源的かつ概念的」に家族なのであり、そこから離脱したかのような存在の批判として、我々の市民社会批判は続けられている。

(16)　合法的支配における規制へのザハリヒな態度を支えるものとして、「伝統的支配」における全てピエテートを基礎としていた様々な倫理心情は、内にいて外から内を指図する規範、に転化する。

(17)　拙書『製糸同盟の女工登録制度』において筆者は、以上のような日本と西欧の市民社会の「構成原理」の対極性を、「官僚制的」性格と、「伝統的」性格、というタームを用いて対比した。それは内容的には本書におけるのと同様のことをさしており、最初に述べた「理念型」の性格からいって、そのこと自体が不当なものとは、筆者は考えていない。しかしその本義において、「官僚制」は主としてゲゼルシャフト的共同意思行為の場に、「伝統的支配」は主としてゲマインシャフト的なそれに特徴的なものとして、ウェーバーには用いられている。更にウェーバーにとって、〈営利を目的とするだけでなくそれが規則にザハリヒに即して行なわれる所にその固有の特質がある〉近代資本主義が、「官僚制」的社会編成を不可欠の前提とすることは、彼の究極の関心の一つであった。その点は筆者も支持し、そうした「官僚制」概念を用いている。従って、日本の近代市民社会も、基本的には「官僚制的」に編成されている。とするならば、「官僚制」という概念を〈従って「伝統的」という概念も〉このように二義的に用いるのは、無用の混乱を招くおそれがある。(「官僚制的官僚制」と「伝統的官僚制」の対比よりは、〈封建制的資本主義〉と〈家産制的資本主義〉の対比の方が、筆者の真意が誤解される可能性は、ずっと少ないであろう。しかも〈伝統的官僚制〉は、全く別の文脈におけるキー概念として、ウェーバーが用いている。）それ故本書ではその対比を、〈家産制〉と〈封建制〉の対極に、改めたのである。くりかえしになるが、内容上の変更を加えたわけでは、全くない。

(18)　言うまでもなく〈(本源的)扶養〉も、譲渡のあり方の一つである。（むしろ本源的には、〈譲渡〉が〈扶養〉のあり方の一つなのであるが。）

(19)　更に最近の研究動向が示すように、石高制は、基本的には支配階級の領主的土地所有間の「矛盾」の総括として始まった、と見るのが妥当、と筆者も考える。その意味でむしろ「革命的」であったのは、佐々木潤之介氏の言う「初期幕藩制」下になお根をはっていた「特殊賦役農奴制」を解体した、一七世紀中葉以降の一連の過程であろう。これによって傍系家族や隷属的賤民を含む〈家父長的世帯共同体〉が基本的に最終的な解体を見、以来近代まで続く、日本における〈個人としての「家」〉の原型が、定礎されたからである。

(20)　土地の売買を、権力国家として「禁止」することが、主要な努力であった。

(21)　マルクスにおいても、この過程は、「世界史的」な過程とされていたことが、注意されるべきである。

(22)　誤解を恐れず言い換えれば、歴史形成を時期区別する決定的メルクマールとして、人間の現実の「非所有」の形成とその回復がとられねばならない、ということである。

(23)　マニュファクチュアの展開の地域性という点では、イギリスにおいてもそれはごく限られた「先進地」に「非支配的」な存在としてあっただけであるから、事情は全く変わらない。

(24)　念のために言えば、筆者は、日本では伝統的な「家」内外の編成の論理を維持しようとしたが、西洋ではそうではなかった、と言っているのではない。西洋でも近代においては、資本家的経営は、「伝統的」な「個人としての家族」の内外の編成の論理を維持しようとし、それと自己の再生産を結びつけた。ただその「伝統的」な〝編成の論理〟の内容がちがったのである。具体的にどうちがったかは、すでにふれたとおりである。

(25)　この点は、第3章で本格的に検討されるはずである。従って本節では、複層的近代市民社会との基本的性格の対照性にひきつけた形で、現代市民社会を限定的に論じるにとどめる。

(26)　現代市民社会も、国境の外に向かっては「不公正」たりうる、ということも重要なことである。

# 第3章　現代国民統合の「例外的」達成
## ――戦前日本社会とその固有の特質――

本章は、第1章および第2章の検討をふまえて、現代国民国家の基本的性格、現代国家と労働者団結、社会構成の移行と危機、戦前日本の現代的国民統合の特質について検討するものである。

## 1　現代国民国家の基本的性格

### (1) 近代名望家国家と現代国民国家

ここではまず、国家の「定義」からはじめてみよう。国家とは何か。端的に答えるならば、それは、それを構成する諸主体の、「政治的行為の場」のことである。この趣旨のことは、これまでにも何度か言及してきた。従ってここでは、一つには「意識する」ことも重要な行為であること、それ故いま一つには、「外なるモノとしての『労働力』の公正な取引の主体として自己を同定する」といった性格の事柄が、最もすぐれて「政治的行為」なのだということ、以上にいま一度注意を喚起した上で、先に進むことにしよう。

それではその「場」では、どのような「力」が働いているのであろうか。筆者はこれを、以下の三つの「力」、と要約したい。

第一は、〈社会統合〉の「力」である。この「力」は、国民社会が物質的に再生産されていく過程を担保する。

この中には、当然直接的な経済活動も含まれるが、よりクリティカルには、そうした物質社会の再生産のために不可欠な、内面的価値や規範が崩壊することなきよう、それを担保することを、その「力」と認識することが重要である。

第二は、〈体制統合〉の「力」である。この「力」は、国民社会が、一つのコスモスとしてのまとまり・秩序を有するための、（狭義の政治的）支配が再生産されていく（くりかえし正当化されていく）過程を担保する。ここでもこの内には、直接の強力的行為も含まれるが、同時に諸主体自体をして、その秩序への同定、正当化、帰属意識を組織していくことを、そのクリティカルな「力」として把握しなければならない。

第三は、そうしたプロセスを通して、「諸階級」を形成していく「力」である。以上を通して形成される経済（社会）的、政治的秩序においては、それが安定して存立している限りは、行為の諸主体は、そこにおける「役割」を担うもの、という意味を獲得する。それが「階級」であり、「政治的行為の場」としての国家は、「階級的諸関係の場」に転化する。

それでは、近代名望家国家において、これらの「力」は、どのように働いていたのだろうか。

まず社会統合の局面において、一つには国家も重要な経済活動を担っていた。だがこれについては、特に改めて論ずる必要もないであろう。問題を、社会の経済的再生産のための、諸個人の内面的価値規範の問題に限定しよう。ここでも理解のカギは、近代社会が、くりかえし述べているように、複層的市民社会の有機的連関、として存在していたことを、認識することとである。

近代においては、国家に「先立って」、無数の市民社会がすでに存在していた。従って規範たるべき〈公正さの体系〉も、無数にではあるが存在しており、基本的に諸個人はそれへの同定に成功しており、それを逸脱することへの制裁の「制度」も存在していた。それ故近代国家は、その限りにおいて、それらの〈公正さの体系〉にそのまま依存することが可能で、なすべきことはそれを「生かす」ことであった。近代国家はそれら個々の〈公正さの体系〉に、全面的に介入する必要はなかったし、またそれは不可能であっただろうし、実際いくつかの例外的局面を除いて、介入した事実もなかった(1)。

だが問題は、そうした〈公正さの体系〉が無数に存在したことであり、それによって生じる社会の混乱を解決するものこそ、体制統合の「力」であった。

まず近代の諸個人は、自己の属する市民社会に対しては、自己の内面的価値規範に従ってその〈公正さの体系〉を守ろうとしたが、その「外」の異種的存在に対しては、デマゴギッシュに行動することがまれではなかった。またそうでなくとも、各々の〈公正さの体系〉が〝矛盾する〟場合がごく頻繁に生じた。Aは自己の市民社会の規準にてらして、内面的規範に従って「公正」に行動し、Bも同じく自己に「公正」に行動している、にも拘わらずそれが相互に対しては「不公正」である、という局面が、頻繁に出現した。

こうした問題を「解決」したのが、近代国家の体制統合の「力」であり、それは、各々の市民社会の〈公正さの体系〉に対し超越的な、「第三の公正さの体系」として、うけとめられた。この「公正さ」は、各々の市民社会の論理に直接基づくものではないから、往々各々の市民社会にとって理不尽なものであったが、「お上の裁きで是非がない」ものとしてうけとめられた。

この「第三の公正さ」のにない手、認知の主体として、近代の諸個人は〈公民〉であった。公民として各々の市民社会は、その「代表」を〈名望家〉として、近代国家に送った。公民は、〈名望家〉を通し、後述する「個別主義的連鎖」の帰着点として、伝統的権威（お上）を「正当化」していた。このような仕方で、「第三の公正さ」の認知と、日本の伝統的権威への帰属、即ち、近代名望家国家の体制統合が、実現されていた。

本章において、近代国家においては、「社会統合と体制統合とが相互に自律的に達成されえた」と述べたのは、このような趣旨においてである。そして近代国家が、そのような構成を持つものであるならば、そこにおける分節化された役割としての「階級」は、当然、労働諸階級と資本家諸階級等々の、複層的構成として、存在していた。

それでは現代国民国家においてはどうであろうか。

くりかえし述べているように、現代社会においては、単一の市民社会が成立している。労働者諸個人も〈本来は――「本源的かつ概念的」には――そうした存在ではないにも拘わらず）「外なるモノとしての『労働力』を所有」し、それを「取引」する主体としての市民《ブルジョア》に、自己を自己編成することを究極的な礎として成り立った、「非所有の自由」をも含めて、「所有の譲渡」を不可侵のものとする、単一の市民社会である。

ここでは、狭義の直接的経済活動と、狭義の強力装置の活動をさしあたりおいておくとすれば、国家の社会統合の「力」と体制統合の「力」を別物として考えることに、理論的な生産性はなく、リアリティーもない。経済社会の再生産のための諸個人の価値規範の組織化と、国民国家の支配の正当化とそこへの自己同定・帰属の組織化は、不可分のものとして結びついている。後者（政治支配）は前者（公正さの体系）に即している限りでのみ正当化され、前者は後者による担保によってはじめて、現実化されるのである。これが、現代国家における社会統合と体制統合の不可分離性の内容であり、市民社会における〈公正さの体系〉に対する関係での、近代名望家国家と現代国民国家との、その存在の意味の決定的なちがいである。

従って現代社会では、〈公正さの体系〉自体が政治的行為の場としての国家による担保をへて完成するのであり、それなしでは成り立ちえようのないものである。逆の言い方をすれば、現代国家とは、〝自己の存在と行為の正当性を問う場〟として、市民社会に「埋めこまれた」行為の場である。こうした場の形成によってはじめて、社会統合と体制統合の両契機を含んだ〈国民統合〉が、経済社会の再生産とそれと一体のものとしての支配の正当性の維持が、達成される。そしてこの国民統合に対する関わり方の根定的なちがいから、その達成のための意味ある分節化された「役割」として、（他ならぬ特別な商品、「労働力」を譲渡する）単一の労働者階級と、（それを「買う」）単一の資本家階級が生みだされ、現代国民国家は、近代国家とは全く異種的な、「階級的諸関係の場」として形成されるのである。

ここまで進んでくるならば、我々は、いくつかの解決しなければならない理論上、歴史認識上の課題の存在することに気づく。

現代社会における〈公正さの体系〉そのものの一般的性格は、すでにこれまでの書物でくわしく検討してきた。

単にその点を明確にするだけであるならば、議論をここでうち切り、そうした〈公正さの体系〉が、政治的行為の場としての国家（の「政策」、「労働政策」）によって最終的には担保される、と宣言しておけば、それで充分である。だが我々が課題としているのは、例えば製糸同盟の登録制度の歴史的変遷と女工の経営間移動のあり様、といった歴史的現実のリアルな把握である。そのためには、単にミクロ的に、個々の経営レベルでの労働者諸個人と経営との関係の歴史過程を究明するだけでは充分でない。現にそれが国家によってどのように総括されていったか、その具体的過程のプロセスについての認識なしには、それらの歴史把握は充分にリアルなものとはなりえない。

そうした見地から、〝現代国家による総括〟のあり様についての、歴史的検討の課題は、大方以下の三点にまとめられるであろう。

第一は、〈公正さの体系〉の「国家における担保」の具体的あり様についての、一般的認識である。歴史は、単一の〈公正さの体系〉が、単に経営レベルでの労資の相互行為によってのみ基本的に形成されるものではないことを、示している。それは拙書『製糸同盟の女工登録制度』においても、「自由募集の『廃止』」「等級賃銀制の『廃止』」「登録制度の『廃止』」等のプロセスとして、充分に示されている。「国家における担保」は、多くの独自の「公的（〝固有の〟という意味ではない）」制度と組織を、少なくとも欠いてはありえない。その中でも我々の作業にとっては、「公的な制度としての労働者団結」と「公的な組織としての労働者組織（労働組合等）」、の存在の意味の検討は、必須のものであろう。

第二は、近代名望家国家の、現代国民国家への、移行過程の問題である。これまで述べてきたように、近代国家と現代国家とでは、そのあり様と存在根拠は、根本的に異なる。であるならばその〈移行期〉に、著しい経済・社会的、政治的不安定が生じることは、充分に予見できるであろう。そして実際、結論先取的に、また誤解を恐れず言えば、この移行過程はまさしく「危機的」なものであり、それ故「革命的生産諸力」が動員された。新たな単一の〈公正さの体系〉の形成において、その移行過程の意義がそのようなものなのであれば、歴史的現実としてのその過程の具体的検討なくしては、その所産としての現代の社会構成の認識も、リアルなものたりえないであろう。

第三は、現代国民国家の、国民的個別性の問題である。現代市民社会の〈公正さの体系〉の基本的枠組みは、すでに第2章までに検討してきた所のものである。しかしそれは、その「担保」の過程、「独自の『公的』な制度と組織」を通して、諸主体の内面においても、固有の価値や規範のあり方として表れる。そしてそれは、「単一の市民社会としての国民国家」の形成をまって、はじめてその「国民（的）性（格）」という形で、把握が可能になる。日本における〈公正さの体系〉の固有のあり方は、我々の究極の関心の一つであったが、それは現代国民国家の具体的姿形の分析として、それも、近代の複層的市民社会を統合していた近代国家が、固有にかかえる移行過程に伴う「危機」をいかに「処理」し、新たな内面的価値規範と帰属意識とを組織化していくのかの、歴史過程の分析として、はじめてある程度の回答が可能となる。

以下本章でも、またこの導入部においても、2、3、4の各節において、こうした問題群を順次論じていく。だがその前に、現代国家における国民統合の達成の一般的な問題に関し、もう少し検討の必要な領域が残されている。

### （2）生活世界・市民社会・政治社会

本章において、社会統合・体制統合の「力」の「はたらき」の、三つの局面として述べたものは、より正確に言うならば「社会的意識諸形態」の三つの存在形式、というべきものである。マルクスはこの存在を、″土台″とも″上部構造″とも区別した。そしてグラムシはこれを、そうした「社会構成のセメント」と意義づけた。そうした性格のものである。

諸個人の立場に即して言うならば、これらは、彼らの様々なレベルでの行動を方向づける内面的規範である。内面的規範は、それら諸個人の「内」にありながら、「外化」されたものとして彼らを指図する。それ故それは、人間の究極的な存在形式が、何かの形で抑圧—支配—疎外されて形成されたものである。そして、筆者の本来の立場、第一次的な主体としての諸個人の「自由な」行為に即する立場からは、これらの存在の根拠とその展開の論理を解くことこそ、究極的な社会批判のあり方でもある。

こうした存在としての社会的意識諸形態の形成の場こそ国家であり、その形成を、三つの局面に分けて考察することが、ここでの課題なわけである。

まず生活世界から検討していこう。誤解を恐れず言えば、生活世界とは、サルトルの言う所の〝惰性態〟の世界であり、ここを律する論理は「習慣」である（サルトル 一九六二―一九七三）。自分はなぜそうしているかと問い直す時、生活のほとんどの局面での回答は、「いつもそうしている、つまりそうすることになっているから」であり、またそう答えられねば、社会の安定した持続はありえない。問題がこの「論理」で解決できない時に、別の舞台が登場するのである。

だがこのような行為の原緒的領域においてさえ、そこでの行為は、すぐれて「政治的」な意味をもっている。第一に、そのように無定形なものでも、それは規範であり、それ故自己の「外化」のメカニズムを、前提としている。つまり「市場社会」としての生活世界に歴史的に形成された「習慣」として、その論理は作用する。

まずそれは、〈協働性を通じた自己の実現〉という人間本来の存在形式の、ある特殊な様式に、従っている。つまり、〈対象化―（崇拝）―譲渡―享受〉という形式での自己充足、迂回された欲望充足＝「現実原則」＝抑圧、に従っている。のみならず次に、それはそうした対象化の価値の、固有の「昇華」の形式を受けいれている。さしあたりそれは〝労働〟である。と同時に「労働に根拠づけられた」ものとしての限りでの、富や権威といった価値も「昇華」され、受けいれられている。労働の胎化したものであることを根拠とした富と、それに基づき、労働を組織するものであることを根拠とした権威と、労働との環、「抑圧のトライアングル」が、「自然」の「習慣」として、根拠づけられているのである。最後にそれは、そうした価値に究極的礎をおくものとして、現存の社会を、「幻想の協働社会」として、現れせしめる。「万人の自助としての労働が諸個人の共存・共生を可能にしている」意味ある秩序として、現存の社会と、そこでの自己の行為の規範を、「習慣」は受けいれさせているのである。（従って、我々は、生活世界に「安住」することはできない。非常に困難で時間を要するにせよ、そこに現実としてある抑圧的・幻想

**図3－1　労働・究極の価値の外化**

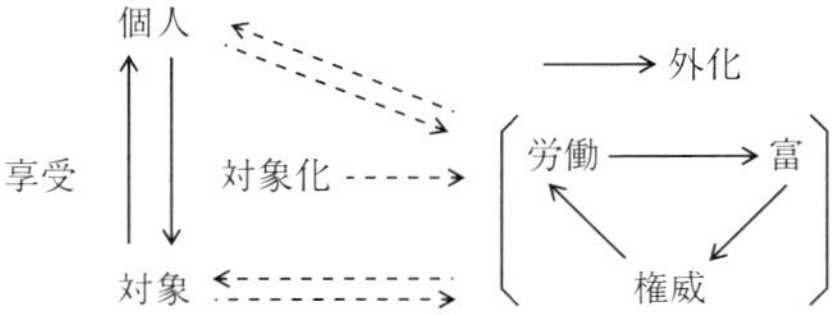


的構成と、格闘していかねばならない。）（図3－1参照）

第二に、しかしそうしたものとしての「習慣」は、具体的欲望が、諸個人の欲求や希望が、現に充たされている限りで、存続する。

先に述べた世界は、「昇華」された労働に究極の価値をおく、その限りで支配や権威を「肯定的」に受けいれる世界である。それ故「労働に究極の価値をおく」様々な具体的欲望が充足されねばならず、現に資本主義社会もそれが存続している以上、生活の〝ほとんどの局面〟において、「特定の形式に従って」、それを充たしてもいる。

具体的欲望のうちには、いのちの再生産に関わるものがあり、かつそれが基礎であるが、「労働に究極の価値をおく」帰結として、仕事への固着、仕事場の自律性、そこに形成される協働性、といったものがあり、それらも現に充たされねばならない。

それ故それらを根拠として、諸個人は、労働する者として、現実の固有の社会と、それを方向づける文化を形成する。それを文化として見た場合、その基軸となるものは、欲望の内容を方向づける広義の合理性選択としての〈価値体系〉、意思決定の普遍的形式である民主主義のあり方としての〈日常知〉、社会の有機的連帯のあり方としての〈協働性形成〉、とひとまず押さえられ、それは欲望の内容である、仕事への固着、自律性、協働性と対応している。こうして諸個人は、「幻想の協働社会」の中に、現実の「労働者社会」「労働者文化」を凝結させていく。（それらが現実の労働者団結の、論理的にも歴史的にも〝源流〟である。それ故その「抑圧された相」にも拘わらず、生活世界は、あらゆる現実の社会批判の根拠地であり、そこに基礎をおかない実践的批判は、何ら現実的なものとならない。）

だが第三に、生活世界のそうした二つの契機は衝突する。それは〝生活のほとんどの局面〟のはざまに、突然、だが不断に襲ってくる。「幻想の協働社会」が、実は「労働に究極の価値をおく」ものでは何らないことが、それ故そこでの抑圧、支配、搾取には何の現実原則としての根拠ももたないことが、それ故全く不条理な抑圧・支配・

搾取のトポスが露呈する。つまり端的には、諸個人の具体的欲望充足の無条件の否定として露呈してくる。

このことは、「幻想の協働社会」が、彼らの〈現実の協働社会〉をも破壊せざるをえない時、とりわけて深刻な様相を呈する。諸個人は対象を喪失し、対象への行為を喪失し、それ故自己をも喪失する。それ故極度の不安に陥る。そこから脱出しようとする強迫的な衝動が生まれる。彼らは「反乱」する。だがそれは、彼らの自我の再構成を求める反乱であり、「合理化」された「正当」な安定した自我の同定の場を求める反乱である。

こうした葛藤は、現存する資本主義社会が、事実として「労働に究極の価値をおく」ものでない以上、不可避的に生ずるものである。諸個人は、決して安らかに生活世界にとどまり続けることはできず、その論理で「解決」できない局面が、突然、だが不断に生じ、新たな舞台が登場せねばならないのである。

市民社会とは、このようにして生じた分裂した自我を、社会に同定させ、それによって自己を分裂させた当の社会を正当化する、諸個人の内面的な解釈体系、誤解を恐れず言えばイデオロギーの世界である。市民社会においては、より正確には〈資本のヘゲモニー〉下にある市民社会においては、諸個人にとっての価値は、更に昇華されたものとなる。そこでの価値は「外なるモノの所有」であり、そこでの規範は、「等価交換」である。より具体的には、労働者諸個人が、「外なるモノとしての『労働力』」の「所有」の主体として自己を合理化し、その「公正な取引」を自己の規範とし、またそれが守られている限りにおいての社会を正当化し、そこに自己を同定する世界である。即ち、自己を、真のブルジョアと同様の市民として自己編成する世界である。それ故、根拠のない抑圧をこうむっているものと見直された諸個人の存在（例えば一方的な労働指揮）が、市民の立場に立つことによって「合理化」される世界である。

これは、生活世界におけるよりははるかに厳しい緊張を要求する、マルクーゼの言葉に従えば「過剰抑圧」下の「実行原則」の世界である。しかしそれでも、諸個人にとっては、無所有の不安にさらされ続けるよりはましである。その限りにおいて、彼は「実行原則」を受けいれ、「幻想の市民社会」に自己を同定する。フィクションに従い、市民のふりをする。

だがこの世界も、「市民」という新たな存在形式においてではあるが、生活世界に根ざした、諸個人の具体的欲望を、現に満たさねばならない。いのちの再生産と共に、仕事への固着・自律性・協働性を、何らかの形式で生かさねばならず、かつ、生活世界に形成された現実の「労働社会」を、その固有の文化的価値にそって自己編成せしむる過程として、それは組織されねばならない。それは、「労働力の公正な取引」という形式の下で、具体的な joint regulation も含めた様々な仕事への固着、職場の自律性、協働性をも「生かす」努力としてすすめられる。

これが労働者団結法認の根拠であり、それは市民社会レベルでの諸個人の組織化にとって不可欠の契機である。というよりこの契機こそが、市民社会を究極において支えているのである。

しかし市民社会も、生活世界から持ちこされた、事実としての無所有・支配・抑圧と、具体的欲望充足との間の亀裂を、埋めつくすことはできない。というよりその亀裂は、一層クリティカルな性格をもってくる。

まず、市民社会の虚構性は、実は誰もが「知っている」ことである。ただ無所有の不安に耐えられないが故に、逃走して形成された幻想の世界であることは知りつつ、そこに自己を抑圧的に閉じこめているだけである。従って市民社会の幻想性・虚構性は、生活世界の「幻想の協働社会」におけるそれより、はるかに明瞭で、それ故もろいものである。と同時に市民社会は、生活世界では「見えなかった」世界のあり様をも、新たに暴きだす。一つは、「階級」の異種的存在性である。市民社会とは、相互の異種性をポジティブなものとして保持するためにこそ、相互を「同じ資格」の市民として同定させるものである。「労働する万人」の世界からぬけ出て、市民世界においてはじめて、資本家階級と（単一の）労働者階級の、決定的な存在の性格のちがいを認識する。いま一つは、「政治的行為」の主体としての、諸個人の〝かけがえのなさ〟である。市民としてのその限りでのものではあるが、現実の世界を構成するものが、実は彼自身の行為（「同意」すること、も含めて）以外の何者でもないことを認識する。

こうした過程を通して、生活世界に根ざす欲望を組織化しようとする〈対抗的ヘゲモニー〉が形成されてくる。市民社会は、対抗するヘゲモニー間の「陣地戦」の場に転化する。具体的欲望充足と事実の無所有・抑圧との亀裂が深化するにつれ、その矛盾は深刻化する。特に現実の社会が「公正な取引」の主体として法認された労働者団結に「公正な行為」として託した諸行為にまで、抑圧の局面がおおいはじめる時、それは決定的なものになる。政治社会とは、このようにして生じた、対抗的性格をも認識した自己意識、階級意識の世界である。〈対抗的ヘゲモニー〉は、最終的にはもはや万人の目前に破出された具体的なものとしてそこにある支配と抑圧をめぐる、デマゴギッシュなまでの強力の世界において、その真骨頂を問われねばならない。

だが、政治社会における対抗存在も、決して全ての存在拘束性から自由なのではない。そこでの主体は、G・ルフェーブルの言う〈結集体〉である（ルフェーブル 二〇〇七）。その「集合心性」は、〈対抗的ヘゲモニー〉の形成過程で醸成されたものである。それ故〈対抗的ヘゲモニー〉の作りだした正当性から離脱することは、〈結集体〉の結集力、「凝集力」を失わせる。「凝集力」を失った〈結集体〉は無力である。[3]

なお注意すべきことは、以上の三つの世界は、諸個人のあらゆる行為の局面において、共に存在しているということである。特定の行為の場と歴史的時間が、そのうちのある局面を前面に押しだしてくるのである。

### (3) 市民社会レベルのヘゲモニー

「政治的行為」が、以上の諸局面から構成されるものと考えるならば、我々のさしあたりの関心は、市民社会レベルのヘゲモニーの形成の問題に向かうであろう。生活世界の変革には長期の歴史的経験を要し、それは即自的には〈対抗的ヘゲモニー〉形成の〝根拠地〟の位置を占め、他方政治社会における諸個人の「対抗存在性」は、市民社会レベルでの〈対抗的ヘゲモニー〉形成を通して獲得されるものであるからである。くりかえし言うが、この三つの局面にそれぞれの先験的優位性は存在しない。ただ当面の我々の実践的立場は、まず市民社会での〈対抗的ヘゲモニー〉形成を経験することであり、それ故本章のみならず本書全体の議論も、関心をそこによせているのである。〈ヘゲモニー〉という概念の含意について再言するならば、現代社会を構成する全ての諸主体が、共に自らが第一次的主体としてつくりだしたものとして存在する「正当性・規範の体系」の形成、及びそれをめぐる特定の主体の〝リーダーシップ〟及びそれを出現せしめている「場の状況」、それらの包括的な能記のことである。更に言い換えるならば、ある政治的に「正当な支配」の存在と、それに特定の社会集団が内容的・形式的にリーダーシップを発揮することへの、諸社会集団の組織された内面的同意の自己形成の存在、及びそうした場の状況、のことである。(4)かかるものとして、現代社会における市民社会は、少なくとも安定した相においては、〈資本のヘゲモニー〉下にある。その内容においては、最も抽象的なレベルでは、先にも述べたように、労働者諸個人の「外なるモノとしての『労働力』の『所有』」者としての、及びその「公正な取引」の主体としての自己編成に、それは究極的に支えられている。

現代社会の構成が以上のようなものであるとすれば、労働者団結と労働者組織の現代社会に占めるクルーシャルな位置は明瞭であろう。

だが、こうした問題構成をはじめに提起したグラムシは、必ずしも労働者団結に、「特別な」位置を与えていない。彼はヘゲモニーの組織「者」、「有機的知識人」の活動の舞台を、正確に以下の順に上げた。教会、学校、労働組合、政党、情報機関。(マルクスにいたっては労働者団結にほとんど関心をよせなかったことは、先に述べたとおりである。)

これは、一つには我々の議論の抽象性に起因しよう。市民社会には、「『労働力』の公正な取引」以外にも、幾多の規範が存在する。「『労働力』の公正な取引」についても、それは労働者団結の独り舞台ではない。少なくとも「公正な取引」に関しては、例えばウソをつかないとか、両者の同意に基づくとか様々な規範がその中に含まれている。それらは市民社会の全ての、様々な場・機関において形成される。グラムシはその総体を問題にし、特に当時のイタリア社会の状況をふまえて、〝教会〟に特別の重きをおいたのである。

だが他方、我々はやはりグラムシに「見えなかった」ものを問題とせざるをえない。他の様々なマルクス経済学者同様、彼も「『労働力』の『所有』」という現象の、虚構性を看破することができなかった。それを、(生活世界レベルにおける)現代の労働者の〝自然な〟存在形式、それに先だつものの存在しない事象としてうけとったのである。それ故労働者組織に固有の、他のどのような場・機関をもっても「他をもっては代えがたい」「特別の」意義を見ることができなかったのである。資本のヘゲモニーの核心的内容である「『労働力』の『所有』」者としての同意の組織化の意義を、充分にとらえることができなかったのである。

## 2　現代国家と労働者団結

本章で論じるような筆者の見地からは、例えば多くの「労働研究家」のように（熊沢　一九七四）、生活世界における労働者団結の論理にアプリオリに市民社会とは、対抗的な論理を求める、あるいはその「先験的」な協働性その他の価値に「安住」することはできない。市民社会は、抑圧（迂回）された形式においてではあれ、生活世界の論理や諸価値を、「ポジティブ」な契機として「生かす」世界であり、労働者諸個人自身が、深刻な対象喪失の不安の中で、「前へ逃走」して形成した世界、そのヘゲモニーであるからである。

他方で栗田健氏のように（栗田　一九七八）、「交渉する組合」を労働者団結の一般的存在形式と考え、それを与件とし、そこから出発することによってのみ労働者団結の発展の方向を求めることもできない。（その後、氏は、日本においては「企業内交渉する組合」から出発する趣旨のことを主張しておられるが、これも同然である。）「交渉する組合」は、抑圧（迂回）された形式での労働者団結にすぎず、対抗的存在としての労働者団結は、その「顚倒」をくつがえした彼岸に存するからである。

我々にはこの両者の言説に、全く相違する主張の裏側に、共通してある種の現状追認的客観主義があるように感じられる。

こうして見ると筆者の立場は、むしろ山本潔氏の「素朴」なシェーマに近く、また実際そこから多くの示唆をえている（山本　一九七七、一九七八、一九八三）。氏は、「経営権」を前提にする限りでの「限界」という表現においてではあるが、市民社会における「公正な」労働者団結の性格の一面を、正しく掌握している。と同時に氏から学ぶべきは、それにも拘わらず（組合→運動体としての「争議団」→工場ソビエト、というベクトルにせよ、組合→会社組合→産報、というベクトルにせよ）、そうした労働者団結の様々な様式の流動性、時として生じるその急速な流動性の重視であり、いま一つは、我々がともすれば避けがちな、ヘゲモニー形成の局面（陣地戦）と区別されるべきヘゲモニー行使の局面を、しっかりと見すえることである。氏はそうした労働者団結の把握こそが、きわめてリアルなものであることを、日本の戦後危機を舞台に実証している。

　とはいえ氏の議論にも、弱点がある。それはそのような労働者団結の流動性が、なぜ生じるのか、という点をめぐってである。氏はそれを、直接的表現では経済過程と「外圧」に、主体に即して言えば物質的諸関係をその（唯一の）存在拘束性とする「階級意識」に帰着せしめている。だがそのような「階級意識」が、どのようにして形成されるのか、については氏は多くを語っていないのである。筆者はそれを、生活世界と市民社会の「弁証法」を通して、〈対抗的ヘゲモニー〉として形成されるものと述べたが、山本氏は、労働者団結を、そのような生成の場として分析する点において、弱点があったのである。

　そうした点に最も関心を向けているのが、戸塚秀夫氏の議論であろう。氏は、筆者の言う「幻想の協働社会」が、筆者の言う生活世界の〈現実の協働社会〉を、「ポジティブ」な契機としてとりこんだその地点で、〈資本のヘゲモニー〉は、「本源的に」自ら解決不可能な対抗性を自らの胎内に宿したのだ、と主張する。それらは時として、だがくりかえし「労働者統制《Worker's Control》」の思想と行動として、市民社会の労働者団結の内に出現する。その出現の歴史的文脈の相違に注意を喚起しつつ、氏はくりかえしそのモチーフが現れていることを強調する。言うまでもなく、労働者統制の思想と行動は、自己の行為者としての価値の主張であり、自己の具体的欲望の直接的な充足の立場であり、〈資本のヘゲモニー〉が法認した「公正な労働者団結」とは、本源的な地点から対抗的である。それ故我々の言う〈対抗的ヘゲモニー〉とは、実は戸塚氏の言う「労働者統制」のことであった、といっても、戸塚氏はともあれ我々にとっては誤りではないと言ってもよい程である（戸塚 一九七七）。

　戸塚氏にとっての障害は、事象としては同一の労働者団結とその行動が、〈対抗的ヘゲモニー〉形成の場であると共に〈資本のヘゲモニー〉形成の場たりうる、ということの認識にあったと、筆者には考えられる。具体的には、七〇年代前半までのイギリスの労働者団結に、戸塚氏は強固な〈対抗的ヘゲモニー〉の形成を見ていた。それは現実にそうであった。だがそれと同程度以上に、その労働者団結こそが〈資本のヘゲモニー〉を構成していたのである。それが今日のイギリス労資関係に深刻な亀裂として露呈し、イギリス労資関係の危機が、すぐれてイギリス現代国家の危機の端的な現出としてあらわれているのである。

そうした事柄は、戸塚氏にあって、明確に意識されていると考えられる。「労働者団結の危機を現代社会の危機の端的な現出ととらえよう」という氏の提起は、そうした機制の認識なしにはありえないからである（戸塚 一九八二）。

かかる機制の認識は、兵藤釗氏の認識にも見ることができる（兵藤 一九八四）。知られるように、氏は現にそこにある労働者団結に即する立場から、その主体性に対する超越的な提起を努めて避けてきた。しかし氏は、日本の最も戦闘的な労働組合の一つに対し、鋭い緊張関係に立つ「提言」を提起してきた。「手段主義的労働観」批判である。しかしこれこそが、我々の言う「公正な労働者団結」の究極的批判と重なりあうものであることは、すでに充分読者の了解される所であろう。「外なるものとしての『労働力』の『公正』な取引」という構成においては、労働者諸個人の行為としての労働は、彼自身の彼自身に対する抑圧を通して、他の欲望充足のためのモノとして措定されている。つまりそのはじめから、労働は「手段」として措定されているのである。それ故その批判も、はじめから、行為者としての自己の諸価値の主張であり、それ自体が自己の直接的欲望充足としてある労働の諸価値の主張であり、生活世界に根ざし、政治社会の対抗的ヘゲモニーの存在基軸を提起する、「公正な団結」への究極的な批判なのである。

それ故「手段主義的労働観」批判は、「公正な団結」の枠組みの中での「戦闘力」に解消されぬ行為の価値の主張であり、資本との闘いとしての〈資本のヘゲモニー〉批判である。従って、誤解を恐れず言うならば、氏も、日本で最も戦闘的な労働者団結に対して、しかし「公正な団結」をも構成する団結に対して、「本源的かつ概念的」な（「本来」の）行為者の立場から批判を加えた。そしてかかる機制の認識なしには、氏にも見られる、労働組合の危機と資本主義国家の危機を重なりあうものとしてとらえる見地は、生まれることはできないのである。(5)

ここまで議論をすすめてきて、筆者は、筆者自身の想定する、現実の労働者団結の〝可能性〟について、語るべき所へたどりついたようである。

現実の労働者団結は、〈資本のヘゲモニー〉下、現実に、「公正な市民間の『労働力』の対等な取引」と、それを通ずる「国民としての国益への関与」との世界に、労働者諸個人を同定せしめる回路として現象する。それは他をもってしては代えがたい、その世界の究極的な支柱である。我々は、かかる過剰抑圧の彼岸を展望し、かつ現に歴史的に形成されてある現実の労働者団結に内在してそれを展望する。だがそのためにこそ、生活世界に根ざす諸個人の諸価値・諸行為が、いかにして市民社会レベルの〈資本のヘゲモニー〉形成の主体として組織化されるのか、その論理を冷徹に見すえねばならない。そうしてこそ己が今何を行ない、何を行なおうとし、何を行なおうと欲しているかを、正確に判断することができる。

それを前提に、当面我々が展望できるのは、そうした現代国家の体制統合の論理に対する〈対抗的ヘゲモニー〉の形成、現実の労働者団結を、そのような意味をもつ存在としても再形成しようとする「陣地戦」である。そのために必要なことは、単純化していえば、現に労働者諸個人が持っている生活世界での諸価値と欲求、〈現実の協働社会〉の希望を、市民社会の〈体制統合〉の回路から「断ち切る」こと、言い換えれば、行為と欲望の直接的充足の立場から、「公正な労働者団結」の虚構性に、実践的な批判を向けていくことである。一方では、〝交渉力〟の背景としての闘争力＝「拒否する力」にとどまらない、それ自体を価値とする職場闘争とそれに支えられた労働、他方では、託されたものとしての「国益」やそれの「対案」ではなく、行為者としての自己の直接的欲望充足を満たすという点において「正当」な「戦略構想」の提示、がその鍵となるであろう。

こうした展望は、そのような営為を不断に続ける、という意味では、決して困難なものではない。先にも触れたように、〈資本のヘゲモニー〉自体がそうした契機を、つまり自己を切り崩していく契機を胎内にとりこむことによって、成立したものだからである。〈資本のヘゲモニー〉も、労働への固着・協働性・自律性を含む生活世界の諸価値や、〈現実の協働社会〉の希望等、具体的欲望を現に充たさねばならない。しかしそれと「公正な取引」の虚構との間には深刻な亀裂がある。それ故常に、その究極的な「問題構成を問う」動きが生ずる。つまりくりかえし、〈対抗的ヘゲモニー〉形成の契機は、同じ現実の労働者団結を構成するものとして、出現する根拠をもっている。

ただ問題は、そうした〈対抗的ヘゲモニー〉の契機は、多くの場合萌芽のうちにつみとられる、ということである。多くの場合それは直ちには支配的なものとなることなく、「異端」として「処理」される。「異端」は「公正さの体系」を受けいれていない存在であるから、市民としての「法《Recht》（権利）」の保護をうけず、それ故残虐なまでに「処理」される。世界は再び、まるでそのようなことはなかったかのようなふりをして、永続する〈公正さの体系〉の虚構をとりもどす。

だがそうした契機は、特定の時と場においてあざやかに甦る（ルフェーブル 二〇〇七）。その時〈対抗的ヘゲモニー〉は、政治社会での対抗存在性を獲得しうる程に、強力なものとなっている。重要なことは、〈対抗的ヘゲモニー〉は、甦る、ということである。G・ルフェーブルの言うように、「集合心性」は、諸個人のうちに、あらかじめ形成されている。それは「抑圧され」、表面には何も見えないが、民衆の記憶や伝承のうちに、ふりつもるように蓄積され、醸成されていく。それが「何か」をきっかけに、「革命的集合心性」として、意識のうちに甦るのである。記憶のうちに蓄積され、醸成された「集合心性」とは、くりかえす〈対抗的ヘゲモニー〉形成の営為である。いったんは歴史から抹殺されたかのようにあつかわれた、このくりかえす営為こそが、それ故〈対抗的ヘゲモニー〉形成の営為であり、それ故、それなくして「甦る」「集合心性」はありえず、そこに、くりかえす営為の意義は存在するのである。

そして最後に、そうして形成され、対抗存在性として甦った〈対抗的ヘゲモニー〉の行使の局面、それを行使する勇気、広義の「武装」の組織化の領域がある。[6][7]

## 3　社会構成の移行と危機

### （1）危機の基本的性格

村や同職集団の中では、人々は市民であった。具体的な対象への自由としての所有を実現していた。経営においては、彼らは市民としては扱われなかった。しかし経営が、彼らの出自である複層的市民社会の「論理」に、「ポジティブ」に依拠している以上、それによって自我を喪失することも、それによる不安とその防衛機制が働くこともなかった。しかし歴史過程の中で、諸個人は工場の中において、自己の行為と、出自たる複層的市民社会の「論理」との間にクサビを打ちこまれ、しだいに対象への自由を奪われていった。彼らは工場の中ではじめて、無所有の主体であるプロレタリアになった。同時に複層的市民社会自体が、その生命力を枯渇せしめられていった。工場の中の諸個人の深刻な無所有を解決する力を失っていった。

深刻な危機、諸個人の不安とそれに基づく強迫的衝動が生じた。その〝切れ目〟を各種のラディカリズムが埋めた。この危機は、諸個人を「労働力の所有」者たる労働者階級として再形成し、（究極的にはフィクションであるが）対象への自由を再構成することによって、経営をその舞台とする単一の市民社会を再構成することによって、さしあたりは回復されるはずのものであった。しかし危機の深刻性と急速性は、これに「革命的生産諸力」の動員を不可避たらしめ、比喩的に言えば「第二次市民革命」を通して、その過程は遂行された。こうした契機・矛盾に、近代社会の固有の「国民的性格」が結びつき、現代国民国家の出発は、特異な例外的国家形態をとっての出発であった。

以上のような、移行期に固有の「危機」の基本的性格を、より具体的に検討していくため、本節では以下、N・プーランツァス、E・フロムという二人の論客の議論を、批判的に検討していくこととしたい。二者の議論は、いずれもドイツファシズムに関してのものだが、その共通する問題構成のために、次節における日本に固有の移行形態を考える上で、大いに参考となるだろう。

### （2）Ｎ・プーランツァス『ファシズムと独裁』を手がかりに

はじめに、プーランツァスの歴史認識の根本的な欠陥について、ふれておきたい。それは、認識枠組みとしての「構造主義」の根本的な存在拘束のために、内面的価値（諸主体の具体的な欲望充足の立場）から人間の行為を見ることが困難であるという点である。具体的には、労働者階級こそが、〈資本のヘゲモニー〉を構成している、という現実認識の欠如である。我々の立場からは、「場の状況」としてのヘゲモニーについて、労働者階級もまたその「場」の構成主体なのであるから、それを欠いた現実認識などありえない。労働者階級の資本に対する究極的対抗性は、その抗弁の理由にならない。ヘゲモニーはそういう対抗的枠組みとして現実に存在している、ということなのであって、歴史の瞬間瞬間において、労働者諸個人もその対抗的枠組みを、「ポジティブ」に構成しているのである。だが、にも拘わらず、プーランツァスは、自己の「構造主義」と常に緊張関係に立つことによって、その他凡俗の「構造主義者」には及びもつかぬ歴史認識の水準を達成している。

#### ①〈資本のヘゲモニー〉の危機

プーランツァスは、ファシズムを、「帝国主義への移行期（に固有）の政治的現象」とする。その移行局面に「主として政治的な特有の諸矛盾」が結びついて生じた歴史現象であるとする（プーランツァス 一九七八）。「特有の諸矛盾」とは、「(更なる）闘争の継続が破局を予想させる」ような資本のヘゲモニーの危機であると、グラムシに依りながらプーランツァスは主張する。そしてグラムシが、そのような局面における「シーザー主義」の出現を示唆していたことに注意を喚起する。しかしその危機は、労働者階級との関係において生じたものではない、とプーランツァスは言う。労働者階級は、すでに敗北している（一九二〇年代初頭までにおいて）。従って、危機はブルジョワジー内部の、権力ブロック内部の政治的危機である。

以上は大方において卓見である。労働者階級がすでに敗北している、という言説は、特に重要である。彼の認識から抜け落ちているのは、労働諸階級の解体こそが資本のヘゲモニーの危機の核心的内容であり、危機は、労働者階級を敗北させたが故の危機であることの認識である。労働諸階級を解体しようとする、これ以上の「闘争の継続が破局を予想させる」のである。それ故資本の直面していた課題は、労働者階級の再形成であったのが、危機の深刻さが故に、単純な形でそれを行なうことはできなかったのである。国家という場に「はたらく」「力」は、社会統合、体制統合、以上をとおしての諸階級形成であると先に述べたが、(8)複層的市民社会の構成主体としての労働諸階級に対する攻撃のために、そのいずれも旧来のままでは維持しがたい、深刻な未定形の流動状況が生じたのである。

もう少し具体的に考えてみよう。資本が労働諸階級に加えた「攻撃」とは、一体何であったのだろうか。

第一は、資本にとっての生産過程における、労働者諸個人の行為の総合性の破壊、人格の破壊、であった。近代の経営においては、諸個人は、第一次的には出自たる複層的市民社会の主体であり、従って彼の Vermögen の所有を根拠に、所有→対象化→（崇拝）→享受の円環を基本的に保ち、それをとおして、労働への固着・協働性・自律性を含む様々な欲求、〈現実の協働社会〉の形成の欲求を充たしており、そうした総合的な価値を自ら形成し、享受する主体として、人格的存在であった。「移行過程」の資本家的経営は、こうした総合性の、ある局面は強奪し、残る局面も分断した。労働者諸個人は、そのように総合的なものとしての人格を破壊されたのである。そしてその言い換えである対象喪失をとおしての自我の喪失、それによる著しい不安と強迫的衝動が、具体的に〈資本のヘゲモニー〉を危機に陥れるものだったのである。

第二は、そうした諸個人の出自たる複層的市民社会に対しての、その生命力の枯渇化、であった。以上のようにその人格性を破壊された諸個人も、帰るべき市民社会が存するならば、その人格を回復することができる。しかしそれらも、きびしい攻撃にさらされていた。それを大別するならば、二つの方向で遂行されていた。

一方は、個々の複層的市民社会の、静態的凝集力の弛緩である。複層的市民社会は、その固有の価値体系・日常知・協働性形成の存在形式によりその個別性を発揮しながら、諸個人の所有と譲渡の不可侵を根拠にした有機的連帯を形づくっていた。拙書『近代・労働・市民社会』で論じた、個人としての「家」、「家」内部の編成を律する〈位座〉、「家」相互の編成を律する〈本源的扶養〉、それらを「構成原理」とする日本の市民社会も、その一般的な存在形式の一つである。だがそれと不断に接する場において、自らとは全く異質な「原理」と諸価値によって、部分的にではあれ具体的欲望充足の回路を持つ世界が出現することにより、その凝集力、内的な規範性は急速に弛緩し、その有機的連帯も強靱さを失っていった。

他方は、複層的市民社会の、動態的柔軟性の硬直化である。神島二郎も言うように、明治の社会は、そしてまた一般に近代の市民社会は、「立身出世と家族主義」をその基軸としてとらえられねばならない。「家族主義」は先にも述べた市民社会の内的編成の「原理」であり、有機的連帯を形成せしめる規範である。だがそれのみでは複層的市民社会の「生命力」はとらえられないのであって、そうした有機的連帯を通して、諸個人自身の個人的所有の発展と、逆に所有を喪失した諸個人の所有の再建の機構を内容的に持たねば、その動態的「活力」は生じない。言い換えれば図3-2のような円環が成り立ちえてはじめて、複層的市民社会は、生き続けることができるのである。

しかし〈移行期〉の資本の「攻勢」は、かかる複層的市民社会の「生命力」を、着実に奪っていった。複層的市民社会は、もはや諸個人の具体的欲望に見合うだけの「立身出世」の道を用意しえなくなっていた。他方不幸にも所有を喪失した諸個人に対し、それに新たな〈本源的扶養〉を与えることによって、市民社会の構成主体として「個人の再建」を行なう充分な能力をも失っていった。その一方で、未だ跛行的なものであるとはいえ、それを代行するような、全く異質の「原理」と諸価値に基づく「再建」のルートが、敷設されつつあったのである。

こうして近代の複層的市民社会は、その生活世界を閉鎖系として維持する能力、自助の能力を失っていった。と共に歴史上はじめて、社会の中枢部分にプロレタリアートが出現し、その統合回路を形成せしめえない、〈資本のヘゲモニー〉の危機が出現したのである。

それは一方では「革命的暴力」としての産業革命の波及と、他方では複層的市民社会への〈近代には見られなかった〉国家の実体的介入、とりわけて戦争への動員を基軸とした介入に、主要な要因をおくものであった。それは、日本では日露戦争期から第一次世界大戦期にかけて進行したと考えられるが、それ故〈移行期〉に固有の資本の「闘争」こそが、つくりだしたものだったのである。

図3-2　立身出世と家族主義

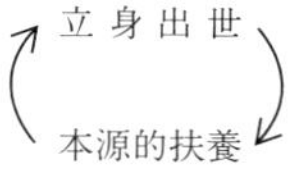

### ② 権力ブロックの深刻な政治的方向感覚喪失

そうした〈資本のヘゲモニー〉の危機に際して、プーランツァスは、（産業）大資本分派を中心とする資本諸分派によって構成された「権力ブロック」が、深刻な「政治的方向感覚喪失」に陥った、とする。それは主要に二つの「危機」の出現の基因となった。第一は「政党代表関係」の危機である。政党代表をその有機的知識人として、（プーランツァスの場合は大資本分派の）ヘゲモニーを形成せしめえなくなった。第二は、「支配的イデオロギー」の危機である。これによって先のヘゲモニーに対する、被支配階級の「コンセンサス」の形成が困難になった。

以上のような「政治的方向感覚喪失」に陥った資本（大資本分派）は、そうしたヘゲモニーと「コンセンサス」の組織のために、〝大衆ファシズム政党〟を、その有機的組織として支持するに至る、とプーランツァスは言う(9)。大衆ファシズム政党は、後の「安定期」にそうした契機のあるものを駆逐するとはいえ、それ自身労働者政党であり、労働組合と「代表関係」に立った。更にそれは「職能的組合主義」を方針とし、実際の労働者代表は送らなかったものの、「指導者原理」を通して、そこに「平民主義的気分」を持ちこんだ。他方大衆ファシズム政党は、小ブルジョアジーに対しても、限定付ながら「現状維持的反資本主義」の気分と部分的な政策化、「立身出世」その他の価値の汲み上げを行ない、統治の人材、つまり「統治階級」として彼らを登用した。

こうした過程として、ファシズムが、資本（大資本分派）のヘゲモニーの、〈移行期〉に固有の、その例外的形態として成立する、とプーランツァスは言う。ここでも多くの有益な提起を行ないつつ、プーランツァスは彼の議論の前提にある存在拘束から、錯綜したわなにおちこんでいる。「政治的危機」が権力ブロック内にとどまるのであれば、「労働者イデオロギー」の問題は（労働者階級はすでに敗北しているのであるから尚更）、単に副次的な問題にすぎないはずである。だがここでの主要な論題は、「労働者イデオロギー」に関してである。プーランツァスも自己が「コンセンサス」と呼んでいる当の所のものが、〈ヘゲモニー〉を形成していることを、「実は」認めているのである。

その視点から、以上のプーランツァスの議論を、批判的に検討してみよう。

まず「政党代表関係の危機」についても、これを社会を構成する全ての諸階級についてのものと、とらえかえさねばならない。近代には労働者を代表する政党などなかったではないか、と早がてんしてはならない。近代国家は、〈公民〉としての資格における諸個人全ての構成する名望家国家であった。それは地域（市民）社会代表的正統性を存在根拠としていた。労働者諸個人も、自らが議員となることはなかったにせよ、その代表としての名望家を通してそれを構成していた。逆に名望家もまた、各々の出自の市民社会を代表するものであり、それ故その構成主体からは決して切りはなされてはいなかったのである。それ故例えば日本の一八九〇年体制も、自由民権運動をそこに「流し込み」得、かつ三〇年にわたって「安定」した働きを示しつづけたのである。

現代国家においては、単一の市民社会が存在し、政党は、「異種的性格をポジティブに構成せんがため」市民としての同質性、というその基本的性格にふさわしく、市民を、その異種性に応じて代表する。それは人民投票独裁的正統性を存在根拠とする。それ故、それがどのような政治的主張を行なう者であれ、労働者階級と代表関係に立つ政党なくしてその正当化はありえない。この意味で、政党とその代表関係とは、近代とは全く異質なものとなる。にも拘わらず、そうした社会構成に適合的な政党代表関係が未だ形成されていなかったことを、とりわけて現代国家を「ポジティブ」に構成する、かつ労働者階級を代表する政党[10]が未だ存在していなかったことが、ここでの「危機」の、主要な内容である。それ故にファシズム政党が、その代表関係を「代位」することもできたのである。

「支配的イデオロギーの浸透した労働者イデオロギー」については、事情はより簡明であろう。プーランツァスは、そのような「危機」に陥ったイデオロギーとして、まず最初に「トレードユニオニズム」をあげている。彼はこの「イデオロギー」の基軸を、observance of labour contract に基づく substantial welfare の要求であるとする。これは筆者が先に論じた、現代国家における法認された労働者団結の一般的性格と、大きなちがいはない。プーランツァスが見そこねたのは、そうした性格を持つ現実の労働者団体も、その「イデオロギー」も、それまでは実体的なものとしては存在しなかったものだ、ということである。この「イデオロギー」の危機とは、労働者階級の未形成と同じ事柄としての、その「イデオロギー」の未形成の危機のことだったのである[11]。そしてプーランツァスも、このことそれ自体が〈資本のヘゲモニー〉の危機であることを、彼の言い回しに従って、事実上みとめているのである。

③　ファシズムと小ブルジョアジー

プーランツァスも、ファシズムという固有の政治現象と、危機に瀕した小ブルジョアジーとの関係を特に重視する。彼に従えば、小ブルジョアジーとは、「小規模生産・所有者」「不生産分野の賃銀労働者」「公務員」の三者のことである。これらは以下のような指向性を持つ。⑴現状維持的反資本主義の気分、⑵「栄達の神話」信仰、上昇・流動志向、⑶権力崇拝、⑷孤立による「中立的」国家と「中立的」自己の同一視。以上の特質により、小ブルジョアジーは、「自己」を組織することが困難」で「国家を政治的代表者」とする「選挙主義的幻想」を持つ。それ故その初期に、小ブルジョアジーは、ファシズム政党と政治的・組織的な代表関係に立つ。即ち、小ブルジョアジーは「統治階級」となる。

後に彼らはその地位から追われる。ただその代表関係は、職能組合主義的関係と、「指導者原理」とその下での「平民主義的気分」とにより、とって代わられる。

この点については、もはや多言は要さないであろう。以上、大方において正しい指摘は、「危機に瀕した複層的市民社会」の担い手としての労働諸階級、すぐれて「危機に瀕した小市民」であるところの労働諸階級についても、筆者がその特質として論じてきたものとほとんど一致し、かつ「市民としての労働者」という存在は、すぐれて現実的な存在である。ファシズムは、その固有の形式をもって、そうした様々な姿形の市民を、その解体のうちから再構成する、[12]特異な現代国民国家だったのである。

④　ファシズムと他の例外的国家諸形態

プーランツァスは、ファシズム国家を、低開発国における軍事独裁等の様々な〈例外的（独裁）国家〉と、以下の諸点で区別する。即ち、⑴大衆政党の存在、⑵権力機関における政治警察の支配性、⑶「合憲的」権力掌握。従って、厳密には戦前日本の天皇制軍国主義は、ファシズムとみなしえないことになる。とはいえそれは、他の開発独裁型〈例外的国家〉とは区別される、ファシズムとの顕著な擬似性をもっている。まず強力な大衆動員があり、それの「平民主義的気分」を担うものとして、組織された軍隊があった。（対極は傭兵による権力支配である。）天皇制とその価値流出の体系は、「指導者原理」と相通ずるものがあった。それ故その限りで、天皇制軍国主義は、ファシズムと同様、「関節脱臼」に起因する社会の分断的性格を根拠とした軍事独裁とは異なる、〝労働者階級の形成する資本のヘゲモニー〟を実現する現代国民国家の、〈移行期〉に固有の矛盾に起因する跛行性を帯びた一形態、と考えられる。その多くの特質は、本項と同性格の説明が可能であろう。

## （3）E・フロム『自由からの逃走』を手がかりに

ここでも、フロムの問題了解の枠組みの、根本的な制約について、あらかじめ指摘しておいた方がよいだろう。それは究極的には、フロイトが生命としての人間の「本能」として論ずることによって得た様々な成果を、「社会」によって規定されたものとしてとらえかえすという、彼自身が認める「背教」にある。

だがその一方で、彼は実は彼自身の規定する人間の「本能」を、こっそりと持ちこまざるをえない。なぜ「人間」が社会においてそのように「行為」するのか、という問を遡及的につきつめていくなら、必ず「人間とは何か」について、語らざるをえないからである。それは、究極のマルクスが、人間を「対象的動物」にしてかつ「社会的動物」、と語ったのと同然の事柄である。フロムが持ちこんだ人間の「本能」は、以下の二つにつきる。第一は「生きつづけたい」という欲望、第二は「一人で居たくない」という欲望、である。この出発点は、彼がフロイトからうけついだ多くの遺産を、著しく精気のない、凡俗なものにしてしまった。なぜならフロイトは、そうしたしかにそうではあるが当たり前の人間の欲求からはじめて、（そこで終わりではなく）なぜ人間がそうした欲求を持つのかに、生涯をかけてとりくんだからである。

とはいえフロムは、フロイトの鋭利で究極的ではあるが象徴的な社会批判、現存社会の批判に対し、他の多くの論客のようにその領域を回避して象徴性の魔界に逃げこむことをせず、それを総合的な批判として展開しようとした、数少ない真摯な社会科学者であり、その仕事は今日なお多くの示唆を、我々に与えてくれる。

① 自由からの逃走

フロムの論議は、さほどややこしいものではない。右にも述べたように、そもそも人間は、「生きつづけたい」と欲求するのと同程度に「孤独でいたくない」と欲求する。ところで資本は、「二重の意味で自由」な労働者をつくりだしたが、それは様々な人格的関係から人間を「解放」するものであり、それによって人間は、かつて経験したことのない「孤独」に身をまかせることになった、とフロムは言う。とりわけて様々な地縁・血縁から切りはなされた「新中間層」の出現によって、それは一層深刻になった。

人間はそれにより強迫的な不安にかりたてられ、「前へ逃亡」する。こうしてフロムは二つの典型的な社会の出現を説明する。指導者への隷属に基づくファシズムと、「強制的画一化に基づく」アノミー的大衆社会（アメリカ）である。「孤独」で居つづけるよりは、指導者に隷属する方がまだマシであり、型にはめられてでも皆と一緒にふるまう方がマシである。

以上に要約されたフロムの議論は、その限りで誤りというわけではない。しかし最初にも述べたように、我々は更に遡及的に、フロイトに立ちかえって、そうした現実の形成の根拠について検討しなければならない。

(1) まず我々にとっての自由とは、具体的欲望充足のことであり、具体的な対象リビドーの解放のことである。それは、協働性を通した、対象化とその享受による自己実現、として遂行される。

ところでそのような自由を、フェティシズムを伴わずに実現した人間社会は、少なくともこれまでの人類史においては存在しない。[13] それ程までに強力な自我は存在しない。[14] より正確に言えば、エロスとタナトスが対抗的である限り、[15] タナトスの否認の介在が、対象化を対象にする自己の一旦の否認として出現せしむることを、自我は回避できない。

従って具体的欲望充足としての自由は、〈所有―対象化―崇拝―享受〉という、分節化され、物神化されたプロセスの結合、として現れる。それは「迂回された欲望充足」であるから、抑圧であり現実原則の支配である。対象化の行為は「昇華」されて労働の物神へ、崇拝の対象も「昇華」されて、労働に究極の根拠をおくものではあるが、外化された「富」や「権威」へと「疎外」されている。だがそれは「自然な抑圧」の成功した、神経症には陥っていないという限りで健康な、これまでの歴史の中では本来の人間存在である。

(2)　フロムの言う自由とは、そうした我々の言う自由の喪失のことである。「何からも」の抽象的な自由とは、そうした具体的な対象と対象化の行為の喪失のことである。

同時にそれはフェティッシュの喪失でもある。「昇華」された対象化の行為としての労働は、それへの固着・協働性・自律性といったその価値の内実を奪われる。「昇華」された対象である労働を根拠とした富や権威も奪われる。フェティッシュに依存することによって保たれていた（健康で神経症ではない）彼の人格、ここでは自我が、崩壊の危機に直面する。

エスの対象充足の喪失に直面した自我は、もともと限りのないエスの要求を幻想的に満たすために、不安の防衛機構をよびおこし、自己を強迫的な行為にかりたてる。どこに向かってかと言えば、虚構の対象と対象化の行為へ、であり、一般に現代社会にあっては、「労働力」とその「取引」へであり、ファシズムにあっては、そのより「倒錯的」な姿形に向かって、である。

こうして「健康な」抑圧は、「過剰抑圧」に転じ、エスの欲求は、強迫神経症という病気の、脅迫行為にふり向けられ、代償される。エスの要求を「健康な」目標にふり向けられなくなった神経症患者が、例えばたたみの目をたんねんに数えつくすのと同然である[16]。

(3)　以上から、以下の三つの重要な結論が出てくる。

第一は、近代から現代への「移行期」の固有の性格である。対象と対象化の行為、彼と彼のフェティッシュを喪失した諸個人は深刻な不安に陥る。正常な自我――それは「内にいながら己を外からさしずする」超自我を含んでいる――の形成能力を喪失し、不安の防衛機構をよびおこし、それは強迫的・神経症的な行為にふり向けられる。

それは彼の人格を、従ってその構成する全世界を脅かしかねない。これが〈資本のヘゲモニー〉の危機の内容である。

第二は、現代国家の、一般的性格である。それはエスの限りのない欲求を特定の昇華された対象と対象化の行為にふり向ける、抑圧的自我の形成に、「一応」成功している。抑圧に成功している。しかしそれは「過剰抑圧」としてである。なぜならふり向けられた対象と対象化の行為は、「労働力」とその「公正な取引」という虚構に対してであるからである。それ故それは倒錯的である。女性へのエスの欲求が、女性の下着盗奪へとふり向けられるのと同然である。

最後に現代国家の諸形態の一つであるが、〈移行期〉の固有の矛盾のために、特有の性格をおびた、ファシズムをはじめとする例外的諸国家の固有の性格である。ファシズムも現代国家の一つであるから、先の諸命題をみたしている。特にそれが国家として成熟するにつれてそうである。だがその形成期には、原始的不安の防衛機構のもたらす強迫性の深刻さのために、先のような「昇華」された対象へのふり向けは直ちには成功せず、特異なフェティッシュが設定される。「指導者原理」等は、その端的な要約である。それはより退行的（原始的）であり、それ故より倒錯的である。だから先の女性と下着盗奪とのたとえは、ファシズムによりふさわしい。成熟した現代国家においては、女性への欲求が過敏にふり向けられている（それほど「昇華」されている）、とすれば、ファシズムにおいては下着盗奪へとふり向けられている。そうならざるをえないほど、自我喪失の危機は深刻であったのである[17]。

② 逃走のメカニズム

さてフロムは、不安にかられた諸個人の強迫的な「前への逃走」が、以下の三つの経路を通してファシズムへ向かう、と言う。

第一は、権威（とそれに従った服従と支配）への逃走である。不安にかられた諸個人はあるがままの自己を肯定できない。失った自然の絆にかえて、「第二次的」な絆を求める。不安の深刻さからそれは、倒錯した対象依存とならざるをえない。サディズム的、マゾヒズム的対象依存として、諸個人は権威の体系、支配と服従の「強固な」絆のある位置へ、自分をおく。

第二は、破壊性（攻撃性）への逃走である。対象喪失によって「外界」に対し無力となった諸個人は、「外界」の破壊によってそれを代償する。

第三は、機械的画一性への逃走である。諸個人は「期待された」パーソナリティになりきってしまう。それによって諸個人と「外界」との矛盾は、抑圧された相においては消失し、不安や恐れも消失する。

以上の諸点は、その限りで妥当であり、また一般に「過剰抑圧」の社会全体に指摘しうることである。だがここで特に注目されるのは、ファシズムにおけるその特異な退行性と、それに結びついた倒錯性である。

まず〝破壊性〟とは、タナトスの対象欲求の退行した姿である。本来対象化の行為は、タナトスの契機、つまり否認の契機をはらんでいる。対象化とは、そのままの対象を否認し、それを作り変えることである。その「昇華」によって、人間のあらゆる創造的文化が形成される。ファシズムの退行性は、これを原始的な対象破壊にふり向けるのである。

〝機械的画一性〟とは、エロスの対象欲求の退行した姿である。諸個人は、労働への固着・協働性・自律性を礎に、歴史的に、現実の協働社会をつくってきた。それはエロスの労働への「昇華」に基づくものであった。その喪失に対してファシズムは、その欲求を、「退行したごっこ遊び」にふり向けるのである。現代国家一般の「労働力の公正な取引」という「原理」も、「ごっこ遊び」であり、倒錯的である。だがファシズムは、それを著しく退行的なかたちで充たすのである。

〝権威への対象依存〟は、そのようにして対象化された対象への「崇拝」、フェティッシュの、退行した姿での措定である。一般に「抑圧」の存する所、必ず対象への崇拝が生じ、それ故権威への服従が生じる。だが「健康な抑圧」下では、それは労働の究極の価値に現実の根拠をおいている。また一般の「過剰抑圧」社会でも、権威への服従は、諸個人の内面的規範、自我のうちに存在する内的な匿名の権威としての超自我の形成に、うつし変えられている。ファシズムの退行性は、諸個人のフェティッシュとして、きわめて原始的でマターナルな対象にふり向けるのである。サディズム、マゾヒズムが、自我の幼児期への退行を根拠とするものであることは、フロイトが詳しく展開して見せた所である。

以上のように、現代国家の中にあってもファシズムは、「移行期」に固有の矛盾をひきずり、「原始的であるが故に強力」な、退行した代償への欲求のふり向けを、行なったのである(18)。

### ③　自由とデモクラシー

フロムは、そうしたファシズムをもたらす「自由」に代えて、「積極的自由」を、最後に構想する。それは、感情をも含む全的統一性を持つパーソナリティの自発的行為、強迫的でもなく自動的でもなく、自発的な行為のことである。孤独と不安に基づく仕事の欲求ではなく、「利益をうると共に心理的満足もうる」労働のことである。

その限りでしごく当然のこの主張を、我々は、一方で〈個人的所有の再建〉の立場から、他方で〈対抗的ヘゲモニー〉の自己形成の立場から、さらに掘り下げて考えてみる必要があるだろう。我々の歴史的考察の立場は、わずかながらでも、そこからの前進を可能にしてくれるはずである。

〈個人的所有の再建〉とは、「過剰抑圧」の廃止のことである。エスへの過剰抑圧を行なう自我の防衛機構によってよびおこされた不安に基づく労働に代えて、自然なリビドーの対象としての労働を享受することである。

しかしそれは抑圧一般の廃止ではない。自然な抑圧、現実原則の支配のことであり、かつて諸個人がその上に様々な文化をつくりあげた、その支配の再建のことである。それは人々の欲求と希望の労働への「昇華」、それに根拠をおくものとしての富と権威への「昇華」を、再建する。それ故その外化と「崇拝」をまぬがれることはできない。一方で〝テクノクラート〟や「国有化」の抱える、他方で「市場」の抱える、それらの問題群に、それ故この再建が「解放」されることはありえない。

だがこの抑圧は、強迫性を帯びない抑圧である。それは自然な欲望充足、具体的で直接的な欲望充足の立場であり、そうした欲求と希望そのものとしての計画と生産の立場である。それは諸個人の、労働者としてのエロス、生産者としてのパトス、生活者としてのロゴスを、生かすことによって充たす。労働への固着・協働性・自律性を、生かすことによって充たす。そしてそうじてその現実の協働社会の支配の力によって、その問題群からはまぬがれ難い「市場」と「国家」、過剰抑圧と強迫を生む「市場」と「国家」とを、従えるのである。

それらは、「労働力の公正な取引」という究極のフィクションに支えられた現代国家への、〈対抗的ヘゲモニー〉を通してのみ、実現される。だがそれは、諸個人に著しい自我の動揺を強要する。現代国家の虚構は、事実としての諸個人の具体的欲望充足・自由の欠如が、現実としての過剰抑圧的強迫的労働への倒錯によって支えられている、という関係の上に成り立っている。逆に言えば、諸個人のエスの欲求をそれによって代償しようとする倒錯的労働が、彼の自然な対象リビドーとしての労働を否定する役割を負うことになる。諸個人自体に即するならば、彼は現実の労働に直面して、強迫的衝動としての労働の拒否と、自然な欲望充足としての労働の享受との間で、自己を引き裂かれてしまうのである。[19]

これは、労働の抱える、永劫の輪廻であるかのように見える。それは「革命的生産諸力」をもって断ちきる他はない。この労働をめぐる二重性は、現実の労働のさ中で、常に諸個人の身体と心が「発見」しつづけていることである。それは先に述べた、「労働者団結の二重性」の根底にあるものである。人々は時として勇気をもってそれを断ちきろうとする。それは敗れ去るかもしれないが、忘れ去られることはない。

現代社会は、今や一方で、そうした諸個人の直面する問題構成を、過剰なまでにさらけ出している。他方でその「後得形態」たる「事実上の共同生産」——経営の場における、諸個人の労働への固着・協働性・自律性に立脚したゲゼルシャフト形成、有機的連帯の存在根拠——をも、十二分に成熟せしめている。具体的・直接的欲望充足の自由としての個人的所有、万人の自然な対象リビドーとしての労働行為を根拠とする有機的連帯をもって、外化し、売り渡した「労働力」を奪還するのに、もう充分すぎる時と苦しみが費やされている。

### (4)「時の群衆」

以上の検討により、現代社会構成への「移行期」と、その矛盾に強く刻印されたそれに続く〈例外的諸国家〉の基本的性格についての、筆者の理解する所のものは一応示しえたものと考える。

G・ルフェーブルは「群衆」について語った（ルフェーブル 二〇〇七）。群衆とは、社会集団の一時的解体のことである。筆者の言葉で言えば、ヘゲモニーを喪失した社会のことである。にも拘わらずそこでは「集合心性」はあらかじめ形成されている。あるいは集合心性は失われていない。人々の記憶や伝承として、集まること自体が歓びであるような体験として、蓄積されている。

〈移行期〉の諸個人は、「時のつくりだした群衆」と考えることができる。〈移行期〉は歴史の形成したカオス＝コムニタスであり、集合心性を忘れないカオスであった[20]。それ故〈移行期〉は、様々なラディカリズムの培養基となった。それらは多く、なにがしかの意味での直接的な協働性形成の試みであり、今日の大方のラディカリズムは、この時代にその源流を持っている。このことにはしっかりした根拠があるのであり、今日の我々にとっても、この時代は、忘れがたく代えがたい記憶と伝承の刻まれた時なのである。

だが同時に〈移行期〉は、〈資本のヘゲモニー〉の危機の「克服」過程として、一方で著しい不安に直面した諸個人の「前へ逃げる」衝動に立脚する、過渡的例外的諸国家の原基でもあった。今日現代国家の腐朽化に伴う諸個人の深刻な対象喪失・自己喪失の進行する中で、我々の〈移行期〉の体験は、やがて確実におとずれるであろうその矛盾のもたらすカオスの再現の中で、我々の立つであろう場所のクルーシャルな性格を、教えてくれている。

日本に関する限り、〈移行期〉は、天皇制軍国主義の形成によって総括された。だがそこでの体験は、次におとずれた「戦後危機」のカオスの中で甦った。そしてそこでの体験も、人々の記憶と伝承の中に蓄えられた。我々の作業も、それらを語り、伝える試みの一つなのである。

## 4　戦前日本の現代的国民統合の特質

これまで我々は、〈移行期〉固有の矛盾と結びついた、近代社会の理念的特質に根拠づけられる、「例外的」国家形態をとった、戦前日本に固有の現代国民統合の歴史的形成を、日本社会が継承した近代社会における〈価値体系〉に主な焦点をあてて論じ、そこでの「人格承認」というモチーフの持っていた意味を明らかにせんと試みてきた。この節では、同じく近代社会から継承した理念的特質として、〈協働性形成〉の問題の検討をとおして[21]、戦前（示唆的には戦後も）の日本の国民統合の固有の性格を検討し、いくつかの論点の敷衍を行なっておきたい。

### （1）日本近代市民社会の理念的特質

くりかえし指摘しているように、現代市民社会は、近代の複層的市民社会のあれこれの〈公正さの体系〉と実体的連続関係を持つものではないが、その理念的な存在形式には、大いなる連関がある。そこで本項では、日本の近代市民社会の理念的特質を、〈協働性形成〉の視点から――つまり諸個人間の結合関係の「原理」的な存在形式の視点から、あらためて考えてみよう。

ところで以前にも指摘したように、近代における個々の市民社会は、きわめて多様な質を持って存在しており、容易にそれを総括することはできず、それがまた近代複層的市民社会の重要な性格でもあった。それ故以下の議論は、数多の〃例外〃のある、ごく概括的な特徴づけであることが、あらかじめ確認される必要がある。その上で日本の近代市民社会の特質を一言で要約するとすれば、西欧における〈封建制〉的な編成に対し、〈家産制〉的な編成をとっていることにある、と言うことができよう。

日本の近代市民社会の〈家産制〉的特質とは具体的には何であるかについては、以下それをごく要約的に示しておこう。

①　個人としての「家」。個人、正確には市民社会の構成主体である〈個人的所有〉の第一次的主体は、「家」――日本に固有の家族の存在形式、である。

②　〈位座〉と〈没人格的融合関係〉。第一次的主体としての「家」は、一方でその「内的編成」の原理をもつ。それが〈位座〉と〈没人格的融合関係〉である。永続する価値は「家」そのものであり、個々の人間主体は、「家」

における〈位座〉を占めるという限りにおいて、「権力」をうけとる。これは家長の位座においても言えることであり、彼も「家」をはなれてはその価値はありえず、事実「家督相続」を通して家長の位座を離れて後に、彼の人格に家の権力が保持されつづけることはない。家長も含めて、「家」構成員は、その位座を通して、「家」に「没人格的」に融合する。家の各構成員は、完全な「人格」とはみなされない。

③〈本源的扶養〉と〈人格的結合関係〉。第一次的主体としての「家」は、他方で第二次的構成としての市民社会の編成の原理、それら相互間の認知に基づく「外的編成」の原理をもつ。「家」は、個人的所有の主体であり、その点での不可侵性・自律性をもつが、同時にその存続のための有機的連帯の原理をもたねばならない。その連帯を根拠づけているのが〈本源的扶養〉の理念であり、それにより第二次的構成である市民社会が、〈家産制〉的に編成された、基本的には自律した主体間の人格的結合関係として形成される。個人的所有の不可侵性は〈本源的扶養〉によって正当化の根拠が与えられ、新たな所有の譲渡も、新たな「扶養」行為のはじまり、とみなされる。[22]（端的には分家行為。）従って市民社会内では、諸個人は基本的に自律的で不可侵の主体なのであるが、それらの間で行なわれる諸行為、特に契約行為においても、「家父長的権威が外面的に波及したかのような」、扶養に対する恭順《Pietät》の感情が付着する。

以上と対比される形で、「西欧」の市民社会の特質を、要約して示してみよう。

①個人的所有の第一次的主体、市民社会の第一次的構成主体は、やはり家族――対比的に言えば単婚小家族であり、その点で変わりはない。

②だが家族の「内的編成」は、独立した人格間の特殊な契約関係、に擬制される。（事実はそのようなものではない。）具体的には、西欧市民の相続が、特定の人格である個々人から、他の特定の人格へ（相続権者が一人であるか複数であるかは問わずそのそれぞれの人格へ）、行なわれる所に、その事情がよく現れている。やや抽象的には、例えばヘーゲルの『法哲学』において、文字通りの個々人間の「抽象的権利と法」の展開、として、家族とその価値とが把握されるものとする、そうした観念である。もちろん家族における人間の結合と、契約による諸個人の結合とは

全く異質であり、それ故ヘーゲルも「家族」に特別の意義を付すのであるが、なおかつそれが抽象的人間の権利に根拠づけられたものとして把握する、そのことには変わりないのである。

③　諸個人間の第二次的な社会形成、有機的連帯を根拠づけているものは、「本源的所有」と、その「譲渡」である。第一次的主体としての諸個人の不可侵性・自律性は、「本源的所有」によって正当性を根拠づけられ、新たな所有は、双務性を伴う契約に基づく「譲渡」として、新たな社会形成の出発点となる。諸個人間の行為においては、それ故、双務的権利義務関係に立脚した、忠誠・誠実の感情が付着する。(23)

以上の要約的対比によって、日本近代の生活世界の協働性形成――有機的連帯の形成のされ方、をめぐる、理念的に固有な特質の概括を行なうことができよう。〈位座〉〈本源的扶養〉「恭順《Pietät》」、単純化してしまえばこのような理念であり、そこにこめられた価値がその内容である。そしてそれらが「デフォルメ」されて、〈移行期〉の危機を克服する過程で新たな創造的市民社会の形成に向けて、継承されたわけである。

これらの理念的価値が、〈水平主義〉的ヘゲモニーの形成の上で、どのような力を及ぼしたかについては、もはや多くを語る必要もないであろう。〈位座〉の理念と、個別的集合体の無限の連鎖をとおした究極的権威の形成、〈本源的扶養〉の理念と、権威の給源としての究極的権威の始原的扶養者としてのカリスマ化とその「同一化」、「恭順」の理念と、伝統的権威（例えば祖先）への信仰の究極的権威へのよみかえ、等々、強い意味連関を有していることは、明らかだと言えよう。

## （2）現代社会統合と日本社会の国民的特質

ただし第一に論じておきたいことは、以上にふれてきた日本社会の継承した価値の〈家産制〉的特質と、現代的な〈経営〉の形成、現代社会統合の形成との関わりの問題である。

すでにお気づきのように、以上とりあげてきた〈位座〉〈本源的扶養〉といった価値の存在形式は、実は皮肉なことに、現代的な社会統合――第2章で論じた、現代的な労働力の生産過程における処理・社会的再生産――に

とって、西欧社会の諸価値よりむしろ「適合的」である、という側面があるのである。(24)

その検討のため、今一度現代社会統合の基本的性格を、簡単に要約して示そう。

①　現代的な〈資本家的経営〉においては、「労働力」は、確証的な成果を生みだす行為の主体としての価値、その人格のうちに直接そなわった価値ではなく、単なる可能性（Arbeitsvermögen）の場における役割、としての価値である。労働者諸主体にとっては、彼の人格そのものではなく、彼がその可能性を「外なるモノ」として「持つ」ことに価値がある、そうであるかのように処理される。〈仕事の先決原則〉〈抜擢制原則〉〈職場集団との同意原則〉等の生産過程における諸原則はそれが現実化したものである。

②　このような抽象化された「労働力」は、普遍的・同質的なものであると共に、個別的なものでもある。なぜなら、この「労働力」は、特定の〈経営〉の場においてのみ価値あるものとして実現されるからであり、その場を離れては価値たりえないからである。〈統一的位階層的労働力市場〉の形成や、雇用における長年勤続等、労働力の社会的再生産の場（労働市場）における諸原則は、このことに根拠をおいている。

③　しかし「外なるモノの所有者」としての労働者諸個人は、究極的にはフィクションである。彼らは事象的には、労働への固着・協働性・自律性等の価値をも含む、具体的欲望充足をその行為のうちにはかろうとする行為者である。それ故彼らが、「外なるモノ（労働力）の公正な取引者」の「ふりをする」こと、そうした存在として自己編成すること、それを通してのみ、現代社会統合は形成されうる。法認された労働者団結は、そのための不可避の回路である。

④　しかしかかる労働者の自己編成も、それが現に、抑圧的な形式を通してであれ、彼らの具体的欲望が充たされることなしには、存続しつづけることはできない。それらは「労働力の公正な取引」という形式のうちに、抑圧的に充たされる。コレクティブバーゲニングを通して身体の「社会的再生産の保障」を、ジョイントレギュレーションを通して労働への固着・協働性・自律性等の価値をも、それは充たすのだが、それは直接的にではなく、「外なるモノの公正な取引」の形式をとおして、充たすのである。

⑤　労働者の自発的経営間移動回避の規範的態度も、これらの諸関係に立脚している。

以上のような現代社会統合の形成に対し、〈位座〉や〈本源的扶養〉等の価値の存在形式は、諸個人の「労働力」の価値を、場における役割として実現させること、雇用契約に〈本源的扶養〉の価値の「影」を及ぼすことにより、雇用の安定と〈経営〉への同定を容易ならしめること、それらを通し、西欧社会よりはるかに「生みの苦しみ」を軽減し、表層的には「良好なパフォーマンス」を、もたらしたのである。

しかしそのことは、我々の実践関心に対し、決して一本道の示唆を与えるものではない。西欧社会にあっては、〈現代的経営〉は、労働者諸個人にとって、「耐えがたい屈辱」であった。それは、それによって「代える福祉」をもって同意されたのだが、その「代える福祉」は、現代的経営において彼らの現実の具体的欲望充足――当然仕事への固着等を含む――を補償するために、きわめて用意周到に矛盾「解決」のシステムをくりこんだ「公正な取引」の存在形式、制度化された労資関係制度として、発達せしめられた。彼らも「公正な取引者」に自己編成したのだが、仕事への固着・協働性・自律性等の防衛システム・抵抗の回路を、そこに入念にくみいれることに代えて、それを行なったのである。

これが西欧の労働組合の〃したたかさ〃の根拠であり、それが労働者諸個人の生活世界に深く根ざしていることの根拠である。だがそれは、同時に、緻密にねり上げられたシステムの常として著しく保守的であり、虚構の「公正な取引」に立脚する〈産業民主主義〉体制を、ある意味で非常に強固なものたらしめているのである。

日本固有の継承された価値の特質から、日本の「公正な取引」の制度的枠組みは、西欧よりはるかにゆるやかなものであった。むしろ、仕事への固着・協働性・自律性等の価値も、制度化されたシステムにより防衛しようというのではなく、それら自体をも「公正な取引」の対象とし、それを流動的なものと相互に認知しあった上で、労資による「実質的」解決をはかる、という考え方に立脚するものであった。この特質が戦前はもちろん戦後にも継承ないし再現され、日本の〈経営〉の「柔構造」と呼ばれている様々な現実が、形成されていったのである。

それ故日本の労働者組織は、誤解を恐れずに言うが脆弱であり、かつ、流動的である。しかしこのことは、「パフォーマンスが良好」なうちは大きな問題を生ぜずとも、その条件が失われた時に、大きな困難に直面する。日本の〈産業民主主義〉＝「公正な取引」の枠組みは自らの体制としての自助の能力、あらかじめためておかれた問題解決の力が、システムとしてもそれに立脚した行為主体としても、非常に貧弱なのである。

それ故それが本来持っている流動性の特質もあって、日本の労働者団結は、比較的容易にその性格を移ろわしうる。〈経営〉の「実質的」な行為の領域に、自然に自己に同化させ、「直接的行為」の主体、「直接的な欲望充足」の主体に、身を転じうる、そういう可能性を持つのである。

我々は、この弁証法を、いわゆる「戦後危機」において、すでに体験している。だがそこにおいても、その労働者組織が「弱体」であることに、変わりはない。それが〈対抗的ヘゲモニー〉の性格を持つに至っていたとしても、その戦闘性・戦闘能力は、その労働力団結が絶えざる紛争の過程で、長い時間をかけてきたえ上げてきた力に、依存する部分が大きいからである。従ってその労働者団結は、その反対方向へもまた、比較的容易に、流動していく団結でもあるのである。

以上詳細はともあれ、〈移行期〉に固有の時代状況と、日本に固有の歴史形成の所産として、この時期形成された〈資本のヘゲモニー〉は、多くの時をこえて、日本の社会統合のあり方、それと相互に支えあう労働者組織の存在形式をはじめとする体制統合のあり方に、大きな影響を及ぼし続けたのである[25]。

### (3)〈水平主義〉的ヘゲモニーの歴史的形成

第二に述べておきたいことは、〈水平主義〉的ヘゲモニー、あるいは超越的なものとしての天皇制の、歴史的形成についての補説、とくにその〝時期〟の問題である。

これについての古くからの説は、以下のようなものであろう。私的倫理である「孝」と公的倫理である「忠」が「一本」化され、明治期に「国を挙げて一大家族」の「擬制」が成立した。「孝」の倫理は元来家長に対するきびしい服従を要求するものであったから、一本化された天皇制への「忠」も、きびしい服従の要求も正当化された[26]。

云々。

しかし近年の多くの研究が示すように、明治期にかかる「構造」の形成を見ることには、様々な問題がある。まず「孝」については、元来においては、それがきびしい「服従」「緊張」を要求するものであった、と考えるのは、妥当でない。色川大吉も言うように、「かれらの家長は戸主権をたてに威張るほどの実力も必要もなかったし――かれらは夫婦親子すべてが平等に（これは言いすぎで事実にあわない。明らかに女性の方がきつかった。だが抑圧的なまでにそうであったのでは決してなかった。――筆者）勤労していた――、かれらの家には財産権を主張していがみあうような余裕もなかった」（色川　一九七〇）。筆者は、恭順《Pietät》の感情を、家「権威」への「信仰」と呼んで、語感的にはきびしい緊張関係が存在したかのような印象を与えたかもしれないが、それは本意ではない。それはおだやかな祖先崇拝につらなるもので、超越的・彼岸的なものではなかったのである。

「忠」についても同様である。「忠・孝」は、本来さしあたりは、複層的市民社会内のその存続のための倫理・内面的規範、と考えられるべきである。「孝」は個人としての「家」内部のそれであり、「忠」は、本源的扶養を給源とする諸個人間の関係における、他者に対して「公正」であれとの要求であった。それは複層的市民社会をこえて及ぶものではないし――すでに述べたように、それをこえては一般に「不公正」であることへの抵抗は小さかった――、仮にそれをこえての〈公民〉としての裁定にその倫理が援用される時にもその「本義」はとりわけて緊張を要する服従要求的なものではなかったのである。

それ故天皇も、こうした倫理感情に基づき〈本源的扶養〉の淵源として自己を顕している限りにおいて、祖先崇拝の延長上の権威・伝統的権威ではあったが、超越的・彼岸的なものではなかった。むろんそれは近世の「公儀」よりは強力なシンボルであった。「公儀」が基本的には市民社会間の〈公民〉としての公正さの担い手であった、従って、市民社会ではそうでなかったのに対し、天皇は、右に述べたような意味での「忠・孝」、市民社会内の諸個人の内面的倫理に根ざしていたからである。しかしそれは、市民社会の共通の本源的扶養者として、市民社会にとけこんだおだやかな価値であった。

それ故現実は、天皇を超越的権威にしたてようとする思惑とは、決定的にズレていた。それはちょうど、「主従の情誼」をもって労働者諸個人を組織化しようとした経営者の立場と同然のものがある。ただそれは、「名望家支配」と結びつく時、その「代表性」をそこなう程にはズレてはいなかった。例えば公教育において、「祖先に対しては孝順なる子孫となり、子孫に対しては立派な祖先となる」といった種の「環」をつかんでいる限りにおいて、支配の正当性・代表性をそこなうものではなかったのである。

それ故我々はここで、以下の三点を確認できるであろう。

第一に、超越的天皇制（即ち〈水平主義〉的ヘゲモニー）は、「家」の存在にではなく、その解体に基づいて、形成されたことである。家とその構成する市民社会の解体によって、そこにおける自己と対象の非所有の深刻な不安のために、かつての家や市民社会の諸理念（「忠・孝」も入る）がよりデフォルメされた形で、もはや実体的根拠・連関のない、それ故超越的で彼岸的な究極的権威である天皇に結びつけられえたのである。

第二に、そうした新たな規範的価値、〈公正さの体系〉は、「国家を家に擬する」といった単純なプロセスによって形成されたものではない、ということである。一九二〇年代に「管制高地」において形成された〈水平主義〉的ヘゲモニーにおける「忠・孝」の体系は、元来の近代市民社会の「忠・孝」の体系を全く換骨奪胎したものであった。それ故皮肉なことに、逆にこの「忠・孝」の体系が、「家」に押しつけられたのである。後述するように、家族の中で家長が暴君となったのは、その時期以降のことである。

第三に、以上のプロセス（〈移行期〉）が始まったのは、つまり「家」とその構成する市民社会の解体が始まったのは、大局的には一九一〇年頃以降のことであり、それ故彼岸的な天皇制も、その時期に形成された、ということである。この点については本書全体がそれを論証しようとするものであるから、これ以上論ずることはせず、ただ一つの「エピソード」を語ることとしよう。

柳田国男の才気は、一九〇〇年にすでに以下のように語らせしめた。「小前でも水呑でもめいめい幽かながら家の伝説を持」ち「祖先が家を繁栄せしめんと欲した意思を子孫が行ふ」村の生活から「永住の地を大都会に移すのは十中八九迄」「国に次いで永い生命を持って居る家を一朝にして亡す」「ドミシード即ち家殺しの結果に陥る」。「自分の子を殺しても同じく殺人罪であるのに、子孫をして生きながら永久に素図の自覚を喪失せしむるのは罪悪ではありますまいか」。しかしその彼においてさえ、まだ「右の一点を除きましては、田舎の人が都会に集まって来ると云ふことは、個人として智恵の無い誤った行為とは言はれませぬ」。「それかといって一二の国の例を推して日本国の未来の為に気味の悪い予言をせずともよろしい」世界として、現前の日本社会はあったのである（柳田一九六二A：三三、三八、三九）（傍点筆者）。

さてそれでは、そうした「家」の解体は、どのような過程をへて進んだのであろうか。製糸経営をめぐる諸主体に即しては、『製糸同盟の女工登録制度』において多くを語っているので、ここではより大局的な視野から、簡単な補足を行なっておきたい。

まず最初に述べておきたいことは、「家」の解体は、その構成する市民社会の解体と、表裏のものとして進行した、ということである。すでに述べてきたように、同職集団や村等の複層的市民社会の「解体」とは、そもそもがそれが「本源的所有」の再建や「立身出世」のための生命力を枯渇し、個人、即ち家の「所有」（とその再建）を実現せしめえなくなる、そのことをさしていた。従って言うまでもなく、その帰結が「家」の解体なのである。

その象徴的現出が、「俸給生活者」の出現であろう。彼の所有の実現は、かつての近代市民社会におけるそれとは、全く異質なものである。そこでは「家」が生産の主体とは言えない。彼の行為はもはや「家業」ではない。従って彼の妻は「専業主婦」か、働いていたとしても「家業」とは縁のない、内職か何かである。また彼は、複層的市民社会にはついてはなれない血縁・地縁・生家や故郷から、切りはなされている。たとえ彼が重工業大経営に働いていて、外面的には同じような報酬—賃銀の受け取り方をしていたとしても、その内容は全く異なる。彼は、これまで述べてきたように、諸個人間の社会形成において「危機」に陥るだけでなく、個人（即ち、「家」）内部においても、その不安に強迫されざるをえなかった。人間は意味のない世界に住むことはできない。意味ある社会に住むために、諸個人は、新しいゲゼルシャフトを形成すると共に、新しい個人を再建しなければならなかった。そしてその「内的編成」の論理も（社会形成の場合と同様）、かつての諸理念（「忠・孝」等）を、よりデフォルメされた形で継承し、その実体がもはや存在しないが故に超越的・彼岸的な価値としてそれを受け入れ、倒錯的・退行的な家族形成の同意がすすめられていったのである。

それはさしあたり、「絶対的」な家長への服従、という倒錯・退行であった。それ故この時期（一九一〇年代）になってはじめて、男・父の権威と女・子供の自律、という問題構成が、本格的なものとして出現した。九五％の「家」で家長の「抑圧的」な権威と緊張する家族という構成が、五％の「家」ではそれに抗する女・子供の「自律」が、問題構成として出現した。先の引用にもあるとおり、これは明治期の普遍的姿ではなかった。家父長制の苦痛や「淳風美俗」の類がほんとうに事実として語られるのは、実は圧倒的に一九一〇年代以降のことである。近代複層的市民社会の解体による対象と自己の喪失とその不安は、「家」の解体でもあり、新たなヘゲモニーは、この問題の解決をも担うべきものだったのである。

〈水平主義〉的ヘゲモニーは、社会形成とそれを相互に支え合うものとして、彼岸化された「忠・孝」の規範により支えられた権威主義的家長権を基軸にすえると共に、その下でこれまた近代市民社会から継承した理念である「家の和合」「家永続の願い」、といった諸価値の動員によって、新しい家族形成を実現しようとするものであった。逆にまた、実体が解体されるが故に強化される理念、失われていくが故に強い願い、それらが、〈水平主義〉的ヘゲモニーの形成をも、支えていたのである。

再び柳田国男に帰れば、彼はこう述べた。「結の作業法の能率は、決して単純なる加へ算の問題ではなかった。若い男女には群と規律とが、愉快なる興奮を与へる以上に、半分しか気心を知らぬ親類や隣の者の互に相手の思惑を恥ぢて、晴れの仕事場で後れを取るまいとする心持が、四人で七日の田を十人で二日に植ゑさせた。今年の花嫁が試みられるのも此時なれば、物数の少い若い娘の、気粧と働き振りとを見出されるのも此時であった。あれなら他人の中へ遣っても泣かされる様なことはあるまいと、親や叔父叔母も安心すれば、そんな様子を見て居て青年は懸想した。さうして又此方法が十分に行はれなかったら、到底親子夫婦ぐらゐの簡単な家庭で、手一杯の百姓をする望みが無く、他の一年の半分を優長でもなく遊び暮すやうな、細小農を以て甘んずるの他は無かった」。今一度注意をうながすが、筆者の言う社会の〈家産制〉的編成の、これがその真相であった。柳田は、おだやかかつ冷静に、「かういふ色々の意味のある村の農法を考へもせずに、政府が個人主義の改良に力を注いだことは、何と弁護しても失敗であった」と判断したが（柳田国男 一九六二B：三二七―三二八）[27]、それは「気味の悪い予言」はせずともよいと述べた先の発言のわずか二九年後、昭和四年のことだったのである。

かくして二〇世紀二〇年代中葉に、我々が最初言及した、擬制としての〝「家族」主義国家観〟が形成されたもの、と筆者は考える。「祖孫一本化を本義とする祖先崇拝を通して最もよく実現」された「最高道徳たる忠孝一本の道徳」により結びつけられた「皇室を御宗家と仰ぐ一大家族」といった同意が、ここでは存在したと言いうる。だがそれは、元来の日本の近代社会の「家族主義」とは全く異種的なもの、その解体を根拠として形成されたフィクションであり、それ故擬制なのであった。それは恐るべき超越性・彼岸性の破壊力を示したが、それは、倒錯性・退行性の極限に近い、耐えがたいほどに著しい過剰抑圧の生みだしたものだったのである。

天皇制軍国主義のヘゲモニーは、抑圧の更なる昂進によって、平然と死の喜びをも要求するに至る。それへの同意形成は、それ故更に退行的に、「大御心と母心」「七生報国」といったモチーフに到達する。そこにおける問題構成は、本章の対象とする所をはるかに超える所であり、多くを語ることはもはやできない。ただ一言するならば、このモチーフは、本章ではそれを明示的に論じることはなかったが、日本における家族・社会構成における、原緒的にマターナルな理念に到達して形成されたものといえるように思われる。退行は遂に、母胎からの切離しの外傷をいやす体験をくりかえす所にまで、昂進するに至るのである。

最後に、以上のような〈ヘゲモニー〉の形成のあり方の、日本における固有の特質の、戦後における「再建」のあり方について、少し考えてみたい。すでに先に我々は、「家」やその内外の連帯の存在形式の問題から、継承された日本に固有の〈協働性形成〉の特質と、「現代経営」、及び日本の労働者団結のあり方との連関について、検討してきた。ここではこれに加えて、二点程の問題を提起してみたい。

第一は、日本における〈公正さの体系〉の、規範としての形成の、形態的特質についてである。戦前の天皇制軍国主義のヘゲモニーの形態的特質は、行為の内面的規範が、外なる（究極的）権威の一旦の形成と、それの同一視によるとり入れにより、補償される、という所にある。これは、「内なる価値」としての（例えば「良心」等の）、内にいて外から自己をさしずする「超自我」形成の、一方の極にあるものである。それが日本における規範の成立の、倒錯性・退行性の内容でもあったわけである。

日本の戦後現代社会では、戦前天皇制ほどに倒錯的で彼岸的な外的権威は存在していないかに見える。だが筆者には、日本における規範形成の特質は、強固に継承されているように思われる。一つだけ例をあげるならば、「みんな」という観念がある。それはeverybodyという以上の内容を持っている。「本源的には」自己の関わっているはずのこの主体は、意思決定による行為に進めば（「みんな」で決めたら）、超越的で彼岸的な、そして権威的な存在へ生まれ変わる。そしてこの外的な権威が、同一視によってとりこまれるのである。（「みんな会社の従業員」「みんな働いている」、そのことが外から人をさしずする。）天皇制をうみだすメカニズムを、現に今も我々はかかえており、それを見すえつつ、象徴天皇制は、いつでもその出番を待ちかまえて、「伝統的権威」としての自己を、戦後過程の中でむしろ強化しながら存続している。我々はこのことを、決して軽んじてはならないであろう。

第二は、戦後における家族の存在の性格の問題である。これも戦後は「核家族」化が進み、外面的にはもはやかつての「家」にまつわる諸問題は消失したかに見えるが、そう単純に考えることはできない。協働形成としての家族に対する基本的な態度としての「没人格性」、そうしたものとしての家族に価値をおく考え方は、強固なものとして継承されている。これも一つだけ例をあげるならば、高度成長を支えた「モーレツ人間」は、家庭においての「もう一人《another》の大きな子供《grown-up baby》」としての処遇がなければ、長続きすることはできなかったであろう。それは多分に象徴的なものではあったが、その「象徴的扶養」によって、倒錯的な労働の「遂行」の価値が、補完・代償されえた。そして家族における「象徴的扶養」が、その給源としての社会のなにがしかの外的な権威と結びつけられるという機制もまた、基本的に継承されているのである。

このことは、一つには、戦後日本の異様なまでの、依然として過度に倒錯的な「経済発展」の理解のための一つの鍵である。と同時に、現在実際の現実がそのように進行しているように、最後に残された〝生まれながらの共同社会《Gemeinschaft》〟である家族における人間の協働性もが脅かされる、その過程の日本における現出の固有の存在形式として、「没人格的」な「象徴的扶養」の能力を日本の家族が喪失する時、その理念が再び外化されて、新たに再現するコンフォーミズムの基軸となる、その不吉な予兆でもある。我々が戦前の「例外的」国家について考察してきた問題群は、このようにすぐれて今日的なものである。少なくとも筆者自身は、そうした立場でこれまでそれに関わってきたのである。[28]

（東條由紀彦）

## 注

（1）正確に言うならば、近代国家も、二つの仕方で、各々の市民社会の〈公正さの体系〉と関わっていた。第一は、ごく抽象的レベルでのその正当化と、その逸脱への懲罰のテコ入れ、である。〝抽象的レベル〟とは〝所有と譲渡の不可侵〟と〝目には目を〟といったレベルのものであり、更にたちいった問題に関しては、近代国家の裁定は、後述する「公民」としての公正さにおいてなされたと考えた方がよいであろう。しかしそれにしても、特に、近代国家が〝監獄〟を用意していた、という意味は大きいし、逆に言うならば、近代国家による、各々の〈公正さの体系〉の「担保」とは、主にこのことをさしているのである。第二は、ごく限定された分野での、各々の〈公正さの体系〉への、実体的な「介入」である。筆者の考える限りでは、これが主に見られたのは、おそらく性風俗に関することと、相続習慣に関することの二つであった。しかしこれとて、近代においては、大きな「成果」はあげえなかったように思われる。

（2）「現存社会主義」の経験は、それを教えている。

（3）こうした点は、対抗的ヘゲモニーの矛盾が政治社会にまで進んだ東宝争議においても、きわめて明瞭に見てとることができる。

（4）それ故グラムシの語った命題、「国家イコール強制のよろいをつけたヘゲモニー」といった命題が、近似的に成立する。国家という場の状況は、近似的には、ヘゲモニーという場の状況なのである。同時に重要なことは、ヘゲモニーの形成は、社会の全構成主体の行為を通して実現され、従って労働（諸）階級の存在なしに〈資本のヘゲモニー〉は存立しえない、ということである。後に、労働者階級の「解体」が〈資本のヘゲモニー〉の「危機」を招くものとして、しかるべく議論を進めるはずであるが、〈ヘゲモニー〉という概念の「生命力」は、ここにこそある。

(5) 最後に中西洋氏の議論についても、若干の付言を行なっておこう。氏の議論は、これまで検討してきた諸説と、全く異なる見地から立てられる。なぜなら、氏にとっては、「『労働力』の公正な取引」を究極の礎とする社会構成は（かの〃安らかな死〃の登場までは）、どこまでいっても〃肯定的〃なものであるからである。我々の言う行為者の見地、具体的欲望充足の見地からは、それが抑圧的なものであり、苦痛を伴うものであったとしても、人々はそれを甘受することから始めねばならないのである。それ故氏の〃批判〃は、以下のように規範主義的なものとなる。（かつ氏はかかる規範主義に、何ら負目は感じないだろう。〔無理をおしても〕「労働力」の「所有者」たれ、という規範から、そもそも氏は出発しているのであるから。）現代国家は、自らの存在そのものの根拠である「公正な団結」すら維持することが困難になっている。他方労働者団結は、その中で「公正な団結」の担い手にあるまじき様相を呈している。この見地からも、現代の労働者団結の危機と、現代社会の危機とは、端的に重なり合うものである。ことここにいたるならば、我々と中西氏の「対立」は、もはや認識論上の〃パラダイム〃の対決である。労働者団結の現実の担い手である労働者諸個人の実践的行為のみが、それを「解決」するであろう。

(6) 本書における東宝争議の分析は、このようにして対抗存在性にまで進んだ労働者団結の性格を素描することも、一つのねらいとしている。東宝分会は、経営における〈労働〉と〈生産〉局面を、直接的に、つまり直接的欲望充足の立場から「支配」していた。あるいは経営における労働と生産を、「具体的欲望充足としての自由」の下に「従え」ていた。それ故東宝分会の営為は、その局面については、〈対抗的ヘゲモニー〉とはどういうものであるかを、更には「具体的欲望充足の自由の下にある経営」（例えば社会主義下の）、とはどういうものであるかを示している、と言えよう。だが東宝分会は、経営の〈営業〉局面を支配してはいなかった。つまり、「具体的欲望充足の自由」の下に、営業——ありていに言えば市場経済——を「従え」てはいなかった。それをも「支配」した〈対抗的ヘゲモニー〉は、さしあたり工場代表ソビエト、つまりそのように経営を「従え」た労働者団結の代表の合議統制機関、として構想される他はないであろう。社会変革が政治運動としては統一戦線として構想される以外にはなさそうな今日においても、この種の機関は、その実体的な礎として、なお生命力を持っていると考えられる。

(7) 以上の「構想」には、筆者が意識的にふれなかった領域が、本来はある。前節で指摘しておいたように、実は生活世界にも抑圧の契機が、即ち、労働に究極の価値をおく限りでの外化された富と権威が、存在する。そしてそれなくしては、市民社会レベルの虚構も合理化されえない。であるならば〈対抗的ヘゲモニー〉にとっては、その依って立つ生活世界自体を、自らの「文化領域」の創造として、より〃人間らしい〃価値体系、日常知、協働性形成につくりかえていく契機が、本来内にはらまれているものと考えるべきであろう。だがそうした領域まで視野においた「構想」は、今のところ伏せておく他ない。

（8）プーランツァスの国家の一般的性格の理解も、これとほとんど〃パラレル〃である。彼に従えば国家の「機能」は、①抑圧とコンセンサスの形成、②経済的再生産の保障、③支配的諸階級の形成、にまとめることができる。ここでの問題は③である。彼の問題了解の枠組みに基因して、国家において形成されるのは支配的諸階級のみとなる。だがそれでは、被支配的諸階級は、一体どこで（どのような場において）、形成されるのであろうか。

（9）この時点が、著名なタームとなっている「不可逆点」、である。

（10）初期のドイツ社会民主党、ロシアの社会民主労働党両派は、かかる意味での「労働者政党」ではなかったと考えられる。

（11）詳しくは述べえないが、看板としてはそうしたものをかかげていた初期のトレードユニオニズムは、その行為の現実の根拠は、そこにはなかったものと考えられる。

（12）こうした見地から補足すれば、労働組合は本来小ブルジョア的存在である。トレードユニオニズムは「冷静な小ブルジョア」の思想であり、サンディカリズムは「憤激した小ブルジョア」の思想であり、赤色組合主義すらある文脈においては「倒錯した小ブルジョア」の思想である。それらの理想とするものは、小ブルジョアとしての自己に立脚する限り、決してかなわぬ「見はてぬ夢」である。だが重要なことは、「夢を見る」こと自体は、決して悪いことではない、ということである。それこそが戦闘力の源である。小ブルジョアは、所有を否定する外化された権力と、常に闘う。その闘いという同じ行為を通してのみ、対抗的ヘゲモニーは形成されるのである。

（13）人類は、他の動物ときわだって異なる二つの特徴を持っている。第一に常に発情している。第二に他の動物が幼少期にのみ持つ「遊び」を持ちつづける。第一の契機は平常抑圧されねばならない。それは第二の契機のある対象への「昇華」にそれをふり向けることによってなされる。ところでピアジェも言うように、遊びは模倣と異なり、そこに象徴的想像力（「空想」と呼んでもよい）が介在している。それ故文化の起源は、象徴的想像力に基づく昇華された遊びである。「昇華」された行為とそれによって生産された象徴的世界は、従って、人間の「空想」の作りだしたものでありながら、それなしでは人間が生きつづけることのできない物神である。人間は意味のない世界に生きることはできず、その物神を崇拝し、それに従う他はない。（タブーも呪術も、富も権威も、その点で同然である。）世界が究極的にイマジネールである点で、フェティシズムは、人間の原罪である（竹内　一九八一）。

(14)　そのような「宿命」からの「解脱」の可能性を、フロイトもそうであったが、我々も留保している。

(15)　従って「解脱」の可能性とは、エロスとタナトスの融合、の可能性である。注(17)参照のこと。

(16)　こうした事態に追込まれた存在として、〈移行期〉の労働諸階級と共に、前期の人格的諸関係から「解放」された、初期の中産階級を想定することができる。ウェーバーが「理念型」として描いたような人物が本当にいたとすれば、まちがいなく不安を「蓄財」という強迫症状によって代償しようとする強迫神経症患者であり、もし今日であれば、精神科医のところへ行って治療されるべき人間であろう。それがフランクリンのような「健康」な抑圧の成功にいたるまでは、相当な時日がかかった。なおかつ、初期中間階級の場合は、強迫的行為は「蓄財」という具体物に向かったのであり、〈移行期〉の労働諸階級の病根は、一層根深いのである。

(17)　抑圧と社会の関係について簡単に補足しておく必要があるだろう。まず抑圧の存在しない社会を構想することができる。フロイトはそれを、エロスとタナトスの「融合」した「ニルヴァーナ原則」による社会と呼んだ。筆者もフロイトも、そうした社会の可能性を留保したが、これまでの人類史には存在しなかったと考える点で一致している。次に、一般に抑圧に成功した社会を構想することができる。筆者はこれを更に三つに分ける。第一に「自然な（『健康』な）」抑圧に成功した社会である。これはエスの欲求が労働に「昇華」され、それにふり向けられる。「昇華」はそれ自体「迂回された」欲望充足であり、それ故抑圧的な自己充足であり「現実原則」である。（フロイトは労働をその中心として強く念頭においていた如くであるが、「昇華」の対象を特定することはしなかった。）が、「昇華」は人間のあらゆる文化の源であり、筆者はこれをさしあたり「肯定的」に構想し、これはまたフロイトの具体的な治療の目標でもあった。（「健康」な父親・母親転移による対象リビドーの再建。）第二は、「過剰抑圧」に成功した社会であり一般に現代国家はそうである。ここでは「昇華」された対象と対象化の行為が、「外なるモノとしての『労働力』の取引」という形式で現象する点で具体的な自然な対象リビドーとかけはなれており、それ故倒錯的である。これを「過剰抑圧」「実行原則」と呼んだのはH・マルクーゼである（マルクーゼ　一九五八）。フロイトは必ずしもかかる抑圧を「不健康」とは考えていないと推察される。第三は、同じく「過剰抑圧」下にあるが、それがより退行的・倒錯的な社会であり、ファシズム等の例外的国家がそうである。ここでは、先行する〈移行期〉の、不安症的・強迫症的な衝動をそこにふり向けるために、「昇華」はより退行的・原始期的〈幼児的〉な性格を持つ。それ故それは、抑圧に「半ば」成功した社会、「不完全」な抑圧の社会、と言うこともできる。それ故フロイトも、暗示的ではあるが「病的」と考えていた如くである。最後に、抑圧に失敗した社会を構想することができる。〈移行期〉の社会がそれであり、そこでは不安と強迫の衝動としてリビドーが多方面に噴出し、社会は著しい不安に陥る。それは神経症そのものであり、それ故フロイトにとっても「病的」である。（しかし皮肉なことに、その形式上の性格から明らかではあるが、この社会は、人類史上抑圧の存在しない社会の可能性を、諸個人の実践的行為が最もよく示唆した社会の一つである。）

（18）　この点についてはウェーバーは、社会が危機に陥った時の正当性形成につき、カリスマ、または、「カリスマの要求に支えられた集合的カリスマ」、の登場を予見した。そしてそれは「原始的要求に応える、という点で最も強力」であろうと予見した。ウェーバーもまた、危機における退行、というモチーフを持っていたように、筆者には感じられる。

（19）　戦闘的な労働者団結は、常に、結局自らは「働こう」とする者なのか、「働くまい」とする者なのか、というジレンマに立たされる。永久にその答は与えられないであろう。そうした問題構成そのものを断つ他はないのである。

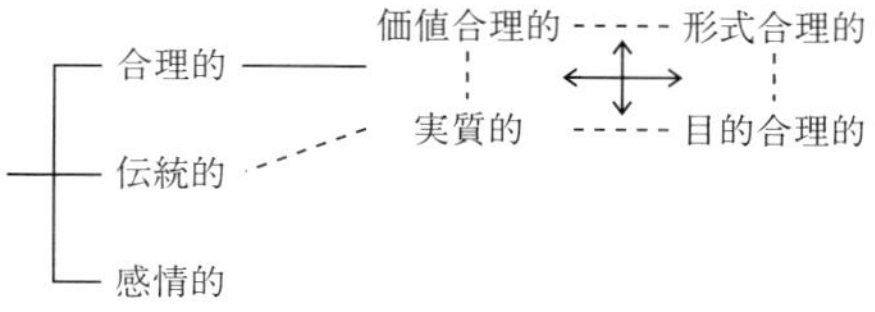


実際にウェーバーの主張する所は下図に近い

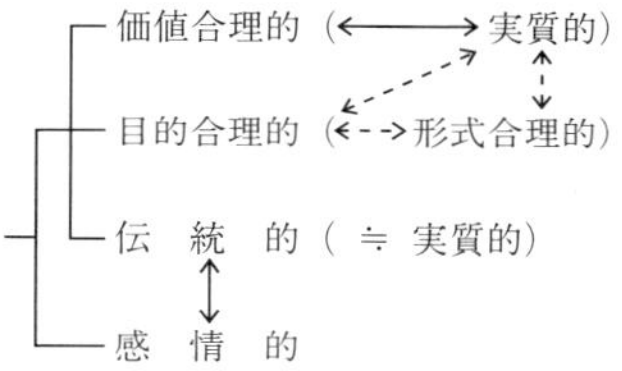


（20）　ルフェーブルは、そうした群衆が、「何かのきっかけ」で「革命的集合心性」を持つに至り、特定の目標を持つ〈結集体〉に転ずる、という。そしてその時、「合理性の尺度変換」が生ずる、という。ウェーバーは人間の諸行為を、合理的行為、伝統的行為、感情的行為、の三つに区分したが（上図参照）、ここに感情的行為が前面に出る局面が切り開かれる。この三類型が、支配の三類型（合法的、伝統的、カリスマ的）に対応することは明らかであり、感情的行為がカリスマを要求することも、明らかである。〈移行期〉はこの意味で、無限に近い可能性を諸個人に示していた。各種のラディカリズムについても、〈例外的諸国家〉のヘゲモニーについても、そうである。

（21）　我々の議論の整理に従えば、これ以外にまだ、民衆の意思決定の知恵である民主主義の存在形式としての〈日常知〉の理念的な継承の問題領域が残されている。乱暴にまとめてしまうならば、「分権民主主義」に対する「参与民主主義」の問題（及び、その「影」としての、「共同民主主義」と「競争民主主義」の問題）、として、さしあたりこれを論じることができるように思われる。

(22)　日本の市民社会のあらゆる交易が「扶養」である、というわけではもちろんない。しかし個人的所有の究極的根拠が〈本源的扶養〉であることは了解されており、またそれは時々の象徴的な意味を持つ「譲渡」によって、くりかえし確認されている。それによってどのような交易においても、そこには常に「扶養」の影が随伴するのである。

(23)　以上の対比からは、例えば日本の市民社会を「未成熟な市民社会」と概括することも可能であるし、筆者はまたそのようなパラダイムを頭ごなしに否定するつもりもない。それは多分にレトリックの問題である。筆者が筆者の主張の形式をとることで強調したいのは、以下の点である。日本の市民社会も、〈本源的扶養によって根拠づけられた〉本源的所有＝個人的所有と、広い意味での譲渡、及びその主体である個人、それらの不可侵性を根拠にした有機的連帯であり、かつ、これまでの歴史の中でのなべての人間の連帯の形成の中で、決して見ることのできなかった、きわだって共通の特種性を持つ連帯であること。それ故そこに認識の基軸をすえないと、近代社会の「構成原理」の理解が、どうしても不充分にならざるをえないこと。そのような事柄である。

(24)　その表層をとらえて、昨今いわゆる「日本的経営」についての争論が、様々な形で出されてきているわけである。

(25)　これらの問題構成は、更には来たるべき〝社会主義〟の存在形式にまで、影響を及ぼし続けるであろう。社会主義は、市民社会の「ポジティブ」な後得形態である、個人＝個人的自由とその自律性を根拠として有機的連帯を担い手とする。同時に、直接的な具体的欲望充足の自由として、「非所有の自由」とその闘いであり、〈個人的所有の再建〉の闘いである。運動の原理としての欲求と希望の直接的充足の立場からの、「非所有の自由」の根源である、市場経済の機構に対する不断の闘いである。「公正な取引」の枠組みの周到さを欠く日本においては、ある意味で、こうした過程の移行には、より「有利」な条件が与えられている。だが同時に、資本主義社会におけるヘゲモニーの存在形式は、この過程が、ハイエクの断罪した意味での「集産主義」や、ウェーバーが危惧した「人民投票的独裁」、といった種類の危険に陥る可能性を、強く示唆している。我々には、その克服に特別な関心を払う必要がある。そしてその際「象徴天皇制」に対する態度が、〝社会主義〟をめざす運動の過程を含めて、その試金石となるであろう。

(26)　こうした見地の代表としては、石田『明治政治思想史研究』がある。

(27)　正確のために言えば、しかし柳田は、そういう新しい現実を「嘆く」ような立場はとらなかったし、その未来を「悲観」もしていない。

(28) 以上、本章全体を通じ、「家」とその構成する社会の存在形式の検討、「家」内外の連帯の原理を考察し、可能な限りでは、それと戦後の〈現代的経営〉や労働者団結の存在形態、社会編成の基本的特徴等についても、言及してきた。ところで読者の中には、そうした筆者の議論と、いわゆる「日本的経営論」「日本的『集団主義』論」「『タテ社会』論」等々の一九二〇年代論・現代社会論とが、同様のことを言っているのではないかと考えられる向きもあるかと考える。そこでこの種の議論で最も「代表性が高い」と考えられる、『文明としてのイエ社会』（村上泰亮他著）についてのコメントをもって、それらに対する筆者の態度表明としておきたい。村上氏らは、明治社会の統合指向と二〇年代以降の社会との「断絶」を主張する。そして二〇年代の社会形式は、中世以来の「イエ型原則」が「広い意味でもとになっている」とする。他方それらは戦後社会にも「生きている」。以上の限りでは、筆者の主張もこれと似ているかに見える。しかし似ているかのようであるのも、そこまでである。①彼らの主張は、二〇年代に中世以来の「イエ型原則」が「復活」する、との主張である。その結果、明治社会・近代社会が、二〇年代の「イエ社会」に持った意味への関心が、驚くほどひくい。実際上二〇年代「イエ社会」は、その形成の論理を持たないことになっている。悪役・ひきたて役の近代社会に、こつ然と「復活」するのである。②というのも、彼らに「家族（及び諸家族間の有機的連帯）の解体」の弁証法が欠如しているからだと考えられる。乱暴に言えば、近代の最も成熟した「現実のイエ社会」が存在し、かつそれが深刻な解体にみまわれたが故に、「幻想のイエ社会」が強迫的に出現した。彼らの「イエ社会」はそうした確たる根拠を持たないから、非常に楽天的に現れ、また消える。戦後「小イエ」が「再建」されるという。だが個人とその人格性の回復がそのように再建しうるものなら、類的人間の辛苦はこれほどにまで達することはなくてよいはずである。我々の目にする「集団主義」は、強迫行為であり、それ故苦痛の代償行為なのである。③彼らによれば、戦後「イエ型慣行」は、国家には残らず、企業には丸々残り、家庭には半分残った。これは第一に、事実として正確でない。「企業には基本的に残った」とさえ、単純には言えない。第二に、なぜそのような残り方の差が生じたのかが、説明されているようには考えにくい。それは彼らに、その三者の「相」の連関が掌握されていないからのように思われる。企業をめぐる強迫的行動は、相補的家族形成の没人格性によって代償され、その枠組みを維持する〈公正さの体系〉として国家のコンフォーミズムはなお根強い。言うとすればこの連関が（転形しながら）「残った」「イエ社会」であり、今日危機に陥っているが故に、一層の倒錯性の可能性をも内包したそれである。

## 参考文献


兵藤釗編（一九八四）『国鉄労働運動への提言』第一書林。

色川大吉（一九七〇）『明治の文化』岩波書店。

石田雄（一九五四）『明治政治思想史研究』未來社。

熊沢誠（一九七四）「労働者管理の草の根——労働社会の自立化と意識化」『現代の理論』一九七四年九月号。

栗田健（一九七八）『現代労使関係の構造』東京大学出版会。

マルクーゼ、H（一九五八）『エロス的文明』紀伊國屋書店。

プーランツァス、N（一九七八）『ファシズムと独裁』社会評論社。

ルフェーブル、G（二〇〇七）『革命的群衆』岩波書店。

サルトル、J-P（一九六二—一九七三）『弁証法的理性批判』『サルトル全集　第二六—二八巻』人文書院。

竹内芳郎（一九八一）『文化の理論のために』岩波書店。

戸塚秀夫（一九八二）『労働運動の針路』東京大学出版会。

戸塚秀夫編（一九七七）『労働者統制の思想』亜紀書房。

村上泰亮・公文俊平・佐藤誠三郎（一九七九）『文明としてのイエ社会』中央公論社。

山本潔（一九七七）『戦後危機における労働運動』御茶の水書房。

山本潔（一九七八）『読売争議』御茶の水書房。

山本潔（一九八三）『東芝争議（一九四九年）』御茶の水書房。

柳田国男（一九六二A）『時代と農政』『定本柳田国男集〈第16巻〉』筑摩書房。

柳田国男（一九六二B）『都市と農村』『定本柳田国男集〈第16巻〉』筑摩書房。

# 第4章　現代日本の市民社会史
## ——労働と人格の社会史——

本章は、ターニングポイントと考えられる時期及び出来事に重点を置きながら、大正期から高度成長期、つまり筆者の時代区分でいう前期現代から中期現代までの市民社会を通史的に辿っている。またそのなかで、市民社会とそこにおける労働と人格の様相について理論的検討を加えている。歴史に即して展開しているという点で、理論中心の第1章から第3章までとは趣を異にしているが、それぞれの理論を歴史の流れのなかで裏付けたいと考え、総論部分の最後に設けた次第である。なお、我々の時代区分については本章の最後で示している。

## 1　大正期の市民社会

### (1) 大正期の労働と人格

日本初の本格的労働組合である労働組合期成会は一八九七年に結成されたが、それから間もなくして、ストライキの禁止を織り込んだ治安警察法が一九〇〇年に制定されると、労働運動は弾圧されるようになった。労働組合期成会も一九〇一年には解散するに至っている。

大正期になると、その弾圧によって労働運動は急進化するようになったが、分裂と壊滅をくりかえしていた。そうしたなか、その綱領において、親睦・相愛扶助、識見開発・徳性涵養・技術進歩、地位向上などを掲げ、労資協調主義をめざす友愛会が、鈴木文治を中心に一九一二年に設立された。友愛会の運動は、一九一四年に勃発した第一次世界大戦の影響もあり、多くの労働者から支持されるようになっていく。

第一次世界大戦は、欧米はもとより日本においても、労資関係の編成を促す契機となった。軍需景気に伴う重工業の急拡大は、熟練職工の流動化を促進し、職工成金が現れたほどである。こうした熟練職工の動きは、進行する労働力の商品化と人格性の抽象、また、それによる人格的蔑視とこの蔑視をはらむ「主従の情誼」への反発に起因するものであった。その反発はまた、民本主義思想の台頭と相まって、人格承認の要求となってあらわれた。

こうした労働者意識はいわゆる国体思想とも結びついていた。それは友愛会に浸透しつつあった社会改造思想からもうかがえる。労働者を侮蔑するような社会のあり様は、四民平等を宣布した日本国家＝国体国家の対面を汚すものと意識されていた。特に労働者は、富国強兵を支える生産者として貢献していることから、もっと尊重されてしかるべきとの自負もあった。そこでは、国体が道徳的倫理的存在として析出される。だからこそ、国体は人格承認要求の正当化の根拠となり、また、労働者は生産者としてそれを支える者となりえたのである。

### （2）人格承認要求の性格

国体を標榜する「例外国家」、またそのもとでの市民社会は、近代から現代への移行期の産物である。移行期はおおよそ日露戦後期から顕在化するが、詳細に見れば、その時期は産業の分野によって相当のズレがある。

社会の「管制高地」とも言うべき重工業大経営では、一九一一年頃には移行期に固有の矛盾が現出しはじめ、一九二一年前後にはヘゲモニーの形成をめぐる労資の激しい対抗関係が生じ、後の時期の全社会的な国民統合の原型となるような〈資本のヘゲモニー〉の形成を見た。他方例えば製糸業では、複層的市民社会の解体は一九一二年頃から徐々に進行し、一九二五年頃に移行期固有の矛盾がこの分野でも顕在化し、それ以降から一九三〇年頃にかけて、国家機関による強力な嚮導の力にも依って、現代的な〈資本のヘゲモニー〉の形成を見た（東條　一九九〇：三四三）。

そこでは、労働者の人格承認というモチーフが、一定の時間的ズレを伴いながら、労資双方から自己の行為の正当性のシンボルとして提示された。

人格承認（ないし修養）は本来、近代社会の生活世界の論理、同職集団的な論理の上に立てられたものであり、親方職工層を中心とした、その社会的地位の向上のシンボルであった。しかし、資本の生産過程・労働力の社会的再生産の両面において、同職集団の人格的規制の力のはたらきが多様な「攻撃」にさらされはじめると、人格承認の要求は以下の二つの側面をもつシンボルへと成長していった。

第一は、労働者諸個人の、失われつつある人格性の回復の要求であり、第二は、彼らの労働者・生産者・生活者としての諸価値を何らかの形で充たそうとする、新しい〈現実の協働社会〉の形成への希望である。これらは、近代の同職集団という〈現実の協働社会〉が失われ、労働力の商品化と人格性の抽象化が進んでいたことへの抵抗としてとらえることができる（東條 一九九〇：三四四―三四五）。

他方、人格承認要求の契機は次の二点によって一層強化された。第一に、経営が諸個人の「家」内部での没人格的関係を支配層の伝統的な倫理感性に接木した主従の情誼をシンボルとする同意形成をめざしていた時に、それに対抗的な性格を与えられた。第二に、人格承認要求の淵源としての協働性形成の自然な発現として、万人に遍く存する人格を求めることにより、不熟練労働者も含めた連帯の可能性を与え、また運動主体もそこへ身を置く態度をとった。このようにして、第一次世界大戦期に入る頃には、人格承認要求は、その実際の内容においては横断的な労働者団結をめざすシンボルとなっていたのである（東條 一九九〇：三四五―三四六）。

このような事態の進行に対し、経営側も彼らなりの主体的行為によって対応しようとしていた。彼らは一方で、生産過程の「人格的労働者管理」からの「非人格的労務管理」への転化をはじめとする様々な施策を講じた。それは近代複層的市民社会への資本の攻撃の内容でもあった。他方、それが労働者諸個人の存在根拠、人格的総体性を脅かすものであり、新たに経営の場に労働者諸個人が安心して自己を同定せしめ、疎外された形式においてにせよそこで自己を実現せしめる市民社会が形成されねばならないことを、彼らも知っていた。こうして経営側によってとられた「同意の組織化」の最初の現れが、「経営家族主義」と呼ばれたものである。これは一言に要約すれば、武士・大商人等上層階級の価値規範に基づく社会編成に、庶民の「家」内部の没人格的関係とそれに基づく倫理的心情とを、動員・接木しようとするものである（東條 一九九〇：三四六）。

### （3）労資のすれちがい

しかし経営家族主義といった「営為」は、基本的には破綻、より正確には全くのすれちがいに終わった。第一に、本来上流社会の主従的世界観と庶民の倫理的心情とはさしあたり全く異質のものであり、容易に結びつけうるものではなかった。第二に、没人格的関係は「家」内部の関係であり、それを直ちに独立した諸個人（「家」）間に持ちこむことにも無理があった。最後にこの枠組みは、それによって新しい労働者諸個人の協働性の欲求・希望をどのように組織するかについて、何ら積極的な行動綱領を持ち合せておらず、それればかりか、労働者諸個人にとってはアプリオリにそれを否定するものとして現れた。新しい社会はどのように抑圧的なものであれ、その形式によって生活世界レベルの諸個人の欲望を倒錯的にせよ充たさねばならない。そして、協働性形成が生活世界レベルの代えがたい欲望である以上、その契機をとりこまない〈資本のへゲモニー〉などは、そもそもありえない。それ故、経営家族主義は、人格承認要求を軸にした労働者諸個人の〈現実の協働社会〉形式の希望に、かえってはずみをつけるという形で挫折したのである（東條 一九九〇：三四七）。

第一次世界大戦直後の恐慌による失業者の増大、賃下げなどを受け、その動きを急進化させる労働者諸主体も現れた。当初は労資協調主義をめざしていた友愛会も、階級闘争を展開するようになっていった。友愛会は、一九一九年には大日本労働総同盟友愛会、一九二一年には日本労働総同盟へと改称し、構成員を急速に並職工層に変えると共に、人格承認要求の殻を破り、はっきりと普遍的権利としての労働組合結成の要求をそのシンボルとするようになっていった。

経営にとって直面する課題は、単に一般的な移行期の出現による諸個人の存在根拠の喪失への対処から、労働組合をシンボルとしてかかげる〈現実の協働社会〉の希望の現れである、ヘゲモニーとしての労働者団結に対する、対抗的ヘゲモニーとしての〈資本のヘゲモニー〉形成へと進展していったのである（東條 一九九〇：三四八）。

いわゆる団体交渉権獲得運動はその頂点であった。そこでは、企業の枠をこえた横断的団結権と団体交渉権が要求された。それは萌芽的ではあるが、経営の労働―生産―営業の直接的支配に基づく全社会的な〈現実の協働社会〉形成をめざす、現実的な運動の性格をも有していた。移行期に伴う社会集団の一時的解体と、あらかじめ醸成されていた集団心性の蓄積が、「合理性の尺度変換」を通してより強い連帯感を回復し、それがG・ルフェーブルの言う「革命的集合心性」を持つ〈結集体〉の萌芽へとつながっていったのである。同時にこの運動では、近代労働者の生活世界の主役であった親方職工層は、争議切崩しの尖兵の役回りをはたした。近代の複層的市民社会が解体し、それ故その自律性に依拠した経営の存在がありえないことは、もはや明らかであった。ここに至って日本社会は、歴史上かつてない重大な局面を迎えたのである（東條 一九九〇：三四八―三四九）。

当時、日本の労働者が形成しつつあったヘゲモニーの特質は、〈現実の協働社会〉形成の希望を、「危機」の一定のタイムラグを反映して、西欧の〈産業民主主義〉体制下の労働者団結の存在形式と重ね合せる、という所にあった。従って仮に国家が、その表層上の要求を認める形で自己形成をとげたとしても、それ自体が必ずしも〈資本のヘゲモニー〉を脅かす性格のものではなかった。それ故、現に支配層のかなり有力な部分も、労働基本権を認める構想を持っていたのである（東條 一九九〇：三四九―三五〇）。

しかし現実の歴史においては、そうした産業民主主義的枠組みに基づく国家形成、自由で平等な諸主体の有機的連帯としての契約の不可侵性という内面的な規範（良心）に普遍的で究極的な価値をおくことに立脚した同意の組織化の方向は見られなかった。そしてその際、日本の労働者の協働性形成の淵源であった人格承認を、不可侵の価値としての労働者の権利要求に対抗するシンボルとして提示した。そっけなく言えば、（事実として存する）人格は尊重するが、権利としては認めない、というわけである（東條 一九九〇：三五〇）。

## (4) 工場委員会体制の内実

政府は団体交渉権獲得運動が拡大するなかにあっても、労働組合を法認しようとはしなかった。「平民宰相」と謳われた原敬内閣においても、然りである。代わりに、一九一九年から二〇年にかけて、政府の関与する陸海軍工廠、国鉄、八幡製鉄所などに、従業員代表を介した意思疎通機関である工場委員会を設置すると共に、民間企業にも同様な機関を設置するよう勧奨した。

民間企業においても、もはや旧来の主従の情誼では労資関係の安定は図れないという認識が浸透しつつあった。工場委員会は、さしあたりは主従の情誼を経営家族主義へと発展させることで、それに対処しようとするものでもあった。例えば三菱造船では、従業員委員会を設置するにあたり、役員や技師と共に職工を「渾然タル一ノ従業員」とし、もって、全従業員を「厖大ナル家族」と位置づけている。

運動リーダーのなかにも、工場委員会を受けいれようとする者がいた。例えば、関西地方の運動リーダーであった友愛会神戸連合会の賀川豊彦によれば、微温的な工場委員会であれば、資本家の専制主義を排し、産業民主主義の世界へいたる一歩たりうるとした。兵藤釗に従えば、「こうした発想こそ、団体交渉権の確認要求が工場委員会の設置と労働組合加入の自由の承認へと転化していく導因となったものであるが、そこにはまた、人格承認を求める労働者大衆の共感を誘うところがあった」(兵藤 一九九七：一二三)。

ただし工場委員会は、交渉主体としての労働組合を排除しつつ、その機能を代替させようとするものである。確かに、団体交渉権獲得運動への対処として工場委員会を導入した大企業の多くは、労働者が横断的労働組合へ加入することを妨げるものではないとする立場をとった。とはいえ制度的には、横断的労働組合の関与のルートを遮断しつつ、工場委員会を通じて従業員の苦情・不満を解消しようとした。兵藤は、「工場委員会体制は、権利承認を欠いた人格尊重の上に立つ〈経営家族主義〉の成立を示すものであったといってよい」としている(兵藤 一九九七：一二四)。

しかし経営家族主義も、経営側が掲げるプロパガンダにすぎず、労働者側との間で全くのすれちがいに終わったというのが実情である。労働者側は、その人格が尊重されるならばということで、権利承認、横断的労働組合の団体交渉権獲得と引き換えに、甘んじて工場委員会を受けいれたのである。経営家族主義はその内実を、経営側が意図的にすり替え、美化した表現にすぎない。

第一次世界大戦後、重工業の大企業は工場委員会を設置するとともに、企業内の労働条件のアンバランスに対する不満を解消するために、工場課、職工課などと称する専門的な労務管理部門を設置し、採用管理・賃銀管理の集中化・画一化を進めていった。また、職工の長期勤続を促すために、若年者対象の職能養成施設、定期昇給制度、職工の常傭職工化、停年制度といった施策を相次いで打ち出していった。こうして一九二〇年代半ばには、〈工場委員会体制〉による包摂が進展し、それに伴い労働組合は、大企業の組織基盤をほとんど失い、不況のなかで経営危機にあえぐ中小企業を足場に活動するほかなくなっていた。

労働運動は、一九二五年に普通選挙法と抱き合せで制定された治安維持法によって、さらに弾圧されるようになる。そのなかで、日本労働総同盟は分裂を繰り返し、労働組合の影響力をますます低下させていった。

兵藤は〈工場委員会体制〉を、それ以前の様々な労資関係の総括的存在であり、同時に、その後の戦前の、更には戦後をも見通しうる、日本に固有の労資関係制度の出発点であると「理想化」している。この理解は卓見というに充分であるが、そこにおける憾みは、この体制の「意義」を、それが制度上「実質的」に代償した労働者の要求の内容に、ひきつけすぎていると思われる点である。労働者の欲望にとっては、（協働性に基づき）共同すること自体、および共同して力を及ぼすこと自体が、倒錯的にせよ現に「充たされ」ていることが、決定的な意味を持っている。それ故制度論的にも、会社組合等の「自律」的組織、他方で労資紛争処理の諸制度が、体制の基幹的内容として考えられねばならない。同時に懇談制自体についても、その場を、共同性自体を形成し共同の力を及ぼす場として、より強く意義づける必要がある（東條 一九九〇：三七二―三七三）。

とまれ、〈工場委員会体制〉は現代日本のヘゲモニーとなり、労働者は、きわめて特異な「例外国家」のもとで、自ら「水平主義」的な実在の差別と序列へと組み込まれるに至ったのである。

## （5）大正デモクラシーと政党内閣制

大正期の労働運動は、いわゆる大正デモクラシーの一部として考えることができる。普選運動にしても、労働者は自らの労働力しか所有していないにせよ、その限りにおいて所有者つまりブルジョア＝市民であり、従って、従来のブルジョア＝市民と同等に、参政権を持っていてしかるべきとの発想に基づいていたともいえる。労働力の所有などフィクションにすぎないが、フィクションだからこそ却って、実質的なものとしての参政権を強く求めたという側面もある。

他にも大正デモクラシーをどのようにとらえるかは諸説あるが[1]、以下ではまず、政党内閣制確立過程という局面から検討しよう。

議会制については、すでに幕末において、幕府側からも反幕府側からも、当時の日本の政治的現実に適合するものとして、いくつかの構想が呈示されていたように、その概念は比較的受けいれられやすいものであった。これに対して、政党制については、政府を牛耳る藩閥官僚が否定的であったこともあり、その概念はきわめて受けいれられにくいものであった[2]。

そもそも政党制は、公共空間の意見を政治システムに資源として、即ちヘゲモニーとして転送するものである（東條・志村 二〇一一）。二大政党制も補数政党制も基本的に、二つの、つまり、正統なヘゲモニーと対抗的ヘゲモニーに集約される。とはいえ例えば、普通選挙前においても、五五年体制前においても、政党はこのような機能を十全に果たしていなかった。「裸体デモクラシー」（猥雑な私的欲望の充足としての人格しか認めないデモクラシー）（神島 一九六二）の誕生・発展に対応しただけであった。せいぜい、集産主義（コレクティヴィズム）の準備を行なうか、この志向性を資源化するかが精いっぱいであった。そこでは、対抗的ヘゲモニーはその「周辺」にのみ成立した。それはまた、プルーラリズムに対抗的なものであった。このことは、後述の吉野作造の発言からもうかがえよう。だが、科学的管理が普通選挙につながったというのと同じ意味において、普通選挙が五五年体制につながったと言うことはできるだろう。

政党制の概念が受けいれられる契機となったのは、日露戦争である。その理由の一つは、日露戦争を契機に、元老集団による国家の一元的指導体制（いわゆる明治寡頭政）が分化し、指導体制を担う集団が、官僚閥、軍閥、そして政党（なかんずく政友会）へと多元化しはじめたことである。これらの諸集団間の競合は、一九〇六年から一九一二年に及ぶ、官僚閥（及び軍閥）と政友会との間での政権交代（あるいは双方のうちいずれかに比重の傾いた一種の連立内閣の交互的出現）という、少なくとも外見上は二大政党による政権交代と近似した例をつくり出した。そのなかで官僚閥は、政友会という政党との対決を政治的に克服するために、自らも政党化していった（三谷 一九九五：八―一〇）。

日露戦争が政党化の契機となったもう一つの理由は、日露戦争の戦費調達のために実施した大幅な増税が戦後も据え置かれた結果として、選挙権者（即ち直接国税一〇円以上の納税者）が厖大に自然増加したことである。それは当然、選挙を通して国民と直結している政党の政治的比重を高めることとなった（三谷 一九九五：一〇）。当時、選挙権者の最大部分が地方農村の住民であったため、政党は彼らの利益を最も重視しようとしたが、そこにおいても、日露戦争後、その内容が変化している。つまり、それまでの租税の軽減よりも、鉄道敷設、港湾修築、橋梁架設などといった、積極的な要求が多くなったのである。政友会は、こうした地方的利益の主張を「積極政策」という形で組織化し、推進することにより、郡部農村地帯の支持を獲得し、はじめて衆議院で安定した多数党となった。

政友会の党勢拡張は、反政友会勢力の集結とその政党化を促すことにもなった。そして一九一四年には、政党化した反政友会勢力からなる、第二次大隈重信内閣が成立した。しかしその後は、事実上藩閥系勢力と政友会との了解によって成立した内閣が続いた。原政友会内閣もこの路線を超え出るものではなかった。変化が起きたのは、第二次山本権兵衛・清浦奎吾両内閣に至ってである。政友会の一部がこの路線に反発し、結果として、政友会が分裂し、またそれにより、憲政会が政治的に浮上することとなった。「ここに政党間における完全な意味での競争の可能性が開かれ、旧来の藩閥・政党間の政権交代路線に代わって政党相互間の政権交代路線が布かれることとなったのである」（三谷 一九九五：一五―一七）。

三谷太一郎によれば、大正デモクラシーという政治現象の一つの局面は、以上で述べたような、政党内閣制の確立過程であり、またそのもう一つの局面は、一九一八、一九年頃から勃興しはじめた大正デモクラシー運動及びそれを媒介とする無産政党運動である。この運動は、政治的非職業人《アマチュアー》が推進者であることを最大の特徴としながら、一九二六年には三つの合法無産政党が普通選挙制を前提とする政治体制（政党制）の一翼として登場するまでに至る。それは、既成の政治的プロフェッショナリズムとの対決によって、政治的アマチュアリズムがそれ自身新しい政治的プロフェッショナリズムの母胎となっていった過程である（三谷 一九九五：一七）。

## （6）民本主義の意味

大正デモクラシーをイデオロギーの側面から支えたのは、吉野作造の「民本主義」（吉野は democracy の訳としてこの語を用いている）である。吉野によれば、民本主義を成り立たせる政治的必要条件（政治的民本主義）とは、「政権運用の方針即ち『政策の決定』が一般民衆の意嚮に拠るといふこと」（吉野 一九一六：四九）である。つまり、政策決定過程に多数者が参加し、その多数者の意思が最終的に政策を決定するということである。

吉野は国体＝明治憲法体制をデモクラシーに対するたいした障害とは見ない。従来往々、民本主義については、単純に主権が天皇にあることに抵触するので、民主主義と訳することができず、また、〝人民生活が第一〟の善政主義（田中義一内閣のとったもの）とする説がなされてきたが、的がはずれている。吉野は民本主義を「主権がどこにあるか」に関心を持たない政治理念としている。政治的意思決定が、民衆の意思に従属していること、あるいは、民衆（の多数派）によって行なわれることがすべてである。それは主権の所在を問わないし、善政が行なわれうるかどうかも問わない。政策決定の手段が民衆の意思決定に媒介されていることだけである。そのためには、もちろんまず、普選が必要である。（くりかえすが、それによって善政が行なわれるかどうかに、吉野は関心がない。）

民本主義はデモクラシーであるが、ただし以上の内容では「全体主義的デモクラシー」（人民投票的独裁）も生じうる。そこで、当初は天賦人権論を根拠としていたが、吉野自身、考え方を明確にして、国家への自由の問題として国家的責任を個人に分担せしめる、そういう政治のデバイスが必要と見た。(3)

　また吉野にとっては、もう一つ政治のデバイスが必要であった。（複数）政党制である。政党制は、民衆の意思が最終的に二つの政策手段の二者択一として集約されるために不可欠なデバイスであった。（二大政党制はもちろん、そうでない複数政党制も。）これはつまりリベラリズムである。結局、吉野は未成熟かもしれないが、普通のリベラル・デモクラートである。

　三谷の主張は、旧体制下の日本においても、ある意味「一瞬」であったかもしれないが、政治のプロとアマの交流の中で、かかるリベラル・デモクラシーが成立したと言うにある。それ故、三谷は強義に、大正デモクラシーは戦後民主主義に直結する、と主張できるわけである。もし大正デモクラシーの経験がなければ、占領政策はもっと困難をきわめたであろう、と。

　もっとも我々は、次のようにも言えるわけだが。大正デモクラシーにおける政党制（リベラリズム）が、民衆の意思で政策決定手段に集約しうる内実をついには持つことがなかったために、それに「直結」する戦後民主主義も、民衆の意思から全体として独立した政策決定者（与党）と、その抵抗勢力としか位置づけえない集団（野党）との一・五大政党制（二大政党制ではなく）しか生み出すことはなかった、と。つまり、民衆には、喝采する自由と、ひきずりおろす自由があるだけで、ついぞその政策を立案・実施する自由を持つことはなかった、と。J・ハーバーマスは、現代の公共空間を構成しているのは「喝采する」か「喝采を拒否する」かだけを権利として持つ受動的市民であるというが（Habermas 1973：訳、五七）、これについては視聴者参加型テレビ番組の例で説明することができる。そこでは、視聴者にできることは、最終的に、この番組に喝采をおくる（つまり視聴する）か、もしくはそれを拒否する（つまり視聴しない）かのいずれかである。前者が多くなれば、視聴率が上がり、番組は存続するだろう。逆に後者が多くなれば、視聴率が下がり、番組は打ち切りになるだろう。この二つだけである。視聴者は、これに代わる次の番組を能動的に作ることは決してない。プロデューサーが新しく企画した次なる視聴者参加型番組に対し、再び、喝采をおくるか、もしくはそれを拒否するかだけである（東條・志村 二〇一三：七五―七六）。

話を戻せば、ここでいう視聴者とは、民衆のことであり、プロデューサーとは、民衆の意思から全体として独立した政策決定者のことである。つまり、大正デモクラシーにあっても、そして戦後民主主義においても、民衆は受動的市民にしかなりえていなかったのである。

なお、大正デモクラシーを構成していた者には、以上のリベラリストの他に、次の二種類のグループがあった。

・社会主義者……これは後で考えることにする。

・国権主義者……普通選挙を国家総動員の一表現ととらえた集団。

他にあげるとすれば、次のグループである。

・プロの政治家と官僚……「事実ハ事実トシテ存シタル……相応ノ責任ヲ負ワシムル……」（「労働組合法案」）という認識のもと、普選を政争の手段として利用した集団。

近代において、国家は公民国家であり、超越的裁定を下すのみであった。市民社会はそれに関与もしていないし、関心を持ってもいなかった。（自己の権力手段としては。）民選議院は、それが自らの利益にかなうこと（つまり超越国家によって善政がなされること）にあった。天賦人格論の半面である不可侵の自由はさておき、もう半面は善政の保障にあった。だから、あのように簡単に国権主義と結びつき、設立詔書により鎮静化し（超越国家が意見＝利益の反映を約し）、そして民党は意見＝利益転送のデバイスへと変質したのである。

いずれにせよ、吉野をはじめとする大正デモクラシーをリードしたイデオローグの多くは、必ずしも労働者を含む大衆が政治主体となることまでは望まなかったし、実際に大衆が政治主体となることもなかったのである。ここに日本のデモクラシーの特質を見ることができよう。

## （7）民本主義と人格主義

吉野のいう政治的民本主義は、その精神的基礎にカント的意味の人格主義を据えている。すなわち、個人の人格の完成を目的としているのであり、そのため、精神的権威をも積極的に認めるというのである。これは精神的貴族主義にほかならない。吉野が、少数の賢者による指導を、そしてその手段として、代議制（＝政党制）と選挙を求めているのは、このためである。

吉野によれば、選挙の最大の意義は、選挙民がよりすぐれた人格に自己を同一化し、それによって、自己の人格を高めるという、倫理性にある。従って吉野は、政党はそういう人格者の集まりであらねばならず、民衆を加入させるべきでないとしている。民衆は政党の監督者に留まるべきだというのである。監督者がいなければ、政党の健全な発展はありえない、言い換えれば、健全なアマチュアリズムの批判によってのみ、健全なプロフェッショナリズムは保障される、と考えてもいたのである。

前述した視聴者参加型テレビ番組の例でいえば、政党の監督者といってもやはり視聴者でしかありえない。番組の健全なプロフェッショナリズムは視聴者の批判によって、つまり、視聴するかしないかによって保障されているともいえる。とはいえ、視聴者は番組を能動的には作りえないアマチュアである。

民本主義は国民国家創出の要求である。国家はまず実質的に人格を認めるものである。それにより、労資双方に内在的にその枠組みを担保するものである。吉野は国民国家の成立を前提に、善政が行なわれているか否かを検証しようとするだけである。善政はプロの仕事であって、アマの吉野にはそのプログラムを提示する能力も意思もない。吉野は政党政治には期待をよせるが、個々の政党がどのような意見を集約させるかには関心がない。実際の政治（家）において手本としたのは、T・W・ウィルソンの人格・道徳である。

国民国家の前提は道徳国家である。(4) 道徳性がなければ、人格は承認できない。成否は別として、道徳的高みを持たねばならない。「民意（一般民衆の意嚮）を聞く」はその一部であるが（幸徳秋水すらが、仁徳天皇の「かまどの民意」を評価した）、それを制度として（システムとして、デバイスとして）確保しているのが国民国家である。その点で、ウィルソンとボルシェヴィキの差は程度の差であるといえる。（もちろん、吉野はウィルソン主義をとるが。）

国民国家が道徳国家を前提にするのは、人格承認・尊重が内面的価値規範的拘束性を要求するからである。誰も不道徳な国家の価値規範などに従わない。（だからアンチヘゲモニーもまず知的道徳的に優位に立たねばならなかった。）民意に従うのみならず、そのための制度的保障を持つというのは、この段階ではすでに道徳的・倫理的な要求である。ただ、政治を行なう主体＝主権者が誰であるかをこの道徳性は問わないし（天皇であろうともである）、善政を行なう必要も問わない。（道徳国家が文字通り人格的存在であることは、むしろ適当なことかもしれない。）いずれにせよ、それは政治のプロのやることである。ただし政治のプロも、無能であることはありえても、不道徳であることはありえない。従って民本主義は、プロに対して能力上の要求は何ら行なわないが、倫理上の要求は大いに行なうわけである。

以上のように、吉野は善政のプログラムを提示せず、また、民衆の政治的主体性を否定する一方で、政治のプロである政治家に倫理性を求め、それが善政を実現するとしている。こうした楽観主義は、吉野が政治家ではなく、実際の政治で揉まれた経験がないアマチュアであり、また、吉野の考える民衆が、そして吉野自身も、本源的扶養に対する「恭順」の態度、そのもととなる日本古来の家産制的性格の枠組みから抜け出せていなかったことにも起因しているといえるだろう。

家産制は、ヘル（簡単に言うと、主人、その典型が王）による本源的扶養としての分家行為にまでさかのぼる。これは一方向的なものであり、ステロ化されると、元の（つまりヘルの）家に対する、家権威への信仰にまで伝統化する。もはや太古のことで忘れ去られていても、そのようなものがあったと観念される本源的扶養が、社会編成の基軸になる。人々に求められるのは、この本源的扶養への恭順の態度である。規範は外に立てられて「権威」となる。

もっとも吉野は「事実国家が国民に多少の度を超えたる犠牲を要求する場合に、之に応ずべきや否やは、国民の道徳的判断に一任することにしたい」（吉野 一九一六：三九）とも述べている。苅部直はこれを「思想上の抑圧に対する、不服従のすすめである」（苅部 二〇一五：三三）としている。とはいえ吉野は、ここから踏み出して、民衆に政治的主体となることまでは求めていない。不服従といっても、前述の例でいえば、民衆は喝采するのを拒否しているにすぎず、受動的市民であることにかわりない。本源的扶養に対する恭順の態度から抜け出せてはいないのである。

吉野の民本主義に対しては、例えば、山川均や大杉栄から、「主権の運用」を「主権の所在」から分離することによって、デモクラシーの論理を挫折させるものであるとの批判がなされている。[5] 天皇の主権はアプリオリに人格的であって、また国家とは倫理的なものなのだから、政治家（政党の担い手）は人格的であることを最終的に担保している（輔弼している人々が人格的でないはずがない、人格的でなければもうそれは国家ではない、ひるがえるに、国家は直観的に道徳性を持っている）、という楽観主義があったはずである。

さすれば普選の意義は、道徳的国家に参与させることによる、民衆の人格向上につきる。民衆を国家程度に道徳的であらしめるために、応分の責任を持たせ、賢者の人格に同一化させる必要がある。普選はそのためのデバイスということになる。

## 2　戦時期の市民社会

### （1）戦時期の労働と人格

一九二九年、世界恐慌がアメリカで発生し、世界中を巻き込んでいったが、その影響は日本にも波及した。いわゆる昭和恐慌である。中小、零細企業はもとより、大企業においても、相次ぐ倒産や事業縮小、解雇・賃銀切り下げ、また、それをめぐる争議の急増という、深刻な状況に陥った。

そうしたなか、一九三一年には満州事変が勃発するが、その直後に成立した犬養毅内閣は、金輸出再禁止と兌換停止の断行、積極財政への転換により、景気回復にあたった。しかしその一方で、頻発する労資紛争が、疲弊する農村と呼応し、過激化しないようにと、治安維持法の発動により大量検挙を行なうことで、日本労働組合全国協議会（全協）に破滅的打撃を与えると同時に、同盟罷業が発生しないようにと、事実調停を進めもした。[6]

満州事変によって奔騰した大衆のナショナリズムは、無産政党や労働組合の右傾化を促した。[7] 総同盟を中心とする右派組合は、大右翼の結集をめざして、統一運動を進めた。その運動は、中間派の一部をも加えた日本労働組合会議の旗揚げへとつながり、合法組合の運動にも大きな影響を与えた。

そして日中戦争が勃発した一九三七年には、政府は国家総動員法に基づく国民精神総動員運動の開始を決定し、その推進団体として国民精神総動員中央連盟を発足させた。(8) さらに一九三八年には、政府のバック・アップにより、それまでの〈工場委員会体制〉を、国家を収斂軸に再編成するかたちで、産業報国聯盟が設立され、以後、産報運動を推進していくこととなる。

しかし、満州事変が日中戦争へと拡大し、泥沼化するなかで、賃銀問題をめぐる争議が再燃するに及ぶと、産報運動を再編し、総力戦体制を構築することが急務となった。そうしたなか、一九四〇年七月に成立した近衛文麿内閣は、高度国防国家を担いうる挙国体制を構築しようとする新体制運動の一環として、「経済新体制確立要綱」と抱き合せで「勤労新体制確立要綱」を閣議決定し、一九四一年一一月には、産報聯盟を解散させ、新たに大日本産業報国会を発足させた。兵藤によれば、「ここで注目しておかねばならないのは、大日本産報への編成替えにあたって、〈皇国勤労観〉の確立に向けて産報運動の指導精神の深化がはかられたことである」。しかし、「太平洋戦争開始後ほどなくして、その無理が露呈されることとなった」（兵藤 一九九七：二三―二五）。

政党関連では、新体制運動は一九四〇年一〇月に、大政翼賛会を発足させるに至った。しかし、翼賛会の議会局に閉じ込められた政党人から、「違憲である」「赤である」と激しい攻撃にさらされ、ほとんど無力化してしまう。それを打開しようとしたのが東條英機内閣である。

政府は一九四二年六月、翼賛会の機構刷新に関する閣議決定を発表した。(9) また、依然として分立的傾向をもっていた議会勢力を刷新しようと、一九四二年四月に、いわゆる翼賛選挙を行なった。選挙後は、一切の政治結社を認めず、衆議院の全議員を翼賛政治会という官製政党に封じ込めてしまった。「こうして『近衛新体制』が果しえなかった『一国一党』は、戦争の圧力と憲兵政治の威嚇の下に形式的には実現した」が、「『翼賛会が真に挙国的政治力であることは未だ十分に確認されて居らぬ』という危惧は現実となる」（安部 一九九五：二三八）。

確かに、翼賛会は中間団体が欠如していたが、しかしあくまでも、いわば軍の代位にすぎなかった。従って、組織崇拝、同質化にも限界があり、保持階級（中間団体）、ヒエラルキー、身分制を消滅させることはできなかった。

## （2）大正デモクラシーとの関連性

先に述べたように、大正デモクラシーは、政党制の確立過程であり、それは同時に、普通選挙を前提とした政治体制＝普選体制の確立過程であったといえるだろう。しかし五・一五事件以後、軍部、官僚、無産政党の一部、民間右翼といった諸政治勢力は、「革新運動」を旗印に政党制と対立し、それはやがて、国家総動員体制を生みだすこととなる。

これは大正デモクラシー運動に反するように見えるが、実はその歴史的所産である。例えば、吉野のような典型的な民本主義者（同時に国際協調主義者）の普選論にも貫かれていた。[10]つまり大正デモクラシーは、一方においては政党制へと、また他方においては国家総動員体制を志向する反政党的革新運動へと、分化していったのである。そして、両者を媒介するものとして、天皇制の政治機能が強化されていったのである。それは、五・一五事件後に生じたいくつかの中道内閣を経て、近衛新党運動、そして、大政翼賛会成立へと突き進むこととなる。こうして大正デモクラシー運動は、その一つの側面を継承した反政党的革新運動によって、結局は、浸蝕され、解体されていったのである。

国家総動員体制への志向性は、大正デモクラシーの成果の一つである〈工場委員会体制〉にも内包されていた。〈工場委員会体制〉においては、（事実として存する）人格は尊重されるが、権利としては認められない。〈工場委員会体制〉は、伝統的権威を究極的権威として彼岸化することによって（天皇制はその核心である）、彼岸化された権威の対極に、それとの関係では対等で同質的な存在として労資を位置づけていた。究極的価値に照らして「平等＝同権」である、という産業民主主義的な社会の正当性の基準と対比させるならば、究極的権威に対して「水平＝同位」であるという公準をもって、社会を律しようとするモチーフである。かかる原理に基づいて、一方では集合的取引者としての労働者階級の自己形成を、他方では皇民としての労働者階級の社会への同定をはかっていたのである。そして、その出発点において〃事実として存する地位〃としての人格承認を要求した日本の労働者諸個人の集合心性は、更に遡及的には彼らの継承した価値の存在形式の家産制的特質は、少なくともそうした方向性での組織化に充分対抗的ではありえない内在的志向を形成せしめえたのである（東條 一九九〇：三五五―三五六）。

この水平主義の持った意味は大きかった。第一に、それ自体、人格としての「対等」性をその限りでみたすことにより、〈現実の協働社会〉形成の希望として現れた労働者諸個人のコレクティヴィズムをも、倒錯的にせよポジティブなものとして生かしながら、集合的取引者としての労働者階級の国民的同定の形成、つまり〈資本のヘゲモニー〉を実現した。第二に、そうでありながら、究極的権威に対する水平＝同位性であるが故に（つまりそのような〈幻想の協働社会〉であるがために）、その権威の流出経路にそった相互間の身分的差別、更には異端の排除をも、正当でかつ合目的的なものにした。第三に、それがこの水平主義が形成されえた根拠でもあったのだが、個別主義的恭順性や実質性原則等、一言に要すれば家産制的な、日本近代から継承した価値体系、日常知、協働性形成の存在形式を、維持することに成功した（東條 一九九〇：三五六）。

こうした性格を持つ水平主義が〈資本のヘゲモニー〉として日本の労資関係の「管制高地」に労働者団結の対抗的ヘゲモニーを打ち砕いて成立した時、つまり一九二〇年代中葉が、おそらく戦前日本天皇制軍国主義の不可逆点であったろう。治安維持法はもちろん普通選挙制も、かかるヘゲモニーを大衆社会的に補強するものであった。そこにはもちろん多くの矛盾が存在していたが、それをはらみながらなおかつ皇民としての同一性・同質性から排外主義的国益へと収斂して行く国民統合のあり方が定礎されたのである（東條 一九九〇：三五六）。

こうしたいわば「一君万民」に基づく国体のもとで、〈産報体制〉は〈工場委員会体制〉を退行的に引き継ぎ、戦時期日本のヘゲモニーとなるに至った。そこでは、勤労報国といった、人格的諸関係の無定形に融合した理念のもとで、「労使一体」の世界が追求された（佐口 一九九一）。

しかしそれは、理念のみが突出する、ある種の集団発狂状態を招くこととなった。一部の軍人、右翼などが、「一君万民」思想のもと、媒介的権威を除去すべく、暗殺行為に走ったのは、その帰結である。もっとも、国民のすべてがその理念を受けいれていたわけでも、まして集団発狂状態に加わっていたわけでもない。一君万民とそのもとでの労使一体の世界など、夢想にすぎない。一般大衆の多くは、そうした理念から遠く離れた日常のなかで、依然として生活していたのである。〈産報体制〉が期待したほど機能しなかったのは、このためでもある。

### （3）日本国家の特異性

戦時期における日本国家の権力規定については、純粋絶対主義から純粋ファシズムまで、さまざまな見解がある。安部博純は、「権力測定の誤差がこれほど大きいケースは他に類例がないであろう」とし、「このことは、とりも直さず日本国家の特異性を示すものである」としている（安部 一九九五：五五）。

政治とは人間の人間に対する支配のことである。政治の力の及ぼし方は様々であるが、いずれにおいても権力を用いて人を支配する。権力は本来、他の目的のための手段であるが、それ自身が目的になってしまうことがある。すなわち、権力を行使する方もされる方も、権力自身に価値を認めるようになり、そこから権威信仰が生まれるのである（丸山 一九七六：三四二）。

日本においては、こうしたいわば抑圧委譲は顕著である。それは、面接集団と権威の流出経路が超越的な価値に対する水平性と結びついた所に、日本のデモクラシーが生じているからである。

国家形態が異なっているとしても、それは、少数の支配者と多数の服従者との関係の仕方、つまり、少数者の権力がいかにコントロールされているかが違うだけであって、政治権力は常に少数者の下にある（丸山 一九七六：四三二―四三三）。しかし、コントロールの不在ということは十分ありうる。特に日本においては、その水平性のために頻繁に起こりうるし、現に起きてきた。

このことは、自由に対する考え方の違いからもうかがえるだろう。自由は形式的には、法と市場原理（これも法によって維持されている）のみによって支配される。しかし日本においては、民主主義は裸体デモクラシーの下位におかれていた、つまり実質性原則（行為の結果を尊ぶ思考・行動原則）の支配下にあった。

J・ロックに従えば、法のないところに自由はなく、また、自由は法によってのみ制限されるものである。したがって、法を形成する能力の存否の一点に、近代政治の命運はかけられる。しかし、日本ではそれが欠落していた。実質性原則、流出する権力が、それに代わるものとなっていたのである。

またロックは、法は人民の同意によってのみ正当化されるという。それは自由の制限ではない。丸山眞男はこの言葉をもとに、人民の同意を欠いた法規範は必ず人格的自由を侵害すると主張する（丸山 一九七六：四〇八）。しかし、日本の人格主義は、西欧に見られるような、確固とした法規範のもとでの人格的自由を保障するものではなかった。いわゆる擬似的人格主義であったのである。

日本では疑似的人格主義しか成立しえなかったのは、直接的な連続性はないにせよ、古来からの家産制的性格、そのなかの本源的扶養への恭順の態度に負うところが小さくないと考えられる。そこでは、人格的自由は恭順の態度のもとで許される範囲にとどまっていたのである。

一方、西欧では人格主義が成立しえたのは、直接的な連続性はないにせよ、古来からの封建制的性格に負うところが小さくないと考えられる。封建制は、本来ヘルの食卓への招待と、それへの返礼の行為にまでさかのぼる。この関係自体は人格的なもの（特定のヘルと従士との関係）であり、広い意味で家産制的なもの（ヘルによる従士の扶養）である。だがそれは、時と共にステロ化し、ただそういう外面的な契約が存した（没人格的規則に従って形成された相互の義務関係の正当化が行なわれた）という記憶にまで伝統化する。そしてもはや太古のことで忘れ去られていても、そのようなものがあったと観念される本源的契約が、社会編成の基軸になる。人々に求められるのは、この本源的契約への誠実の態度である。規範は内面化されて「価値」となる。西欧の人格主義はまさに、この本源的契約への誠実の態度に基づくものであった。そこでは、人格的自由は本源的契約とそれへの誠実の態度により保障されうるものであった。

## （4）ファシズムと中間層

丸山によれば、ファシズムの本来の担い手は中間層である。中間層は特殊の理由から強力支配と対外膨張とに共鳴する。ファシズムはまた、成長していくに伴い、独占資本に併呑される。従って、ファシズム・イデオロギーは、本来の中間層のイデオロギーと独占資本のそれとの折衷的なものである。しかも「巧妙な装ひの下に後者の必然的な要請は前者の犠牲に於て貫徹されてゐる」（丸山 一九七六：二二三―二二六）。

つまり、「ファシズムは中間層の運動として出発しながら結局は独占資本の極度に合理化された寡頭支配形態に落着くといふ歴史的な宿命を担っている」。従ってファシズムは、一方の極に絶対的な国家主権、他方の極に一様に均らされた国民大衆という様相を呈しており、それは、市民社会の本来的な傾向が究極にまで発展したものにほかならない。国民、なかでも中間層が、この様相を意識するようになることは、支配層にとって致命的である。そこでファシズムの国家・社会体制は、中間層の自負的な心理を満足させるため、国民の位階的な組織立てに主要目標を置くこととなる。また、ファシズムは労働者層の自主的組織を最も恐れる。そこでファシズムの国家・社会体制は、労資闘争を鎮圧するため、労働者層を国家的な組合の下に入れ、労働関係をいわば法制的に固定化することとなる（丸山 一九七六：二二六―二二七）。

丸山によれば、ファシズム国家観の出発点は常に民族ないしは国民である。そして、民族の創造力は、最初は無意識にいわば有機的に国民共同体及びその具体的生活秩序ないしは表象内容のなかに展開するが、後にもっと狭い意味で指導的人格者の創造的形成のなかに展開していく、というK・ラレンツの言葉をもとに、このようにして、民族国家より指導者国家への橋渡しがなされるとしている（丸山 一九七六：二一九）。

ここに、丸山の政治理論のモチーフのかなりが見えている。中間層のイデオロギーと民族主義が架橋できれば、ファシズムの説明としてかなり良質なものになるだろう。しかし中間層は、喝采するかそれを拒否するかだけを権利として持つ受動的市民にしかなりえていなかった。しかも、一君万民とそのもとでの労使一体は、中間層のイデオロギーにも民族主義にもなりえず、したがって両者の架橋もありえなかった。にも拘わらず、中間層の多くはその本心とは裏腹にそれに喝采してしまったのである。面接集団と権威の流出経路が超越的な価値に対する水平性との結びつきを強化されていくなかで、家産制のもとでの恭順の態度はここまで退行していたともいえるだろう。とはいえ、人民の一般意志は喝采を通じて表明され、またそうであれば、歓呼を受ける独裁は民主主義の対立物ではないというC・シュミットの言葉からすると、そこにも日本のデモクラシーは依然として存在していたということになろう。

吉本隆明によれば、丸山の「超国家主義の論理と心理」の唯一の価値は、国家として抽出される幻想の共同性が、日本においては常に、あいまいな抽出としてしか行なわれない、という土着的な様式を指摘したことである。しかし丸山はそれを、土着的な様式としてではなく、近代国家の形成過程で起こった天皇制の問題としてみたのである（吉本 二〇〇一：二六三）。大衆は、天皇制によってでもなく、理念によってでもなく、それ自体として生きているのであり、そこから出発しない大衆のイメージは、すべて仮構のイメージとなる（吉本 二〇〇一：二五八―二五九）。大衆の土着的様式は、いわゆる常民において見出すことができる。丸山の分析には、それが決定的に欠如している。水平主義のもとでの抑圧のなかで、本心とは裏腹に喝采をおくらざるをえなかった大衆の心情を理解することができなかった、しようとさえしなかったのであろう。

大衆も本源的扶養に対して恭順の態度をとることにかわりないとはいえ、それにも限界がある。本源的扶養の理念が突出し、自らの土着的様式とかけ離れた状況にあっては、それを理解し、受けいれることは、能力的にも感覚的にも困難が伴う。それでも、受動的にせよ、喝采をおくっていた、おくらざるをえなかったところに、水平主義のもとでの抑圧性を見ることができよう。

## 3　戦後復興期の市民社会

### （1）労働組合と経済再建

一九四五年、日本は敗戦により連合国に占領され、そして、アメリカの意向に沿った占領政策により旧来の支配体制にメスが入れられることとなった。労資関係もその一つである。労働組合を法認する労働組合法の制定、さらには、労働者の経営参加を奨励する「経営協議会指針」の発表を通じて、産業民主主義を戦後体制の基礎にすえようとしたのである。

労働組合法は、労働者に労働組合に加入する自由、そして、団体交渉による労働条件の決定を権利として認めた、日本ではじめての立法であった。労働組合法は、不当労働行為制度を置いている点で、ニューディールのもとで制定されたワグナー法と通じるものがあるが、労働協約を法的規範として認めていることからもうかがえるように、むしろヨーロッパ大陸型の立法に強く影響されていた。この点では、この労働組合法は大正デモクラシー時の労働組合法案と通底しており、戦前の法思想を引きついでいた。

またこの労働組合法は、労働組合を団体交渉の主体としてだけでなく、経済再建の担い手として位置づけていた。労働組合法第一条は、「本法ハ団結権ノ保障及ビ団体交渉権ノ保護助成ニ依リ労働者ノ地位ノ向上ヲ図リ経済ノ興隆ニ寄与スルコトヲ以テ目的トス」と謳っているが、その含意は、労務法制審議委員会が答申に当たっての付帯決議として、「経済復興ヲ審議スル等ノ場合ニ於テハ労働組合ノ代表ヲ参加セシメ広ク労働者ヲシテ経済復興ノ重責ヲ分担セシメルノ趣旨ヲ明カニスルコト」という条項を採択したことのうちに、うかがうことができる。この点では戦前組合法と変わりない。

戦前には非合法とされていた共産党も、労働運動の組織化に乗り出した。それは、労働組合の自由、団体交渉権の獲得にとどまらず、敗戦とともに現れてきた資本家の生産サボに抗して、労働者は各自経営で生産増大を要求・

実現しなければならないとするものであった。ただし、労働組合組織中央準備委員会（戦前の総同盟などの右派、全評などの合法左派、および中間派からなっていた）は、一九四六年には日本労働組合総同盟（総同盟）へと発展し、共産党と大同団結することはなかった。両者の間では、何度か統一をめぐる接触がなされたが、戦前来の反目も尾をひき、結実するにはいたらず、それぞれ独自に組織化に乗り出すこととなった。

## （2）生産管理闘争

本章第2節で述べたように、大正デモクラシー運動は、その一つの側面を継承した反政党的革新運動によって、結局は浸蝕され、解体されていった。しかし第二次世界大戦後、死滅したこの大正デモクラシー体制が、戦前のほとんど唯一の政治的遺産として、掘り起こされ、蘇生することとなる。善くも悪くも、「裸体デモクラシー」的なものとしてであるが。

そのうち、終戦直後の対抗的ヘゲモニーを、我々は〈生産管理〉と呼んでいる。その最大の特徴は、生産序列（非人格的関係）と権力関係（人格的関係）が無定形に融合していることにある。それはいわば〈産報体制〉の裏返しであり、戦前の支配的ヘゲモニーのモチーフを受け継いでいることは明らかである。

新たに生まれた組合のほとんどは、特定の企業ないし事業所の正規従業員のみを組合員とする企業別組合であった。複数の事業所を有する企業では、事業所単位で設立されたものが多かったので、正確にいえば、事業所別組合であった。しかも多くは、炭鉱を別とすれば、職員と工員からなる、いわゆる混合組合であった。

企業別組合及び工職一体組合も、戦前の工場委員会と大差はない。組合ではなく、工場委員会（産報のとはいわないが）の延長上にあるともいえるだろう。また、職員層がかなりのリーダーシップをとった（東宝争議でもプロデューサー層）という点でも共通している。

当時、労働組合結成の動きは多くの場合、企業への要求提出、争議突入と同時であった。そこでかかげられていたのは、賃銀増額を求めるもの、そして、経営機構の改革、監督者の排斥、職員・工員の差別撤廃など、既存の経営秩序の変革を求めるもの、さらには、人事参与、経営参加など、経営問題について組合の発言の場を求めるものも多かった。争議戦術にも大きな特徴があった。戦後直後に頻発した争議においては、通常のシットダウンよりも、労働組合が経営者を排除して、生産を管理しつつ要求の実現を迫る、生産管理争議の方が多かった。

それは当時、企業が生産サボに憂き身をやつしているもとでは、生産管理の方が有効な戦術であったからであると兵藤はいうが（兵藤 一九九七：四五）、そもそも統治能力を失っていたので、自然のなりゆきだったというのが実相だろう。メルクマールは、その労働者団結が労働力の売り手にとどまるか否かにある。〈生産管理〉の性格上、労働力の売り先として交渉する意思を持たなかったのだから、確かにそれを超える内容を有していた。しかしそうした性格を持っていたとはいえ、ヘゲモニーとしては著しく未成熟であった。

（対抗的）ヘゲモニーであることの要件としては、政治的なものであること、つまりウェーバーのいう支配であること（意思決定の一方向性と合理的受容）、そして、知的道徳的指導性を持つことが欠かせない。それは、「全ての権力をソビエトへ」に匹敵する、政治性、指導性を持っているか否かということである。〈生産管理〉はそのような戦略的配置を欠いていた。

だがそれは、指導者たちのリーダーシップのなさだけではない。職制の排除ではなく、その丸がかえに依っていた。そしてそれは、戦前の工場委員会からの伝統に負うものでもあった。つまり、工職一体の面接集団に立脚した生産主体の構成物であったのである。

ただそれは、むしろそうであるが故に、無自覚のうちにヘゲモニーを超え出るものであった。東宝争議で生じていたのは何だったか。争議は手段ではなく、それ自体が価値を持つ祝祭的公共空間であった。統治のシステムという規定性を、制御しえぬほどはみ出した、いわば〈空想界〉から〈現実界〉へと突き抜ける、もはや何をもっても覆いがたい亀裂であったのである。[11]

### （3）経営協議会と電産型賃銀

一九四六年五月に成立した吉田茂内閣は、翌六月に「社会秩序保持に関する政府声明」を発し、生産管理は企業組織を破壊する恐れがあるため、正当な争議行為とは認めがたいという態度を示した。同時に政府は、内閣書記官長談を通じ、争議の未然防止をはかるため、経営協議会（経協）の設置を勧めたいという意向を明らかにし、中央労働委員会に対しその参考例の作成を諮問した。中央労働委員会は政府の諮問に応えて、一九四六年七月に「経営協議会指針」を発表し、「産業民主化の精神に基き労働者をして事業の経営に参画せしめる」ため、労働協約により使用者と労働組合の選任する従業員代表との協議機関として、経営協議会を設置することが望ましいとした。しかも、経営協議会の決定は労働協約と同一の効力をもつとした。

これにより、労資間の安定化が実現したとみることはできる。ただし、経営協議会はやがて、経営権、わけても人事権に対する組合規制の場となっていった。もっとも、経営権に対する組合規制といっても、大量の人員整理や、組合役員への不当差別を排除するための、人事に関する同意約款の獲得が中心であった。

こうした人事規制と関連して、賃銀についても人事権を封じ込める方向での協定化が進展した。そして、「産業別統一的団体協約の確立」を目標の一つにかかげた産別一〇月闘争のなかで生まれたのが、電産型賃銀体系である。電産型賃銀体系は、生活保障給（本人給・家族給）・能力給・勤続給の三項目から基本賃銀を構成し、しかも、生活保障給に大きなウエイトを付与し、年齢・家族数を指標として決める方式をとっていた。

ここで特に注目すべきは能力給である。というのは、日本電気産業労働組合協議会（電産協）が「会社の責任において能力給を決定する」ことを求めたため、査定基準の設定は事実上、経営に委ねられることとなったからである。これは、ヘゲモニーの内実として別におかしなことではない。経営協議会はすでにヘゲモニーであり、その下に規制されていたからである。

## (4) 二・一スト計画の挫折

一九四六年一二月、吉田内閣は、経済復興の隘路となっていた石炭・鉄鋼の増産をはかるため、いわゆる傾斜生産方式の推進を閣議決定した。また一九四七年二月には、総同盟と経済同友会が中心となり、いわば労資の協働によって、経済復興会議が設立された。傾斜生産方式と経済復興会議は、この時期のヘゲモニーを代表するものであったといえるだろう。

この時期はまた、アンチヘゲモニーとして、全官公庁共闘を軸に、いわゆる二・一スト計画が進展していた。二・一スト計画は、倒閣運動、政治闘争へと発展していったが、事態を憂慮したGHQの指令により、実施直前に中止となった。そしてこれを契機に、全官公庁共闘、全国民主労組闘争委員会（全闘）は解散し、全闘に集結していた労働組合の共闘関係も崩れていった。

二・一ストを中止させたGHQは、いまや国民の意思を早急に問うべき時であるとし、その指示により、一九四七年四月に総選挙が実施された。総選挙では社会党が第一党に飛躍し、その結果、社会党委員長の片山哲を首班とする、社会党、民主党、国民協同党の連立政権が誕生した。片山内閣も傾斜生産方式を軸に経済危機突破をめざしたが、それは経済復興会議が傾斜生産方式による経済再建に接合されていくプロセスでもあった。

GHQはまた、一九四八年七月に、「マッカーサー書簡」を発し、日本政府に公務部門の労資紛争の激化に対処するよう、公務に関する労働法規の見直しを求めた。これを受けて日本政府は、政令二〇一号を公布し、公務員の団体交渉権・争議権を剝奪する措置をとり、つづいて、国家公務員法の改訂、公共企業体労働関係法の制定によって、「マッカーサー書簡」の趣旨を法制化した。

一九四七年末以降台頭した民同運動も、一時は、GHQのバック・アップを受けながら、労働戦線における実権を掌握し、日本労働組合総評議会（総評）の結成に向けて動きだしていたが、二・一ストの挫折後は、労働組合運動の退潮に歯止めをかけることができなかった。それでも民同運動は、「マッカーサー書簡」、新労組法の制定をテコとした労資関係の再編とないまぜになりながらも、労働戦線におけるヘゲモニーを掌握しつづけた。民同運動の基盤は職制機構の末端としての役付工層にあったが、兵藤によれば、「それだけにまた、民同運動のうちには、経営権の確立に向けた企業秩序の再編に抵抗していくモメントが希薄であり、民同派のヘゲモニーの確立と共に、『職場には組合がない』といわれるような状況が生み出されていった」としている（兵藤 一九九七：九四）。

これは、ヘゲモニー状況の移動による当然の動きであったともいえるだろう。つまり、争議の鎮静化と共に、ヘゲモニーは、対抗的ヘゲモニーにとどまっていた〈生産管理〉から、〈生産復興〉へと移行したのである。序章で述べたように、〈生産復興〉は〈生産管理〉よりも、「労資関係」の自律性がずっと強い。それはいわば〈工場委員会体制〉の裏返しである。ただし、〈生産管理〉の基本的モチーフは継承している。

〈生産復興〉においては、それに加えて、決定的な契機が見えてくる。つまり、「第三の権威」＝「生産の主体」の樹立である。生産復興の担い手として自らを秩序づけた日本の労働者団結は、生産の主体としてのデモニッシュな何かを自ら要求したのである。

## （5）政治闘争と職場闘争

民同運動はその後、朝鮮戦争勃発直後の一九五〇年七月に、総評の結成へと至った。当初は、反共、組合民主化をかかげていたが、翌年の大会では、民同左派の横断連携により、「講和三原則」（全面講和・中立堅持・軍事基地化反対）に再軍備反対を加えた、「平和四原則」を採択するなど、急速に左傾化、反米化した。この転換は当時、「ニワトリからアヒルへ」と呼ばれたが、「アヒル」は以上のような政治的流れで生まれたといえるだろう。総評はその後、組合運動固有の領域においても、企業組合主義の克服をめざすこととなる。皮肉にも、善くも悪くも労働組合らしさを追求することとなるのである。

平和運動はアヒル化に大きな影響を与えていたが、これは単なる政治闘争でなく、システム周辺部からの「生活者」の抵抗運動に起因していた。この抵抗運動はシステムへの不信をシステムにとっての資源として転送することが不能なほど、システムのアルゴリズムからはずれていた。[12]「基地が置かれなければならない」というヘゲモニー、イデオロギーに対して、「基地を必要としない」という全く別の地平にあったからである。（これは三里塚に至るまでくりかえされた。）

民同左派は、「基地が置かれなければならない」というヘゲモニーに対するカウンターヘゲモニーとして関わったのであって、アンチヘゲモニーとして関わったのではないが、[13]「基地を必要としない」というヘゲモニーを資源としてとりこむことには成功した。（ただ、そういうとりこみが成功した時点で、総体としての平和運動は当初の抵抗運動のアンチヘゲモニー性を失っていったが。）民同左派のアンチヘゲモニー的性格を起動したのは、こういう意味での政治闘争と新しいタイプの職場闘争とである。

産別としての単一化をめざす全日本自動車産業労働組合（全自）は、一九五三年に、産業レベルでの統一賃上げ闘争を組織し、各社別に交渉を進めたが、妥協を余儀なくされ、翌年の暮れにはついに解散するにいたった。全自の職場闘争は占領期型の最後として位置付けることができるだろう。

一方、北陸鉄道労組は一九五二年以降、会社による「なし崩し合理化」に対抗すべく、職場の労働者の要求を集約し協定化をはかる、協約闘争に踏み出した。また、全国三井炭鉱労働組合連合会（三鉱連）、特に三池炭鉱労組も、同年以降、職場の全員を闘争委員とした職場闘争委員会を組織したり、地域分会を足がかりにした家族ぐるみの闘争態勢を築くなど、職場からの組織づくり運動を展開した。

総評は当時、高野実が事務局長を務めており、一九五四年には労働プランの運動を提起した。高野はそのなかで、家族ぐるみ、町ぐるみの、いわゆる〈ぐるみ闘争〉に活路を見出そうとしたが、その姿勢は総評内からも多くの反発を招いた。そして、〈ぐるみ闘争〉を展開した、尼崎製鋼所争議、日鋼室蘭争議に失敗し、一九五五年には、事務局長選挙で、経済闘争路線を重視する岩井章に敗れ去った。現場へ、街頭へ、といった抵抗闘争のスタイルをとる〈ぐるみ闘争〉は、政治性、地域性を重視するものでもあったが、結局は失敗に終わり、高野の失脚と共に、ほとんど行なわれなくなった。

〈ぐるみ闘争〉は新しいヘゲモニーを形成することができなかった。家族、地域住民は、労働者とは温度差があったり、意見が異なっているということも少なくない。また日本にあっては、古来から家産制的性格が受け継がれている。これらを鑑みず、しかも身近な関心事でない政治性を重視しては、同意の組織化に至ることは困難であったといえよう。

### （6）認識の欠如と新しいヘゲモニーの形成

一九四五年八月三〇日、Ｄ・マッカーサーは日本に到着し、アメリカ太平洋陸軍総司令部（ＧＨＱ／ＡＦＰＡＣ）を設置した。しかしＧＨＱは、軍政を布かず、根本的な改革指令も出さなかった。ＧＨＱの最大の関心は、当面の軍事的武装解除にあったのである。それにあたっては、「国民」と「悪しき一派」とを区別した上で、天皇を前者に含め、攻撃しない方針がとられていたと考えられる。同年一〇月になると、連合国最高司令官総司令部（ＧＨＱ／ＳＣＡＰ）が設置され、いわゆる戦後改革の具体的な指令が出始めるが、ここでも、同様の方針がとられていたと考えられる。

ただし、アメリカ政府の「初期対日方針」においては、「天皇制を支持はしないが、利用する」という姿勢が明確であった。そこには、天皇制と天皇個人の処遇を厳密に区別する発想があり、従って、昭和天皇の戦犯訴追や退位という選択肢も存在していた(14)。吉田裕が言うように、「その点からいえば、天皇制存置の方向が固まりつつあったといっても、天皇個人の処置の問題は、依然としてきわめて流動的な状況にあった」（吉田 一九九二：四二）。

アメリカ議会上院は、一九四五年九月一八日に、「日本国天皇裕仁を戦争犯罪人として裁判に付すること」を決議している。またこれを受けて、ＳＦＥ（ＳＷＮＣＣ極東小委員会）は、同月二六日に、「日本国天皇の処遇」と題する文書を作成し、ＧＨＱ／ＳＣＡＰがとるべき対応の指示を出している(15)。

アメリカ本国の日本研究のプロたちの認識と、マッカーサー及びＧＨＱ／ＳＣＡＰ周辺の者たちの認識の間には、決定的ではないが、当初から少しばかりの距離があったと考えられる。マッカーサー周辺とは、Ｂ・フェラーズ准将をはじめとする、いわばアマチュア日本通である(16)。

アマチュアたちの認識の手がかりは、主に捕虜たちの態度にあった。それは第一に、侮辱に対する攻撃的対応であり、完全に屈服させるコストの大きさを考えさせただろう。第二は、丁寧に対応した際の協力的態度であり、「生きて虜囚の辱めを受けず」という軍国主義イデオロギー(「国体の本義」「臣民の道」)と距離を保ちうるとの判断を可能にしたであろう。第三は、変わらぬ天皇への敬意であり、「無制限の忠誠」と映ったであろう。また、「各々其ノ所ヲ得」の階層制はアプリオリな文化的特性であり[17]、天皇の地位は社会の階層制の帰結であると了解したであろう。そして、このパターンを変更することは困難であると自覚したであろう。

終戦以前の段階で、アマチュアたちは次のような戦略を共有するに至っていた。即ち、天皇を軍から解放する。天皇を国民に含め、攻撃しない。天皇制を支持しないが、利用する。天皇と国民をふさわしい地位に「各々其ノ所ヲ得」させる。何よりも、武装解除を困難なく行なうことに関心があり、その点で、天皇への攻撃は高くつくと考えていた。ただし、後日の昭和天皇個人の処置には流動的余地を残していた。

フェラーズは、前述の捕虜たちの態度であげた第一と第三の点を合せた認識であった。天皇は日本の象徴であり、天皇への攻撃は日本人の精神的自由の否定、日本人にとっての屈辱となる。また、天皇の存置は自由主義的政府の妨げとならない、と述べている。

実態は必ずしもそうではないが、一九三〇年代以降、日本を支配するエリートたちが望み、戦後においても、国内外において持ちつづけられている日本人像は、家族のように均質的で仲が良く、没個性的に集団に従う、階層制に無抵抗な(「各々其ノ所ヲ得」)存在である。従って、家族(のあり方)を破壊できない程度に、忠も破壊できない。つまり、忠と孝の相通性があると考えられていたのである。

しかしそこには、根本的に欠落していた認識がある。その一つは、神島二郎の言う立身出世と裸体デモクラシーの部分、猥雑で流動的なホンネの部分、ホンネとタテマエの両立、ウチとソトの両立を日本人が半身として持っているという認識の全き欠落である。そしてもう一つは、権威の給源(究極的・本源的権威)と流出経路(における差別)についての認識の全き欠如である。

それは、不親政、無答責の天皇制が無内容であるが故に、またそうであればあるほど強力に、ヘゲモニーとして機能しえたことと、給源がもはや見えないほどに、遠ければ遠いほど、その権威を聖化し、（それ自体ではなく）流出経路を強力にしえたこと（だから、A・ヒトラーの権威とは全く異質である）、に対する認識欠如でもある。そしてこの認識欠如は、R・ベネディクトの著書『菊と刀』においてより洗練された（つまり徹底された）[18]。

そこに、ファシズム的なものがあるとすれば、次の三点が考えられる。第一は、強制的同質化（セメント化）であり、これは社会的流動性の身分的な固定を意味する。第二は、「マス」としての再組織であり、これは中間（政治）団体の破壊を意味する。第三は、再組織された組織の絶対化であり、これは小（私）グループの否定を意味する。

これらの点は、軍隊・学校（ならびにそれに準ずる団体）の個別的面接集団（ウチ）の及ぶ範囲のみで、伝統的権威の流出経路の肥大化として（つまりマス化でも再組織化でもなく）達成されていた。しかしそのソトでは、途方もないデモラリゼーションが生じていた。にも拘わらず、このような認識欠如があったのである。

武装解除がスムーズに進んだ所までは、自分たちの読みの正しさが証明されたと認識していた。しかし、一九四五年一〇月に入る頃には、明示的には四六年初頭には、少し話がちがうということが判明した。あまりに抵抗なく敗戦を受けいれ（占領軍人への敵意のなさ、恥を知らない屈辱的態度）、天皇のことを考えている様子がどこにもない。しかし無内容な天皇制の権威喪失は、ヘゲモニーの消失を意味するだけで、実はあたり前のことであった。そして、あとには立身出世と裸体デモクラシーだけが残っていたのである。

新しいヘゲモニーの形成は、一方では、改正憲法草案の発表、他方では、生産管理の出現とそれに続く食糧メーデーによって、はじめて問題となりえた。しかし、天皇制に手をつけることが高くはつかないとわかっても、それを行なうことは、初期の占領政策にとっても（日本の軍事的無力化）、後期の占領政策にとっても（反共の砦）、有害無益であると認識された。

天皇に関するSFE（SWNCC極東小委員会）及び対日理事会の初期方針は次の四点であった。第一に、天皇制を支持する、廃止する、のいずれも示唆しない。第二に、日本人が天皇制を自発的に打倒することは妨げない。第三に、それが暴力を伴っても、占領軍を守るための措置をとる。第四に、天皇が自発的に退位する時は、裁判にかけるべきである。

GHQはまた、天皇制に関する議論を（検閲によって）排除し、太平洋戦争史観を普及した。この戦争はアメリカとの戦争であり、物量によって敗北した。無謀な戦争であり、国民は軍部にだまされたという内容である。

以上のことから考えて、天皇制の廃止には一〇〇万の兵を要するとのマッカーサーの言葉は完全なデマゴギーであった[19]。にも拘わらずこの言葉を発したのは、その背後に憲法制定問題が存在していたからでもある。つまりマッカーサーは、他の連合国が介入する前に、天皇を利用しながら、アメリカの利害に適う形で民主化の枠組みを固めてしまおうと考えていたのである。

アマチュア日本通たちは、日本のことを正確には理解しえなかったが、楽観主義に陥ることなく、むしろしたたかに、自分たちの都合のいいように解釈したり、「真実」という虚構をつくりあげたりしながら、それを占領政策に利用したのである。日本研究についてプロとしての倫理観がないからこそ、こうした思考・行動がとれたともいえるだろう。また、アメリカの利害という点でぶれることが少なかったのは、本源的契約への誠実の態度、そのものとなる西欧古来の封建制的性格に負うところが小さくはないだろう。

## （7）新しい政治システムと特異な例外国家

一九四五年から一九五〇年の日本の政治システム（N・ルーマンの用語法に従っている）は、N・プーランツァスが言う「政治的方向感覚喪失」の状況にあったといえる。実はこれは、一九二五年の状況と相似的なものであった。ヘゲモニーは支配的ヘゲモニーも含めて、現存する（擬似）象徴秩序に対する戦略的配置である。戦略にとって重要なことは、まず目標であり、そしてその目標を達成するための（主に知識人の）配置、つまり広い意味での組織＝政策である。

知的道徳的指導性を発揮するために必要なことは、自らの立ち位置と戦略とを知識人が自覚していることである。かかる配置が機能するためには、政治システムの二つのサブシステム、つまり議会制民主主義と産業民主主義とが肝要となる。

議会制民主主義が有効に機能しうる条件は、選挙制度ではない。（それは必要条件ですらない。）議会制システムにとって第一に必要なものは、党派である。（二大政党制にしろ、多党制にしろ。）党派はひとつには、ルーマン流に言えば、人民の意思を利用可能な「資源」に転形して、広い政治システムに集約する「機械」（サブシステム）である。それが政党システムレベルで二つの選択肢に集約された形で転送されるか、多数の選択肢を残したまま、広い政治システムにおいて集約され、政策化されるかは、本質的な意味を持たない。二大政党制か多党制かの話である。

この点で政治システムは、党派に対する政治的アマチュアの存在を前提にしている。アマチュアはプロと違い、システムに隷属しきってはいない。かなりの程度、システムに植民地化されていようが、公共空間に属している。ただしアマチュアは、例えば大学システムにおいて見られるように、必ずしも抗議行動を行なう存在ではない。

我々が別にルーマンについて述べた所ではっきりさせたように、抗議行動はシステム——ここでは政治システムとその諸々のサブシステム——にとって、資源として転形されうるにせよ、システムの一部として作動させることはできない。抗議行動を行なう主体は公共空間に属している[20]。

ただし、公共空間での自由な語らい、及び、非政治システムが自ら存続のために転送せざるをえない要求を（これらは政治にとって全てアマチュアである）、政治システムにとって利用可能な資源に転形することは可能である。このサブシステム（機械）が党派である。

党派はまた、それが自らの戦略的配置を布陣できている場合は、国家権力を動員することができると同時に、ヘゲモニーを行使することができる。党派は政治システムの中で、少なくとも以下の社会集団（≒階級）と向きあう。第一は、代表階級、つまり、党派と利害が一致している社会集団である。第二は、支持階級、つまり、党派を支持している社会集団である。第三は、保持階級、つまり、党派の構成員を提供している社会集団である。

政党システムは、他の諸システムからの要求、公共空間での語らいを資源化している限りにおいて、また、諸社会集団と安定した関係を持つ限りにおいて、政治システムの諸サブシステムの一つの代表的形態である議会制民主主義システムとして有効に機能できる。有効に機能できているということが、ヘゲモニーを形成しているということなのだが、このヘゲモニーを最も安定化する方策は、党派の知的道徳的指導者にそのヘゲモニーを行使させ、あわせて、権力の一部を与えることである。（代表階級の立場から言えば。）党派が有効に機能しえない時に、他のサブシステムが政治システムの駆動を代行する。しかし、軍であろうが、学校であろうが、SS（ナチス親衛隊）であろうが、それらはサブシステムであるにせよ、システムであることにかわりなく、自己の存続以外に関心を持っていない。

確かに、システムの基盤はヘゲモニーであることを鑑みれば、システムには「同意の組織化」が必要である。「同意の組織化」を欠いたヘゲモニーというのはありえないからである。ただし、システムはシステムであるかぎり、「同意の組織化」に基づいてはいても、自己の存続だけを目的に機能するものなのである。

軍隊は戦争を行なって、その勝利という資源を他の（サブ）システムに回送するが、その構成員の組織化にあたっては、戦争を合理的に行なう（その勝利の確率を最も高めると思われる戦略的配置のために、統制と同意調達を行なう）という以上の関心を持っているわけではない。そうしたサブシステムによる党派の代行は例外的である。例外国家とはこのような状況に陥った国家のことである。

ファシズム、スターリニズム、天皇制軍国主義は、そうしたサブシステムに党派を代行させることの効率の悪さと、それらの自己存続の要求から来る、他の諸（サブ）システム及び公共空間＝抗議行動がこうむる、負の資源の処理の困難さを露呈することとなった。この点で、開発独裁は少し事情が異なる。初期段階での有効性は認められるが（それらが資本主義を標榜するか、社会主義をめざすと言うかに、さしたるちがいはない）、長く続くものでもない。ただ、この例外国家を例外でないものにするコストは、政治システムにとっても、そこから資源をうけとる他の諸（サブ）システムにとっても、安いものではない。党派が「現代の君主」として、政治システムを駆動するだけの

（特に知的道徳的指導性を発揮できる有機的知識人の量と質において）能力をいまだ欠いているからである。

例外国家は、党派がヘゲモニーを失った時、戦略的配置をとれなくなった時、社会集団との代表、支持、保持の関係を失った時、これらを通称してプーランツァスは「政治的方向感覚喪失」と言っているのであろうが、そして、政党政治がこうした状況に陥った時、発生する。これらが発生した時が不可逆点である。

古くは自由民権運動から、このことは言える。国会の開設により、党派は目標を失った。正確には、戦略的配置が構成不能になった。そしてあとには、もともと色濃く反映されていた国権主義のみが突出したのである。

大正デモクラシーについてもそうである。不可逆点は皮肉にも、一九二五年である。つまり、男子普通選挙と治安維持法が成立した年である。その時点で、政党政治は戦略的配置を再構築できず、政治的方向感覚を喪失したのである。

一九四五年から一九五〇年は、政治的にも（経済的にも）一九二五年に連なるものである。吉田茂等の親米派リーダーたちには、未だ政党政治は不可能であった。間接統治とはいえ、GHQのほぼ思惑通りにしか政治システムは駆動しなかった。かつ、超国家主義的政治は、それ以前の天皇制軍国主義の時代からさして嫌われていたわけではない。それは、「お上の沙汰で是非がない」の所与の条件であった。（動かしがたいという強い意味でも、内面的価値規範を拘束しえないという弱い意味でも。）その中で人々は、立身出世と裸体デモクラシーをめざして、猥雑な行動に走っていた。

それがヘゲモニーという形をとるのは、一九五〇年以降の、レッドパージ、総評とそのアヒル化、部分講和、朝鮮戦争の時代になってからである。政治的方向感覚と戦略的配置がそれらによって定まり、そしてそれは、GHQの撤退を契機に、保守合同政党によって遂行されることとなった。

「一と二分の一大政党政治」は、それ自体としては政党政治とは言いがたい[21]。自民党も社会党も、党派と言うには、あまりにも欠陥がありすぎた。自民党は基本的に国家官僚と代表関係に立っていた。社会党は、基本的に抗議行動を行なう公共空間であった。社会党の有機的知識人は党員として組織されておらず、知的道徳的指導性は他の諸々の（サブ）システムに属する諸個人の寄せ集めにすぎず、何ら党と代表関係を持っていなかった。しかしこの奇妙な政党政治は、初発から一定の安定性を見せていた。社会党によって抗議行動は、自民党の処理可能な資源に転形され、政治的方向感覚のバランスをそれなりに維持せしめていたからである。

くりかえし言うが、自民党は半政党である。社会党は政党と言いうるかもあやしいところであった。社会党は政権を担当しうる戦略的配置を持たず、自民党に処理可能・認識可能なように、公共空間からの抗議を転形するにとどまっていた。

総体として、これらは政党政治でも例外国家でもない。しかし、独自の合理的機能を有した政治システムであった。これと奇妙な産業民主主義（従業員民主主義）が結びついた時、日本の中期現代の大枠ができあがったのである。

### （8）産業民主主義と水平性

福祉国家体制は、そしてその政治システムは、二重の支柱を持つ。社会党が（ルーマン的に）抗議行動を資源化する機械であったように、労働組合（ここでは総評）は、（ハーバーマス的に）公共空間（労働力の所有者という資格の一点において、ブルジョア的な自由な語らいが実現される場所）を資源化し、政治システムへと転送する機械であった。社会党と総評は本来、それぞれの構成員（労働者）が労働力の所有者であるという点において「対等」な二つの主体であり、自由な語らいの場である。国家は、人格承認（労働力所有能力の保証）によって、この構造を担保すると共に、そこから出された要求を資源化する、官僚制というシステムである。

社会党、総評、国家という三次元で見れば、三点によって支持される平面は、社会全体の規準となる平面であるが、その「切り口」は様々である。平面の切り口は各点の移動によって変動する。しかしそれでも、この三点によって維持されるという平面の構造は、各点がどのように移動しても変わることがない。

とりあえず〈生産管理〉はとりおくとして、〈生産復興〉においては、例えば、東宝争議で示しだされたのは、生産と復興であり、これらは、社会党、総評、国家それぞれにとっての価値であった。その中で国家は、他の二点を担保すべく、当然「上」にいなければならぬものである。（本来の国家の役割として、価値的優位性のないものは「実務機関」に送ることとなる。）

これはすでに、いわゆる「コマ構造」とたいした距離はない。そこでは、権威の給源に対して全てが水平性をなしている。つまり、権威の給源は超越性原理（無価値であることにおいて）に基づいている。また、権威の流出経路は実質性原理（にも拘わらず扶養されることにおいて）に基づいている。それにそった面接集団、実質的差別、水平性を与えられないパリア平面、これらは、本書第8章の泊炭鉱において見られるとおりであり、天皇制のもとでのコマ構造と同型的なものである。

産業民主主義は、水平面における同心円の一断片となる。同心円の境界は移動するが、同心円そのものも、そのもとにある水平面も、動くことはない。この水平面だけが公認された公共空間である。また、この水平面構造の成立がヘゲモニーの成立でもある。

象徴天皇制はそういう超越的権威の給源といささかでも関係があったとは言い難い。昭和天皇の臨終の際、全国の繁華街からネオンが消えたのは異様な光景であり、そのようなことができるのは天皇だけであることはたしかであるが。もっとも、猥雑で（サブスタンシャルな）公共空間では、必ずしもそうした自粛が行なわれていたわけではない。

対抗的ヘゲモニーの努力もあって、ついに象徴天皇制は汎神論的権威の給源と結びつくことはなかった。象徴天皇が亡霊であったわけでもないし、それに危険を感じた人々の行ないがカラ回りであったわけでもない。言い換えれば、（たぶん充分に）予防的に阻止されえていたのである。

反戦平和運動は政治システムに対する（ルーマン的）抗議行動であり、公共空間形成のいとなみであった。それは一つには、大経営における水平主義的ヘゲモニーが強力に成立したためである。蚕食可能性または蚕食有効性があるのは、そういう場であった。

一方、砂川をはじめ、内灘、忍草などの運動では、地域の「当たり前」のくらしを守るといったモチーフが当初より存在し、平和がメインターゲットに移っても、それがなくなることはなかった。いずれにせよ日本は、一部の土地をとりあげられたまま独立を果たし、ついにはアメリカの傭兵と化してもいる。二分の一大政党である社会党と、その支持母体である、(鷹ではなく)アヒル化した総評は、そうした運動を資源化して転送した。これは悪い意味ではない。抗議行動は、政治システムには理解不能であり、資源化されなければ、ほとんど成果をあげることは不可能である。

別に善意を問うわけではなく、原水禁運動のモチーフを考えてみると、次の五つの特徴が見出せる。第一に、広い意味での抗議運動だが、「くらし」に基盤をもっていない、つまり理念的(砂川その他とはちがう)反体制運動である。第二に、戦争はごめんである、というスタンスである。第三に、敗北を強いた者に対して抱く、反米主義(ゼロセンハヤト)である。第四に、少し異なるものとしての、被害者意識である。第五に、行動部隊としての、ボルシェヴィストの戦略配置、その特色としての「民族独立」と「二段階革命」である。

全体として、対抗的ヘゲモニーとしての戦略配置はなかった。特にソビエトロシアの評価に関して致命的弱点をもっていた。ボルシェヴィストは、「統一戦線」に邁進し、平和自体には、戦略的関心を示さなかったのである。

安保闘争時における、警察官職務執行法改正案を揶揄する「デートもできない警職法」との標語は、ふつうにうけとめられるシンボルであった。これに対し、安保そのものは重い。「豆腐があがる」はまじめに考えられた標語である。しかし、それが高揚したのは「民主主義破壊」の後である。国内の統治形態、ヘゲモニーの存在様式にむしろ批判は向かうこととなった。

革新自治体運動は産業民主主義的な展望を持たなかった。抗議運動を政治システムに転送する運動、ヘゲモニーの存在形式を維持したまま同心円をせばめる運動であったといえる。「健康さ」を保っているのは、コマ構造の側にまだ生命力があったためである。

## 4　高度成長期の市民社会

### （1）春闘と労働組合

戦後危機の収束と共に、支配的ヘゲモニーは〈生産復興〉から〈従業員民主主義体制〉へと移行することとなる。〈従業員民主主義体制〉は〈生産復興〉を対抗的ヘゲモニーとして、その破砕の上に成り立った。しかし、ほとんど〈生産復興〉の実現であるほどに、それをポジティブに生かし、取り込んだ。またそれは戦前のヘゲモニーと驚くべき同型性を維持していた。ここでも、「価値観の一八〇度の転換」にも拘わらず顕著な継承関係があったことになる。

一九五〇年代半ばから七〇年代はじめまでの二〇年近くにわたって、日本経済は、高度成長を、またそれに伴う大幅賃上げを持続した。この間、政府は一九六〇年に策定した「所得倍増計画」を実行すると共に、福祉国家の構築に向けて、社会資本や社会保障の充実を図っている。大幅賃上げには、春闘も一定の役割を果たした。企業レベルでの交渉を基にしながらも、賃上げの社会的基準を設定するという仕組みも、この間に確立していった。

春闘はいわば、労働組合の弱さの自覚のうえに立った連帯の構想であった。太田薫によれば、労働組合には全産業のゼネストを実行できる力がないから、「先ず立上がれる単産からつぎつぎに統一闘争をくんでゆき、その中で統一闘争でなければたたかえないという自覚を大衆に植えつけてゆく」というねらいのもとに、春闘を始動したという（太田 一九五五：四八―五三）。

しかし労働組合は本来、「弱さ」と「強さ」（政治闘争をそういうならば）をあわせもっていたのであり、「転向」したわけではない。（〈ぐるみ闘争〉の批判の文脈でも。）とはいえ春闘は、多義的「労働組合主義」の流れをつくるものではあった。

筆者の言う二重平面型コマ構造において、下平面ははじめから決して小さくはなかったが、第一平面（上平面）

にいる者にとっては少なくともその求心力を高める程度のものであった[22]。転落の不安は「健康な抑圧」として機能したのである。（ところが後期現代以降（一九七五年以降）、不安は「神経症」レベルに達した。過度の不安はコマ構造自体を不安定にする程度に過度であった。そして現在以降（二〇〇三年以降）、それは客観的に壊れている。「格差と貧困」はその配置の底なしのデモラリゼーションをもたらしている。しかし兵藤の「戦後史」においては、下平面の歴史は存在していない。）

## （2）戦後型年功賃銀と作業長制度

高度成長期においては、定期昇給制度や能力主義管理（人事考課制度）などが導入されることにより、いわゆる戦後型の年功的労資関係が形成されていった。戦後直後からは電産型賃銀体系が一般化していた。ドッジ・ライン以後の企業合理化のなかでは、職能給体系への移行が模索されもしたが、あまり進まない状態が続いていた。それが六〇年代半ば頃になると、職務の明確化が行なわれていない（言い換えれば、文書化された規則、つまり職務記述書が存在していない）現状では、やはり能力給の方が「実践的合理性」があるとして、その導入が進んでいった。

民間大企業においては、定期昇給制度と共に、新たな資格制度が相次いで導入されていった。すでに五〇年代はじめから、資格制度の再導入によって、昇格の頭打ちへの不満を解消しつつ、職階序列を強化していこうとする試みが現れはじめていたが、定期昇給制度とセットにすることで、それがようやく実現した。つまり資格制度は、職能給体系による賃銀制度の整備にとどまらず、役職への昇進制度とも連動するものだったのである。

一方、定期昇給制度が整備されるにつれ、職務給化への志向が浸透しはじめた。一九六二年四月の賃銀改訂交渉を通じて、同時に職務給化を提示した鉄鋼大手三社（八幡・富士・鋼管）のケースは、当時、技術革新のもとでの試みとして注目を浴びた[23]。

鉄鋼業においては、職務給化と共に、作業長制度が新設されていった。作業長は、現場労働者たる作業職から登用され、第一線監督者として位置付けられ、それまでの組長にはなかった大幅な職務権限が付与された。作業長になると、非組合員となり、また、職分制度上、作業職から作業技術職へと職掌替えされ、掛長に準ずる待遇が与えられるようになった。しかも、「精進」によっては、掛長、工場長へと昇進することも可能になった。「このような背景のもとで進められた職務給化のプロセスに関して注目しておかねばならないのは、職務分析をテコとして、賃金管理から要員管理へと深化していったことである」、と兵藤はいう（兵藤 一九九七：一六四―一六七）。

しかし、職務給化は「アダ花」ではない。職務内容の把握は（少なくともおおまかには）、例えば要員管理を行なう上で前提になる。即ち、職能給の、従って人事考課の、不可欠の前提としてあったのである。

### （3）能力主義管理と人格的結合

ところで、日経連が組織した能力主義管理研究会は、一九六九年に『能力主義管理』を刊行し、「終身雇用を前提として容認し、その中における可能な限りでの人事管理の合理化」の途を指し示している。同書によれば、能力主義管理とは、終身雇用慣行を保持しながらも、「画一的年功制」から脱皮し、「少数精鋭主義」を追求する人事労務管理のことである。ただし、少数精鋭主義経営は、「経済合理性追求の中に……人間尊重の理念」を含まなければ実現できないという観点に立って、従業員の職務遂行能力を開発し、その発揮の場所を与え、かつ、それに応じた処遇を行なうというものであった（日本経営者団体連盟 一九六九）。

能力主義管理は、より具体的には、個別管理と小集団主義の活用から構成されるべきとされていた。ここでいう個別管理は、各人の適性に応じた管理であり、人事考課を通じて、実力主義により資格昇進をはかるという、新しい職能資格制度の導入を前提としていた。それにより全従業員は、役職序列とは別に、職務遂行能力に基づいて階層的に序列化されるようになり、競争主義のもとに置かれることになった。また、小集団主義の活用は伝統的な集団主義に個人の役割の尊重を加味することで、マイ・ホーム主義など、私的な生活領域の充実に価値関心をおく若者たちを巻き込み、全従業員の「自主的・積極的参加体制」を構築しようとする狙いがあった(24)。

石田光男によれば、能力主義管理は、「日本の勤労者が無定形ではあれ懐いていた『能力』観に基づくフェアネスを徹底して倫理化」することによって、「『生き方』をも組織化」する「『人間形成』の哲学」として開花したという。それは、「人間を仕事を通じて考え、工夫し努力する存在として想定」することにより、「普通の労働者の心情に肉薄」し、いわば「近代を超えた労使関係観」に到達したのであり、「ここには企業内労使関係の労使対立は全く想定できない」という（石田 一九九〇）。しかも石田がいう日本の勤労者の能力観とは、「単に仕事が出来るだけでなく……職務に対する姿勢、接する人々への態度姿勢の具体的あり方」、いわば「『人柄』と『人格』の良き高さ」をも含んだ能力観のことである、と兵藤は指摘している（兵藤 一九九七：一八〇）。

それはもはや産業民主主義ではない。産業民主主義は人格には不干渉でなければならないという前提があるが、そこではその前提が守られているとはいえないほど、面接集団における人格的結合が存在するからである。面接集団における人格的結合は日本の民主主義にはありふれたものといえよう。産業民主主義と区別して、従業員民主主義と呼ぶのは、このためでもある。そもそも、人格を実質的にとりこむことは、日本ではいわば「近代の完成」においで達成されていた。いずれにしても、一九七五年までは、生産性インデックス賃銀と人格主義は現代日本のカルノーサイクルとして機能し、それが〈従業員民主主義体制〉というヘゲモニーを支えてもいたのである。(25)

## （4）職制支配排除と職場闘争

総評は一九五六年、傘下の労働組合が反合理化闘争へと進みつつあるなかで、組織綱領委員会を設置し、組織づくり方針の検討に入った。そして一九五八年、総評第一〇回大会において、「組織綱領草案」が提起された。そのなかでは、職場闘争を「労働組合活動の基調」にすえることが説かれていた。それにより、企業別組合を変革し、産業別統一闘争を支える組織力を養おうというのである。

ひと口に組合員といっても、三池労組の分類法によれば、組合意識の強いX層、企業意識の強いY層、第三者意識の強いZ層、といった三つの層からなり、通常、大組合ほど、Z層の比率が高い。しかも、企業別組合においては、その組織系統がおおむね企業の職制機構に対応してつくられている。そのため、組合の影が薄い末端の職場では、民主主義が封殺され、職制による労働者の個人別掌握が生じやすい。それをなくすためには、組合の支部・分会の役員が個々の労働者の不平不満を拾いあげ、組合機関を通じて交渉にのせていくという、世話役活動だけでは不十分であり、労働者が自ら共通の要求をかかげ、皆で闘い交渉する職場闘争を繰り広げなければならない。

このように、職場闘争と職場の民主化要求は不可分の関係にある。ただし、職場闘争は必ずや職制支配排除の闘いと結合する。「組織綱領草案」は、このような認識のもとに、職場闘争を積み重ね、職場交渉権を実質的に勝ち取っていくという目標をかかげ、そのため状況によっては、交渉権・実力行使指令権・妥結権からなる三権を職場に移す必要性を説いた。

この方策は「企業の組合」からの二つの出口の一つである（「産業別統一」云々に対してもう一つの方策がある）が、労働組合らしくない。職制排除は人格的攻撃だからである。職制排除を内包する職場闘争は、職制丸のみ＝むきだしの企業主義ではなかったが、正統な労働組合主義によって公式の労資関係からは排除されるはずのものであった。そして、排除された瞬間が「理想的現代」の着床点であった。

したがってそれは、労資関係システム、産業民主主義システムに対しての、資源化されない抵抗運動という非公式の公共空間として残った。また、総評が労働組合主義にとどまろうとする限り、自らとは関係ない、つまり資源化できない存在でしかありえなかった。

一九五六年、三鉱連は炭労賃闘の前段闘争の一環として、職場闘争の推進のなかで生じた各鉱業所、各職場間の労働条件格差をなくすため、全職場が先進職場の獲得した水準まで追いつくことを目標に、到達闘争を組んだ。三池労組はこれを〈あっち向け闘争〉と呼び、より踏み込んだ展開を試みた。つまり、各職場に三権を委譲し、係長との職場交渉に臨むことで、要求獲得をはかろうとしたのである。しかし、この闘争はきわめて苦しいものとなった。前年一〇月、日経連は、職制マヒを目的とする職場闘争は企業秩序の破壊を狙うものであって、到底許容しえないという考えを示していた。こうした空気が強まるなか、三井鉱山も、宥和から対決へと姿勢を転じはじめ、三池労組による〈あっち向け闘争〉に対して、交渉権委譲を協約違反であるとし、苦情処理・事務折衝以外の職場交渉を拒否する態度をとった。そしてそれにより、三池労組の闘争は一旦頓挫した。

しかし三鉱連は、到達闘争直後に開催した定期大会において、職制支配の排除を推進するため、職場闘争の重点を労働者による生産の主導権の掌握に移すと発表した。特に三池労組に対してはその方向へと職場闘争の質の転換をはかるよう強調した。三池労組の職場闘争は、事実上現場職制の作業指揮権を形骸化するところまで進んでいたのである。

三池労組の職場闘争における労使関係は、「押し合い」か「のみこみ」か、及び、「文書化されたルール」か「実質的扶養」か、という問題としてとらえることができるだろう（図4-1参照）。ここでは、「のみこみ」及び「実質的扶養」であったということになろう。これらを所与として、闘争の資源化は容易になる。

図4-1　欧米と日本の労使関係の相違

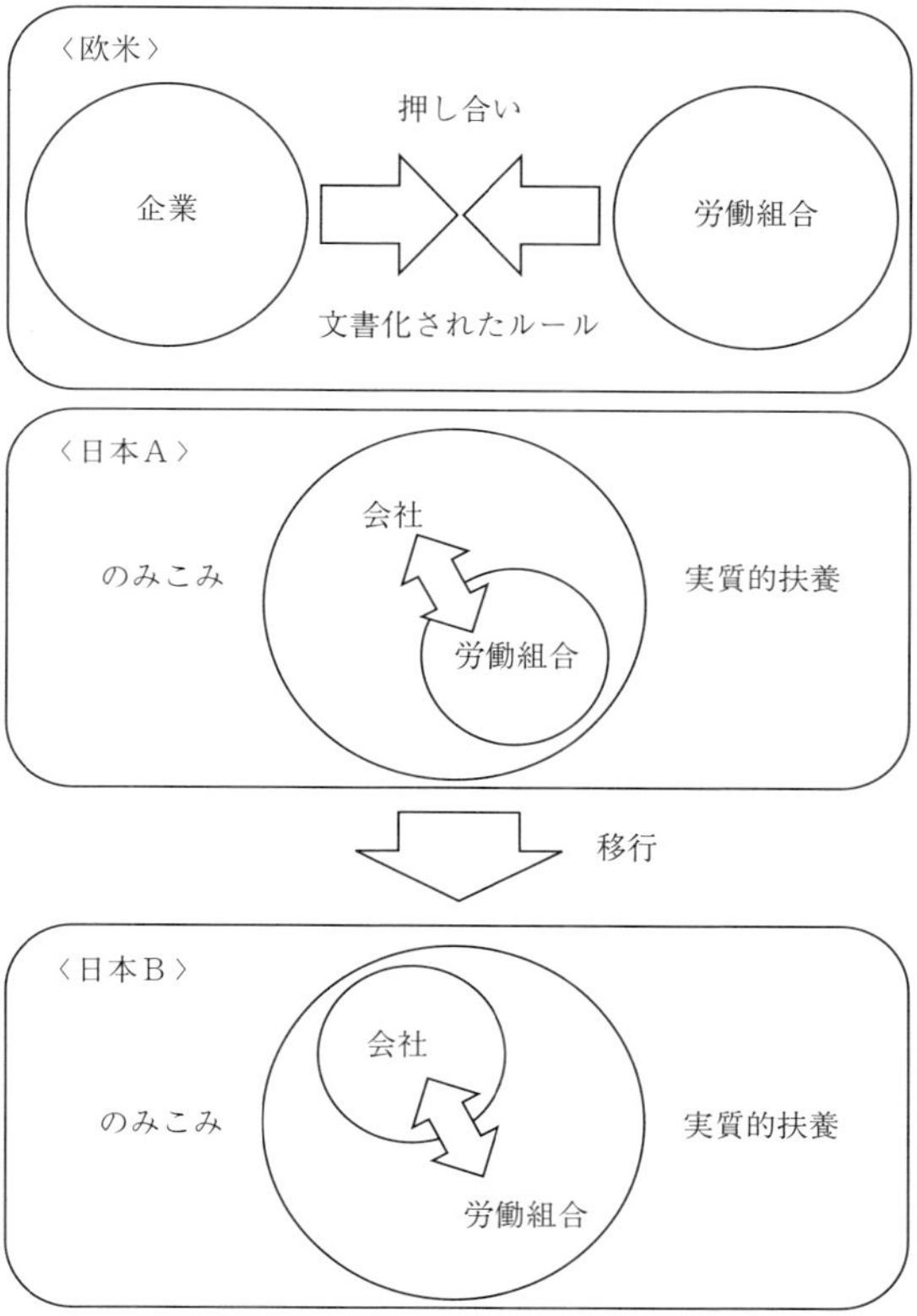


ここにおける労働組合の職場闘争戦略は、「会社」に組合の職制機構を丸のみさせるというものであった。つまり、生産管理闘争である。しかしそれは、この闘争でも失敗に終わった。これ以降、組合は逆に、自らが「会社」をのみこむという戦略へと移行していく（A→B）。それはある意味、成功をおさめ、「会社」が実在の権威、人格承認の主体である〈従業員民主主義体制〉というヘゲモニーを生み出すことになる。

もっともすでにこの時期、〈従

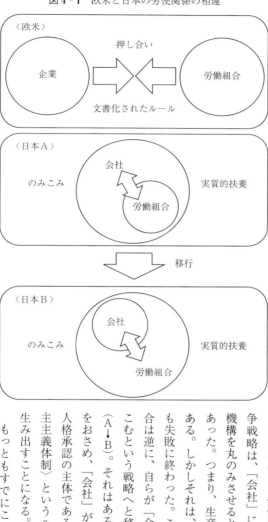

業員民主主義体制〉はすでに確立していた。それもあって、三池労組の職場闘争は最終的に、カウンターヘゲモニーとはなりえず、資源化され、〈従業員民主主義体制〉に寄与することになった。日本古来の家産制に内包される本源的扶養への恭順の態度は、この闘争においても打ち崩すことはできなかったし、そもそも打ち崩そうともしなかったのであろう。

〈あっち向け闘争〉はそもそも、自ら職制の一員として任ずる職員を労働者階級の敵と見なし、職員間の対立を誘引するものである。それは、「職場に労働運動を」という精神から離れていた。当時のカウンターヘゲモニーでは、「出口」を与えられなかったのであろう。特に三池労組にあっては、組合員をXYZの各層で把握し、それに基づき組織戦術を立てていたが、現実には、X層がY層と対抗し圧倒することに終始していた。組合員は職制部分を含む身分意識をもっていたと共に、「会社」に扶養されていた。

「会社」という実在の権威のもとにある水平主義は攻撃性を宿している。水平性のもとでは、わずかな序列に対して敏感になりやすいということもある。それにより、差別が生じやすくなるということもある。権威の流出経路にそって生じる秩序と差別は、身分意識と結びついた時、なお顕在化する。三池労組におけるX層によるY層の圧倒は、その一例である。

### （5）正しい労働組合主義とその挫折

総評は、「安保と三池」をかかげた六〇年闘争に敗退した。また、支持政党の日本社会党は、五九年六月の参議院選挙に敗退し、そしてそれを契機に、六〇年一月に分裂し、民主社会党（民社党）が誕生した。こうした状況のなか、総評は運動の路線を転換していくが、六四年一一月には、民社党を支持する全日本労働総同盟（同盟）が誕生した。同盟は産業別組合を直結する同盟体であり、民間大企業を基盤にしていたこともあり、以後、勢力を伸ばしていった。また六四年五月には、国際金属連盟（ＩＭＦ）に加盟する国際金属労連日本協議会（ＩＭＦ・ＪＣ）が発足した。

同盟の前身である全日本労働組合会議（全労会議）は、六二年、開放経済体制への突入を前に、労働組合として産業民主主義の確立に向けて努力する方針を打ち出していた。同盟もこれを引き継ぎ、産業民主主義の推進を指導理念の一つにかかげ、企業レベルにおける経営管理・生産計画に関する労使協議や、産業政策に関する政労使の三者協議体制の構築を通じて、労働者の発言を強化していくことを謳った。

さらに同盟は、六八年には、労働組合の立場から、労使協議制の拡充を通じて、産業の国際競争力を強化すると同時に、経済成長にともなう歪みを是正するための、産業政策に関する指針を取りまとめた。そこからは、分配の原資を大きくするために、「生産性の向上と企業の発展」の取り組みが「正しい労働組合主義」であるとする、同盟の立場が見てとれる。なお、ＩＭＦ・ＪＣも、同様の産業政策活動の推進をその運動体化にあたって重視していた。

これが「正しい労働組合主義」であるというのは、「フォード式エンジン」（生産性インデックス賃銀）が稼働しているもとでは、当然のうごきである[26]。「中和運動」と「職場の主人公」という標語も、日本の固有の伝統的自己意識に、システムが資源化しえない抵抗運動が結びついたものにすぎない。

同盟とＩＭＦ・ＪＣが産業民主主義の確立をはかるために重視した労資協議制は、一九五五年に、生産性本部の提唱により活発化し、また、六〇年代に入ると、企業レベルから産業レベル・職場レベルへと上下両方向へと拡延していった。生産性本部が団体交渉と区別した労資協議制の導入を提唱したのは、終戦直後、急速に普及した経営協議会があまり成果をあげえなかったからである。またそれは、「団体交渉と労使協議とが混同され、経営協議会が労使きっ抗の場となった」からであるとしている（日本生産性本部 一九五七）。ただし実際には、団体交渉と労資協議を区分しているところは、それほど多くなかった。

団体交渉と労資協議の区別といっても、実質的に職場チームが共通の活動主体であり、その枠組みからの発言しか生じえない。つまり、組合が工職丸がかえで、職場チームを介してしか発言不能であるのなら、組合はかつての工場委員会とほとんど同じものになるしかない。そこでは、長船、三池式（民同左派のヘゲモニー）は問題にならな

図4－2　職長の立ち位置

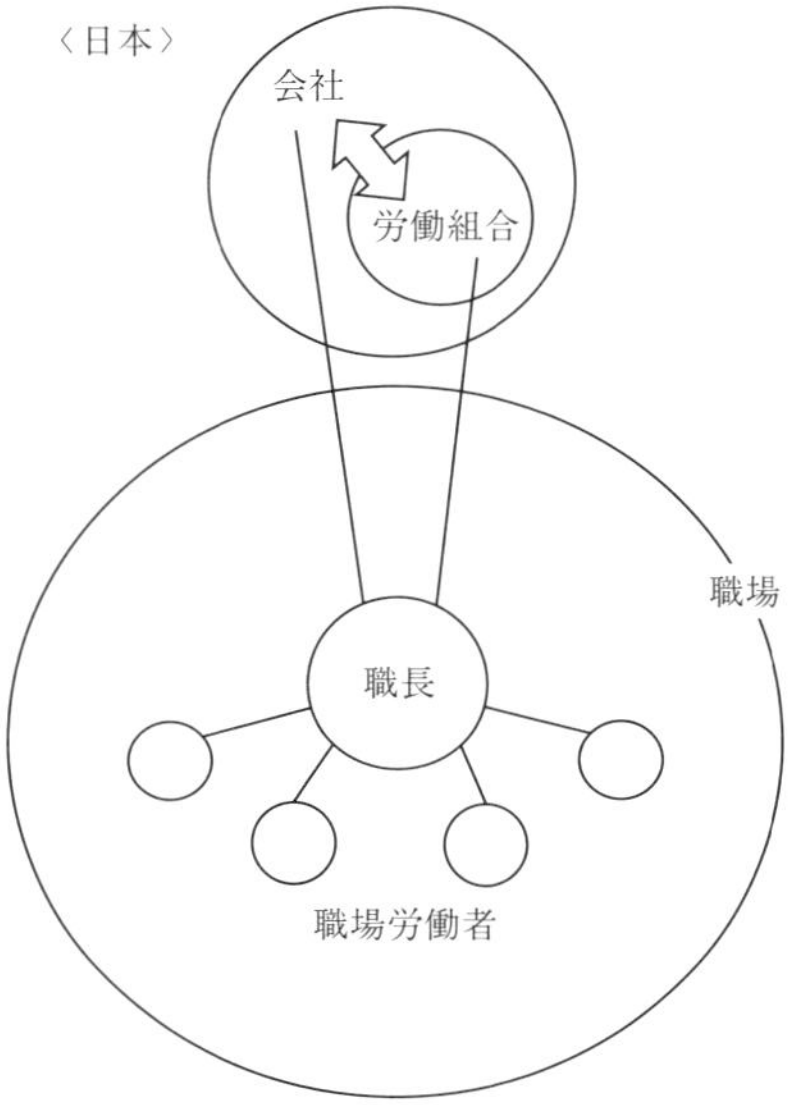


い。公労協（国営企業体等労働組合協議会）も同様である。そしてついに一九七五年には、労資関係は腐朽化、機能麻痺に陥ることになる。つまりそれは、公式の公共空間の消失であり、日本に産業民主主義は存在しない状況がもたらされたことを意味している。

その特徴は、次のように、職長の性格に集中的にあらわれている。第一に、日本の職長（中間管理職あるいは末端管理職）は会社の末端であると同時に組合の末端でもある。彼は彼自身の人格によって、職場と職場労働者を彼ただ一人の人格で代表している。第二に、彼は査定をはじめとして重大な責任と権限を保有している。第三に、従って彼は人格的信頼を得ていなければならない。日本の査定制度には、それが「公平」に行なわれているという制度上の保障が全くない。それが行なえるかどうかは、ひとえに彼の人格にかかっているのである。第四に、それ故、彼と職場労働者との間には人格的関係が浸入してくる。査定制度を要にして、彼への人格的信頼と、職場労働者への全人格的管理・評価という関係が「密輸入」されるのである（図4－2参照）。

### (6) 労戦統一運動とマル生運動

こうしたなか、一九六〇年代半ば頃から、「総評の危機」が叫ばれるようになり、内部からも、体質の改善、共産党との共闘の凍結を求める意見が噴出し、また、六六年には、太田議長の辞任により太田＝岩井ラインが瓦解するなど、その足元も揺らぎはじめた。そして、六九年一二月の総選挙で、社会党がまたも惨敗すると、労働組合主義を軸にすえて、労働者次元の戦線統一（労戦統一）を進めようとする動きが活発化した。

抗議行動＝公共空間は、どのようなシステムのどのような場所に生ずるかわからない。それは労戦統一の推進にもあてはまるだろうが、七三年七月には、総評系左派単産の抵抗などにより、ひとまず頓挫することとなった。

総評系左派単産の抵抗姿勢を支えた要因の一つとして、六〇年代後半から、総評の主柱ともいうべき公労協の運動が活性化しつつあったことがあげられよう。なかでも、公労協の中軸である国労は、国鉄が近代化計画を推進しようとするのに対し、「国民のための国鉄」をめざしながら、「職場に労働運動を」という路線をとり、六六年一一月には、職場交渉関係を確立しようと、「団体交渉に関する協約」の改訂を求めて当局との交渉を開始し、つづけて、職場レベルで現場長との交渉を強化し、協定あるいは覚書の調印を求める運動を組織化していった。

この運動は難航したため、国労は福岡をはじめとする三ヵ所の地方調停委員会に仲裁を申請したが、各調停委員会が提起した調停案はいずれも、おおむね現場レベルの「交渉」を認めるものであった。しかし、国鉄当局がこれを拒否すると、国労は公労委に仲裁を申請した。また他方で、国労はストライキを背景とした交渉も行なっていたこともあり、「現場協議機関」を設置するよう勧告した。事情聴取の末、仲裁委員会は分会レベルに「現場協議機関」を設置するよう勧告した。国鉄当局はついにこの勧告を受諾し、六八年四月に「現場協議に関する協約」を締結した。

以後、現場協議が職場を支配するようになり、それ抜きには何も決まらなくなった。そしてそれが突出したことで、昇進を拒否する人々も出てくるようになった。実際、「助役にはなりたくない」といった声が多く聞かれたという。

これはいわば、(コマ構造に対する) カウンターヘゲモニーの一つの到達点であったともいえる。またこれは、厖大な財政赤字に目を閉ざしてきた国鉄の政治状況であったともいえるだろう。国鉄当局は六九年五月に就任した磯崎叡総裁のもとで、全国各地の職場で現場管理者を軸にしたインフォーマルなマル生運動（生産性向上運動）を展開していった。それは、労働組合の体質改善をめざす思想教育、さらには、国労・動労を対象とした組織破壊攻撃へと向かっていったが、結局、失敗に終わった。そしてそれを契機に、国労が永年主張してきた人事における先任権の尊重が承認された。つまり、現場レベルでは事実上、勤続年数・現職名経過年数・現職群経過年数を三・四・三の比率でカウントした先任順位のみによって昇格・昇職させる慣行が定着していくこととなったのである。

## (7) 春闘の変貌

一九七三年秋に発生したオイル・ショックを契機に、先進諸国は、不況とインフレが同時並進する、いわゆるスタグフレーションに陥った。それは、日本も例外ではなく、高度成長時代が終焉することとなった。

これを受けて日経連は、七四年三月、主要業種の経営首脳をメンバーとする「大幅賃上げの行方研究委員会」の設置を決定し、同年一一月に報告書を発表した。そこでは、内生要因である賃銀インフレの抑制が急務であり、名目賃銀の引き上げが生産性の上昇率を大きく上回る場合には、物価上昇率プラス・アルファの賃上げ要求方式から脱却しなければならないと、また、賃上げについては、労資の話合いによって賃上げガイドポストを設けることが望ましいと説かれていた。

「こうして日経連は、春闘方式の打破を七〇年代の賃銀戦略の基軸にすえたのである」(兵藤 一九九七:二八八)と兵藤は言うが、別に変えたわけではない。ただそうなったのは、昨年実績プラス・アルファが、生産性インデックス連動の近似であったのが、近似たりえなくなったからである。フォード式エンジンの駆動のためには、賃銀を生産性と連動させるか、「苦としての労働」を改めるしかない。

それができなくなれば、フォード式エンジンは機能しなくなる。それによって支えられている〈従業員民主主義体制〉も維持できなくなる。労働者は「会社」を実在の権威として心の底から受けいれているわけではない。持続的な賃上げが破たんすれば、その権威も失墜するのである。

春闘共闘委は、七四春闘を「インフレから国民生活を守る国民春闘」としてたたかうことを呼びかけ、以後、国民春闘の継承・発展を追求していった。また、七五春闘を前にして、日経連が「生産性基準原理」を提唱した時、IMF・JCは反対の姿勢をとり、傘下単産による「集中決戦」を組織した。その一方で、JCとそれを支援する同盟は、インフレ抑制のために労働組合自らが果たすべき「社会的責任」をも説いた。同盟の『賃金白書』では、日経連のガイドポストには反発したものの、賃上げ目標を切り下げる自粛案が表明された。

そもそも実際には、国民春闘は、労働組合による請負闘争、代行闘争の域をほとんど抜け出ることができなかった。また、七五年暮れ、公労協によって組織された、スト権回復を求める「スト権スト」が挫折した結果、ＪＣの集中決戦に頼らざるをえなくなってもいた。

物価上昇率プラス・アルファの賃上げ要求方式はほとんどインデックス戦略と変わりなく、そもそも国民春闘はその域を超えるものではなかった。労働力消耗戦略に対して積極的労働力戦略をとった「多能工」においても、その範疇にあったといえよう。そして、スト権スト挫折以後、公労協はシステムとして福祉国家を担うこととなった。こうして、春闘相場は形骸化していったのである。

### （8）減量経営と全員参画経営

オイル・ショックを契機に多くの企業で進められた、いわゆる「減量経営」は、ヒト・モノ・カネの三面にわたって追求された。しかし、事業休止や解雇をめぐる争議は、以前の不況期に比べきわめて少なかった。

日経連は、従業員の「企業との一体感」を強化していくため、今後も終身雇用慣行を維持していく必要性を説いた。一方、労働組合は労資協議による事前協議を通じて、できるだけ有利な条件を確保しようとした。七四年一月、同盟は参加問題を運動の最重点課題にすえることを決定し、日経連に対してそれに関する共同研究会の設置を提起した。

日経連が提唱した「全員参画経営」は、従業員全員がＺＤ・ＱＣなどにより職場の業務に直接参加し、また、労資協議会・経営委員会などに間接参加することで、「経営の民主化」と「仕事の人間化」をはかろうとするねらいがあった。ただしこの提唱で注意すべきは、従業員を、単なる労働力の提供者ではなく、経営者・管理者の「全人格的な『協働者《パートナー》』であると見なし、そこに従業員の「参画する権利」の根拠を求めようとしていたことである、と兵藤は指摘している（兵藤　一九九七：三三六―三三七）。

〈産業民主主義体制〉にあっては、またそれと似て非なる〈従業員民主主義体制〉にあっても、労働者はフィクションと知りつつも、自己を非人格的労働力とその人格的所有者へと分裂させるかぎりにおいて、ブルジョア＝市民たりえている。その労働者が経営者・管理者の「全人格的な『協働者《パートナー》』」となれば、フィクションであるにせよ、所有者としての、従ってブルジョア＝市民としての地位を失うこととなる。そうなれば、〈産業民主主義体制〉、〈従業員民主主義体制〉は立ち行かなくなる。もちろんそれは、労働を自らの手に取り戻すことにつながる可能性もある。しかし、そうならなかったことは歴史が証明していよう。(27)

とまれ、「減量経営」の名を借りた雇用調整は、少なくとも大企業本工にはあると信じられていた「終身雇用＝日本的完全雇用」神話を破壊した。「民活導入」や「行革」は露骨な市場原理至上主義の表明であった。平等主義的な配置の慣行もなくなっていき、それと共に「平等主義」という神話も崩れ去っていった。

### (9) 腐朽化した現在の労資関係

兵藤はいくつかの注意点を指摘しているとはいえ、おおむね、「マイ・ホーム主義は敵ならず」とするなど、六〇年代（後半）の私生活（型合理）主義をポジティブにとらえかえそうとする。また、特にバブル崩壊後は、この「生活者の論理」が「やりがいのある仕事」的なものにも拡大しつつあるとして、現実に労働組合も、経営者すら、これにポジティブに対応する（せざるをえない）と考えるに至る。日経連が一九九五年に発表した「新時代の『日本的経営』」すら、その延長上にあると言いうることとなろう。

そこでは、連合も（経営者も）自らの存在根拠を問われる事態に至っており、日本の労資関係はこれにポジティブに対応しうる（せざるをえない、しようとする）存在との前提に立つ。（そうしうるように証拠ができあがっていると考える。）従って、そういうことをしても、連合への無意味な批判は行なわない。その点で、連合はそういう生活者たちと代表関係を保っている。

スト権スト以降、労資関係（労働組合ではなく）は腐朽化しているが、それにより「日本的経営」にポジティブな契機があるのか（「日本型」産業民主主義に生かすべき何物かがあるのか）、とことん腐った腐食土から新しい何かが芽ばえるのか、一九九〇年頃までは不明であった。しかし今や、答は出たといってよかろう。二〇〇三年の職業安定法及び労働者派遣法の改正の時点で、とことん腐る状況をむかえたからである。

労資関係はこれに何らポジティブに対応できなかった。「新時代の『日本的経営』」はマジョリティからは全く抵抗をうけることなく現実のものとなった。（二〇〇三年までが後期現代＝腐朽化の時期、それ以降が現在＝可能性の時期である。）

抵抗運動（新しい公共空間）は「多数派マイノリティ」から生じている。つまり、フェミニズム、エコロジー、外国人労働者からである。（これも全く想定通りである。）今や、「フツーに生活したい」、「フツーに働きたい」と願う諸個人は、それらを「友として迎える」立場に立ちきることで、新しい芽ばえを生じさせようとしている。

民主党や連合もマジョリティとしてこれに反応するし、これを利用しない手もないが、幻想を持つべきでもない。それは、腐食土の中で、根が腐った状態で立っているだけだからであり、また、二〇〇八年以降の事態で、腐った労資関係は、何もするつもりのないことがよくわかったはずだからである。

## 5　グラウンド・ゼロと時代区分

人間は生きたい、働きたいという欲求を持っている。そのメカニズムに解析は求められるものの、それ自体が否定されるものではない。そこから出発するということは、とりあえず「グラウンド・ゼロ」から出発する、ということでもある。その点で兵藤がまちがっているわけではない。

ただ、「グラウンド・ゼロ」は荒廃をきわめており、表層の状況は手がかりをさがすことすら困難である。ならば、三〇センチ掘り返してみよう。兵藤には、フェミニズムもエコロジーも民族主義も見えていない。「（マイノリティが）やっぱりマジョリティになれないんでは、しかたないんじゃないですか」。兵藤ははっきりそう言っている。

兵藤には、やはり大企業本工〈組合〉しか見えていないと言わざるをえない。三〇センチだけ掘り返してみよう。「生きる＝働く」ための、より手ごたえのある条件が見えてくるはずである。

最後に、本書でいう現代以降の時代区分について示しておこう。本書では、現代は一九二五年から二〇〇三年までとしている。一九二五年は普通選挙法と治安維持法が成立した年である。普通選挙法の成立により、それまで無産者であった労働者が、労働力所有者として名実ともに市民権を獲得した。たとえその市民権が、労働力の所有というフィクションにすぎず、また、治安維持法によって規制されようとも、それにより、単一の市民社会が成立したのである。

本書ではまた、現代は前期、中期、後期に区分できると考えている。前期現代は一九二五年から一九五五年までである。この期間のヘゲモニーは、戦前の〈工場委員会体制〉〈産報体制〉、戦後の〈生産管理〉〈生産復興〉と変遷していくが、それぞれの内容については、これまで見てきたように、大差のないものであった。

それが大きく変化したのが一九五五年である。この年に五五年体制が確立し、支配的ヘゲモニーは〈従業員民主主義体制〉へと移行した。〈従業員民主主義体制〉はそれまでのヘゲモニーと多くの点で共通しているが、会社が実在の権威となっている点で大きく異なる。この年から一九七五年までが中期現代である。日本の産業民主主義〈従業員民主主義〉がもっとも「健全」だった時期といえるだろう。

しかし、一九七五年のスト権ストの敗北を契機に、〈従業員民主主義体制〉は腐朽化していった。そして二〇〇三年の職業安定法及び労働者派遣法の改正により、〈従業員民主主義体制〉はついに崩壊したと考えられる。一九九九年に労働者派遣の対象業務が原則自由化されたのにつづき、この改正により派遣期間までもが大幅に規制緩和されたことで、以後、非正規雇用が激増していったのである。〈従業員民主主義体制〉の腐朽化の過程である、一九七五年から二〇〇三年までが後期現代である。

本書では、現代の後の時代、具体的には二〇〇三年以降を、現在と位置づけている。現在は、〈従業員民主主義体制〉に代わる新しいヘゲモニーが不在の、混迷期の様相を呈している。もはや同一化する実在の権威も見出せず、そのもとでの水平性も失われている。こうして労資が「逃走」して脱ヘゲモニー化した現在社会について詳細に述べることが、我々の次の書の課題である。（東條由紀彦・志村光太郎）

注

（1）大正デモクラシー運動が勃興するには背景的要因もあるが、その一つが、アメリカの影響である。アメリカは、当時、大統領であったT・W・ウィルソンの、いわゆるウィルソン主義のもと、「デモクラシーの擁護」を旗印として、第一次世界大戦に参戦し、連合国側を勝利に導き、そして、戦後の国際政治において台頭することとなった。それは、日本においては、デモクラシーそのものの台頭として受けとめられ、政治的民主化の原動力となった。デモクラシーは、政治的意味を超えて、ヨーロッパに代わりうる成長モデルを内包する、アメリカの資本主義文化の象徴ともなっていた。

（2）政党制の概念が定着しにくかったのは、清教徒革命後のイギリス、独立革命後のアメリカにおいても、同様である。「一般に革命によって成立した政治体制が政党（あるいは複数政党制）に対して不寛容であるということは、争えない傾向的事実である」、と三谷太一郎はいう（三谷　一九九五：八）。明治維新後の藩閥政府においても、けっして例外ではなかったのだろう。

（3）ここでいうデバイスはシステムと関連する概念である。システムはいわばデバイス（の束）としてとらえることができ、ここではそれを前提に論じている。詳細については、東條・志村『ヘゲモニー・脱ヘゲモニー・友愛——市民社会の現代思想』を参照されたい。

（4）道徳性としての国家は、後期近代になって出現し、一九二〇年代中葉をメドとする現代市民社会の形成とも深く関わっている。「労働力を所有する主体としての人格」を「承認する主体」が国家となった時、その国家は道徳性を有していなければならなかったからである（東條　二〇〇五）。

（5）大正社会主義における自治は、三谷によれば、その要素として、個人の自由を優先させるか、あるいは社会の連帯を優先させるかという二つの立場に分かれた。前者の立場を代表するのは、大杉栄である。大杉は、個人主義を、「反逆」の哲学であると同時に、「反逆」の意志を証明する精神的貴族主義の哲学であるとして、少数の反逆者のイニシアティヴによる多数の「被征服者」（特に労働者階級）との結合を唱えた。これに対し、後者の立場を代表するのは、山川である。

山川は、社会の連帯を中世自由都市におけるギルドの自治に求め、そこに見られる「相互扶助」と「連帯責任」（生産者即ち労働者）の原則の成立を唱えた（三谷 一九九五：二八一―二八三）。

ただし、実践的にそうであったように、出発点においては、山川の世界と大杉の世界は相補的であった。例えば、大正社会主義における「政治の否定」の論理が最も直截に適用されたのは、吉野の民本主義に対する批判においてであった。特にそのリーダーシップ論に対して集中的に適用された。リーダーシップの強化がデモクラシーの発展に背反するというのがその理由である。吉野にあっては、人格者（たるべき、にちがいない、should）への同一化が普選の精神であった。これに対し、大杉におけるリーダーは「反逆者」である。反逆者は政治的主体たりうる。ちなみに、大正社会主義は、ナショナリズムに関心をもたない。（吉野らの）中国ナショナリズムに対してもである。そもそも、国体＝国権＝主権の観念がない。民本主義は国民国家のヘゲモニーであったが、ラディカリズムは、明治の市民社会の地平から「世間」を批判したものだからである。

（6）なお、満州事変前後においては、労働者総数が約四六七万人、そのうち組織労働者が三七万人であったが、これが八一八の組合に組織され、さらに約二〇の連合体に結集していた。

（7）農民層も、労働者層と並んで、潜在的な反体制エネルギーの源泉であった。しかし、満州事変以後、労働者層と同様に、大きく右旋回していった。

（8）右派労働運動の代表的存在であった松岡駒吉も、日本労働組合会議を代表して、国民精神総動員運動に参加している。このことからも明らかなように、日中戦争の勃発によって、労働運動は国家主義への傾斜をさらに深めていくこととなる。

（9）これにより、大日本壮年団連盟を「国民組織の中核体」にしようと傘下に収め、大日本翼賛壮年団とした。また、すでに内務省をはじめ関係官庁によって組織・育成されていた産業報国連盟、農業報国連盟、商業報国会、海運報国団、労務報国会などの職域組織を翼賛会の機構に組み入れ、部落会、町内会などの地域組織を翼賛会の下部組織に編入した。

（10）その後、吉野は普選を根拠づけて次のように述べるようになっていった。「当初参政権要求の根拠は、所謂天賦人権論に在り、……今日は最早天賦人権論は其理論上の根拠を失つた。……けれども参政権の要求は……別個の根拠を見出して居る。……此等国家的責任の個人的分担といふ事に新しい根拠を見出した」（吉野 一九一八：一〇四）。このような「国家責任分担論」は、当初の民本主義論には見られなかったものである。これでは、普選と共に方向感覚を失い、集産主義への不可逆点となるのも無理はない。

(11) ここでいう、〈空想界〉〈想像界〉と〈現実界〉は、J・ラカンの概念である。〈空想界〉は、混沌するイメージ、欲望と、欲望の欲望がつくりだす、アモルフな全体感覚からなる。〈現実界〉は、日常生活においては閉ざされている、享楽と死の世界である。ここではこれらの概念を、ヘゲモニー、公共空間、システムとの関連で論じているが、その詳細については、東條・志村『ヘゲモニー・脱ヘゲモニー・友愛』を参照されたい。

(12) ここでいうシステムと抵抗は、N・ルーマンの概念を前提にしている。詳細については、東條・志村『ヘゲモニー・脱ヘゲモニー・友愛』及び東條・志村『討議――非暴力社会へのプレリュード』を参照されたい。

(13) 我々はカウンターヘゲモニーとアンチヘゲモニーという用語を区別して使っている。カウンターヘゲモニーは、対抗、闘争といったニュアンスを、アンチヘゲモニーは、逃走、離脱といったニュアンスを、それぞれ含んでいる。

(14) P・ロウとI・ニッシュによれば、対日戦争最終盤において、英国軍上層部は、天皇と天皇制を温存する利点に気づいていた。にも関わらず一九四五年七月の段階で、当時の外相R・イデーンは、アメリカに対して天皇制の温存を働きかけはしなかった。その理由について、イデーンの次のような証言記録が残されている。「私は米国側に、天皇は存続させるべきであると、勧告するつもりはない。米国側は必ずや、このような勧告の受入れを望んでおり、不本意ながらもわれわれに同意したと言うだろう」(ロウ・ニッシュ 二〇〇〇：一五八)。つまりイデーンは、自国民を説得するのに難しい天皇制温存の問題を、イギリスから切り出させようとする、アメリカの底意を見抜いていたのである。

(15) 「日本国天皇の処遇」と題する文書には、次のような、GHQ／SCAPがとるべき対応の指示がみられる。「占領当局は、天皇制を支持もしくは廃止する意図のあることを示唆するような、いかなる措置もとるべきではない。ただし、日本国民が自発的に現在の天皇の退位を強制し、あるいは天皇制も打倒しようとするときは、その努力を妨げるべきではない。もしもその努力が暴力の行使をともなう場合は、最高司令長官は、麾下の軍隊を護るために必要とされる措置にかぎり、これを講ずることができる」。また、「もし裕仁が自ら退位し、かつ、主要戦犯の裁判を行なう国際軍事裁判所に提出すべく検察機関によって検討された証拠にもとづき、天皇を裁判に付することが正当とされる場合は、戦争犯罪人として天皇を逮捕し、裁判にかけるべきである」(山極・中村 一九九〇：四一八―四一九)。

(16) J・W・ダワーによれば、マッカーサーのスタッフには、「日本専門家」は排除されていた。弁護士、銀行家、経済学者、工業技術者や、終戦時にたまたま日本に滞在していた専門家を利用し、「内輪」だけで人員を補充していたのである(Dower 1999：訳、上、二九四)。

(17)　R・ベネディクトはその著書『菊と刀』の第三章「各々其ノ所ヲ得」において、階層制への信頼が日本人のパターンを理解する上で鍵となり、また、階層制の規範がそれぞれに「ふさわしい位置」を与えるパターン、道徳体系となっていると述べている（Benedict 1946：訳、五三—八八）。

(18)　ベネディクトは、日本人における、天皇の象徴性、地位の了解について、自身の戦時中の研究を、終戦直後、『菊と刀』として出版する段階になってから、天皇の象徴性と社会の階層制とを組み合せて、「不変のパターン」とするといった、いわば規模の拡大を行なっている。そこには、降伏に際しての、天皇に対する「信じがたい程」の忠を反映しただけでなく、ベネディクト自身の戦略もあったと、道場親信は指摘している。つまり、抵抗なく敗戦を受けいれたことを「日本人の特異な性格」に求めることで、マッカーサーによる占領政策を肯定しようともしているのである（道場 二〇〇五：一一六—一一九）。具体的には例えば、ベネディクトは、戦時期（戦争末期）においては、OWIの対天皇プロパガンダ方針と、天皇制存置を主張する穏健改革派の見解を踏襲し、天皇は（また天皇に対する国民の忠誠は）軍事目的にも平和目的にも利用できる、という主張であったのが、一九四六年に出版された『菊と刀』になると、道場が言うように、「兵士たちの天皇に対する忠誠を示す具体的資料が豊富に盛り込まれ、天皇の一声で戦闘が一斉に停止し、武装解除が進んだ事実をひたすら強調して、この『忠』のからくりの探究を進めていく、という手つきに変わる。天皇制がもつ機能としての有効性と、それを支える『不変のパターン』としての階層制の原理の一貫性が強調され、『不変のパターン』としてより明確に象徴天皇制が提示されることになる」（道場 二〇〇五：一四四）。『菊と刀』は、内容的にもタイミング的にも、まさにこうした「検閲民主主義」（ダワー）に適合的なテキストであったといえるだろう（道場 二〇〇五：一六四—一六五）。

(19)　原爆投下を命令したH・S・トルーマン大統領は、それにより「一〇〇万人」のアメリカ青年の命が救われたのだと弁明しているが、マッカーサーも、D・D・アイゼンハワー参謀総長からの昭和天皇の戦争責任を明らかにせよとの問合せに対し、そのためには「一〇〇万人」の軍隊が必要になるとして、抵抗している。道場が言うように、「原爆投下の効果と天皇温存の政治効果は『一〇〇万人』の兵士の命、という数値において等価となる」（道場 二〇〇五：一六九—一七〇）。またマッカーサーは、天皇を訴追すれば、その混乱は共産主義的な体制を生み出しかねないとまで訴えている（道場 二〇〇五：一三六—一三七）。

(20)　これらについては、東條・志村『ヘゲモニー・脱ヘゲモニー・友愛』および東條・志村『討議』を参照されたい。

(21) いわゆる五五年体制下での国会の議席数は、自由民主党と日本社会党が、およそ二対一の比率であったため、「二大政党制」ではなく、「一と二分の一大政党制」とも呼ばれることもあった。

(22) この詳細については、第4章補論の図補-2及びその説明を参照されたい。

(23) ちなみに、日経連は当時、職務給化の基本パターンとして、①従来の基本給（「年功序列給」）に並ぶ賃銀項目として、比較的純粋なかたちの職務給をおく「併存型」、②基本給そのものの職務給化をはかるが、賃率の設定に昇給制度を加味する「混合型」、の二つをあげていた。これでいうと、鉄鋼三社のケースは、併存型による職務給化である。

(24) 当時、マイ・ホーム主義など、私的な生活領域の充実に価値関心をおく、私生活主義が拡延していたが、若者たちは戦後生まれとなり、まさにその申し子でもあったということも、小集団活動の活用の背景にあったと兵藤はいう（兵藤 一九九七：一七八—一七九）。また小集団活動は、特異な生産管理方式と相まって、日本型の生産＝労働方式である「トヨタ生産方式」を生み出した。それは、ジャスト・イン・タイムと、ニンベンのついた自働化という二つの柱から成っていると、推進者の大野耐一は語っている。兵藤はこのことについて、同じく大量生産方式といっても、フォード・システムを支えるテイラー主義とは異なり、現場の作業者のイニシアティブを活かそうとする発想が流れているとしている（兵藤 一九九七：一九〇—一九二）。

(25) この詳細については本書序章、さらには東條・志村『ヘゲモニー・脱ヘゲモニー・友愛』及び東條・志村『討議』を参照されたい。

(26) レギュラシオン派の提起したフォーディズムのサイクルの起点は、フォード式工場でなく、大量消費である。フォーディズムは、この大量消費を出発点として、「大量消費→大量生産→苦でしかない労働→インデックス賃銀」からなる、一つの円環をつくる。つまり、ある種の自己増殖を行なう、閉じたシステムである。それは、いったん正当化されるならば、自己の存続のみを関心とし、永遠に作動することをめざす自動機械として機能する。システムである以上、そこでは、最大限の効率化がはかられていく。そして、この円環に囲まれた部分の面積として示される経済成長と、それに基づく資本蓄積（つまりこの機械の巨大化）がはかられていくのである。この技術的しくみ（デバイス）を「フォーディズムのカルノーサイクル」と呼んでいる（東條・志村 二〇一一：七九—八〇、東條・志村 二〇一三：六三—六四）。

(27) 現代にあって、労働者はフィクションと知りつつも、自己を非人格的労働力とその人格的所有者へと分裂させるかぎりにおいて、ブルジョア＝市民たりえてきた。それが後期現代以降、そして現在、市民としての自立性を失い、受扶的存在と化していっている。どんなに周辺に追いやられ、どんなに搾取されようと、中心に従属せずにはいられない。後期現代以降、そして現在における、労働者のルンペン化については、東條・志村『互酬——惜しみなき贈与』を参照されたい。

## 参考文献


安部博純（一九九五）『新装版　日本ファシズム研究序説』未來社。

Benedict, R. (1946) *The Chrysanthemum and the Sword: Patterns of Japanese Culture*, 1946（長谷川松治訳『定訳　菊と刀（全）——日本文化の型』社会思想社、一九六七年）.

Dower, J. W. (1999) *Embracing Defeat: Japan in the Wake of World War II*（三浦陽一他訳『敗北を抱きしめて——第二次大戦後の日本人　上・下』岩波書店、二〇〇一年）.

Habermas, J. (1973) *Legitimationsprobleme im Spätkapitalismus*（細谷貞雄訳『晩期資本主義における正統化の諸問題』岩波書店、一九七九年）.

兵藤釗（一九九七）『労働の戦後史　上』東京大学出版会。

石田光男（一九九〇）『賃金の社会科学——日本とイギリス』中央経済社。

神島二郎（一九六一）『近代日本の精神構造』岩波書店。

苅部直（二〇一五）「日本思想史の名著を読む　一一　吉野作造『憲政の本義を説いて其有終の美を済すの途を論ず』」『ちくま』第五三六号。

丸山眞男（一九七六）『戦中と戦後の間　一九三六—一九五七』みすず書房。

道場親信（二〇〇五）『占領と平和——〈戦後〉という経験』青土社。

三谷太一郎（一九九五）『新版　大正デモクラシー論——吉野作造の時代』東京大学出版会。

日本経営者団体連盟編（一九六九）『能力主義管理——その理論と実践　日経連能力主義管理研究会報告』日本経営者団体連盟弘報部。

日本生産性本部（一九五七）『生産性と労使協議制』日本生産性本部。

太田薫（一九五五）「賃上げ闘争の課題」『社会主義』第四四号。

ロウ、ピーター・ニッシュ、イアン（二〇〇〇）「シンガポールから東京湾へ　一九四一—一九四五年の日英関係」木畑洋一他

編『日英交流史　一六〇〇―二〇〇〇　2　政治・外交2』東京大学出版会。

佐口和郎（一九九一）『日本における産業民主主義の前提――労使懇談制度から産業報国会へ』東京大学出版会。

山極晃・中村政則編、岡田良之助訳（一九九〇）『資料　日本占領1　天皇制』大月書店。

東條由紀彦（一九九〇）『製糸同盟の女工登録制度――日本近代の変容と女工の「人格」』東京大学出版会。

東條由紀彦（二〇〇五）『近代・労働・市民社会――近代日本の歴史認識Ⅰ』ミネルヴァ書房。

東條由紀彦・志村光太郎（二〇一一）『ヘゲモニー・脱ヘゲモニー・友愛――市民社会の現代思想』ミネルヴァ書房。

東條由紀彦・志村光太郎（二〇一三）『討議――非暴力社会へのプレリュード』明石書店。

東條由紀彦・志村光太郎（二〇一五）『互酬――惜しみなき贈与』明石書店。

吉田裕（一九九二）『昭和天皇の終戦史』岩波書店。

吉本隆明（二〇〇一）『柳田国男論・丸山真男論』筑摩書房。

吉野作造（一九一六）「憲政の本義を説いて其有終の美を済すの途を論ず」『中央公論』第三一巻第一号。

吉野作造（一九一八）「民本主義の意義を説いて再び憲政有終の美を済すの途を論ず」『中央公論』第三三巻第一号。

# 補論　西欧社会民主主義と日本の「社会民主主義」

本補論は、西欧社会民主主義との比較を通じて、第4章で検討した日本の「社会民主主義」の特徴をより鮮明にし、ひるがえって日本の市民社会そのものの「風土」とでも言うべきものを明らかにすることを課題としている。

## 1　西欧の産業民主主義体制の形成過程

シンポジウム(1)では、西欧に起源する社会民主主義に対する、日本の「社会民主主義」の特異な位置関係に問題の焦点があてられた。筆者もこの点について私見を述べ、その視点から各論者の議論に若干のコメントを行なってみたい。

旧世紀転換期、中枢世界の労働者諸個人は、深刻な実在の所有喪失の不安にさらされていた。所有喪失とは「同職集団」的関係の、つまり労働のプロセスの自律性や協働性の破壊のことである。このことは、農村におけるその生命力の枯渇と合せて、近代の複層的市民社会全体が破壊の淵に立っていたことを意味する。

こうした状況は、結論から言えば、両大戦とそれへの諸個人の参与も含めた一連の過程をへて、現代的な「単一の市民社会」の成立によって収拾された。即ち「労働力」の「所有」（他には何も所有していないが、それだけは、かつ万人が等しく所有していること）の不可侵性とその相互認知に立脚した市民社会の成立によってである。むろん「労働力の所有」なるものはフィクションである。実在しているのは万古不易の人間の行為としての労働であって、これを「非人格的」労働力とその「人格的」所有者とに分裂させるのは、道理をひっこませる無理である。しかし諸個人は何も所有しないでいることはできなかった。何も所有しないよりはマシな選択として、諸個人は「労働力」所有者へと「前へ逃走」したのである。

このプロセスは、次のように言い換えることもできる。

旧世紀転換期、労働者の人格承認の要求と（自己の所有＝人格性の喪失が、他からの人格の認知を要求させる）、生産の非人格化の要求が（テイラー・フォード方式の本来の意味である）、衝突した。社会はこれを、「非人格的」「労働力」の、「人格的」「労働者」による所有、という虚構の成立によっていったん収拾した。労働者は売り渡した「非人格的」モノに不干渉である。資本は売り渡されていない「人格的」者に対して不干渉である。こうした関係を前提にして、「典型的」な現代市民社会としての〈産業民主主義体制〉が成立した。それは、相互不干渉部分と非干渉部分を厳格に区別する団体交渉制度を基底においている。そして団体交渉制度は、その関係に入ることへの同意の任意性としてのボランタリズムをその基底においている。

さてこうした過程において、社会は、〈対抗的ヘゲモニー〉としての、ボリシェビズムやサンディカリズム等の、一連のラディカリズムを生みだした。これらのラディカリズムのモチーフは、喪失させられた（またはされようとしている）「近代」の所有と人格性を、（「現代」の幻想の所有と市民社会を媒介にすることなく）直接的に回復することにあったと見ることができる。このモチーフは（ある面で超未来先取的であるものの）、本来時代錯誤的に復古主義的な要求であった。（だからこそ中枢世界にあっては社会自体が時代錯誤的であったロシアにおいてのみ――急速に開発独裁的社会に変転していったとはいえ――一時的に勝利しえたのである。）

社会民主主義は、社会がこのように資本による暴力的な人格性の抽象とラディカリズムに身を引き裂かれている中で、ありうる対応の一つとして生じたヘゲモニーである。ここではその出発点としての修正主義論争をとりあげてみる。

カウツキーとベルンシュタインを分かつものは、（主に「政策」手段における）「改良主義」の是否ではない。正統派にも前述したラディカリズムの規定性（実在の所有の回復）は、ない。その点での「改良主義」的性格は両者において何ら変わらない。他方より限定された意味では、今日の「西欧マルクス主義」が、修正主義よりも「改良主義」的でないと考えるべき理由もない。

両者のちがいは、政治的決定のプロセスにおいて、カウツキーが「本質主義」的規定性を維持したのに対し、ベルンシュタインがその重層的決定構造を認めたことにある。

もう少しわかりやすく言うと、政治の主体としての「階級」概念について、カウツキーは一意的で一義的な（主に「経済」的な）決定論に立脚した。これに対してベルンシュタインは、階級の、諸政治主体間の相互の位置関係による決定の立場に移った。このちがいの意味は重要である。前者にあっては〈ヘゲモニー〉概念が成立しえないのに対し、後者にあっては成立するからである。

もちろんボルシェビズムの流れにあってはグラムシによって、サンディカリズムの流れにあってはソレルによって、政治のヘゲモニー的決定が認知されるようになる。これによってラディカリズムの流れにおいても、社会に内在的な〈対抗的ヘゲモニー〉形成のモチーフが育成され、（依然として「決定論」的潮流も有力とは言え）ぬきがたい「力」となった。しかし武骨な「殉教者カウツキー」にあっては、そのようには思い到らなかったのである。

社会がラディカリズムと資本による人間の非人格化に身をひきさかれる中で、修正主義のデモクラシーは、いわば自然な流れとして、新しい市民社会に内在化することになった。即ち、「労働力」所有者（とその組織としての労働組合）と、階級代表関係に立つことを志向することになった。

赤色労働組合主義には、労働組合にポジティブな面を認める部分は全くない。それは、「敗北」を通じて階級闘争における自己（労働組合）の無能（党の有能）を学ぶべき「学校」にすぎない。もしくは党と大衆との「伝道ベルト」である。

逆説的だがサンディカリズムのオリジナルなモチーフも、既存の労働組合機能の破壊を決定的な闘争手段として認めているだけであり、その後に形成される労働者組織は、もはや本来の労働組合ではない。

ラディカリズムの流れにおいても実在する労働組合にポジティブな意味づけがなされるのは、ヘゲモニー的政治決定が認知されてからである。

修正主義派は「人格的主体間の非人格的モノの交渉」の体系としての〈産業民主主義体制〉のヘゲモニー的構成主体となることによって、究極的な人間の人格性を守るための、単一の理念と行動体系を持つ政治勢力としての社会民主主義となった。彼らは産業民主主義の一方の政治ブロックと階級代表関係に立った。

〈産業民主主義体制〉の基本的モチーフは以下のようなものである。

① 相互の人格性を承認する、普遍主義的規範（又は理念）の同意。
② ボランタリーで対等な団体交渉。
③ 交渉における人格性の排除。

産業民主主義体制における国家とは、かかる政治的意思形成のシステムそのものと、その同意と、同意によってつくられたその関係の一定の不動性のことである。

誤解を恐れずこれを図示すれば、図補‐1のようなことになろう。

**図補‐1　産業民主主義体制**

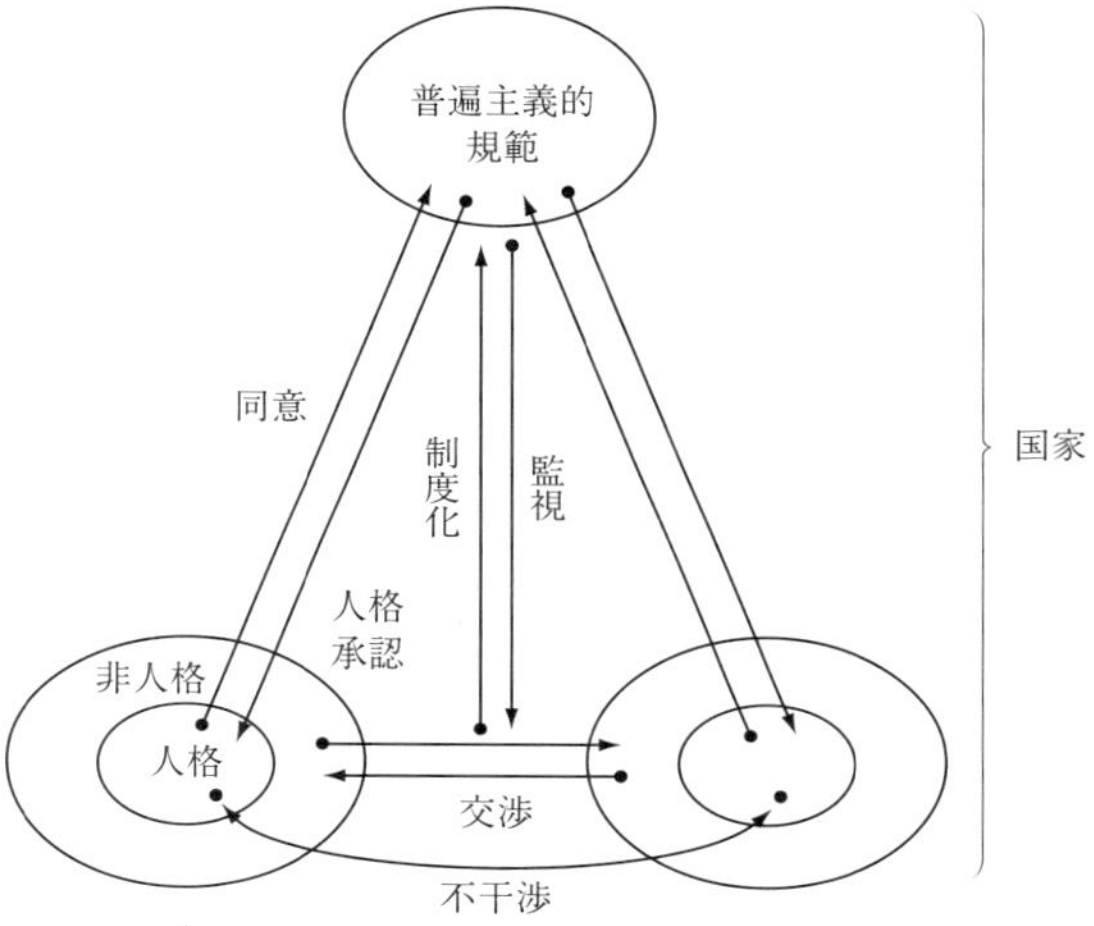


シンポジウムでもしばしば言及されたが、西欧社会民主主義は「福祉国家」を志向した。しかしこれも、実際に政府が行なった施策のあれこれよりも、以上の文脈で、（中西洋氏の言う）「政策」とその決定プロセスの問題としてとり上げるべきだろう。

福祉国家は政策（の理念と行動体系）の正当化を、諸主体とそれと階級代表関係に立つ政治ブロックの「同意」に負う。従ってその意思形成は常にヘゲモニー的である。共同決定・同権化、といったシンボルはそれを象徴するものであり、政策はつねに「社会契約」である。基層のボランタリーな性格にも拘わらず、その性格（自己の同一性）を維持するためにこそ、意思決定はつねにコーポラティズム的にならざるをえない。

これをプレ現代（「近代」）的な、自由主義的議会主義と比してみよう。（いわゆる新保守主義もその志向性を持っている。蛇足ながら、従って新保守主義の登場は、〈産業民主主義体制〉が腐朽化し、社会統合のシステムとして安定的に機能しえなくなっていることの表明でもある。）「政策」の正当化は、地域コミュニティ（複層的市民社会）と地域代表関係に立つ個人的名望家の「合議」に負う。名望家は、その本来の「定義」からして、身分、血統、財産を自らの代表性の根拠とするものであって、彼らの意思形成は、いかなる意味でもヘゲモニー的性格をもたない。政策はつねに個別的名望家の意思の集合として成立するものであり、一種のパターナリズムとプルーラリズムの間を揺れうごくことになる。

西欧社会民主主義は、かかる意味での福祉国家政策の担い手となることによって、自己を確立した政治ブロックへ導いたのである。

## 2　日本の擬似産業民主主義体制の形成過程

さて以上に対応するような政治プロセスは、日本においても、やや遅れて両大戦間期に進行した。しかしそれは、日本「近代」社会の固有の編成原理から、きわめて（フロイトの言う）「退行的」な性格を持つことになった。第一に、普遍主義的な規範に耐えきれず、人格を承認する主体として、実在の権威を内面的に同一化した。第二に、非人格的相互関係に不安を覚え、人格的関係による実質の代償を求め、秘かに導き入れた。

フロイトに従えば、人間が、自我を指図し制御する超自我を破壊された時、またはそれが未成熟であった時、人間は幼児体験をくりかえさねばならない。それは両親の実在の権威を同一化し、とりこむことから始まる。その権

図補-2　工場委員会体制

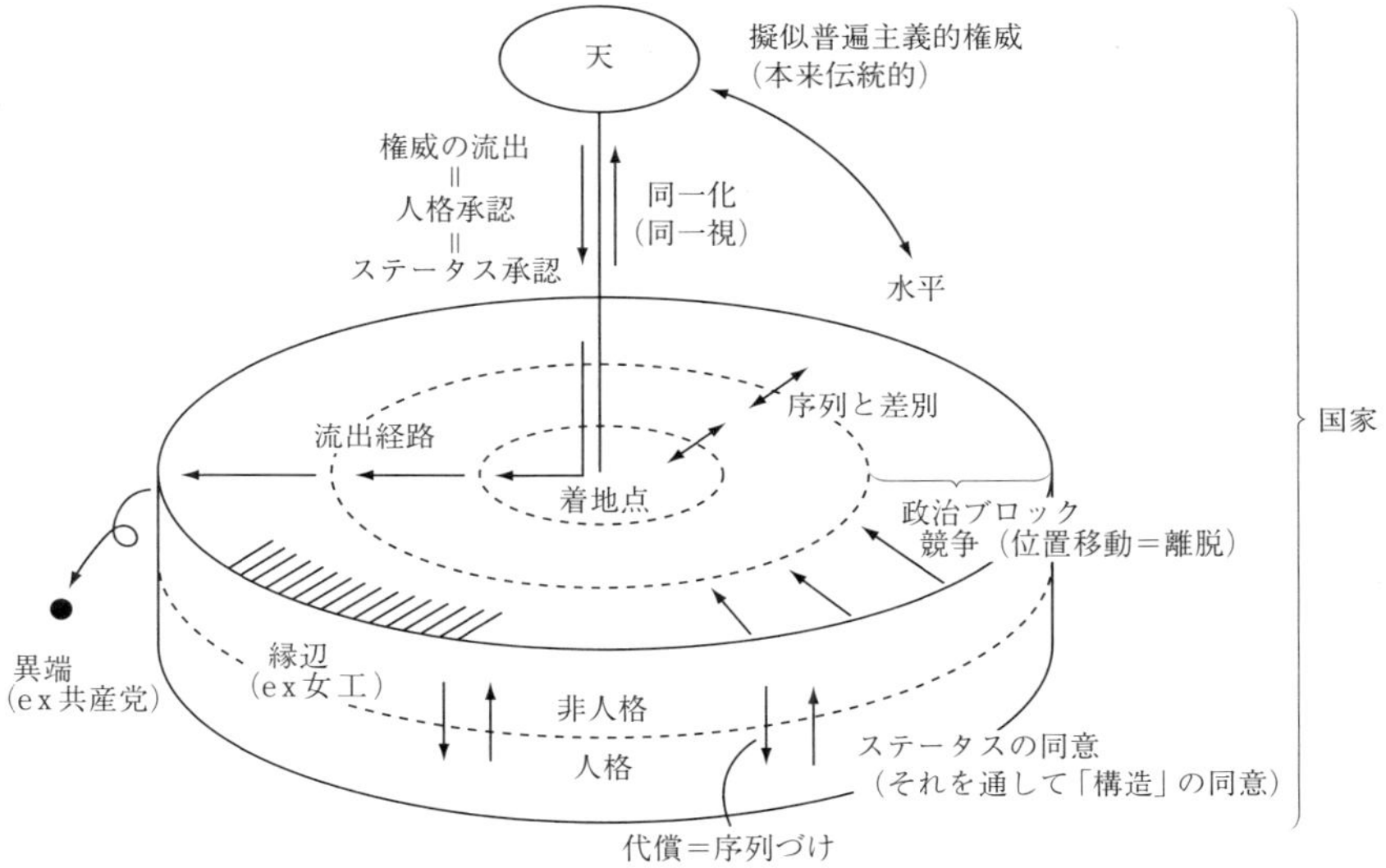


威が抽象化され、規範となった時、超自我（「良心」と呼びかえてもよい）が再形成される。

日本においては、そもそも「近代」的市民社会において、相互の規範的性格は弱かった。その上急速な工業化によって、近代的超自我（良心）の破壊の程度も、並はずれて強かった。そのためいわば社会全体が「退行」し、幼児体験を再現しなければならなかったのである。

日本にも「擬似産業民主主義体制」としての〈工場委員会体制〉が、一九二〇年代中葉には成立する。しかしそれは西欧に比して特異なモチーフに基づくものであった。

① 人格を承認する、実在の擬似普遍主義的権威の同一化。

② ①との関係で水平である（が序列づけられた）労資協議。（「水平」ではあるが、「権威の流出経路」にそった権威の「着地点」からの同心円的な距離による序列と差別、「着地点」への距離をめぐる競争を包摂する。）

③ 人格的関係（生産現場における人間関係）による非人格的関係の実質的補償。

この関係も、誤解を恐れず図示すれば図補-2のようになろう。

しかもこれを担うべき日本の「社会民主主義」は、先行するラディカリズムの弱体もあって、きわめて未成熟なものであった。結局のところ「労働力の売り手の政治ブロック」は、単に〈資本のヘゲモニー〉の権威の着地点から距離がある、というだけの根拠によって、各種の周辺的勢力（「野党」という日本語の語感は、これをかなり的確に表現している）によって「代行」される他なかったのである。

従って日本の「社会民主主義」は、明確な階級代表関係を形成することができなかった。もちろんそれはもはや名望家代表関係ではない。それどころか西欧に比して更に位置関係的なものであった。しかしそれは、「権威流出の着地点」からの「距離」のみを存在根拠とする、同心円的なブロック化に外ならなかった。かかる政治ブロックの「解放」とは、その同心円からの「離脱」（「着地点」方向への「位置移動」）以外の何者でもなく、それは即ち、本来の代表関係の破壊と、異なる代表関係への参入を意味した。

このようにして日本の「社会民主主義」は、同心円構造の中での絶えざる浮動＝相互の位置移動の中での、相対的にとりうるポジションの一つとしてのみ、自らのヘゲモニー的性格を規定していったのである。

## 3　戦後日本の擬似産業民主主義体制の変遷過程

かかるヘゲモニーはいったん破砕された。そしてその裂け目を、戦後危機の時期に〈生産管理〉〈生産復興〉といった、ラディカリズムに起源する〈対抗的ヘゲモニー〉が埋めた。しかし戦後危機の収束を通じて、かかる〈対抗的ヘゲモニー〉をもポジティブに生かし、とりこんだ支配的ヘゲモニーは（筆者はそれを〈従業員民主主義体制〉と呼び、産業民主主義体制と区別している）、戦前のヘゲモニーと驚くべき同型性を維持していた。

①人格を承認する実在の「第三の」権威としての「生産の主体」＝「会社」の樹立。（他によい言葉がないのが残念だが、「会社」という表象の背景にあるデモニッシュな何かを、わざわざ立てること。）

②「生産の主体」との関係で「水平」に「序列」づけられた労資と、その間の労資協議。

③ 生産の場における「人格的関係」による、規範的な「非人格的関係」の、実質的代償。

戦後日本の労働者諸個人も、規範主義的で非人格的な関係には耐えきれなかった。その結果「実在の権威」と「実質の人格的補償」を自ら求め、うちたてた。その結果形成された戦後の支配的ヘゲモニーは、「天皇」と「会社」が「入れ変わった」以外は、ほとんど区別を見出し難い程に、戦前の支配的ヘゲモニーと同型性を保つことになった。（本来「天皇」に「会社」的要素が、また「会社」には「天皇」的要素が、包含されていたのであろう。）

実に「会社」こそ、戦後の「人格承認」の主体のことであった。そして我々のコトバの「定義」からして、「会社」こそ汎神論的に遍在する国家（即ち人格を認める主体）のことであったのだ。（国家が単数でなければならぬというのは、我々の知的伝統が生みだしたある種の錯覚にすぎない。少なくとも大陸アジアの国家をイメージするためには、そうした規範主義的前提は捨てねばならない。）

これを念のため図示しておけば、図補-3のようなことになろう。

**図補-3　従業員民主主義体制**

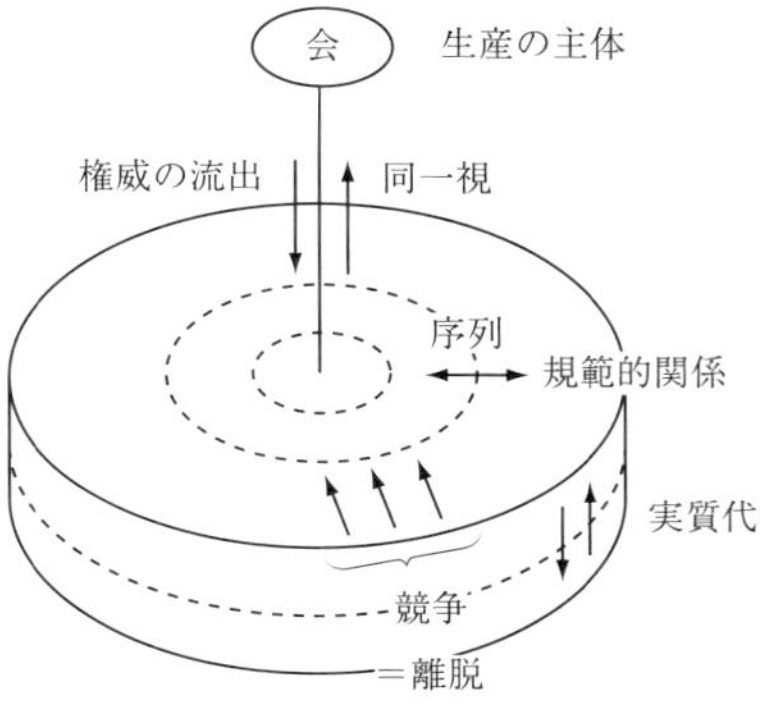


戦後日本の「社会民主主義」も、こうした政治構想の中で、ついに本来の「政治ブロック」との「階級代表関係」は形成しえなかった。耐えざる浮動の中で、常に位置関係的に「着地点」から遠距離（正確に言えば社外工や女性を切捨てて「大企業本工」部分に依存したので「中距離」）であることのみを存在根拠として、政治ブロックを形成する他なかった。彼らが「永遠の野党」でありつづけることは、いわば存在論的な規定性なのである。

ここで問題にしたいのが、シンポジウムでも議論の焦点の一つであった「平和と民主主義」のシンボルについてである。

結論から言えば、かかるシンボルをめぐる政治構造も、すでに述べた日本のヘゲモニーの存在様式と、ほとんど変わるところがない。ヘゲモニーの構造自体は基本的に維持した上で、「第三の権威」としての「会社」の

**図補-4**　平和と民主主義のシンボル

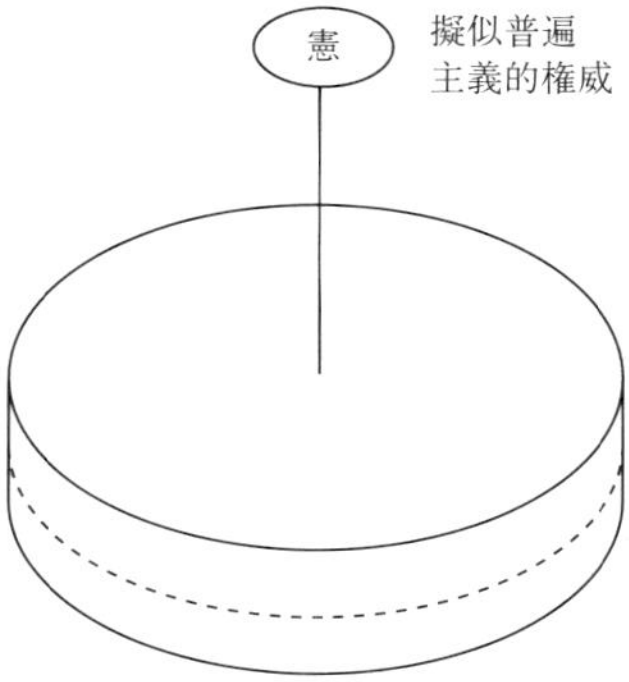


位置に、憲法なり平和なり民主主義なりを置こう、というのがその基本的モチーフである。これも念のため図示しておこう（図補-4）。

もちろんかかる〈対抗的ヘゲモニー〉に可能性がなかったわけではない。支配的政治勢力が「もし」復古主義的政策をとりつづけた場合には、「政権」をめぐる深刻なヘゲモニー抗争に発展した可能性はある。

しかし肝に銘じておくべきは、かかるヘゲモニーは、あくまで「裏返された従業員民主主義」に他ならないことである。「平和と民主主義」のヘゲモニーにおいては、日本の「社会民主主義」は、はじめから権威流出の「着地点」にいた。しかしこれが支配的ヘゲモニーに「とって代わった」ところで、日本のヘゲモニーの存在形式は何ら変らないばかりか、それを前提とした上でも、それは「周辺」（「遠距離」部）から攻めのぼったものですらなかったのである。そして一九六〇年代中葉以降は、企業内従業員民主主義の成熟と共に、「平和と民主主義」のシンボル自体が弱体化し、かかる限定的意義をもったヘゲモニーの可能性も閉ざされることになった。

その後一九七〇年前後には「多数者革新運動（「統一戦線」運動）」路線が、一九七〇年代後半からは、「『市民』運動」路線が、日本の社会民主主義にある種の可能性を与えた。しかしそれらもついに〈従業員民主主義〉のヘゲモニーを脅かすにはいたらなかった。脅かすに足るためには、日本の支配的ヘゲモニーの「コマ型」の存在形式自体の破壊の志向、もしくはそれを前提にするにしても、徹底した「遠距離」部からの行動が要請されるだろう。そしてそれなくしては、強固な階級代表関係に立脚したヘゲモニーのポジティブな構成主体としての西欧社会民主主義に相対することはできないだろう。そして日本の「現存社会民主主義」にそれが可能であるか否か、見通しはひどく暗いと見ざるをえない。

厳密に言えば、社会民主主義はそれ自体がヘゲモニーであって、ヘゲモニーを形成する主体ではない。（その点で——原理としてのコミュニズム——たえざる運動としての「共産主義」とは異なる。）一方日本の「社会民主主義」の相対性、浮動性は、それ自体がヘゲモニー（対抗的ヘゲモニー）たりえているかどうかも、疑わしい。結局問題は、日本の「現存社会民主主義」を構成している実在の主体・諸政治勢力の、力量と可能性に、かからざるをえないだろう。

## 4　日本の「社会民主主義」

さて以上の日本の「社会民主主義」についての解釈を前提にすれば、シンポジウムにおける議論は、全体として、非常に的確に問題の所在をついたものであったと思われる。

坂野潤治は、戦前日本の「民主社会主義」を、階級代表的、存在論的に説明することを否定し、中枢権力からの相対距離を規定性に、民政党左派、右派社民、内務省社会局官僚等を、社会民主主義を「実質的に代償」するものとして分析し、いわば生来的に「選択肢になりえない」彼らの規定性を示した。

その点で、これへの西田美昭の「決定論」的「本質主義」的批判は、やや坂野の提起した問題の核心をはずしているように思われた。もちろん西田の提起した、実際は世界の大部分を占める（国内的・国際的）非中枢世界における、オリジナルなラディカリズムに近い「社会主義」の可能性を疑うことはできない。そこでは、またはそれに対しては、「国家と市民社会（即ちヘゲモニー）はいまだゼラチン状」である。日本（中枢国の一つ）でも「周辺」においては、従ってヘゲモニー的に未成熟な反体制運動の高揚の余地がある。例えばフェミニズムは、未だそれを模索している状態といえよう。

佐々木毅は「民主社会主義」という言葉すら用いず「野党」の分析を行なっている。ただ佐々木は、五〇年代初頭の社会党について、西独SPDなみの六〇％の労働者の支持率という点から、ある種の階級代表関係が存在したにも拘わらず、急速にそれを失ったものと見ている。しかし私見によれば、少なくとも五〇年代の社会党のそうした性格は、本来のラディカリズムの諸潮流の非合法下、社会党が「肉体的にも精神的にも」それらを包含していたためと見るべきで、本来の片山政権以来のヘゲモニー的性格は基本的に維持していると見るべきだと考える。

高橋寿一の見地が、六人の論者の中で、最も日本の市民社会の中での「社会民主主義」の可能性についてポジティブである。五〇年代以降も社会党は、五〇年代の契機を失わず「地下水脈」として保ち、「批判的理性」を持つ「市民社会になじんだ公党化」を示したとし、例として構造改革論などをあげる。しかし私見では、新保守主義の台頭などによって本来の社会民主主義のヘゲモニーの存在領域が狭くなっている中で、たしかに社会党（とその支持者）には日本を代表する知性が多く含まれてはいるが、「批判的理性」それ自体には、もはや多くは期待できないと考える。

渡辺治のいくつかの指摘、六〇年代以降の社会党の低迷が、「企業社会にとりこまれた」ことによるものであること、彼らが「福祉国家」を志向したとしてもそれをおしとどめることはできなかったであろうことは、民社党の失敗によって明らかであること、それらは本章での筆者の議論によっても、ほとんど留保なく支持しうるところである。ただ気になるのは、渡辺が「平和と民主主義」をかかげた一九六〇年以前の社会党が、基本的に成熟したカウンターヘゲモニーたりえるものであったかのように見ている所である。くりかえしになるが、「平和と民主主義」をシンボルとした価値序列にも、渡辺のいう「企業社会」とほとんど変わらぬ政治構造が見られた。そればかりか「企業社会」の論理は（渡辺はそれを六〇年代の支配的ヘゲモニーの「復古主義」からの転換を淵源とするものと見ているようだ）、戦前一九二〇年代の「不可逆点」以来の一環したモチーフとして、社会民主主義にも分有されていたように思われる。

兵藤釗の渡辺に対する批判も私見に通ずるものがあるように思われる。兵藤も「企業社会」の「出現」以降、社会党が「オルタナティブ」の提起に失敗しつづけているという渡辺の主張を受けいれる。しかし現在ありうるオルタナティブは、（忖度を交えれば各種のラディカリズムを包含したという点で現在と区別される）五〇年代におけるそれ（渡辺はそれに肯定的である）と「同じもの」でよいのか、と問う。兵藤は、新しいヘゲモニーの可能性について、それに対し、「市民運動」や、とりわけ「私生活主義」「私生活合理主義」といったモメントを重視することを提起する。とすればそういう契機は、敗北した五〇年代の日本「社会民主主義」においても、完全に抜けおちていたモチーフとして、批判的に検討されねばならないことなのである。

以上与えられた紙幅を大巾に超過して、ごく簡単なコメントしか行ないえなかったが、以上によっても、シンポジウムが、日本の「社会民主主義」と、その検討によって戦前戦後を通した日本社会自体の理解のために、大変示唆的な討議が行なわれたことを、不十分ながらも示しえたと思う。

最後に筆者としては、筆者自身の日本の「社会民主主義」の可能性についての、今一歩ふみこんだ提起が求められているように思われる。つまりこういうことである。

以上の議論において、筆者は日本の「社会民主主義」にとっての困難を強調しすぎたかもしれない。最後にその背後にある可能性——それはある意味で背理でもあるのだが——を指摘せねば、少しく議論を不十分にしてしまうだろう。

西欧社会民主主義にあっては、規範主義的な非人格的諸関係の背後にある、実在の人格的関係を変更することには、それが支配的ヘゲモニーとなりえたとしても、非常な困難を伴うだろう。というよりそれは、ヘゲモニーとしての社会民主主義の課題ではないだろう。それを担うのは、職場の人格関係を基礎にした、異なるよりラディカルなヘゲモニーになるだろう。そして西欧社会民主主義はそうしたラディカルなヘゲモニーの出現を保障していないばかりか、阻止的ですらある。このことは、実際「政権」についた多くの西欧社会民主主義政党の経験が、はっきり示している。

日本の「社会民主主義」の「勝利」は、おそらく実在の人格的関係の内容転換と不可分であろう。というより社会の「実質的」人格関係のアロケイションを（「離脱」というかたちであるにせよ）包含しているからこそ、日本の「社会民主主義」は「権威の着地点からの距離」だけを根拠に、諸個人と代表関係を保持しえているのである。

ふりかえってみれば、実は「労働力」をめぐる「非人格的」関係とはフィクションであり、それ自体フロイトの言う（自我としての）自己による（エスとしての）自己の抑圧以外の何者でもなかった。日本のヘゲモニーは、「対抗的」なそれを含めて、これに実在の人格的関係を「密輸入」する。これ自体は「退行」であり、自我の未成熟を示している。しかし本来の人間の自然な欲望充足の見地から言えば、「鎖国」はやめておおっぴらに輸入し、それどころか自国生産すべきものですらある。日本の「社会民主主義」が、浮動＝相対位置関係的にせよ「周辺」に根づいているならば、そうした課題――直接的に人格的な欲望充足という展望をもった、つまり共産主義への移行の契機をはらんだ、本来の意味での社会主義――を、「ヘゲモニー」としての自己が包括している点で、筆者には「西欧マルクス主義」の勝利以上の問題提起をしうるようにも思われるのである。

もっとも、現在の日本の「社会民主主義」を実質上支えているJC型の労働組合は、本来の「日本型社会民主主義」の位置関係からすらシフトして、〈従業員民主主義体制〉の強力な担い手になっている。先述の意味においては、これに多くを期待することは無理だろう。

だからこそ、社会党という、日本の「現存社会民主主義政党」の微妙な色彩に、注意を傾けてみたい。それはほとんどもうボロボロの状態でありながら、かすかだがぬきがたく、「最大多数の最大幸福」をめざすのではなく、「最小少数の最小不幸」にこだわる、ある種のセンスを失いきってはいない感がある。彼らが根源的相互尊重、ラディカルデモクラシーの基礎にあるこのセンスを失いきらないうちは、最後は坂野の言説に挑戦することになるのだが、「選択肢」は残されているのではないだろうか。

（東條由紀彦）

注

（1）　ここでいうシンポジウムとは、一九九一年に開催された第二回東京大学社会科学研究所シンポジウムのことを指す。

# 第Ⅱ部　日本現代社会の諸相

# 第5章　労務動員

——捏ねあげられる「労働力」——

## 1　新規学卒者市場をめぐる問題構成

筆者は拙著『製糸同盟の女工登録制度』（東條 一九九〇）において、現代的な労働市場の形成において、「自由な労働力市場」の存在が前提になるというのは一種の錯覚であって、雇用契約というものの本態から言って、はじめから「組織された」ものでしかありえない、という強い主張を行なった。その際、雇用契約が他のどのような商品取引契約とも異なる、「本当は」時間ぎめの（生身の人間についての）奴隷契約であることを、事態の決定的契機とみなした。雇用契約のこの性格故に、その「組織化」は、基本的に新規学卒者を対象に行なわれ、そこからの脱落は、（商品価値が低いだけでなく、価値要件に欠陥のある）「瑕疵ある商品」として、市民社会におけるパリアに甘んじねばならぬとした。そして現代労働者の「勤続」に対する主にポジティブな態度は、経済「合理性」によってのみ説明しうるものではなく、いわば「価値観ごと」「刷りこまれた」結果であるとした。

　これに対し、下田平裕身氏から、力の入った批判をいただいた（下田平 一九九〇）。要約すれば以下のようになろう。勤続が長いのは特定の場所（日本）と時間（戦前慢性不況期）に限定されている。それ以外でも発生する定着指向は、（ありていに言えば）金の損得しか考えない「合理的人間」を前提にしても充分説明されうることを小池和男氏が示した、と下田平氏は言われる。氏に従えば「いまだ挑戦をうけていない」小池和男氏の議論とは、次のようなものと言える。「多能工」の能力にはその会社でしか通用しないものがある。転社することにより失われるロスは、同業大企業間の賃銀格差からみて賃銀の約一〇％程度と見こまれる。労働者が合理的行動をとっている限り、このロスに見合う特別な事情のない限り、労働者は転社しない。

筆者自身の議論にもどれば、大枚な紙数を費した割に筆者の説明は下手であったかもしれぬが、筆者が言いたかったことは、歴史実証分析にとって、このような「合理的人間」（大まかにせよ行動準則を同一視しうる程に非分節的な人間の集合）を、前提にしうるか、ということである。小池氏の「合理的人間」は、思考実験によって構築された現実認識の尺度であって、現実そのものではない。（この点で筆者のモデルと同レベルである。）（また筆者のものと同様）およそ人間ばなれした、ある種の超人社会の構成員であって、リアルなものではない。

現実的なのは、多様な「価値観ごと」「刷りこまれた」諸個人の、異種的行動の系である。問題は、にも拘わらずなおも同一視（同質化）の行動が強要された時に生ずる、強制（抑圧）のシステムと、組織された（新たに規範として刷りこまれた）への同意（倒錯）のシステム――の、種差的性格のことである。筆者が、新規学卒者市場を、それからの脱落者に対するパリア性の付与との関係で問題にするのは、この故に他ならない。

苅谷剛彦氏の著書（苅谷　一九九一）は、その結論を単純に一般化することは注意深く避けねばならないが、そうした「新規学卒者市場」というものの提起する問題構成を、鋭く示している。以下、苅谷氏の議論を簡単に紹介してみよう。

「成熟」した高校における就職指導は、次のようなものである。

求人先と求人数、そのランク付は因襲的に決まっている。求職者は学業成績順に、他のどのような要素をも一切考慮されることなく、リストアップされる。リストの上の順から、ランクに従い割りふりが行なわれる。このプロセスは非常に厳格に行なわれ、また企業からの干渉は一切排除されている。

これについて二点指摘したい。

一つはこのシステムが、諸個人の同一視（同質化）とそれの規範性を非常にきびしく要求している（にも拘わらず「経済合理性」に欠損している所がある――例えば情報開示等の基本的な点で）ことである。

第二はこのシステムが、他方同一視（同質化）された環境の中で、きびしい序列づけを要求している（にも拘わらず「経済合理性」に欠損している所がある――例えば音楽のすきな子がスポーツ店に勤めたり、その逆等の明白な点で）ことである。

マクロ経済的にみれば、この「システム」のもたらす「経済合理的」成果は、「アミダくじ」という「システム」と、似たりよったりである、と筆者は判断せざるをえなかった。にも拘わらずそれが強力に維持されているのは、「経済合理性」以外の価値規範が、市場参加者に強制（＝同意）されているからと考えるのが自然である。

その価値規範とは、右に述べた二点、異種的であるにも拘わらず要求される帰属集団への同一視（同質化）、種差は多次元であるにも拘わらず要求されるその集団内での一次元的序列化、であろう。

実はこの価値規範は企業社会（特に日本の企業社会）の基柢にあるものである。「従業員」になること、そのことに強力な規範性を与えること、「就職活動」は、その洗礼であり、そのための選別と訓練をかねそなえた場である。と同時に、公正な就職活動においてかかる同一視（同質化）と序列化が正当視されることによって、企業社会の存立基盤である「人的資源活用の手段」のシステムそのものが「正当化」される。市民社会のパリアにならぬ限り、こうした新しい規範が「刷りこまれる」。

こうしたことは、たとえ「経済合理的には似たりよったり」であろうと、オルタナティブとして出てきた「アミダくじ」には絶対できない芸当である。「多能工」形成も、工程管理上のその優秀さを、「新規学卒者市場」などナイーブな取扱いを要求される問題の説明原理として安易にもちこむならば、アミダくじ以上の説明にはならないだろう。

本章の第一の課題は、戦時期を、以上のような文脈での「新規学卒者市場」形成史の、ポジティブな一コマとして考えてみることである。ポジティブな、というのはこういう意味である。「新規学卒者市場」が組織される、またそこでの徹底した同一視（同質性）とその下での序列づけは、これまでの人間の歴史における社会の制御（資源の配分）の二つの方法としての市場と組織、というモチーフと深部で結びついていると見られる。戦時期は、それが最も「顕在化」した時期として、特別な意味を持っている。実際本章の検討によって、戦時経済が、新規学卒者市場組織化のそれまでの十数年の営みの成果を一挙にマナ板の上にのせようとした事情、それが故にこの課題が本来はらんでいたアポリアが顕著に現れてきた事情が、部分的であれ明らかにされるだろう。

もちろんこの「形成史」は、組織が市場の中に埋めこまれ（経営）、市場が組織の中に埋めこまれ（国家）るプロセス、それらの顕在化された相克が全体として社会の中に埋めこまれ、成熟化していくプロセスの検討ぬきには、充分なものにはなりえない。（言うまでもなく戦後復興期以降の、潜在化された相克と、その姿形での「安定」のプロセスの検討を指している。）

戦時期以前の分析についてさえ言うに足りない本章での検討は、それ故「形成史」のいわば一断面を扱うだけである。しかし「新規学卒者市場」というテーマ自体が抱える問題構成を（それが特に顕在化している点で特別な環境の下で）、史的アプローチによって、可能な限り鮮明に伝えてみたい。

そのことによって拙著『製糸同盟の女工登録制度』においては充分に関説されえなかった事情、そのような「エレガント」な高校就職指導体制に先だって、主要企業で「企業内養成校」がかなり発達したにも拘わらず、それが比較的スムーズに高卒新規学卒者市場へ移行しえた事情をも示しえよう。

以上は筆者が「従業員民主主義」と呼んでいる、戦後日本の特異なヘゲモニーの形成の準備過程をさぐる作業だが、同時にこのことを通じて、第二に本書の底流にあるテーマである、今日の我々にとっての「計画経済」の可能性、という問題にも、一定の示唆を行ないうるはずである。

以下、第2、3節で、戦時期にいたるまでの「労務動員」の前提となる諸政策を、ごく簡単にサーベイした後、第4節で、中島飛行機（特にその武蔵野製作所）をフィールドとして、くわしい検討を行なっていきたい。

## 2　戦時労務動員の前提

一九二七年、それまで「ややもすれば失業者救済的」であった職業紹介所が、「少年職業紹介事業」をはじめることになった。新規小学校卒業者の就職あっせん事業である。どういうレベルで意思決定がなされたかは追っていないが、内務省、文部省とも非常に熱心であったことは、各種の文書に明らかである。以来「少年職業指導」「少年職業紹介」という言葉が、ある種の流行語となる程に、熱病的な流行が見られた。市町村の紹介所レベルで各種のパンフレットが作られ、小学校は職業指導のための副読本を作成した。小学生への講演会や幻灯会がさかんに行なわれた。

しかし以上のような試みは、各種企業でこれまた熱病的に流行していた「能率科学運動」と似た性格のもので、実践的性格はとぼしかった。「適性検査」（それ自体としては莫大な項目が試みられた）によって自分にあった職業を見つけだし、適切な「職業選択」を行なう、という所までがせいいっぱいであった。[1]職業紹介所に求職を出すことは大いに奨励されたが、紹介所の方によい求人をそろえる力はなく、「少年」の側にも、自らの「コネ」の方が魅力的であることが大抵であった。

日中戦争の前まで、職業紹介所は、一般職業紹介事業、日雇職業紹介事業に合せ、少年職業紹介の統計をとっているが、七〇万人を超えると見られる新規小学校卒業就職希望者に対し、実績は一万人を下回るものであった（各年次『職業紹介広報』）。

その熱意に反し、何故少年職業紹介事業が見るべき成果をあげえなかったかについての検討は、ここでは避けたい。ただ、そうしたものの一般的な組織化を行なうには、「伝統的縁故関係」に基づく旧来の分節的労働市場の力は、十二分に強かった、とだけしておこう。（皮肉にも「伝統的縁故関係」の強い所ほど、求人を紹介所を通してもらうことによって、「少年職業紹介」の数の上での実績は、良かったのである（各年次『職業紹介広報』）。）

「一般的に」といったのには理由がある。「特殊な」条件のある所では、一定の成果を見たからである。特殊な条件のある所、とは女工（それも特に製糸女工）のことである。

筆者は前掲拙著で、諏訪の製糸業者と糸魚川職業紹介所の間の「紛争」を紹介した。争点は、(1)旧来募集人による募集を形式的に「女工供給組合」を通して契約していたのを職業紹介所経由に移す、(2)諏訪前橋間については募集人による募集を行なわず、紹介所が直接斡旋する、というものであった。

ある種の女工争奪戦の結果は、紹介所側の勝利であった。(1)女工の契約はほぼ一〇〇％形式上紹介所を介して行なわれ、(2)募集人によらない前橋の工場（前橋全体の約二五％）に紹介所は独自に女工を前年実績を上回って供給しえた。

これによって募集人を用いた募集という入職方法自体が根拠を失った。相当高額を要する募集を行なわずとも、職業紹介所が女工を斡旋してくれるからである。

これは一九二七年のことであるが、以降「女工職業紹介」は急速にのび、大経営が養成工育成に方向転換したこともあり、数自体は五万人程度であるが、「募集」方式は姿を消し、当然新規学卒者を含む女工のほぼ全体に、職業紹介所は関与することになる。

女工紹介は一貫して「優良工場選択」の問題としてとり扱われた。求職側求人側とも地域的に集中しているという「特別な」条件の下で、「伝統的縁故関係」に立脚した「募集」方式から、「経済合理性」に立脚した統一的市場の組織化がすすめられたのである（東條 一九九〇：一六六）。

先の「少年職業指導・紹介」の事業は、こうした活動と結びつくことによって、新しい地平を切りひらきうるはずのものであった。

しかし事態はそう単純に進まなかった。まず製糸業は産業自体が準戦時体制下急速に衰退してしまった。他方で急速な重・機械工業化の波が起こり、職業政策・行政は、いわばこれにふきとばされてしまったのである。一九三〇年代中葉における「職業情勢」は、以下のようなものであったと見られる。

重・機械工業の急拡大は、労務関係では次のように進んだと見られる。人員の拡大は、主として新規学卒者ではなく、後述する「青壮年工」（この当時は「臨時工」と一般に呼ばれた）タイプの必ずしも高度の熟練を要しない労働者によって占められた。旧来の「親方」層がはたしていた役割は、「熟練工」層（工場の正規従業員層）が代行した。新規学卒者の直接の入職経路は依然として基本的に旧来よりの徒弟（大企業の見習工を含む）に限定されており、「臨時工」タイプのものへの流入は、軽工業・商業・家事使用人等を介した間接的なものであった。職業紹介所がこのプロセスに参与しえたのは、ごく限定されたものであった(2)。

こうした状況を背景に、三〇年代末、いったん後景に退いていた「少年職業紹介」が、再び強く叫ばれるようになった。しかも今回は、一般論としての職業指導―紹介、新規学卒者の組織化だけでなく、現場の「急を要する」必要にこたえるものであった。その事情は以下のようなものである。

第一に「質の低下」の問題があった。先述のように三〇年代「熟練工の親方化」が進んだのだが、その穴を埋めたのは、主として他産業からの「青壮年工」型の者の流入であった。しかし彼らには職業意識・モラルに問題があり、極端な定着率の低さも、その結果と考えられた。

第二に、量的にも、他産業からの流入も限界に達していた。にも拘わらず更にこれまでに倍する拡大が要求されていた。新規学卒者を直接に、かつ「親方」化の約束されない「半熟練工」として動員しなければならなかった。しかもそれらは、第一の論点との関係で、最も優秀な層の生徒でなければならなかった。

職業紹介所は、小学校と協力して、再び熱心な職業指導――というより重・機械工業のための宣伝とあっせん――をはじめた。

その結果は、ターゲットのはっきりしている分、旧来よりはるかに質・量的に進んだものとなった。特に農村部では、新卒者の一〇〇％を紹介所があっせんした、とする所も少なくなかった。しかし都市部を中心に、「コネ付」の就職機会を求める者も多かった。（ただしその場合でも、彼らの行動が「経済合理性」により強く立脚したものとなっていたことにも注意が必要だろう。何はともあれ彼らは「国策」のモラルサンクションをけって、そうした行動をとったのであるから。）（以上各年次『職業紹介』等。）

統計が充分整っていないので正確は期しがたいが、こうした活動の結果「とにかく職業紹介所に求職票を出した尋・高小卒業予定生の数」は約二〇万人、これに対し「就職希望の卒業予定者の数」は約七〇万人、であった（『職業時報』昭一四年度第八号）。

これが一九三九年度末の状況である。

相当に混乱した社会状況と切迫した時間的制約の下、なかなかのできばえとも言える。しかし、「組織された新卒者市場」の徴候をさぐろうという我々以前に、当時の「国策」担当者にとって、これは到底満足できる数字ではなかったと見られる。我々もまた彼らの「労務動員」の裡に、新たな徴候を見出すことにしたい。

## 3　戦時職業行政の展開

一九三八年、全国の職業紹介所が国営化された。そのこと自体の意義もさることながら、これと併せて実行された、その「官史」（Beamte）としての充実に注目したい。事務職員は倍増された。地方職業紹介所数は統廃合されて半減した。村役場の中に机だけ置いて紹介所を名のるような例はなくなったのである（『職業時報』昭一四年度第八号）。格段に強化された有力な国策機関としての職業紹介所を事務当局として、国は矢つぎ早に重要な職業行政をすすめることになる。

### （1）国民能力登録令

後の徴用のための、「能力者」のリスト作りである。指定職業に過去五年以内に半年以上従事した者に登録を義務づけた。機械工を中心に五〇〇万人強が対象となった。

雇主を懲罰の対象として届出義務を負わせたこともあって、大量に登録もれがあったと見るべき徴候はない。その意味ではこの「政策」は成功した、と言える（『職業時報』昭一四年度第七号）。

しかしもとより後の徴用の役に立ったかどうかはまた別問題である。後述のように、実際は、「能力」者の供給という意味で「役に立った」のは、ごく初期だけであった。

登録と言っても、莫大な数の事務であるから項目は雑であり、綿密は期しがたい。徴用されてきても玉石混交で来てみないとわからないのだから、（徴用故逃げられないということもあって）数の上でずっと多い石として対処するしかない。また、たまに玉が出てきても、優遇すると不平が出る。

このことは、我々の関心である「新卒者市場」と関係がある。実際には「能力ある者」の発掘に失敗した「能力令」は、「青壮年」者＝「中途職業変更」者を対象にした。つまりその値打ちを新卒者のように、形だけでも「一本の線の上に並べる」（一次元的序列づけを行なう）ことはできなかった。こうした対象に対して、統制＝制御の手段としての組織は（あるいは市場も）、等価性の検証手段を持たないのである。

## （2）職工養成令

主に重・機械工業の工場において、雇用職工数全体の二～三％（業種によって少しちがう）の企業内養成施設を作り、二年間の養成工養成を行なうべし、というものである。従業員五〇〇人の工場であれば、定員一〇～一五人の「企業内学校」ができることになる。数の問題（少ない）から言っても、初期には徒弟教育と並行して行なわれることになった（『職業時報』昭一四年度第一〇号）。

これについてもサボられたと見るべき徴候はない。正式の企業内養成校の必要は以前から企業側自らが積極的に発言しており、急速な事業拡大のため後景に退いていたが、むしろ「証文の出し遅れ」の状態にあったと言える。

この制度により養成された基幹工は、「青年学校出」「青年学校上り」と呼称され、特に技能上問題があるとはとらえられていなかったが、旧来の「徒弟上り」の基幹工との比較は、盛んに行なわれた。

「徒弟上り」は低学歴で「みようみまね」であるが職業意識が高い。他方「青年学校出」は高学歴で職業教育をうけており、仕事はきっちりするが元気に欠ける、といったものである。

ひどくうまくいったというわけではないが、この時期の雇用政策のうちでは、最も成果の上ったものである。「徒弟上り」と「青年学校出」の間のフリクション、差別、といった問題も特に生じていない。どちらであろうが急拡大をとげる産業にとっては「金の卵」であり、粗末に扱えるはずはなかった。(3)

我々の関心についても、先述のように、高卒者の一次元的な「同一視と序列化」の就職指導が確立する以前、中卒者を対象とした主要大企業の企業内校はしばしば普通高校を上回る非常な人気を呼び、「一次元的新卒者市場」形成のための一階梯をなした。

実質的に見るべき顕著な成果を上げた企業内熟練工養成施設の出発点として、この時期の「青年学校」は充分に注目に値するものと言える。そして実際、これら「青年学校」生は後述のように戦時体制下、質的のみならず量的にも機械工業の基幹工となっていくのである。

## (3) 新規学卒者統制令

この政令によって、全ての新卒者は職業紹介所の求人・求職活動によってしか就職できないことになった。一五年かけてようやく全体の三分の一に到達した成績を、一挙に一〇〇%にまでもっていったことになる(『職業時報』昭一四年度第一〇号)。

この際求人側・求職側に事前に自由で充分な交渉の余地があったと考えるべき徴候はない。求職側にとって就職者は端的に「割当」ととらえられたし、また露骨にそのように表現された。そしてそれがひどいミスマッチを生んでいると考えられた。

配分は他の資源と全く同様、急用度に従ってその量が定められたが、どの経営もそれは自らの急用度の不当な軽視と考えた。他方「割り当て」られる者の質は、求職者の「適性」に従って配分されるはずであったが、これは実際の労働にとっては全くあてにならないものと考えられた。紹介所の作業は、事実上求職者を、甲・頭脳体力とも良好なもの、乙：頭は悪いが体力ある者、丙：体力劣るが頭のよい者、丁：頭脳体力とも不出来な者、以上に四区分するだけのことであった。重・機械工業の工場にとっての不満は、結局自分たちへの「割当」が甲でなく乙であることに集約された。

しかし考えてみれば、この「甲乙丙丁」方式も、戦後の「学業成績」による「一次元的序列づけ」と、内容的にみてたいした違いはない。「急用度」と「適性」の間にどのような相関があるか全然わからないし、またそれを保障しようとしていない。

このことは結局「市場の（と）組織」の前提にある「同意」の手つづきとしての「民主主義」の問題に帰着させる他ないと思われる。

「優秀な審判」の要件は、以下の二つである。

A、「ジャッジ」が正確であること。

B、「ルール」を㋑事前に㋺明確に、していること。

言うまでもなく、審判としてより根源的に重要なのは、Bの方である。Aが欠けていても草野球くらいはできるが、ホームランが何点か前もってわからぬ審判では、野球はできない。

戦後の「成熟した」高等学校は、少なくともBの方は信用されていたが、戦時初期の職業紹介所はBの方も疑われていたのである。

このことは、戦前日本の「計画経済」においては、組織における正当性のみならず、市場における等価性の条件でもある意思決定における民主主義が充分形成されていなかったことを意味する。あるいは（あくまでフィクションである「従業員民主主義」をも実現しえていない）現代市民社会の未成熟を意味する。現代市民社会（とそれの立脚する「同意」形成の日常知としての民主主義）は、成熟した市場経済――市場による制御の前提であると同程度に、成熟した計画経済――組織による制御の前提である。（もちろんその結合にとっても。）戦時統制経済は、それがほとんど背理である程に、〈デモクラシー〉形成にとって未成熟であった。そしてそれはこれまで「事実として」成立した全ての計画経済同様のあまりにも負担の重い困難の根源だったのである。

### (4) 徴　用

以上のような諸「政策」の枠組みを前提に、徴用がはじまる。[4]

本格的な戦時労務動員の始まりであるが、これ以降は具体的なフィールドに場を移して論じるのが適当であろう。政策当局者の青写真とはうらはらに、「実在の経済」が否応なしにその「政策」の内実を変えていくが、そこにこそ固有の人間社会としての日本の、固有の歴史段階としての戦時期における、「市場と経済」のかかえた問題群が、そして我々にとってはそこからくみとりうる今後の世界をも展望する示唆が、明らかにされるはずである。

## 4　中島飛行機における労務動員

### (1) 労働者の構成比率

一九四四年秋、工場の疎開が始まる直前の最盛期、中島飛行機には前橋周辺だけで約一五万人の労働者が就業していた（高橋 一九八八）。我々が検討の対象とする前橋近辺の小泉工場には約五万五〇〇〇人（『金山の鵙』七六頁）、都内武蔵野工場には約一万四〇〇〇人が就業していた。[5]

小泉工場の場合、就業者の内訳は以下のとおりであった（『金山の鵙』六四―六五頁）。

①「本工」…………約一万六〇〇〇人
②「徴用工」………約一万六〇〇〇人
③動員学徒………約一万三〇〇〇人
④女子挺身隊……約八四〇〇人

その他ほぼネグリジブルな軍属の者等がいた。

①「本工」は、性格の全く異なる三つのグループに分けて考えるのが適当である。

ⓐ 徴用開始前から在籍していた熟練工＝基幹工、彼らは（徴用等によって全く例外的に加入してきた機械工も含めて）「技能者」と呼ばれた。小泉工場についてその数は正確にはつかめないが、非常に少数である。一九三九年に小泉工場に在籍していた従業員は右記のとおりであるが、その大方は後述するように「臨時工」であったから、推測は可能であろう。武蔵野工場については後述するが、一〇％に満たない。

ⓑ 旧「臨時工」の流れをくむ「青壮年者」と呼ばれるグループ。労務手帳を持って職業紹介者に自発的に求職に現れ、「割当」によって中島に回された者。旧来は東京近辺の「金工・木工」が、金がとれるとして集まっていたが、本節で扱う時期（おおよそ一九四三年中）には、ほとんどが機械工業未経験者であった。後述のように武蔵野工場で就業者の約三〇％を占める（『調査事項』（其ノ二））。

ⓒ「青年学校」生徒、養成工である。名目的には青年学校は七年制であったから、この時期にはまだ卒業生は出ていない。しかし二年目からは工数には算入されていた。この二年生以上の員数だけで武蔵野工場の正規従業員の約五〇％を占めていた（『調査事項』（其ノ二））。結論の先取りになるが、事実上最も「たよりになる」基幹工であったと言える。

以上も入場後ほとんど時をへだてずして例外なく現員徴用に指定されたから、広い意味での徴用工である。

②「徴用工」とは、「新規徴用」者のことである。紹介所に出頭命令をうけ、出頭した者のうち合格した者が、「割当」に従って回された者。当然モラル上は①―ⓑに劣るが、同様工作の直接工としても働いた。

③ 動員学徒は男女で性格にちがいがある。女子が一般には四割程度を占めるが（『勤労行政概況』（其ノ二）一九四四年、警視庁（日本労働運動史料所収））、④の女子挺身隊と同質的なものと考える方が実情に合っている。男子はむしろ①―ⓒに近い。なお本章では紙幅上、女子工員についての検討は準備の状況上割愛せざるをえない。

その他膨大な数の「長期欠勤者」がいるが、員数の母数には入っていない。（後述する。）また少数の中学（相当卒以上の技術者、一〇％強の事務員等がいた（表5‐1参照）。

**表5-1**　武蔵野工場（1943年８月末）の従業員（総合計）

（人）

| | | | | |
|---|---|---|---|---|
| 上級事務員 | 164 | | 応・入営者 | a 1,842 |
| 事務員 | 1,135 | | 長期欠勤者 | b 1,477 |
| 上級技術者 | 100 | | 養成工第１学年 | c 1,448 |
| 下級技術者 | 129 | 一般労働者 | 新旧徴用「錬成」者 | d 1,268 |
| 技術員（技能者） | 319 | 一般労働者 | 「青年学校２～７年」在籍者 | 4,941 |
| 労務者 | 9,127 | 一般労働者 | 「青壮年工」 | 3,879 |
| 　機械工 | 4,133 | | 「新規徴用工」 | 2,325 |
| 　仕上工 | 1,311 | | 以上合計 | 17,180 |
| 　組立工 | 950 | | （a～dは工数からは除外） | |
| 　他直接工 | 933 | | 学徒（男子） | 約 3,000 |
| 　間接工 | 1,800 | | 学徒（女子）／女子挺身隊 | 約 5,000 |
| その他傭員 | 171 | | | |
| 以上合計 | 11,145 | | 総　　計 | 約 25,200 |

（出所）　前掲『調査事項』その他から作成。

**表5-2**　1942年末の一般労働者年齢構成

（人）

| | | | |
|---|---|---|---|
| 20歳未満 | 2,957 | 40歳未満 | 513 |
| 25　〃 | 4,530 | 40歳以上 | 454 |
| 30　〃 | 2,562 | 計 | 12,529 |
| 35　〃 | 1,513 | 平均年齢 | 22.9歳 |

（注）　組長，一等技手以下の全従業員中の男子。
（出所）　前掲『調査事項』による。

以下行論の関係上、①—ⓐ、①—ⓑ、②、③、①—ⓒ、の順で検討を行なうが、その前に補足的に、武蔵野工場についての労働者構成についての若干の追加説明と、項を改めて戦時期以前の労務管理—労働慣行の実態とを、議論の前提として紹介しておきたい。

表5-1は、武蔵野工場の一九四三年八月末時点での在籍人数である。この中には新規徴用者も含まれている。動員学徒、女子学徒並びに女子報国隊は含まれていない。それぞれ約三〇〇〇人、五〇〇〇人と見込まれる。計約二万五〇〇〇人強が働いていたと見込まれる。

表5-2は従業員の年齢別構成である。後述のように要求されたレベルよりはるかに下であったが、戦地に赴かなかった日本人の中では、最も優秀な人々が集められていたとはいえる。

## （2）開戦前の労働慣行と改革

最先端の生産物を生みだす工場を、最も古いタイプの労働慣行が支えていたといえる。(6)（本項から少しはずれるが、一般に研究者には、「流れ作業」の導入や「能率管理」の進展等によるこの時期の重・機械工業の工程管理の進行度についての過大評価があるように思われる。その背後には、人間の自然な欲望充足にそうものとしての古くからの慣行の根強さについての軽視が。）

工程管理について言うと、戦時期には機体組立ての最終ラインについては、ドイツから学んだ一タクトタイム約二時間のタクト方式（プッシュライン＝いわゆる「半流れ作業」）が導入されていた。しかしそれは全体のごく一部にすぎず、作業の大部分は二世代前の機種＝職種別職場で行なわれていた。

だが、技術史的視点からの工程管理については、山本潔氏の詳しい研究（山本　一九九二）があるので、ここでは、賃銀管理にしぼってこの時期の労務管理の実態について見てみよう。

現場労働者の昇進の上限は、下級技術者である「技手（補）」と、複数の職場の監督者である「組長」とであった。技手、組長の賃銀は、日給月給制であった。（それ以上のスタッフは月給制であった。）

実際上の作業のリーダーである「伍長」と本工である「一般工」とは、出来高払賃銀であった。作業の割当と請負単価は、組長と伍長との交渉で決められた。

作業はまず、伍長一名、一般工二名、徒弟一名程度のチームによって請け負われた。伍長はその上で必要人員の「臨時工」を指名した。臨時工は名前こそ臨時工であるが、役付養成コースである本工に対する、普通の一般従業員と考えた方が理解しやすい。臨時工には、「金がとれる」として、都内の「金工・木工」たちが大量に流れこんでいた。臨時工は日給制であったが、それに付加されるプレミアムは、伍長の権限によって決められた。

請負単価×生産数量と、臨時工に支払う日給・プレミアムの差額が、チームの所得となった。チームの所得は一般に、伍長、一般工、徒弟各々の最低保障給であった三者の日給に比例して按分された。

かくのごとくして、雇用の決定の権限こそなかったものの、作業量とその割当の決定、対応する賃銀額の決定の権限は、事実上親方職工たる伍長にあった。それは現代の工場よりは明治時代の『職工事情』の世界にはるかに近いものであって、「工場長の給料も伍長に及ばなかったことがある」（『金山の鵙』五三頁）程であった。

一九三九年、以上のような賃銀管理に改革が行なわれた。それまでの単純出来高払をハルセー式の時間割増制に改めた。その形式の下で「上下ノ取高ノ均衡」＝最低保障給の引上げと上限の引下げ、及び「年功序列制度」の導入、とが企てられた。これらはいずれも伍長層の強い抵抗にあい、結局実際には「単ニ個数ヲ時間ニ置換」えたにすぎないものになった[7]。しかしこの「形式」は、徴用開始後の莫大な数の不熟練労働者の流入に伴う工場労働の性格変化に思わぬ対応力を与えることになった。だがその事情については、項を改めて検討してみることにしよう。以下は一九三九年から四三年にかけての労働動員の状況である。

### （3）「技能者」（旧本工・基幹工）

本件で扱うのは、「技能者」「技術員」等と呼ばれた、工作機械を用いる経験を有した熟練労働者である。この時期に徴用によって機械工の経験者を得ることはほとんど不可能であった。武蔵野工場は一九四三年度に二五二〇名の経験工の徴用を申請しているが、「割当」は五六五名、実際に充足されたのはわずか二一名（縁故採用者の追加認可を加えても六四名）にすぎなかった（『調査事項』（其ノ三））。従って「技能者」のほとんどは旧来からの在籍熟練工が現員徴用されたものと考えねばならない。

一九四三年の在籍者中何名が旧来からの「本工」であったのかは、残念ながら正確にはわからない。ただ一九三九年時点で「熟練工」（「臨時工」も含む）比率が約三七％であったこと、「熟練工」中本工が約四分の一であったこと、第一次で直ちに現員徴用された者が武蔵野工場で約六〇〇〇名であったこと、等の傍証によって推測するならば、全体の約五％、五〇〇名強程度と見られる（『調査事項』（其ノ三））。

彼ら「技能者」は大別して三種の分野で働いていた。以下順を追って見ていこう。

第一は、伍長・組長等の現場監督者である。旧職工層はもちろん徒弟ですら、年期満了後直ちに抜擢された。しかし彼らは、前項で述べた旧伍長層とは全く性格を異にしていた。彼らの実数は残念ながら正確にはわからないが、一般職工約五〇～一〇〇名に一人の割合で、しかも手足となるべき旧「熟練工」層は皆各種の専門職に取られて存在しなかった（『調査事項』（其ノ三））。「旧伍長」はチームの先頭に立って働く実労働部隊であったが、「新職長」は、皮肉にも本来の意味での「監督者」により近かった。彼らは現場で実作業を行なうことはなく、主に以下のような業務を行なっていた。一般「青壮年工」（不熟練工である）の監督、「錬成」、技術上の指導、治具の交換・備付・管理。工作機械の保全・修理。完成部品の荒検査。[8]

第二は、「工作技術改善」のための「実験」部門の専任者（技術員）である。上級技術者三七名と、熟練工一三九名、計一七六名がこのスタッフであった。

彼らは「工数節減ヲ目標トスル作業ノ機械化」とともに、「不熟練作業者活用ノ為作業ノ単純化（単能化）――（　）内原史科――ニ主眼ヲ置キ之等ノ改善・研究」を目的として組織された。彼らの成果は「特殊工作研究部門ニ於ケル諸実験ヲ基礎トシ……実験ノ上体得セシメヌ之ガ実験値ヲ以テ徹底セシ」められた（『調査事項』（其ノ二））。

ここでも皮肉なことに、開戦と徴用に伴う不熟練労働者の大量の流入は、スタッフ部門の独立と標準作業（量）の設定という、職場の「直接的管理体制」化のための不可欠の前提をひきおこしたのである。（ただし後述のように、それがどの程度成功したかはまた別問題である。）

第三は、「青年学校」（熟練工養成令に基づく養成工学校）の、教師である。養成工は第一～第七学年で総計六四〇〇名に上ったが、[9]このうち第一学年一四四二名は、一般工とは別に独立の実習と学科をほぼ同比率で行ない、第二学年以上は一般工と共に（共通の工数に数えられて）実地訓練（ＯＪＴ）をうけながら学科を併習した。この第一学年を主な対象として一一一名の専任教師が、第二学年以上に対して八一名の兼任教師がいた。兼任教師の全員、専任教師も一部の学科担当を除いてほとんどが旧熟練工であった。

後述のように養成工生徒は、規律の面でも帰属意識の面でも、質的のみならず量的にも、武蔵野工場の労働者で最もたよりになる部分であった。戦時経済はここでも、最熟練工を生産業務から分離せしめ、自立した企業内養成制度をつくること――それは政策当局や各企業が数十年来に亘って追求しながら、様々な抵抗（その最たるものが職工自身の抵抗であった）のために実現しえなかったものであった――の条件を提供したのである。

しかし、その絶対数の不足はさておいても、「旧熟練工」に依存した工程管理、あるいは分業システムには、もちろん大きな問題があった。それは端的に言って、当の「旧熟練工」の再生産を中心とする、技術養成システムの問題である。

よく知られているように、戦時期日本の航空機産業は、単能機械で済むものに高価な万能機械を用いていたとして、米戦略爆撃調査団に大きな驚きを与えた。しかしこれはそうした「単能工作機械」の生産能力の問題である以前に、使う側の分業＝技能養成システムの問題と考えるべきである。

「一般青壮年」工は、わずか一ヵ月の「錬成」で直ちに現場に投入された。一人につき一台のそれぞれ相異なる「万能機械」が割り当てられる。[10]（品種別職場でなく）機種別職場であるから、注文の部品は日々刻々ちがったものが要求される。「熟練工」は「青壮年工」の新米から古参の順に、簡単な部品から難しい部品を割り当ててゆき、各々てっとり早く方法を教える。（「熟練工」は「万能機械」で育った「万能工」であるから、こういうことができる。）「青壮年工」はこのようにして、簡単なものから順次一つずつ部品の作り方を覚えてゆき、「万能」工に少しずつ近づいていく。

先に紹介した「研究部門」での「単純化」「単能化」「標準化」も、こうした事情をいささかもくつがえすものではなく、直接テイラーやフォードの方式に連なるような性格のものでは全くない。それは端的に「青壮年工」の「速成」のために必要とされたものである。一定の分節的な「分業体系」の構想は何らもっておらず、従ってその「分業体系」にそう限りでの多能化——それは何かしらの程度で「企業内的」である——つまり「半熟練」労働者を系統的に育成しようとする努力に直接つながるものではない。

「養成工」についても事情は変わらず、以上のような指導力をもつ者としての「熟練工」の、自己再生産の域は出ない——従って、機械工、仕上工、組立工の三分割以上の体系だった分業を伴うものではない——ものであった。ただし養成工については更に考えておくべきこともあるから、本節（6）項でもう一度とりあげることにしよう。

### （4）「青壮年工」（旧「臨時工」）

前述のように、「青壮年工」は、職業紹介所に自発的に求職に来た者が、「割当」に従って強制的に回されてきたものである。（ただし、紹介所をへずして就職することは犯罪であったから、これは単に「働く意思がある」という以上のモラルを示すものではない。）特に中島飛行機の場合などは、本人の希望等おかまいなしに「割当」られた。ただし、中島は就業地（前橋）の紹介所を通して全て求人の申込みはなされた。従って可能な限り通勤工が原則であった。この点は、（5）の新規徴用工と全く異なる。中島は縁故採用者の確保のために、各地方の紹介所に直接求人を入れられるよう求めていたが（『調査事項』（其ノ三））、認められなかった。求職は全て出身地の紹介所で、求人は全て事業所の所在地の紹介所で、という原則は、既述のように、政策当局による「労働市場の組織化」の根幹だったからである。

表5－3　東京都内職業紹介所の実績（男子のみ）

（人）

| | a<br>申　請 | b<br>割　当<br>(b/a) | c<br>充　足<br>(c/b) |
|---|---|---|---|
| 国民学校修了者 | 188,369 | 60,178（32） | 48,142（80） |
| 一般青壮年 | 760,835 | 275,968（36） | 125,733（46） |
| 徴用 | 235,353 | 138,443（59） | 136,618（99） |
| 勤労報告隊 | 196,569 | 163,807（83） | 163,807（100） |
| その他共合計 | 1,470,691 | | |

（出所）　前掲『勤労行政概況』（其ノ二）による。

後述の（5）新規徴用工がモラルが著しく低く、他方（6）動員学徒と（7）の新規学卒者は、中島の場合要求はほぼ完全にみたされていたから（砂中の金剛石たる「技能者」を除けば）、この「青壮年工」が最も「ニーズ」が高かったと言える。この辺の事情を表5－3で見てみよう。

この表は、東京都下の全職業紹介所の全紹介実績である。（中島だけではない。）大ざっぱに見て、(1)需要数／(2)割当数、が各経営の必要度の高さを、(3)充足数／(2)割当数が国家における「労働市場の組織化」の能力・進行度合を、それぞれ示していると考えられる。

「必要度」については、「新規学卒者」が最も高く、次いで「一般青壮年」「徴用」「動員学徒」となっている。労働市場が新規学卒者市場として組織化されていったこと、長年勤続がその際の重要な関心であったこと、という本章の主張を裏づけている。この順番は、勤続の見込みが高い順にきれいにならんでいる。後述のように「動員学徒」は「徴用工」より、はるかに勤労意欲は高かったが、「永就ノ見込ナキ」(『調査事項』(其ノ三))故に、要求は必ずしも高くなかった。

ただし、「国策産業」である中島飛行機に限って言えば、「新規学卒者」についての前の記述はあてはまらない。表を見ればわかるように、「国民学校卒」者全体の数は、全体の労働者供給数の約九・八%にすぎない。(理由は後述する。)それに対し武蔵野工場では、一九四三年度入所者二六六四名中一七一〇名(六四%)が新卒者であった(『調査事項』(其ノ二)(其ノ三))。政策当局者は最も貴重な新卒者を、航空機産業には並はずれて重点的に配分したわけである。そのことがあらかじめ了解されていたため、武蔵野工場では、新卒者の申請数二五〇〇名に対し、割当一八〇一名、充足一七一〇名(一九四三年)と、「割当率」「充足率」ともに非常に高く(『調査事項』(其ノ三))、後述の「青壮年工」の方がそれをはるかに下まわっていたのである。

「能力」を示す「充足率」(⑶充足数／⑵割当数)の方を見てみよう。「割当」とは、各職業紹介所が、各事業者からの申請に対し所定の基準に基づき与えた、いわば「権利」を積算したものである。「充足」とは、その当局の努力によって、実際に最終的に入所した者の数である。

見られるとおり、「国卒者」と「学徒」の充足数が、「一般青壮年」よりずっと高い。新卒者と在校生に対する当局の掌握力は、他よりずっと高かったわけである。このことは本章の一貫したテーマである、「学校という現象」の、「労働市場＝労働力の処理・再生産の場」における、現代社会形成期での固有の「意味」を徴候的に示している。もっとも「国卒者」充足数の絶対数の少なさにも注目する必要がある。それは当該年度の国民学校全卒業者数のわずか六%にすぎなかった(『勤労行政概況』(其ノ二))。くりかえしになるが、当時は職業紹介所をへない就業は違法である。また後述する摘発の数(『勤労行政概況』(其ノ二))その他から見て、「表立った」「闇就職」が行なわれたとも見られない。国民は出ても家計の足しにもならぬ就職より、在宅「無職」のまま、家業・家事の手伝い、内職、買出し等をえらんだ。「学校」(卒業)という生活世界への乱入者・異物を、人々はそのようにアブジェクトしたのである。

あと付け加えるとすれば、「新規徴用」工の「充足率」の高さがある。しかし後述のように、新規徴用された人々のほとんどは、徴用の合格水準ぎりぎり（乙下）の者たちであった。しかもこれすら、充足数の一〇倍もの出頭命令によってようやく達成したものである。「新規徴用」とは、半ば病人である人々を、員数がそろうまで出頭を命令しつづけた、その「力学」的行為の所産以上のものとは評価しがたいようである。

さて、以上を前提に、「一般青壮年工」に戻ろう。

彼ら（「青年学校生徒」でも「新規徴用工」でもない者）の武蔵野工場在籍総数は、表5-1に示したように、約四〇〇〇名、全体の三〇％程度と見込まれる。ところがこの時期新規に武蔵野工場に入場した「青壮年工」は、一九四二年四月から一九四三年九月までを通算して、「申請」七〇五〇名に対し、「割当」二八八三名、「充足」わずかに六六六名であった（男子のみ）（『調査事項』（其ノ三））。これに対してこの時期「減耗」者（会社をやめた者）は、「応召・入営」者を除いても、後述のように二〇〇〇名を上回ったと見られる。

図5-1は、武蔵野工場開場以来の労務者の在籍人員の変化である。（ただし最も狭くとった生産労働者で、幹部、事務員、下級技術者、応召・入営者、長期欠勤者、一年目の養成工、「錬成」者、動員学徒、女子挺身隊等は含んでいない。）

この間三〇〇〇名強純増しているわけだが、他工場からの転籍者も含め、約四五〇〇名ほどの「青年学校一～七年目」が就業している。入学者数と一九四三年一〇月時点の在籍者数を比較することによって、「青年学校」生はほとんど退校しなかったことがわかるから（『調査事項』（其ノ三））、（「青年学校生徒」の身分は、他の就職と比して大いに有利と考えられていたから当然でもある）「青壮年工」はその分着実に減少していたのである。

しかもこの時期の「減耗率（退社率）」は大変な高さであったから、（全体的に離職率の著しく低下していた四二～四三年でさえ「青壮年工」と「（新規）徴用工」の合計から「青年学校生徒」を引いた者八〇七三名に対し、一ヵ月間の「錬成」を受けている者が一二六八名に達することからも（表5-1右欄のdを参照）このことがわかる。）単純計算では、「一般青壮年工」[11]の平均勤続月数は、約六・四ヵ月になる。

**図5-1　武蔵野工場における労働者（最狭義）数の年次変化**

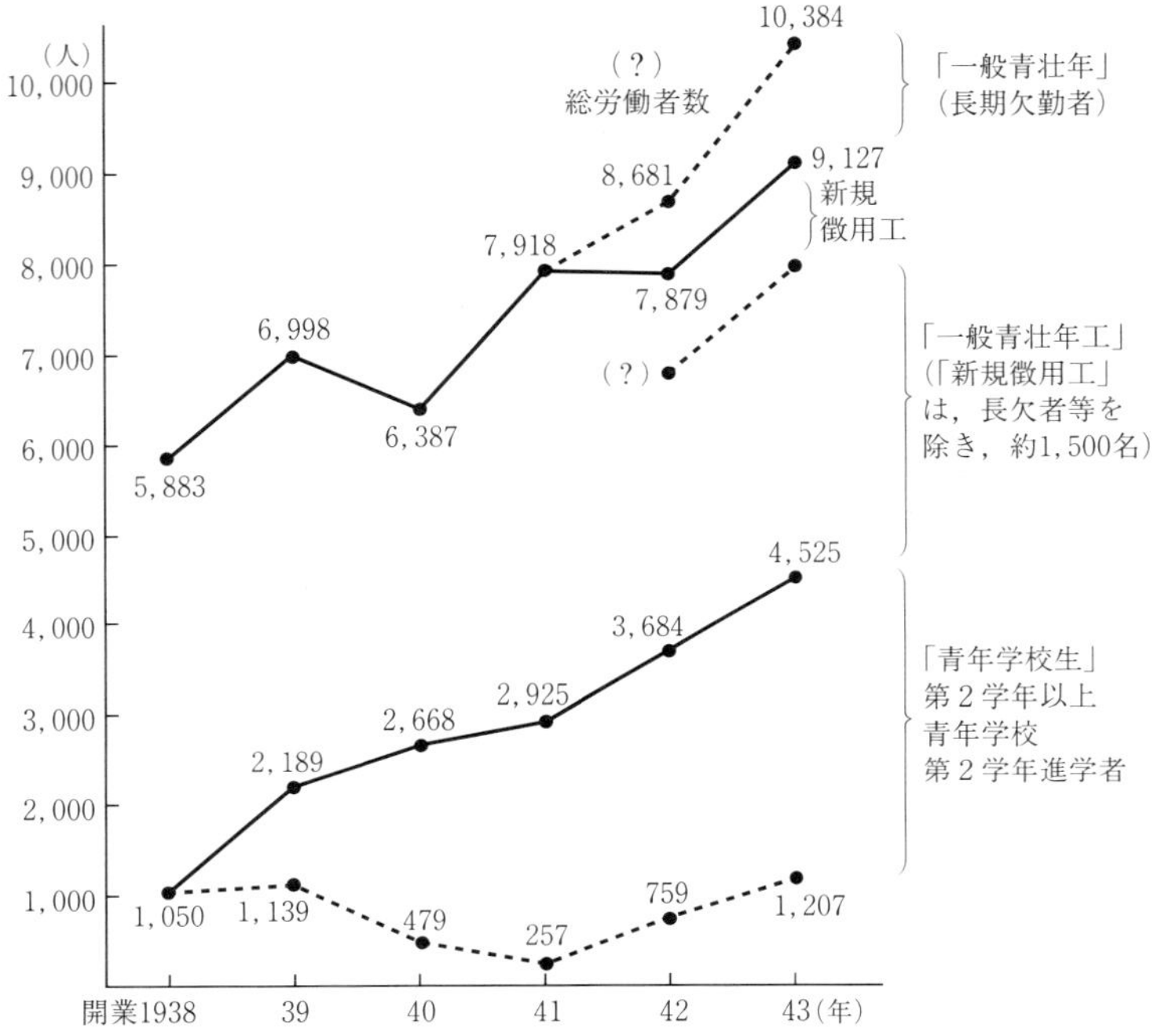


（注）　青年学校生には，全体で約300名の退校者が出ているが，1942年度まではその数は無視して積算した。応召者ははじめから除いてある。
（出所）『調査事項』（其ノ一～三）による。

このように、航空機産業の中でも最先端をなすエンジン工場では、事実上生産の中心は「なかなかやめない新卒者」によって担われていた。それ故国策機関たる職業紹介所も、「一般青壮年工」の割当・充足を二の次にし、それに二・五倍する「国卒者」を、ほぼ工場の要求通りに充足したのである。

こうした状況の背景にあるのは、「青壮年工」のおどろくべきモラルの低さであった。それは欠勤率の高さに集中的に現れていた。まず社会的に一般的な状態を見るために、「東京都下」の状態を見てみよう。この調査でも「青壮年工」と「徴用工」の区別はされており、ここでの数字は就職を「志願」した「青壮年工」のものである。(といっても事実上は、後述の理由によって「通勤工」を母集団としている、というだけのことではあるが。)

「管内工場ノ勤労者中応召入営ハ約一

〇％強長期（一ヵ月以上）欠勤者約六％普通欠勤率一〇％ナリ」といった状況であった（『勤労行政概況』（其ノ二））。

表５－４はそのもとになったと思われる都内工場の数字である。（「欠勤を〇日した者の数」を足したものが「欠勤率」になるわけではないから注意されたい。前者の方がずっと多くなる。「長期欠勤」は変わらない。）

「一部工員ニ在リテハ未ダニ勤労意識低調ニシテ高賃金ヲ求メテ二重稼動シ就業中故意ニ怠業シ欠勤シテ買出シニ出ズルモノ或ヒハ資材ノ窃取持出ヲ敢行スル等職場規律ヲ紊乱シ生産ヲ阻害スルモノ其ノ跡ヲ絶タザル状況ナリ」

というのが警察の認識であった（『勤労行政概況』（其ノ二））。特に「二重稼動」、あるいは欠勤して家で行なっている内職は深刻な問題であったが、実態の把握自体が困難な状態であった。工場からの窃盗は四日間の「検挙」だけでのべ三万件以上、二〇〇〇名以上に及んだ（『勤労行政概況』（其ノ二））。

これに対して警察の行ないえたことは限られたものであった。「管理者側並ニ関係向ト常ニ緊密ナル連絡ヲトリ錬成検挙等随時適切ナル対等ヲ講ジ取締指導ヲ加ヘ」（『勤労行政概況』（其ノ二））ていたが、焼け石に水であった。後述のように、（「青壮年者」のほとんども現員徴用されていたから）「徴用工」全体で一斉検挙を行なっても、都下二〇万人は下らぬ一ヵ月以上の長期欠勤者のうち、拘束しえたのが四千数百人、送検したのが約七〇〇人、「錬成」（一種の体罰である）が二千数百人であった（『勤労行政概況』（其ノ二））。

こうした試みは、いわば「見せしめ」以上のものでありえなかった（つまり違法行為に対して原則として全行為者が制裁の対象となるという、現代的法規範の最も基本的な原則が放棄されていた）、と見なさざるをえないように思われる。というより「欠勤して二重稼動する」といった種の問題は、公民国家レベルではなく、雇主と就業者間の市民社会レベルで解決されていないことには、どうにもしようのない問題だっ

**表５－４　都内14工場欠勤者数（通勤工／日）**

| 欠　勤 | 数 | 率 | 欠　勤 | 数 | 率 |
|---|---|---|---|---|---|
| 皆勤 | 5,501 | 61.6% | 15日～１月 | 271 | 3.0 |
| １日 | 1,112 | 12.5 | １～３月 | 211 | 2.4 |
| ２～３日 | 649 | 7.3 | ３ヶ月超 | 268 | 3.0 |
| ４～７日 | 606 | 6.8 | 欠勤14日超 | 749 | 8.4 |
| ８～14日 | 314 | 3.5 | 在籍総数 | 8,931 | |
| 欠勤14日以内 | 2,682 | 30.0 | | | |

（出所）『勤労行政概況』（其ノ二）より作成。

たのである。

しかし「東京都下」の数字は、「本意就職」者が多数を占めている点で、まだましなものであった。ほとんどが「不本意就職」であった中島飛行機の事情は、一層悪かった。中島飛行機の前橋近辺の工場の従業員は、合計約一五万人であった。周辺地域からの就業者はそのごく一部である。残りは大変な長時間の通勤か、後述のように事実上の強制収容所である「寄宿」をえらぶかであった。東京近辺の「青壮年工」にとって近辺に工場が見つかることが希望であったことは言うまでもないことで、前橋にまでとばされるのはほとんどの「青壮年工」にとっても「不本意」であった。

「現員徴用者」一万一五三六名中、八月末日当日における欠勤者が二〇五四名（一七・八%）、そのうち一ヵ月以上継続して休んでいた長期欠勤者が一一一九名（九・七%）であった（『調査事項』（其ノ二））。くりかえし述べているように「現員徴用者」には、比較的成績がよいと思われる「青年学校」生徒も含まれている。「青壮年工」の欠勤率は二〇%、長期欠勤は一〇%をかなり上まわっていただろう。しかも象徴的なことは、この数字が「昼休みに昼食をとりにきたものの数」を勘定してはじかれたものであることである（『金山の鵙』）。工場は職場単位で欠勤者の集約をしうるほどの能力も持たなかったのである。工場は各種の労働者間の競争を組織したが、その第一が「出勤競争」であったことも、事態を象徴していよう。

欠勤はいろいろな理由があったが、例えば最も正当とみなされていたその四〇%以上を占める「病気」をとっても（『調査事項』（其ノ三））、（他に明確な理由は「応召」のみで、それ以外は「家事都合」等の抽象的なものである）ただ「診断書が出ている」ということであって、別の調査によれば（『勤労行政概況』（其ノ二））、正当と評価できるものは更にその三分の一程度であった。

図5-2は、欠勤率の年次的変化を示したものである。一九四一年度までも決して満足のいく数字ではなかったであろうが、徴用制度が本格化して以降急速に悪化している。労働者諸個人の「同意」によらない、つまり「物理的」手段による「労働者の経営間移動の抑止」策は、このようなゆがんだ形でその矛盾を露呈していたのである。

図5－3は、戦時期の離職率を年次的に見てみたものである。どこの国でもそうした面はあるとはいえ、この数字自体はおどろくべきものである。その成果は固有の体験として、戦後に「ポジティブ」にひきつがれたはずである。しかし現在の我々は更に立ち入って、その内容について見てみることができる。

第一にそのうちの相当は、「応召」に関するものである。雇用契約における「労働力商品」としての第一義的規律（㋑時間ぎめであり、㋺その時間内は「所有者」の「人格」が侵害されない限りにおいて雇主の専制的支配の下におかれる）は、実は「軍における規律」と不可分だったのである。

第二にそれを除いたうちの大部分は、「養成工」によるものである。この二つで勤続率の大方は説明されてしまう。

**図5－2　年次的欠勤率（男子のみ）**

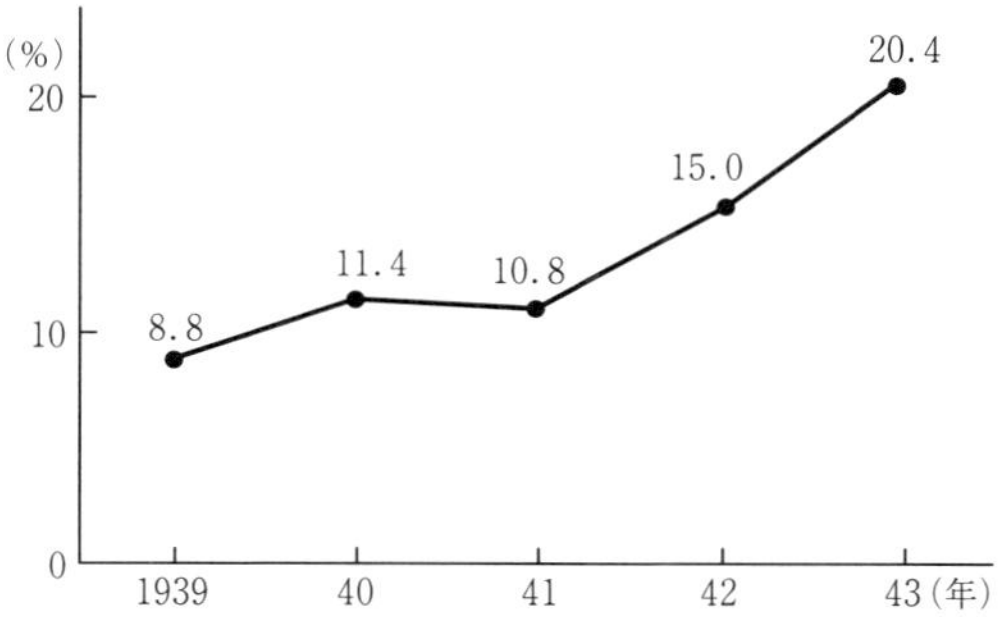


（注）　比較の都合上「毎年８月」欠勤率を示した。年平均の欠勤率はこれより少しだけ低い（暑いからか？）。３月が多いということは全然ない（むしろ少ない）。
（出所）　『調査事項』（其ノ三）による。

充分に驚かれてしかるべきことだが、「養成工」出身者の第四年目以上の者は、合計約二七〇〇名中一二〇名弱が三年間に退職したにすぎない。この間の「一般青壮年工」の退職率は二〇％を超える。「産業民主主義」であれ、日本戦後の「従業員民主主義」であれ、戦前の「天皇制水平主義」（東條 一九九〇：第四章）であれ、あるいは我々が構想しうる「ラディカルデモクラシー」であれ（東條 一九九五）、民衆の日常知としての意思決定手つづきとしての「民主主義」に立脚した、ウェーバー＝グラムシ的に言えば「同意された支配」の持つ決定的意義を示している。そして特にその中でも、グラムシが喝破したように、「学校という現象」が占める、「規律とその同意のしかたの学習」の意義を。

第三の、その大外を固める公民国家による強制は、それでも残る数字の点だけでも、もちろん軽視するわけにはいかない。なぜならそれ

図5-3　「青壮年工」等離職率（男子のみ）

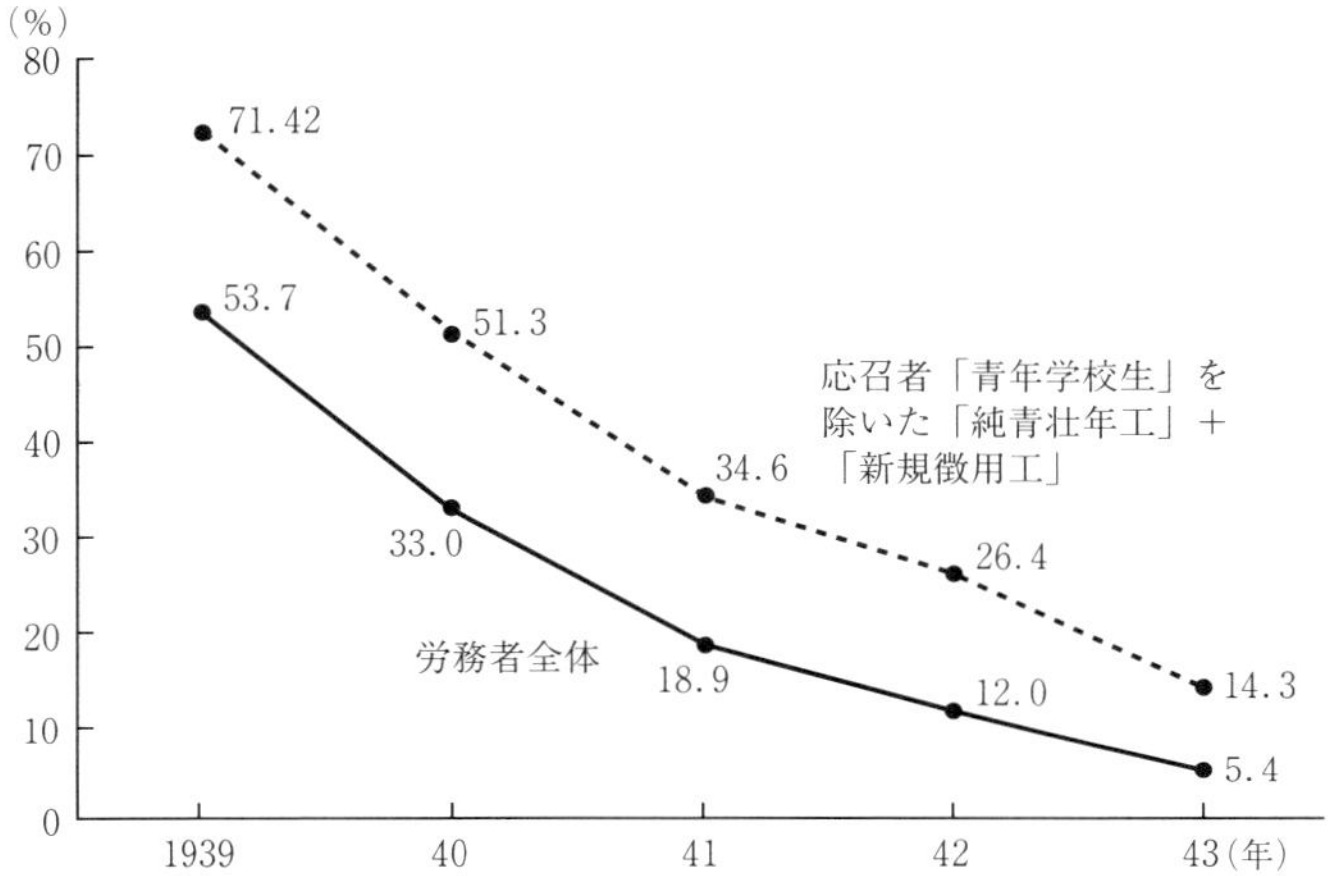


（出所）『調査事項』（其ノ一～三）より作成。

はその社会のパリアを定める城壁であり、戦後第一、第二段階における「学校―就社」体制にも、ひきつがれたものであるから、戦前日本においても、人々はパリアになることを多くは望まなかった。それゆえ人々は本項で紹介してきたような「広義のアブセンティズム」にハケ口を見出しつつ、外面的には戦時日本国家の法規範の内側にいた。それゆえ最広義の「徴用体制」も（その最もポジティブな要素は、むしろ本来は傍流であった養成工制度の組織にあり、「国民能力者」の動員というねらいとは程遠いものではあったが）、「同意」形成の手つづきの多様な〈民主主義〉を最終的担保を与える枠組みとして、戦後「現代」国家に、ポジティブな経験を残したのである。

### （5）「徴用工」（「新規徴用工」）

中島飛行機武蔵野工場では、四次にわたり合計二五八七名が新規徴用され、二六九名が途中解除されている（『調査事項』（其ノ三））。一九四三年九月末の時点で二三〇〇名余が在籍しているはずである。しかし後述のように彼らのモラルは著しく低く、かつ協力下請工場に多くの新規徴用工が「回され」たので、武蔵野工場での彼らの比重は大したものではなかったと見られる。工場では徴用工の割当増より、地方から縁故採用した「青壮年工」の優先的な「割当」を要求している（『調査事項』（其ノ三））から（紹介所のルールによって、この割当の決定権は秋田なら秋田の職業紹介所にあって、中島に回されるという保証は何もなかった）、また『調査事項』での言及もごく少ないので、ネグリジブルに近い存在であった可能性も高い。

しかし表5-3にもあるとおり、社会全体では常勤の男子追加労働力の四二%は新規徴用工であり、中島でも機体組立てが中心の前橋地区では、男子常勤労働者の約半数は新規徴用工で（本章二六〇頁）、「労務動員」に非常に大きなウエイトを占めていたことはまちがいのない所である。

しかし「徴用工」の質は、非常に低いものであったと考える他はない。

本来「徴用」という制度は、「国民能力登録令」に源を発する。有事にそなえて重・機械工業労働経験者を登録しておき、有事に非重要部門に従事している経験者から、必要に応じて選択する、という趣旨である。その結果登録された当初の約一六〇万人は、ほぼその趣旨にあい、また「経験者」の大部分をカバーしていたと見られる（本章一五六頁）。しかし、この時期にはそのような「経験者」はとうの昔に払底していた。一九四三年度の登録者は東京府下の男子だけで一九四万余に上り、満一二歳以上六〇歳未満で、一部の幹部・国策産業従事者・障害者を除く「未経験労務者トシテ徴用適当ナルモノ」（傍点引用者）が「登録」の対象者であった（『勤労行政概況』（其ノ三））。またその「客観的」レベルも、当局者自身が著しく低いとみなさざるをえない人々であった。

……出頭命令ヲ発シ……四十才以上ガ二六%三十才以上四十才迄ガ四十%ヲ占メ両者ヲ合スレバ全体ノ六六%ガ高年令者ニシテ……（『勤労行政概況』（其ノ三））

……詮衡成績（甲）ニ属スル者僅カ一%ニシテ乙以上ノ判定ヲ受ケタル者五%ニシテ徴用可能ト判定セラレタル者ハ六%ニ過ギズ……（甘くみても——引用者）徴用ヲナシ得ル者ハ一〇%程度ニシテ……（『勤労行政概況』（其ノ三））

これらの者の会社側の評価は、「……まったく質が悪かった。……その土地で箸にも棒にもかからない連中をよ

図5-4　徴用者数に対する「出頭命令」倍率

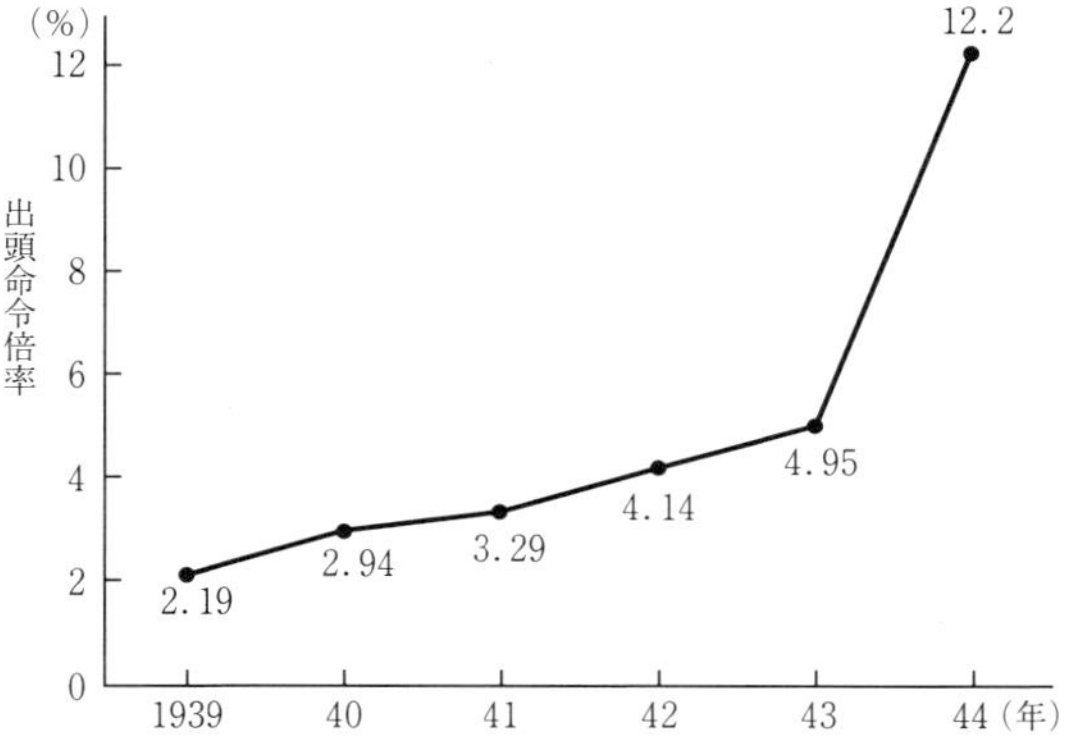


(出所)『勤労行政概況』(其ノ一)より作成。

りによって小泉工場に送ったらしかった」(『金山の鵙』、五八頁)。「一部徴用者の中にテキ屋の一団(がいて)……青星団というグループ(を作り)……凶器を所持し……職場で問題を起し警察へ行く……」(『金山の鵙』六〇頁)といったものであった。

このことは政策当局者自身十分に知悉していることであり、「一般都民ニ於テ兎角新規応徴者ヲ侮蔑冷眼視スル傾向ナシトセザ」(『勤労行政概況』(其ノ二))るものであった。

しかもこの時期には、もはやそのような徴用工ですら、調達は困難になっていた。図5-4は、実際に充足された徴用者数に対する、「出頭命令の数」の倍率である。つまり一人の徴用工を作るために、何人の登録者に出頭を命じねばならなかったかを示すものである。

少なくとも一九四三年度下半期には、可能な限りの全ての人間に出頭命令を出し、その中から自らの合格基準にも満たない「丙」種を四割も含めて、辛うじて充足数を保っていた、という状況であった。そのままでは一九四四年からの生産低下が起こらずとも、労働力不足が日本の生産力増強の隘路となったであろう。

……爾後出頭人員ハ命令人員ニ対シ十倍ヲ以テシテモ尚所要員数ヲ充足シ得ザル実情ニシテ……今後徴用ニ依リ無限ノ所要員数ヲ充足スルハ期待シ得ザルヲ以ツテ既ニ配置セル応徴工ノ配置ノ適正ヲ計リ他面個々ノ質ノ向上ニ意ヲ用フルハ労務管理上最モ重要ト思科スル処ニシテ動員係ニ於ケル指導方針モ亦此ノ点ニ重点ヲ置ケリ(『勤労行政概況』(其ノ二))

これが一九四四年一月の時点での当局者の認識であった。

事実新規徴用者のモラルは、著しく低かったと見られる。この点に関しては、あらかじめ二つの点に留意が必要である。

一つは、先の「一般青壮年工」が、地域業種はともあれ就労の意思のある人々であったのに対し、「新規徴用工」はもともと働く意思のなかった人々であった、ということである。

もう一つは、「一般青壮年工」は通勤工であったのに対し、「新規徴用工」は、寄宿舎への収容を原則としていたことである（『金山の鴟』五四頁等）。

これを要するに、「新規徴用工」とは、強制収容所に収容された労働者のことであった。「長期欠勤」者とはこれを「脱走」した者のことであり、当局は職場のみならずその収容所でも、その正確な数をつかみえなかったのである。（先述のように、「欠勤者」とは、「昼食をとりにこなかった者」と定義され、捕捉される。）発覚した逃亡者は当然警察に回されたが、膨大な数に上り、「食料不足」のため留置所にはおいておけず、短期で寄宿舎に戻る、そのくりかえしであった（『金山の鴟』五八頁）。

当局者の総括的評価は以下の如くである。

……故意ニ欠勤シテ密カニ二種稼働又ハ従前ノ職業ニ復帰スル等勤労態度頗ル低調ナルモノアリ
……是等ハ何レモ管理責任者ノ努力ト当庁ノ指導錬成等ニ依リ生産戦列ヨリノ落伍ヲ防止シツツアルガ一面管理者側ニ対シテモ受入態勢ノ速カナル整備給食状況等……善処方ヲ指導シツツアリ……（『勤労行政概況』（其ノ二））

確かに管理者の新規徴用工に対する評価は、給食の点で象徴的に示されていよう。中島飛行機ですら、その必要カロリーだけも満たしえず「肉体消磨的」状況となっていた。

……昭和十六年度熱量二、七〇〇カロリーノ時ニアリテハ……昭和十七年度初期二、六〇〇カロリー、中期二、二〇〇カロリーニ低下シ……昭和十八年度ニアリテハ……二、一〇〇カロリー前後ヲ維持シ得ルノミトナリ体重又著シク低下スルニ至レリ

……年末年始ニ帰郷シ栄養分ヲ摂ル時ハ体重急激ニ上昇スルコトヨリ見ルモ、食事ガ如何ニ体重ニ影響スルカヲ知リ得ルナリ（『勤労行政概況』（其ノ二））

逃走は差入れ等をえられない者にとっては半ば自衛手段であったと言うべきであろう。こうした状況では、労働者のアブセンティズムの高まりも当然であろう。

図5‐2を再見していただきたい。この表は正確に新規徴用工を示しているわけではないが、（その物理的拘束力によって）寄宿工は、短期欠勤者は一般工より「少ない」が、その拘束力にも拘わらず、長期欠勤者はそれを上まわり、もはや管理の限度をこえている。

交通の便が悪く、「不本意就職」者の多い中島の場合、状況は更に悪かった。一九四三年八月末日現在の「欠勤状況」は、先述のように現員徴用工が長期欠勤（三〇日以上）九・七%・短期欠勤八・一%であったのに対し、新規徴用工は長期欠勤一五・四%、短期欠勤一一・〇%であった。注意してもらいたいがこの数字は「八月三一日」その日に休んでいた者の合計が二六%を超える、という意味である。前述の都内一一工場調査と同じとり方（休んだことのある者）をとれば、とんでもない数字がでてくるであろう。

我々の観点からみれば、寄宿舎による拘束と、検挙で追いつかないので行なわれる「特別錬成」の恐怖に支えられた、「エレファント」な「組織による制御」を、戦後円熟期の「エレガント」な新規学卒者市場と結びつけて考えることは困難であろう。「同意」の回路としての民主主義の欠如が、あまりにも短期間になされねばならなかった戦時期の労務動員の隘路であった。だが見方を変えれば、異なる条件の下では、我々の「資源配分のための三つのツール」の一つである「組織による制御」——それ自体は新しい社会形成のため不可欠のものである——の可能

性を示しているし、またその前提が何であるかを示している。

最後に、あまり重用されなかった新規徴用工であるが、下請中小企業にとっては貴重であった。武蔵野工場の調査対象では協力企業の主要機械の要員の充足率は約五九%で、これは親工場の半分にも満たなかった（『調査事項』（其ノ三））。新規徴用工は、多くの場合本人の不満の少ない京浜地帯のこれらの工場へ「回され」た。

このことは一方で、徴用制度が、事実上生産の隘路であった部品供給のための人員を確保してやれない程度に硬直的であったのと同時に（これに対する中島の対抗手段は、都内各種町工場へリュックを背負っての「買出し」であった）、徴用工の「転用」という「人間の経済」を包括しうる程度には柔軟であったことを示していよう。「同意」なき「組織による統制」は、そうした意味で、社会にとってある種のエントリーフィーであったと言えるのかもしれない。

「同意」なき「組織」も、戦時期の航空機生産のように、労働の等価性をある限度で度外視しうるような状態では、限界はもちながらも、ある程度の生産機能を保ちうると言える。（そして「社会主義」にとっては不幸なことに、我々の見知っている計画経済は、このような条件でのみ、「成功」してきたのである。）

しかしここでも我々は〈デモクラシー〉の成立の問題に立ち入らざるをえない。「同意の組織化」の欠如、あるいは〈ヘゲモニー〉の成立の未成熟、といってもいい。

この点は後述する「青年学校生徒」「動員学徒」と較べたときのちがいとして、端的に示される。

それはおおよそ二つの面に現れていると見てよいだろう。一つは「現実規則」の昇華（成立）の程度（もう少しやさしく言えば「自己規律」の程度）である。このことは、現代資本主義における「学校という現実」の決定的な意味を示している。

いま一つは政治的行為に対する市民社会レベルの自己同定の問題である。両者の間では、「戦勝の確信（＝正当化）」のレベルに、かなりのちがいがあった。

そうした問題に欠損のあった日本の戦時労務動員は、そのままでは到底社会の基幹的労働の持続的な再生産に足るものではなかった。

「組織（計画）による制御」のツールは「規則」であるが、そのために不可欠なものは、それをヘゲモニー化した「権威の正当化」である。それは「市場による制御」が、等価性の原則を要求するのと同然の事項である。市場が「市民社会」の成立と不可分であることをも考え合せるとき、我々はここでこの二つの「（人的）資源配分のシステム」が、後述する我々の「第三の」制御としての「仲間による制御」を欠いては、それ自身の成立という点だけでも不完全であることを知るのである。

### （6）動員学徒

既述のように、中島飛行機では、前橋地区では正規従業員の約四割（一万三〇〇〇人／三万二〇〇〇人）、武蔵野工場では同じく三割弱（三〇〇〇人／一万一〇〇〇人）の男子動員学徒がいた。多くの読者にとって意外であろうが、動員学徒は、徴用工はもちろん「一般青壮年工」と比してさえ、はるかに有用な存在であった。

このことは、航空機産業に「充足」された動員学徒の異常なまでの多さにまず現れている。いわゆる学徒動員の全産業にわたる数全体は、思いの外少ない。一九四三年下半期～一九四四年上半期（九ヵ月間）に、東京都下で男子のべ七万三〇三四名、女子八万六三八一名である（『勤労行政概況』（其ノ三））。これは先述の一九四三年度中のその他の勤労動員の総計の、男子で約一五％弱である。これに対して航空機産業は成年男子の三〇～四〇％にあたる学徒動員を充足したわけであるから、このことは政策当局が成年男子以上に、動員学徒の航空機産業への振り向けを重視していたことを示している。

このことは別の角度からも言える。正確な所は期しがたいが、一九四三年度下半期の学徒動員では、航空機産業向けに、男子中等学校生徒を八四四〇名新規に動員した。その際に動員した全学徒（男子）は、約一万二〇〇〇名と見込まれる（『勤労行政概況』（其ノ三））。総数が少ないようであるが、四四年上期は四三年下期に倍する動員がなされ、また「高専」からの動員も中学よりのものの男子では五〇％を上まわっていたから、過少とはいえない。つまり動員された学徒の七〇%は、航空機産業に振り向けられたのである。（そもそも「学徒動員制度」の原則は、「航空機・造船関係工場」向けに限定されたものであった。）

動員学徒の働きぶりについての、政策当局者の総合的評価は、以下のようなものである。

……学徒ハ一般ニ純情ニシテ真剣ナル気魄ヲ以テ作業ニ当リ勤労ニ対スル関心ト理解トハ工員ヲ感激セシメツツアルノ状況ニシテ工場内ノ志気ヲ昂揚シ能率増進ニ寄与セル事例少ナカラズ（『勤労行政概況』（其ノ二））

幾分杞憂セラリシ工員トノ折合ニツキテモ学徒ハ寧ロ工員ヲ先輩トシ協調的態度ヲ示ス傾向ニアリテ何等懸念ナシ（『勤労行政概況』（其ノ二））

多少問題をはらむ所があったとしても、それが彼らの知的能力と関わっていたこと、言い換えれば、彼らの「知的熟練」が彼らの労働にとっての「意味ある前提」であったこと（決して単純労働の代替としてのみの評価ではなかったこと）、も重要な点である。

職場ニ対シテハ一部進学希望者ヲ除ケバ一般ニ機械作業ヲ望ミ其ノ習得シタル科学的知識ヲ応用シ不良品ヲ減少成績良好ナリ（『勤労行政概況』（其ノ二））

受入側ニ於テハ主トシテ組長古参者ヲシテ作業指導ニ充テ事故ノ防止ト能率ノ上昇ニ努メツツアルガ学徒中ニハ稀ニ職場ニ於テ読書セントスルモノ又ハ青年学校ガ依然トシテ授業ヲ継続シ居ル点ヲ特ニ指摘シ不満ヲ抱クモノアルノ外概シテ作業規律厳正ニシテ受入側ノ感謝ヲ受ケツツアルノ状況ナリ（『勤労行政概況』（其ノ二））

労務の領域に限らず、日本の戦時経済において、以下のような評価を当局者が留保なく与え得た例は、むしろ稀有のもののように思われる。

……今回動員セラレタル学徒ハ極メテ熱心ニ勤労ニ従事シ戦時下生産ニ貢献スル所誠ニ大ナルモノアリタルモノト認メラル……（『勤労行政概況』（其ノ二））

残念ながら、中島飛行機において、動員学徒が、どのような仕事を行なっていたのか、その成績はどうであったのか、モラルはどうであったのか、管理上の隘路はどのようなものであったのか、等についての第一次史料や管理者的立場にあった人物による記述史料は存在しない。しかし先の全国状況に見る限り、三〇歳すぎの「中年者」よりなる新規徴用工や一般青壮年工よりは、はるかに「能力」、モラルとも高かったことはまちがいなく、またおそらくはかなり高度なレベルの旧熟練工の仕事に就いていたと考えられる。ここでは一例だけ聴き取りを紹介したい[12]。

H氏の仕事は、プロペラの切削加工であった。（言うまでもなく、プロペラは航空機にとって心臓部品である。）専用の単能機械はなく、また鍛造からヤスリ仕上げに回すまでの、普通にいう「機械」工程内では分業はなく、固定されたプロペラ原材を、腰にすえた万能ドリルで削る立ったままの仕事であった。同じ作業を並行して何人もがやっており、その中には学徒以外に「臨時工」（我々の言う「青壮年工」に相当しよう）もいた。親方は治具の設定、点検、荒検査にくるだけで、通常現場には居合せなかった。通常指図は小僧（徒弟か職人かは不明。ただし年下だと思われたとのことであった）が行ない、しばしば大変不愉快な思いをした。しかしその点以外は格別の不満はない動員生活であった。工場には自分たち以外に、少しばかりでも工作機械を使えそうな者は見当らず、自分たちのような者でもそうした重要な仕事につかせられるのは、ひとえにそのような人手不足による、と考えていた。動員学徒の就労の実態とは、おおよそこのようなものであった。

先述の引用ほどには、特に職場の人間関係については、良好な環境にあったとは言えないかもしれない。しかし他の一般工のようなデモラリゼーションに彼らが陥っていなかったことは確かなように思われる。そしてその要因は、後述する「青年学校生徒」とほぼ共通するものと言えるように思われる。それはおおよそ三点にまとめられるだろう。

第一に、彼らの一般知識・技能のレベルの問題がある。高専生はもちろん、中学生でも、理科の授業や工作実習の一般教育をうけていたからである。

しかしこのことは、彼らの有用性を「直接に」表示するものではなかったであろう。この点では、日本の戦時労務動員は、それ自体のみでは「有能」な労働者を、様々な要因で（最大のものはもちろん徴兵である）莫大に「無駄」に用いていた。また「青年学校生徒」に見られるように、「熟練」それ自体はせいぜい一年程度で習得しうるものであり、動員学徒はさらに短かった。新規の一般工に組織的にそうした訓練を行なうことそれ自体が不可能であったわけではない。

肝心なことは（それがたとえ初歩的なものであったとしても）、そういう組織的職業訓練は、「人格形成期」の少年に行なわなければ意味がないとみなされていたこと、逆に「人格形成期」にそうした訓練を受けた少年は、たとえそのレベルは低くとも、職場の再生産の中枢にすえられねばならないと考えられていたこと、以上である。彼らの技能は、決して単なる「技術上の問題」（それだけでは代替物はあったはずである）ではなかった。彼らの「人格的資質」の問題であった。それは「中年者」[13]たる一般工には決して代行しえないものであり、逆にそうした経営の機制が、一般工の方のデモラリゼーションの一因でもあったのである。

それゆえ第二の問題が出てくる。それは彼らの現存社会に対する同一視（同一化=自己同定）の問題である。

先に、彼らは一般工に比し、「戦勝の確信」の程度がかなり高かったと考えられる、と述べた。そこに示されているものは、端的に、彼らの形成する、天皇制軍国主義国家のヘゲモニーの強度である。それが他ならぬ「勤労」と結びつくとき、事態は日本における現代市民社会形成の徴候的性格を、最もするどく提起することになる（佐口一九九二）。

一つには、「勤労」は、一般的に言っても市民社会の最も重要な構成要因の一つである。（中学生風に言えば、「国民の三大義務」の一つである。また「現代に先立つ」近代社会においても、市民社会の相互認知の「しるし」の源であった。）いま一つには、現代市民社会は、「労働力」とその所有の不可侵性に立脚したものであるが、「勤労」こそ、その「価値」である。「勤労」は「現代」の様々な「価値あるもの」の中で特別な位置をしめている。

更に、日本の現代市民社会は、様々な機会に論じてきたように、その退行的性格から、彼岸化しうる権威を「うちたてる」ことを要求し、それとの関係で、「水平」な構成員の関係をつくりだした。それゆえ「同心円」状の「権威の流出経路」にそった序列と差別を否定しえず、その中での相対的位置としてのみ、自らの価値を表現しえた。ところで（天皇にせよ会社にせよ）、「うちたてられた権威」との関係での「相互の相対的地位」を定めるものこそ、（「労働」という尺度の絶対性と相比する所の）「勤労」の価値であった。

かくのごとくして「勤労」は、そのものが戦時日本天皇制軍国主義のヘゲモニーのマテリアであったのである。

第三に、そのようなヘゲモニー形成における公教育の役割の問題がある。

後に紹介する事例からも見てとれるように、当局者や工場関係者にとって、動員学徒や青年学校生の「有用性」は、おそらくはあれこれの技能や知識である以前に（それらは工場生活の中でも充分に身につけうるものである）、彼らのモラル、より直接的にはその規律、更にふみこめばそのパンクチュアリティ、であっただろう。公教育に求められたものはそのレベルのことである。しかしこのことは資本制経済にとって決定的意味をもっている。

資本は「他者性」（他人労働）であると同時に、「固められた時間」である。（マルクーゼの言う「一次元的」世界は、資本にとって時間が「固められた」もの、一次元的なものであることに、起源を持つ。）それ故雇用契約が「時間ぎめ」であることは、他の諸々の契約関係に対する雇用契約の決定的な種差別性格を示すものである。

それゆえ「労働力」は、（その長短はあれ）自由に移動できないことを種差的内包としており、同時に、資本に包摂されるに先だって、（契約の不可侵の主体なのであるから）その「所有」主体がそれを「同意」していなければならない。この分裂と相補性の関係とが現代市民社会の「出会の場」としての資本家的経営の成立の前提である。と共に、そこに供出される「同意された固められた時間」としての「労働力」の形成のための、公教育と企業内訓練との壮大な分業体系――それ自体が資本のヘゲモニーとしての人格（者とその所有物の分裂）形成のための教育――が、ほとんどそのことだけのためにつくりだされる必要があった。

神経症的社会としての現代社会がこのような迂回を必要としたのは、それ自身が欲望充足である「同職集団」においては、「固められた時間」は前提でなかった――近代に固有の差異的リズムやテンポを持っていた――からである。資本のヘゲモニーは、それを外から攻撃することによって、それを内から破壊＝再生する同意を組織化しなければならなかった。「産業民主主義」であれ、「従業員民主主義」であれ、〈民主主義〉が（それが支配であり抑圧であるゆえんでもあるが）、現代資本主義に不可避であった理由もそこにある。

しかし相互の、かつ（人格への）消極的不干渉に立脚した「産業民主主義」と、第三の権威に対して相対的な、かつ（人格の）積極的尊重に立脚した（つまり直接的に人格的な結合関係によって相互規範を代償――密輸入させる退行的な）日本の「従業員民主主義」とでは、（社会のイデアのみならず）マテリアとしての「労働力」＝「勤労」の形成過程にも小さからぬ差異が生じた。

「同職集団」は本源的に、個別の経営を超えて広がっている。「同職集団」という関係が明示的なクラフトユニオンという組織をつくりだした西欧では、本来個別経営を超えたプロセスである労働者諸個人の「職業教育」＝「人格形成」は、人格性が雇用契約の前提であることと結びついて、自然にクラフトユニオンに担われた。従って「公教育＝企業内訓練」的分裂は、クラフトユニオンの自己再編成のプロセスとして、十分に把握できた。「人格形成」としての徒弟教育が分割され、一方では「労働力」成立の後段階として、（主として企業内的「熟練」と関わる）企業レベルの技能訓練が、「同職集団」からひきはがされた。他方で「労働力」成立の前提として職業教育は、「公教育」の場にしだいに吸収された。（先述のように、それは何よりも「時間ぎめ」の経済を学ぶことであった。）労働者団結は、労働者が自己を「労働力とその『所有』」者に同定（分裂）させる場である。それは「同職集団」の自己の生命力の枯渇の帰結として、皮肉にも自己の組織の力能の縮減として表現された。自己を「労働力の売り手」の組織として限定すること（人格形成の力を放棄すること）の域を、トレードユニオンも種差的には出るものではない。むろん「同職集団」の底流としての（無意識下の）欲望充足が失われたわけではない。しかし彼らは（自我による）その自己抑圧の結果として、自己を「作られたモノ」とその「所有」というフィクションにふりむけた。それは実在の所有の喪失を、そのものとして認めるよりはマシな選択として、神経症的にふりむけられたものだが、それは改変されたトレードユニオニズムをコーポラティズム的担い手とする、「産業民主主義」のヘゲモニー＝国家として、遂行された。それは自己抑圧、幻想、フィクションの所産ではあったが、比較的長い時間によって準備された同意であった。「両大戦期」の錯綜した労資関係も、基本的にはそうしたプロセスの現れとして理解できる。

日本の場合は、「同職集団」の「個別経営を超える広がり」は、個別的「面接集団」の「無限の連鎖」として存在した。それは一般にはクラフトユニオン組織をつくらず、諸個人の「直接的に人格的」な関係によって、それを代償させた。それは一面では資本による「労働力の包摂」に対する、より本源的な制約であったが（資本にとっての根源的アポリアは、人格の差異性―普遍性に対する「人格」の個別性、「計算不可能」性だからである）、他面でその制約（規制）を行使する明示的な方法や組織を発達させず、直接的には個々の職場を単位とする個別的面接集団にそれをまかせた。

それゆえ徒弟教育は、制度化されることなく個別的面接集団のリーダーの人格の一部（つまりその「家のコ」）として形成され、そうしたリーダー層のネットワークの中で完成された。経営が自律的にこの教育を組織化しようとする試みは、少なくとも第一次世界大戦後になるまでは大方のところ失敗したと見ていいし、またそれが基本的に日本の「同職集団」の人格性獲得の自律性の結果であることもそうである。少しく「同職集団」下の人格形成においても、日本の場合出発点から、職場を「単位」とする面接集団の中で、直接的には行なわれたのである。

それゆえ日本においては、「労働力」の形成＝前提としての「固められた時間」性と、それを前提とするその「加工」――公教育と企業内訓練の分裂、も明示的で「まぎれもない」ものとして出発することがなかった。それはまずさしあたり、各々の職場の面接集団に基礎をおいた、経営内職業訓練校としてはじめられねばならなかった。

「外なるモノ」「固められた時間」としての「労働力」形成の視点からは、このこと自体、そうした外面的関係の、直接的に人格的な関係による代償（密輸入）である。しかし日本社会の「家産制」的性格、「退行」的性格からは、どうしても必要なステップだったのである。

動員学徒、及び後述する「青年学校」をめぐる問題は、おおよそそうしたものであっただろう。戦後の「エレガント」な高等学校の「就職指導」体制が成立するのに、その前段階・前提として、発達した「企業内養成校」制度の成立をみなければならなかった事情もこの近点にあり、戦時経済における労務動員の経験は、いわばそれを先取りして見せたのである。

**図５－５　「青年学校」第１学年在籍者数**

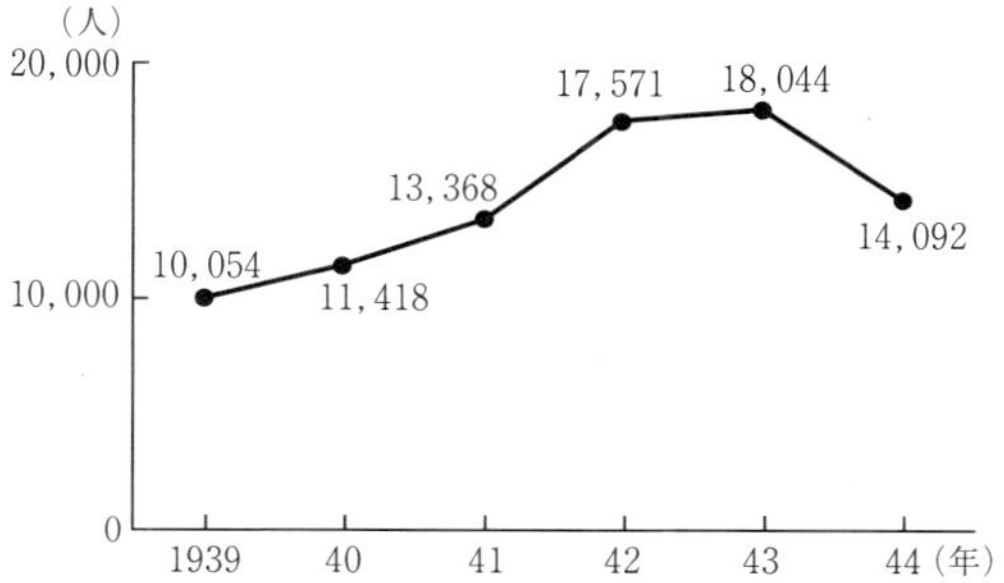


（出所）『勤労行政概況』（其ノ二）より作成。

## （7）「青年学校」生徒

「青年学校」は、先に第3節で述べた一九三九年の「技能工養成令」に基づいて設置された企業内養成校である。最低限の義務は、全職工数の三ないし二・五％の数を二年次にわたって設置すべし、というものであった。図5-5はその都下の第一学年在籍者の数を示したものである。

しかし実際の設置の実績は、最低限をはるかに上まわるものであった。まず当初から、法令上の対象（従業員一定以上の金属及び機械工場）をはるかにこえる工場に設置された。一九三九年厚生省の指定は都下一〇二工場であったが、二六七工場に設置された（『勤労行政概況』（其ノ二））。生徒数もはるかに多かった。一九四三年度、都下の男子職工数は全体で六三万人弱であったが（『勤労行政概況』（其ノ二））、青年学校生は在籍約四万四〇〇〇人、指定工場職工数を全体の半分と見ても、生徒数は三％をはるかに上まわり、全体の一五％に及んだ。修学年限は二年が最低であったがほとんどは三年以上としており、五年以上とするものも概算で約半数に及んだ。（中島飛行機もその一つである。）一九四三年度の場合、男子入職「国卒者」は約四万八〇〇〇名であったが（『勤労行政概況』（其ノ一））、青年学校の一年在籍者数（期末）は一万八〇〇〇名強（『勤労行政概況』（其ノ二））で、指定工場へ入場した「国卒者」はほぼ例外なく青年学校に入学したと見てもよいだろう。

四万四〇〇〇名弱の在籍生徒に対し、学科専任二二八名、実習専任一一二名、兼任指導員が四〇二五名であった。生徒約一三〇名に一名の専任教員がいたことになる（『勤労行政概況』（其ノ二））。実質的に最も重要な第一年次については、養成工約四〇名に一名の専任教育者がいたことになる（『勤労行政概況』（其ノ二））。

こうした態勢の下で、全社会的に見ても、少なくとも一九四四年上半期までは、「一般青壮年工」に見られたようなデモラリゼーションに青年学校生徒が陥っていたと見るべき徴候はない。

未だ職工の流動率が非常に高かった一九四〇年についても、第二学年末の養成工在籍数は、第一学年末の数の九三％弱に上る（『勤労行政概況』（其ノ二））。（一年間の訓練をへた養成工は、この時期にあっては、新規に雇用しうる最も熟練した職工であったことに留意されたい。）第三学年以上になると、修業年限が一定しないので正確は期しがたいが、一九四三年の場合、第一学年から第二学年への残留率は約八六％、第二学年から第三学年へは約九二％（四、五年生への進学を除いて）第三学年から「修了」者へは約八四％であった（『勤労行政概況』（其ノ二））。

当局者による全体的評価も以下のようなものであった。

> 国民学校修了者ハ聽テ工場ノ中堅トナリ且移動性少ク極メテ重要ナルモノニシテ、之ガ需要数ハ遂《ママ》年増加ノ一途ヲ辿リ……（『勤労行政概況』（其ノ二））

先述のように、初期には、旧来の「徒弟」と「青年学校生」は並存して、独自の問題を生んでいたのだが、[14] 一九四三年度には一般熟練工のほとんどがスタッフ部門（技術開発と教員）、監督者に吸収されていた（本章二六四頁以下参照)。「一般青壮年工」は一ヵ月程度の「速期錬成」で直ちに現場に投入されていた（本章二六七頁参照）。金属機械工業の専門的訓練をうけ、中堅工として働いていたのは、青年学校修了者、四～七年生、ある程度まで二～三年生に他ならなかった、と考えてよいだろう。

ただし青年学校に全く問題がなかったわけではない。第一に充足者の「質」の問題がある。先述のように、機械工業の充足者が甲でなく乙（体力あるが頭脳は下）であったことが工場主にとって大きな不満であったことは、先に述べたとおりである。第二に「国卒者」に占める就職者の比率の問題がある。「国卒」就職者の評価はすこぶる高かったが、「国卒」者全体のうちの就職者は、都下で一六～一七％にすぎなかった（『勤労行政概況』（其ノ一））。残りは家事や内職をしていたことになるのだが、労働者諸個人はそういう形で「総動員」に抵抗したのである。以上はすでに関説した所であるが、第三に養成期間の短縮の問題がある。政策当局は、一九四四年度から、養成第二年次目からの「学科」教育の廃止を「指導」するに至った（『勤労行政概況』（其ノ二））。しかもこれは、これに先立って（中島飛行機を含む）四三年度の各工場からの「要望」に従ってのものであった（『調査要項』（其ノ一））。「労働市場」の組織化にとっては明らかに後退であるが、「背に腹はかえられな」かった、ということであろう。

以上のような青年学校生の特徴は、中島飛行機の場合さらに顕著であった。

まず政策当局は、航空機産業への新規「国卒者」の充足を特に重視した。一九四三年四月度の場合、武蔵野工場へは、二五〇〇名の申請に対し、一八〇一名を割り当て、一七一〇名を充当した（『調査要項』（其ノ三））。（充当者数が四三年度の養成工数一四四八名を上まわるのは、事務・間接部門に回されたためと考えるのが自然であろう。）これは他産業・企業と比較しても、武蔵野工場の他の労働者（「青壮年工」「徴用工」）と比しても、破格の取扱いである。政策当局の「航空機産業重点化」は、少なくとも新規追加労働力についてだけは、ほぼ建前を満たしていたといってよいだろう。

記述史料と残された数値とが微妙にくいちがうので正確を期しがたいが、毎年の養成工入籍者数は、図5-1に示したとおりである。（武蔵野工場では、正確には入所一年目の養成工を「技能者養成所」生と呼び、第二～七年目までの者を「青年学校」生と呼んだ。）一九四三年八月末の段階で、養成工一年目の者が一四四八名、第二～第三年目が約一六〇〇名、第四～第七年目までが約二七〇〇名在籍していた（『調査要項』（其ノ二））。

これは量的に見ただけでも、武蔵野工場の「中堅」であったことを示している。（長欠、応召者を除く「労務者」全体の約五〇％である。）

しかし質的には更に重要な役割をはたしていた。「一般青壮年工」「徴用工」に対しては「体育並規律ノ維持ヲ特ニ訓練実施上ノ重点」とする一ヵ月間の「短期速成教育」がなされただけである（『調査要項』（其ノ二））。しかし青年学校生は、「一年生ハ生産業務ニ従事スル事ナク……甲乙二班ニ分チ学科、教練及実習ヲ一週交代ニテ実施」し、「二年生以上ハ生産業務ニ従事スル傍ラ所定ノ教授及訓練」を行なった。

その結果二年生以上の工数に入れられた生徒は、卒業はるか以前から工場の最熟練工であった。

……而シテコノ四年生以上ノ上級者ハ所謂成業期ニ達シ技術的ニモ最モ高能率者ナリ……（『調査要項』（其ノ二））

スタッフも専任だけで一一一名に上り、第一学年だけをとれば一三名に一名、全体をとっても約五〇名に一名の勘定であった。

「学徒動員」生が「青年学校」生をねたんだという先述の記述も、あながち誇張とは言えないだろう。彼らのモラルも、特に問題にすべき所はなかったと見られる。退職率は、入場数はわかるが現員数が概数でしかわからないので正確は期しがたいが、最大に見積もっても直近の三年間に四〇〇名弱（約七％）であった。出勤率等についてては言及する史料がないが、特に問題とすべきことがあったという様子はみられない。

またこのような青年学校生中心の生産管理で、生産性が、少なくとも一九四二年までは下ったと見るべき理由もない。エンジンは大型化、精密化しているにも拘わらず、図5-6にあるとおり、工廃率（オシャカの製品を作る

図5-6　エンジン１基当り労働者数と工廃率

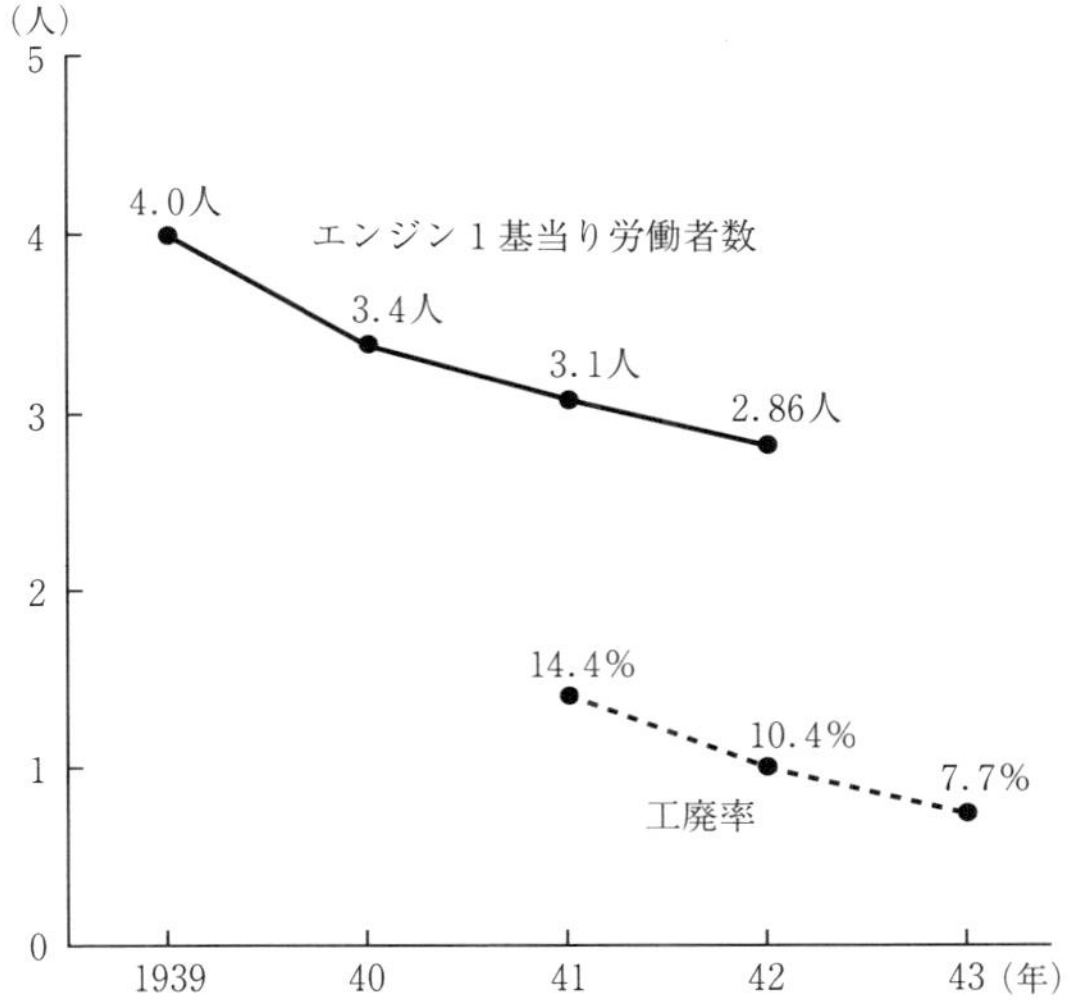


（出所）『調査事項』（其ノ二）より作成。

率）は顕著に下っている。また一九四二年までは、エンジン一基生産に要する工数も着実に下っている。

武蔵野工場でも、「生産二・五倍化」の目標の実現のために、第四年次以降の学科授業の「徹底的活用」（『調査要項』（其ノ二））（ほとんど廃止に近い）が要望される等、一九四三年の特に秋以降は、デモラリゼーションが始まった形跡は見られる。しかしこの時点に至るまでは、戦時下の職工養成は、突出した重点産業である航空機産業においては、着実に成果を上げていたと考えられるのである。

このことの意味する所は、すでに(5)動員学徒で述べた事柄と重なるから、ここでこれ以上論ずることはしない。だが戦後にポジティブに継承されるべき内容が、限られた領域ではあるが、戦時経済の経験の中で部分的には形成されていたのである。

## 5　市場と組織、現実原則の彼岸

以上の検討によって、本章の一つのテーマである、「（上から）組織された労働市場」の形成過程及びその「日本的特質」については、大方の結論を得たと言ってもよいだろう。

それゆえ本節では、本章のもう一つの大きなテーマ、「計画経済」としての、戦時日本経済についての評価とその教訓を検討して、まとめに代えたい。

本章で見る限り、少数の「元熟練工」を除けば、日本の戦時労務動員は、「ある程度うまくいった」若年者と、「惨たんたる結果に終わった」中高年者、という二極に分化した成績、と読者の多くは受けとられたかもしれない。たしかにそういうまとめ方も可能であろうが、筆者としてはそれには社会の「現代化」に伴う過渡期という、より基層的な「時代の制約」があったことを重視したい。与えられた条件からすれば、各社会集団の「特色」を生かしながら、よくやっていたとも言える。

問題は「時代の制約」の内実を我々がよく把握し、何がしかの教訓としうるかどうかにある。

「中期」的な、筆者の言う資本制社会の「現代」化との関わりでの「制約」については、ここではふれない。より長期の、言葉にすればありうべき「社会主義」との関係での「制約」を、ここでは考えてみたい。

そうすると我々は、結局「市場と組織」という問題に立ち戻る他はないだろう。そしてそれと結びついた「戦勝の確信」「学校と規律」といった、同意、そしてその回路としての民主主義の問題に。

人的・物的資源の再配分を制御する方法として、我々は二つの手段を知っている、とされる。言うまでもなく市場と組織（計画）である。市場の成立根拠は労働の等価性でありツールは価格である。組織の成立根拠は権威の正当性であり、ツールは規則である。しかし我々は今の所労働の等価性を検証するシステムを価格しか知らず、経営（Betrieb）の行動規範からの逸脱を検証するシステムを規則しか知らないので（社会主義をも展望した場合でも）、いかなる制御システムを構想するにしても、この組み合せとしてしか行ないえない。

しかし社会主義について言えば、労働の等価性の基準は、（固められた他人労働ではなく）自己労働であり、正当な権威もまた自己労働のみに立脚する。

価格と規則が自己労働に立脚する、という地点まで達した時、我々は、資源の再配分を制御する、より根源的な方法を想定せざるをえなくなる。それは「仲間」による制御であり、成立の根拠は「同感」、システムのツールは「互酬」である。同感に基づく互酬は、相互の「自己労働」の不可侵性の相互尊重に、ヘゲモニーとしての機能の起源を置いている。〈民主主義〉はその実現のための「日常知」であり、ラディカルデモクラシー＝根源的相互尊重としての社会主義に立脚する時、永年にわたる市場と組織の相克＝欲望充足の迂回に、バランスがもたらされる条件が与えられる。その意味で社会主義の内実とは、直接的には「市場と組織（計画）のバランス」に他ならず、より種差的には、それを実現するヘゲモニーとしてのラディカルデモクラシーそのものである。「戦勝の確信」と「(〝時間ぎめの契約〟という雇用契約の種差的性格に対応した) 規律としての学校」が、ヘゲモニーの問題であるゆえんもそこにある。前述した企業内養成制度から「エレガント」な高校就職指導体制へ向かう日本固有の展開の中で、戦後それは一つのヘゲモニーとして成立し、筆者はそれを「従業員民主主義体制」と呼んでいる。「産業民主主義」と呼ばないのは、労使の対等性に立脚したそれに対し、「従業員民主主義」が「前に立てられた」「生産の主体(としての『会社』)」との関係での水平性に立脚し、直接的に人格的な関係を「密輸入」する「退行的」性格を持っていたからである。

もとよりそこでの〈民主主義〉はフィクションである。(「自己労働」の外化された形態としての)「労働力」の「所有」(とその不可侵性)というのもフィクションであるし、その「所有」主体が「生産の主体」として立てられたものに対して「水平」であるというのもフィクションである。しかし「何も所有しないよりはマシ」な選択として、そこへ向けて「前に逃走」した労働者諸個人の同意が、以後半世紀にわたる「資本のヘゲモニー」の前提であったことも確かである。

その意味で戦時期の労務動員、その深刻な分裂、それを縫合しようとする試み、といったものは、そうしたヘゲモニーの未成熟な下での「バランス」を追求したぎりぎりの試みであり、結果として戦後「従業員民主主義体制」に、ポジティブに継承されるべき多くの遺産も残したのである。

「仲間による統制」と、そこでの同意としての「ラディカルデモクラシー」=「根源的相互尊重」に戻れば、それが自己労働に基づくものである以上、労働者団結と不可分のものである。

伝統的ロシアマルクス主義において、労働組合の役割は、まことにみじめなものであった。経済闘争によって自らの無能(党の有能)を立証すべき「学校」、もしくは「党と大衆の伝導ベルト」である。しかし、実在的にはほとんど「役に立っていない」かに見える今日の日本の企業別組合ですら、ヘゲモニー的には大きな役割をはたしている。その点でそれを代行するはずであった産業報国会運動が、ごく戯画的機能しかはたしえなかったことが、日本戦時経済の困難の、結局は凝集点であったのであろう。しかしそれと同じことは、スターリン体制下の東欧社会に、ほとんど留保なく言いうることなのである。

ラディカルデモクラシー＝自己労働に立脚した根源的相互尊重、あるいは一歩進んで「最小少数の最小不幸」の原則を禁止した人間の自己抑制は、（ある点までスターリン体制下の「社会主義」等を含めて）人間に恐るべき回り道と荒廃とを強要した。しかし我々がそれらを「対抗的ヘゲモニー」として復興させることができるならば、日本戦時経済の経験も、（単に「戦後従業員民主主義体制」の準備としてだけではなく）今日我々が直面している困難打開のための代えがたい経験として、よみがえることになるだろう。[15]

（東條由紀彦）

## 注

（1）行なわれた「適性検査」もあまり信用できるものでなかった（東條　一九九〇：三〇五）。

（2）昭和研究会編『労働新体制研究』事例（新潟鉄工とみられる）による。

（3）前掲書等による。

（4）一九三九年七月八日に「徴用令」が出された。

（5）『第三回行政査察ニ対スル特命調査事項』（基ノ二）一九四三年、中島飛行機武蔵野製作所（以下『調査事項』（其ノ一）等と略称する）による。正規従業員だけの数字である。

（6）以下、守屋「航空機の多量生産」『往時茫茫』第一巻、『飛翔の詩』、高橋『中島飛行機の研究』等による。前二者のほうがくわしいが、ただし三菱名古屋製作所についてのものである。

（7）注(6)に同じ。

（8）K氏からの聴きとりによる。K氏は中島飛行機太田工場の機体部品部門の伍長で、当時太田工場同窓会の世話人をしていた。

（9）『調査事項』（其ノ一）による。文章自体からは合計四五〇〇名ともとれるが、幾多の不合理な点が生ずるので、本文の数をとった。

（10）実際には三直二交代がめざされていたから、一台につき三人ずつである。が、各人に割り当てられる機械が固定していることに変わりはない。一九四三年の先の人員調査時点での工作機械の台数は、二三三三台であった（『調査事項』（其ノ二）による）。

(11)　ことわりが遅くなったが、狭義の（青壮年工のうち「青年学校生徒」を除いた者）青壮年工を「一般青壮年工」と呼び、「青年学校生徒」と「一般青壮年工」を合計した者を「青壮年工」と呼ぶ。これらは現員徴用されている。これらに「新規徴用工」を加えたものが、狭義の「労務者」である。原史料もだいたいこのように使っている。

(12)　H氏は札幌市在住。室蘭工業大学で科学史を教えて後退職。秋田鉱山専門学校在学時に中島に学徒動員された。（秋田は労務動員に関してとりわけて中島と結びつきのつよい地域であった。）お話しする機会を得たのは、全く別の関係の仕事の折に、偶然のことである。

(13)　明治時代の商家では、幼年「丁稚」奉公者は、新しい「家のコ」として帰属人格を変え、主人は最終的にはその「分家取り立て」（のれん分け）の義務を負った。幼年期に徒弟として入らなかった者は「中年者」と呼ばれ、帰属人格を変えることはなく、従って分家の義務を負わず、要職にも就かなった。近代の「実在の人間の経済」は、地下水脈となって、この時期まで姿を変えて生きつづけていたのである（東條　一九九〇：補論Ⅱ）。

(14)　職人かたぎで器用だが規律に欠ける「徒弟」に対し、まじめで規律正しいが融通のきかない「青年学校生」、といった問題である。

(15)　本章の参考文献として、筆者自身による多くの論考があるが、ここではふれないことにする。但し「社会主義」に直接関わる文献として、拙稿「個人的所有の再建としての『友愛主義』」だけを挙げておきたい。

## 参考文献

苅谷剛彦（一九九一）『学校・職業・選抜の社会学』東京大学出版会。

守屋学治（一九四四）「航空機の多量生産」『多量生産研究（下）』兵器航空工業新聞出版部。

佐口和郎（一九九一）『日本における産業民主主義の前提』東京大学出版会。

下田平裕身（一九九〇）「『製糸同盟の女工登録制度──日本近代の変容と女工の「人格」』東条由紀彦」（書評）『日本労働研究雑誌』第三二巻一一号。

昭和研究会編（一九四一）『労働新体制研究』東洋経済新報社。

高橋泰隆（一九八八）『中島飛行機の研究』日本経済評論社。

東條由紀彦（一九九〇）『製糸同盟の女工登録制度――日本近代の変容と女工の「人格」』東京大学出版会。

東條由紀彦（一九九五）「個人的所有の再建としての『友愛主義』」西村轄通他編『個人と共同体の社会科学』ミネルヴァ書房。

山本潔（一九九二）「戦時航空機生産についての一考察」（『東京大学社会科学研究』第四四巻二号。

# 第6章　東宝争議（一九四八年）
## ――「生産復興」と「産別型団結」の終焉――

### 1　東宝争議の意義

通説的に言えば、東宝争議は、以下の二つのうちいずれかの視点から意義付けられてきたと考えられる。第一には、一九四八年末から吹き荒れる「経済九原則」下の「企業整備」の嵐の先駆、という意義付けである。第二には、四八年中の「マッカーサー書簡」や「政令二〇一号」と連なる、アメリカ占領軍の個別争議への介入という、占領政策「転換」の端的な現れ、という意義付けである。

本章は、直接的には、この二つの意義付けに対立する説を唱えようとするものではなく、またこれに「第三」の意義付けを加えようとするものでもない。それらとは少し次元の異なる視点から、社会体制の存続という点ではより「プリミティブ」な次元での問題を考えてみようとする試みである。端的に言えば、著しい社会的流動状況のなかでの、労働者団結のあり方、あるいはその可能性、といった種類の問題を考えてみたいのである。

以下本章でとりあげる問題のありか、といったものを、はじめに提起しておきたいと思う。

## 2　東宝争議の問題構成

### （1）労働者団結

筆者はこれまで多くの論稿の中で、次のように主張してきた（東條 一九九〇）。労働者団結（とその組織形態としての労働組合等）こそは、労働者諸個人をして、自らの体内に宿る精神的・肉体的可能性＝労働能力を外なる「商品」として外化せしむる「場」、即ち「外なるモノとしての労働力」の「公正な所有・取引者」として自己編成せしむる「場」である。労働者団結こそが（当の「労働力」以外は何も「所有」していない、その意味でプロレタリアでありながら）、「労働力」をまさしく「所有」する「言葉の」真の意味での市民《ブルジョア》として労働者諸個人を自己編成せしめる。それ故労働者団結は、そうした所有者としての市民による現代市民社会形成の基底に存在している。かかる意味で、労働者団結こそ、資本と賃労働の「矛盾」を不断に生み出しながら、他方で資本制社会を究極において成り立たしめている〈資本のヘゲモニー〉の構成主体である。

このこと自体は明らかな「倒錯」であり「抑圧」である。しかし「抑圧」とは本来、自己の自己自身に対する抑圧であると共に、それ自体が「迂回された欲望充足」である。労働者団結は、従ってその「外なる労働力の取引」という「形式」をとおして、いかに抑圧的であれ、生活者、労働者、生産者としての働く諸個人の欲求や希望＝つまり彼の可能性としての能力を現に何らかの形で充たさなくてはならない。

この「弁証法」の上に「現実の」労働者団結は存在している。そしてかかる労働者団結の存在根拠としての正当性の領域を定めるものが、当該市民社会が自ら基準として持つ〈公正さの体系〉である。そしてこの〈公正さの体系〉のあり方は、自らをめぐる市民としての労働者諸個人の〈同意の組織化〉のプロセスの存在様式に規定づけられると共に、そのプロセス自体、問題の性格上著しい社会的・歴史的流動性のなかに置かれている。

## （2）「戦後危機」における〈資本のヘゲモニー〉

さて、こうした労働者団結によって構成されるものとしての〈資本のヘゲモニー〉の代表的あり方の一つとして、我々は労資の団体交渉制度に基づく〈産業民主主義体制〉を構想することができる。その「特徴」について若干語るなら、以下のようなことになるだろう。

〈産業民主主義体制〉の理念の根底にあるものは、労資共に労働者諸個人の「外」にあるモノと認めあった「労働力の売買」についての「あとくされ」のなさ、それへの冷静で〈ザハリヒ〉な態度である。その原則の上に、労働者諸個人が「売った」労働力への外面的態度（「売った」労働力に対する、「売った」条件に従っているかぎりでの資本の専制の承認と、その専制への無関心）が生じる。他方で労働者諸個人にとって「売らない」部分（労働者諸個人の「私生活」への徹底した不干渉、売手としてのかぎりでの団結の自由（売手の自由の帰結としての団結に対する買手の介入の排除、売手の団結によるその構成員としての個別の売手への完全な統制権の承認）、一言で言うならば売手と買手の形式的対等性と相互に対する「外」的存在としての無関心とが生じる。「誠実」の原則に基づく労資の争議行為（「合法」化された「売買」中止としてのストライキ、ロック・アウト）の明示的限定性、といった特質もその帰結である。

しかし〈産業民主主義体制〉は、〈資本のヘゲモニー〉のありうるただ一つの存在形式ではない。

例えば戦前日本社会においても、現代市民社会と〈資本のヘゲモニー〉は、「例外的」姿形をとりつつ成立していたと考えられるが、そこでの労資の〈同意の組織化〉の動態的枠組みは、〈工場委員会体制〉（兵藤 一九七一：第三章）から〈産報体制〉（佐口 一九八六）へと変転していった。

そして、そうした戦前期における同意形成と、戦後「危機」に固有なその同意形成の転回の存在形式によって、二重に刻印され、理念的なある部分はむしろ一層デフォルメされて継承されつつ、戦後日本現代市民社会の「相対的安定」期には、〈従業員民主主義体制〉とでも言うべきものが、〈資本のヘゲモニー〉として成立した。(1)

その〈従業員民主主義体制〉の「特徴」について言うとなれば、おおむね以下のようなことになるだろう。

その根底にあるのは、自我の外傷をいやすものとしての、行為の価値・規範性に対する、実在の人格的相互扶養関係による代償である。つまり日本現代における諸主体は、外なるモノとしての「労働力」をめぐる相互のあまりに外面的な態度に耐えきれなかった。その外在性によって傷つけられた外傷をいやすために、労資間の実在の人格的関係、全人格的な相互依存関係を、ひそかに自らの自我形成のために取りこんだのである。その時取りこまれた人格的関係は、その淵源として「扶養の給源」を定立せしめる。その「扶養の給源」は行動準則として（本来の「外なるモノ」の関係においてはその基軸にあるはずの「価値」に相対するところの）「権威」と、（相互不干渉の原則に「しみこんだ」）「権威」による実質救済と恭順の態度とをもたらす。（本来の「対等」性とは区別される）権威に対する、という意味での形式の上での「水平」性と、権威の流出経路にそった実質上の序列と差別とが結合される。権威は本来「伝統的」なものでありながら、「権威」がさらに上の「権威」へと連なることによって無限の連鎖を通して、「究極的権威」（かつてにおける天皇制を想起されてかまわない）を生みだす。こうして〈産業民主主義体制〉を律する「普遍的価値」を「代行」するものとしての、（個別的価値に基づきながらその連鎖によって定立せしめられた）「擬似普遍的権威」が成立する。具体的労働者組織とその行動は、それらの権威を実質的に代償するものとして、暗示的無限定性を持つ。労働者団結は、実在の人格的相互扶養関係の「担い手」としても自らを定立させるが故に、自らが関わる領域はあいまいかつ際限がない。しかもこれらの特徴は、右派・左派を問わず、日本の労働者団結に汎通的に見られるものである。

本章の関心は、こうした流れのなかで、戦後危機のこの時期に、いかなる労働者団結の質と「同意」された〈公正さの体系〉が、どのように形成されていったのかを検討することにある。そしてとりわけそれが、どのような意味で、日本の社会とこの「危機」の時代に固有のものであり、どのような特質を受けつぎ、また後に遺産として残したのかを考えてみることである。

この時代は、著しい社会的・文化的流動状況にみまわれた時代であり、表見上の「価値観」の戦前から戦後への「一八〇度の転換」のあった時代である。そのような時期にこそ、日本社会とその歴史的展開に固有の〈同意の組織化〉のプロセスと、そのプロセスがそれに先立つ社会と時代の何を「生かし」、続く社会と時代に何を「遺し」

たのかを、最もよく対象的に把握できるのである。

## （3）「戦後危機」における〈対抗的ヘゲモニー〉

しかし「労働者団結」は、以上述べてきたような〈資本のヘゲモニー〉形成の「場」であると共に、それへの〈対抗的ヘゲモニー〉形成の場でもある。

先にも述べたように、抑圧としての〈資本のヘゲモニー〉は、「迂回された欲望充足」であり、「迂回」をへた形にせよ、労働者諸個人の実在の欲求と希望を「生かさ」なくてはならない。それ故その欲求と希望を「直接的」に充たそうとする、〈対抗的ヘゲモニー〉形成の契機を、常にはらみ続ける〈資本のヘゲモニー〉は常に、迂回された、つまり間接的な欲望充足にすぎないからである）。

〈対抗的ヘゲモニー〉は、素材的・組織的には「同一の」労働者団結を「場」として生じる。その基本的契機は、（「労働力」と「市民」の迂回をへない）直接的欲望充足の立場であり、人格性に基づく直接的行為の立場である。（わかりやすく言えば、欲望充足を、「労働力」の「外化」とその「取引」という迂回を行なわずに実現する――ということは、諸個人が現にあるがままの人格性に立脚して実現する――立場である。）もう少し具体的に言うと、〈労働―生産―営業・生活〉総体の直接的支配の志向であり、それをとおして、（「迂回」によって「幻想の協働社会」としてのみ成立していた）〈経営〉に、「現実の協働社会」を形成しようという志向である。（「協働社会」とは「万人の労働に基づく社会」のことである。「迂回」に基づく社会も、労働を価値の源泉とすることによって、幻想としてはこれを実現していた。しかし相互行為の「外化」は、現実の労働の「外」に自立した価値の増殖やその支配を生みだした。「現実の協働社会」はそれを実在の人格的諸関係のうちに引き戻そうというのである。）

その論理は、現代市民社会・〈資本のヘゲモニー〉下の〈公正さの体系〉と原理的に異種的であり、並存はありえても連続させることは不可能であり、既存の「法の支配」に外在するものとして、「異端」として処理される。それは最終的に「階級世界」における権力闘争で「解決」される以外ないが、その「階級世界」における「よろい」を身につけうるようにしているのは、「市民社会」レベルでの「体力」である。[2] すなわち、自らが自律的「結集体」として持っている「凝集力」、自己の行為の「正当化」の能力である。（逆に言えば、〈資本のヘゲモニー〉との闘いとは、その「求心力」、自己「正当化」能力の剝奪、「同意」の破壊のことである。）

そうした〈対抗的ヘゲモニー〉のあり様として、まずわれわれは〈勝利した労働のヘゲモニー〉を構想することができる。それはいわゆる「労働者自主管理」的なものを想定する他ないだろう。しかし「現存社会主義」の経験や、「先進」国での「生産者協同組合」の経験等を見ても、そのようなものの、安定した社会システムとしての存続を構想できるのは、幾世代も先の話であろう。我々が当面想定しうるのは、人格的行為の直接的欲望充足をめざす不断の運動としての〈対抗的ヘゲモニー〉以外にはありえないだろう。

そのような〈対抗的ヘゲモニー〉の代表的あり方として、我々は〈ソビエト〉を考えることができるだろう。[3] これについてもその「特徴」について言えば、以下のようなことになるだろう。

まず労働者組織と〈経営〉管理機構各々と、両者の対抗枠組は維持されている。労働者諸個人の〈ヘゲモニー〉行使主体としての存在形式（自ら「権力」を行使する者としての彼ら）と、〈企業的専制〉下の存在形式（レーニンの言う「規律」に服して労働する彼ら）とは、明示的に区別できる。その上で〈ソビエト〉は、階級的権力機関を形成し、〈経営〉エリートを支配する。一方で〈経営〉エリートの存在を承認しつつ、その権利（「経営権」）は剝奪される。一方で実務者としての彼らの地位は保たれるが、〈経営〉全体における「労働力」に対する「専制」の法的根拠（自己正当化の根拠）は明確に否定される。要するに、労働者諸個人においても、かつての経営エリートについても、生産実務上における両者の地位と、〈ヘゲモニー〉行使＝法的な自己正当化の領域における両者の地位との間の、存在の意味と根拠のちがいは、明示的かつ限定的＝〈ザハリヒ〉なものなのである。以上を前提に、〈ソビエト〉は相互の連帯により、既存の「国家」を破壊し（「機関」としても、諸個人の「同意」形成の「場」としても）、新しい政治的支配を再建する。その究極の目的は、「迂回された労働」としての「市場」との不断の闘いであり、その成否が生産点での〈企業的専制〉下の労働の「意味転換」の前提であることも、共に明確である。

しかし、もちろん〈ソビエト〉形態のみが、ありうる〈対抗的ヘゲモニー〉の存在形式の全てではない。日本について遠く遡れば、戦前日本の天皇制軍国主義という「例外的」国家形成の前提としての、その「肯定的」な「生かし」方（「取りこみ」方）が決定的な意味を持っていたところの、〈人格承認〉という、「流産」した〈対抗的ヘゲモニー〉が存在した（東條 一九九〇：第四章）。そして戦後「危機」の時代における、「生産管理」「生産復興」といったシンボルも、そうしたヘゲモニーのあり様の一つと見ることができる。

〈対抗的ヘゲモニー〉としての〈生産管理〉について考えてみよう。

そこでは、〈ヘゲモニー〉の行使主体としての労働者自治組織と、彼らを〈経営〉の規律の下に服務させる〈企業的専制〉維持のための管理機構とが、融解している。労働者諸個人の〈ヘゲモニー〉は、自己の維持のために、「実質的」に、その対抗物の基幹的部分を併呑している。その上で、それと対照的に、〈経営〉エリートの存在や行動、（「労働力」の支配の）形式的所有権を事実上容認する。「経営権」がどのレベルまで認められているのかは、誰にも明示できない。要するに労働者諸個人と〈経営〉エリート両者について、相互の生産実践における地位と〈ヘゲモニー〉行使＝法的自己正当化の領域における地位とは無定形に融合しているのである。その上で、彼らは「市場」との緊張関係に著しく欠ける。このヘゲモニーは、一方で生産点では、「直接的欲望充足」の立場から、労働―生産の全局面を「呑みこみ」ながら、他方で全社会レベルでの「迂回」としての市場機構は、奇妙に容認する。従って既存の国家（という場）に対しても、著しく柔和的である。「企業」を単位に、それ自体欲望充足である安らぎの「労資融合体」とでも言うべきものを作りながら、その先は既存の「国家」（という固有の同意形成の場）に手はつけず、それが自ら「変質」して（あるいはそれを「政治スト」で「動かし」て）、「上からの」（つまり自らの欲望充足と直接の連関を持たない）「国有化」を暗黙裡に待っているかのようである。

〈生産管理〉を「程度の低い〈ソビエト〉」ととらえることも不可能ではない。しかしそれが、武装しなかったこと、連合しなかったこと、社会経済的ポリシーを持たなかったこと等は、狭い意味での「力量」に帰すことはできないかもしれない。生産管理が、そのヘゲモニーとしての（単なる争議戦術としてではなく）固有の特質の、「必然」

の展開だったのかもしれない。そしてそこに見られたそれらの「固有の特質」は、実は「危機」収束後の〈従業員民主主義〉という安定した〈資本のヘゲモニー〉に、不可避で不可欠の契機として、「ポジティブ」に「生かされ」(「取りこまれ」)ていったものなのである。

〈生産復興〉はどうであろうか。これは戦前の〈人格承認〉と同様、構想・理念としてのみ存在した「流産したヘゲモニー」である。しかしやはり〈人格承認〉のシンボル同様、現実の支配的ヘゲモニーの形成に、決定的役割を果たした。

〈生産復興〉構想とは、全員参加の直接民主主義型の「生産復興会議」を頂点に、「会社」の意思を構成する者として、全く同権の地位に立つ労資が関与し、意思決定する、というものである。この構想は一見非常にクリアーなものに見えながら、実はあいまいな部分を多分に含んでいる。

〈企業的専制〉＝(「外なるモノ」としての)「労働力の支配」の主体が誰であるかわからない。その点での〈経営〉エリートの権威の支配を一応認めているのか、それこそ「同権」の内容であるのか、最終的に労働者自治組織に留保されているのか、不明である。その〈ヘゲモニー〉の内で、具体的労働者自治組織の占める意味もわからない。「同権」のまさしく一方の主体なのか、その機構の下で限定された労使交渉を実体的に担当する一セクションなのか、それとも「同権」の機構は言わば「方便」なのであって、自らが「同意」の最終的実現＝体現者として、枠組み全体を担保するのか、不明である。以上の二点では〈生産管理〉のヘゲモニーに見られた特質は、ほぼそのまま生きている。

しかし同時に〈生産復興〉のヘゲモニーは、それに固有の強烈なモチーフを、合せ持っていた。以上のような前提の上に立って〈生産復興〉のヘゲモニーは、労資のいずれとも異なる「第三の」「権威」としての「会社」〈企業〉を導きだす。「会社」は「生産の主体」という以上の何らの限定性も持たない、きわめて包括的なシンボルである。労働者も、会社に対して経営が生産をサボるのを見張る存在として自らを定立することによって、この権威に服し、構成する。「会社」という以外適当な言葉がないのが残念だが、「生産」の主体としてのデモニッシュな何かが、構想され、ヘゲモニーとして定置されたのである。

そしてこの何かを越えた所では、〈生産復興〉のヘゲモニーは奇妙に足踏みしはじめる。それは先の〈生産管理〉もそうであったように「国家」や「市場」には無関心である。それは「経営者の責任」レベルの問題に矮小化されてしまう。以上を総じて言うならば、新しいヘゲモニーは、生産の中身（本章で扱う東宝争議では、「民族文化」というシンボルで語られた）、つまり実在の欲望充足の労働者自治組織の人格的関係による代償には、倒錯的と言える程の固着を示し、そのためそれ固有の主体の幻想まで生み出した。しかしそれが「営業」される存在形式については、無関心といっていい程にあいまいな領域として、取り残したのである。

「労働力の公正な所有・取引」という枠組みに収まらない以上、〈生産復興〉のヘゲモニーは、〈資本のヘゲモニー〉ではない。そこでは「労働力」の外化と資本による「労働力」の専制とは、成立していない。しかし同時にそれは、〈従業員民主主義体制〉と著しい親近性を持っている。否むしろ、頂点にある〝全員参加の直接民主主義の会議〟（それ自体はもちろん決定的な要素だが）という実在の権力機構の部分を除けば、〈従業員民主主義〉こそ〈生産復興〉構想の実現なのではないかと思わせる程、両者の重なり合う部分は大きい。そしてその唯一だが決定的と思われる部分も、実はそれに先立つ資本のヘゲモニーとしての〈産報体制〉が、すでに理念としては充たしていたものだったのである（佐口 一九八六）。

戦後危機における産別（全日本産業別労働組合会議）系組合にあっても、〝全員参加の直接民主主義〟は、それ自体を実在の権力行使の手段としてうち立てようとするものではなく、やはり「生産の主体」という第三の権威を導きだし、正当化し、それとの関係で労資の自己同定をはかる理念的目標の実現の手続と考えられていたように思われる。ところがその目標は、理念的なものそれ自体としては（〈実在の協働社会〉ではない〈幻想の協働社会〉としては）、産報体制が、まさにそれこそを導出しようとしていたものであった。「聖戦遂行」上、「究極的権威」（さしあたり天皇制のことと考えられたい）に連なる（労資と異なる）第三の権威を各経営に創りだし、その「生産主体」との関係で諸個人を経営に「同定」し、その「勤労」を通じて、諸個人の「水平」的地位（労資の「対等」ではなく、第三の権威に対しては、共に「水平」なのである）とある種のコレクティビズムをも充たし、各々の価値づけと相互にサボることの監視を実現していく、といったモチーフがそれである。（もっとも当時のヘゲモニーの「退行」性——簡単に言えば、自我の破壊の程度がひどいため、幼児期的な両親の権威の同一視への退行が起こる、ということ——から、それは著しく自律性の契機に乏しいものではあったが。）

とするならば、言葉を換えるならば、〈生産復興〉のヘゲモニーこそ、理念としての〈産報〉を、〈従業員民主主義〉体制として展開させる、一つの決定的な環であったとも考えられる。つまり産報の生産＝勤労の理念を、〈産報〉体制下では現実化できなかった労働者諸個人の自律的でアクティブな動員、実在の行為をとおして、〈従業員民主主義〉へ展開させていったのである。

先の〈生産管理〉の特質も含め、〈生産復興〉のモチーフは、〈資本のヘゲモニー〉形成のプロセスで、かつての〈人格承認〉と同様の意味を持つことになった。「流産」した〈対抗的ヘゲモニー〉のメインシンボルが、新しい〈資本のヘゲモニー〉の同意形成の中核に据えられたのである。

要約するならば我々の関心は、以上のような日本の戦後「危機」における〈対抗的ヘゲモニー〉が、いかなる「同意」として、またいかなる特質を持つものとして形成されていったのかを考えてみることである。どのような意味で日本という「場」と戦後「危機」という「時代」に固有のもので、どのようにして自己の正当性を獲得しえ、いかにしてそれを剝奪されたのかを検討してみることである。そのことを通じて、我々は一方でおそらく、「相対的安定」期の〈従業員民主主義〉という、日本の支配的な〈資本のヘゲモニー〉の理解の鍵を見出すであろう。同時に今日「相対的安定」期の終焉をむかえ、新しい移行期特有の社会的流動状況をむかえつつあると思われる現在の、新しいカウンターヘゲモニーのあり様＝その制約（Bedingung）と存在条件（Bedingung）を把握する鍵もまた見出すことになるだろう。

### （4）〈産別型団結〉の意味

最後に、以上の二つの対抗するヘゲモニーの展開の交錯状況のなかで、我々はそれを構成する「実在の」労働者団結を考えてみることになる。「同意」あるいはヘゲモニーとして（「理念的に」）「存在」する労働者団結に対する、実在の労働者諸個人の相互行為・相互扶養関係のことである。

筆者はそれを〈産別型団結〉と呼ぶことにするが、この実体と、これまで触れてきた対抗するヘゲモニーの関係を明らかにすることこそ、結局のところ、本章の課題ということになるだろう。これ以上の結論先取をさけるためにも、この点は本論をふまえて本章の最後に考えてみることにするが、ここでは全体の理解の前提として確認しておいた方がよいと思われる事柄もあるので、仮説としての意味を含めて、以下要点を示しておきたい。

①本来の意味での（即ち〈資本のヘゲモニー〉の存否がかけられているという意味での）「危機」は、すでに一九四六年五月をもって終焉していた（山本 一九七七：第一章）。従って抗争は、「労働力の公正な取引」の場としての労働者団結を前提とした、「公正な取引」（＝資本のヘゲモニー）のあり方、質、その枠組みの存在形式をめぐるものであった（とはいえそれがいかなる「枠組み」でありうるかについては、著しい国民的流動性のなかにあった）。

②にも拘わらず〈産別型団結〉は、〈経営〉の〈労働―生産〉のプロセスを「直接的に支配しかねない」状況であった（支配してしまえば資本のヘゲモニーは成り立たない）。この点と「ヘゲモニー状況」（〈資本のヘゲモニー〉の成立）との著しい乖離がその特質であった。それは本来の「危機」の遺産であると共に「価値規範の実在の人格的相互扶養行為による代償」（「外なるモノ」としての「労働力」をめぐる〈ザハリヒ〉な関係に耐えきれない諸個人の、彼らの実在の無限定的な人格的関係による代償）という、日本の市民社会に固有のモチーフの継承、という面も持っていた。

③その〈産別型団結〉を領導していたのは共産主義者であった（共産主義者による「労働力の公正な取引」とは背理であるにも拘わらず！）。彼らは「民族文化」という「生産の内容」を担う主体としての〈生産復興〉というカウンターヘゲモニーを形成する有機的知識人として、独自の構想を持ちながら、流動的社会状況に立ち向かった。彼らにおいては「生産の内容」及びその主体形成への強い固着と、その全社会的な組織化のプログラムの未成熟とが、

奇妙な結合をなしていた。それにも日本の「戦後危機」に固有の「同意」形成のあり方が、重要な契機となっていた。

④彼ら共産主義者に領導された〈産別型団結〉にあって、「生産復興」から「民族文化」へ、というシンボルが、決定的な意味を持っていた。他方経営者の側においても、「赤色追放」から「生産復興」へというシンボルが同様の意味を持っていた。かつての「人格承認」と同様、ここでも共通の一つのシンボルが、労資の同意形成においてクリティカルな意義を持つという「弁証法」が生きていた。シンボルこそ「同意形成」と、階級世界におけるデマゴギッシュな行動を支える、「結集体」としての「力」たる「凝集力」の焦点、「凝集点」であり、その重なりあいの場こそ、ヘゲモニー抗争の究極の場だからである。

⑤以上のような諸特質を示しつつ、〈産別型団結〉の質は、東宝争議開始前の一九四七年秋と、妥結時の四八年秋とでは（二〇名の共産党員の自発的退職という妥結条件の、見かけ上の微温性にも拘わらず）、驚くべき変化を見せていた。その生きたプロセスを明らかにすることが、本章の究極の課題となるわけである。

## （5）ヘゲモニー形成分析の課題

以上話が少し長くなったので、最後にもう一度本章の課題を簡単にまとめて、本論に入ることにしよう。

第一に、〈資本のヘゲモニー〉と〈対抗的ヘゲモニー〉という二つのヘゲモニーの交錯状況のなかでの、〈産別型団結〉とその展開が持っていた役割と特質とを明らかにすることである。そのなかでも特に、「生産復興」というシンボルを二つの〈ヘゲモニー〉間に共通する中軸シンボルとしつつ、その重なりあいのなかで〈産別型団結〉に固有のシンボルを提起していったプロセスの解明に、特に注意が払われねばならない。

第二に、以上の分析をとおして、日本に固有の歴史状況と戦後「危機」に固有の時代状況の流れのなかでの、ヘゲモニー形成の特質を明らかにすることである。そのことによって、戦後「危機」の時代に続く、「相対的安定期」における〈従業員民主主義体制〉の特質と、労資のヘゲモニーの交錯が固有の歴史と時代の経験をへて継承させていった、価値体系、日常知、協働性形成の特質、そしてその関係とが（一言でいえば、戦後日本「文化」のあり様が）明らかになるだろう。

最後に以上の検討をとおして、もっとプリミティブな、危機＝即ちヘゲモニーの流動状況のなかでの、〈現実の協働社会〉形成の希望の行為の意味、あり方、といったものを考えてみることである。「近代」から「現代」への「移行期」の日本社会は、その間に特有な「例外的」国民統合を伴いながら、その前後に未曾有の流動的社会状況を作り出した。全ての旧来の所有から解放されているが故に（その所有において享受されていた価値の存在形式にはむしろデフォルメされた固着を示しつつ）くもりのない自由な行為が形成されうるとすればこの時代においてであり、それ自体が自然で直接的な欲望充足の可能性を示していた。現代市民社会の「相対的安定期」が終息しつつあるかに見える今日、第一次世界大戦前後と並んで、第二次世界大戦後「危機」の時代における民衆の体験は、日本人民の自由な行為、代え難い、常に立ち戻らねばならない体験・拠点である。それは民衆の集合的無意識に蓄積された、甦る体験であり記憶のはずなのである。

## 3　闘争前夜（一九四七年中）

ここでは、一九四七年一二月に渡辺銕蔵新社長が就任して「東宝企業刷新要領」を発表し（一九四七年一二月二九日付）、争議そのものがはじまる以前の状況を見ておこう。その意味では東宝争議（一九四八年）の「前史」にあたる時期であるが、以下の検討によって明らかになるように、実はこの時期にすでに、争議の「問題構成」の骨格ははっきりと現れていた。

### （1）組合による経営規制

#### ①　制度的枠組み

日本映画演劇労働組合東宝撮影所分会は、この時期の日本の労働組合のなかでもっとも、格段にといっていいレベルでの強力な集団的規制力を、経営に及ぼしていた。ここではまず、その制度的枠組みをなしていた「団体協約」について、簡単に見ておこう。注目すべき事項としては、以下の諸点があるだろう(4)。

(1) 人事に関する同意約款。これについては特に細かく述べる必要もないだろう。

(2) 職区制。職区は shop の訳語として採られたものである。従来の部課長制を改め、会社側管理者を各職区一名の職区長に一本化・限定し、組合側の対応する「職区委員」との職場交渉(「職区協議会」)で、経営管理上の問題を処理しようとする構想に基づく。それが労働＝職場レベルの組合規制の枠組みであった。

(3) 経営協議会。全社の「経営協議会」の下に、各専門部の「部別協議会」、撮影所では「撮影所協議会」がおかれた。これらのなかでも撮影所協議会の一専門機関として作られた「企画審議会」が重要である。これが生産＝工場(東宝では撮影所)レベルの組合規制の枠組みだったからである。後述のように、そこはほとんど組合の「専断」の場であった。

以上のように、今日の我々の目からすれば、東宝の団体協約とそれに基づく諸機構は、組合の強力な経営規制を可能にする制度的枠組みであった、と言える。

しかし当時にあっては、文言の上では、この協約が他とくらべて格段に労働者に「有利」であったというわけではない。「経営権は会社にある」ことや、経営協議会が「協議機関」であることを、はっきりさせているからである。

だが実はこれには以下のような事情があった(5)。

第一。一九四七年協約締結当時の社長は、映画製作部門出身の大沢善夫であった。後述するように、当時の東宝の経営陣には、製作部門と営業部門との間に根深い対立があった。当然推察できるように、組合が自由な製作(生産)活動を進める上では、製作部門出身者が実権を握っている方が明らかに都合がよかった。組合はリベラリストの大沢を立てる必要があった。それ故四七年協約は、経営陣のなかでも「大沢さんの最高傑作」と称されていたのである。
第二。東宝は、四六年中から、生産管理も含む二度の大きな争議を経験しており、協約はそのなかでも紛争の種であった。率直なところ組合には、映画製作に専念したいという気持が強かった。彼らの考えでは、実際には強力な組合規制を実現しているのだから、協約上の文言の多少の譲歩は問題ないと考えていた。「何十年も通用する協約」を作り、製作活動に打ち込みたかったのである。

以上のように、この四七年協約すら、組合にとっては、大いなる譲歩と妥協の産物だったのである。

② 組合規制の実態

従って実態としての組合規制は、協約上の文言よりはるかに強力なものであった。約一二〇〇名の撮影所員のうち三〇〇名の党員を擁する共産党細胞の権威は絶大で、党員でないとよい仕事ももらえない状態だったという。ここでは先の「企画審議会」の運営の点だけを例としてとり上げ、この問題を考えてみよう（以下『拡大企画審議会議事録』第二三～二九回、一九四七年一二月、による）。

図6‐1が、この時の撮影所の管理機構図である。

まず撮影所長は、いわば建物等の「支配人」であって、製作企画の内容には全く権限がなかった。

企画の決済者は本社の営業部長と製作部長であったが、後に渡辺新社長によって、企業刷新の「供犠」として『炎の男』の製作が「拒否」されるまで、撮影所側の企画がとおらなかったことはなかった（従って『炎の男』問題は、組合の「生産主義」的理念の象徴として、争議の全期間にわたって、主要な争点の一つとして掲げられ続けた）。

撮影所の製作活動に責任を負うべき製作責任者は空席であった。

残る撮影所における会社の管理責任ある者（マネージメントスタッフ（マネスタ））は一二名の職区長であるが、組合側はこれを撮影所レベルの交渉の相手にはしていなかった。彼らは、正式の管理責任のない藤本真澄チーフプロデューサー（製作担当者）を会社側の「窓口」として「一本化」し、彼に権限を集中させていた。

こうして「企画審議会」に会社側代表として出席するのは、藤本製作担当者と、一～三名の職区長にすぎず、組

図6-1　撮影所の管理機構図（1947年）

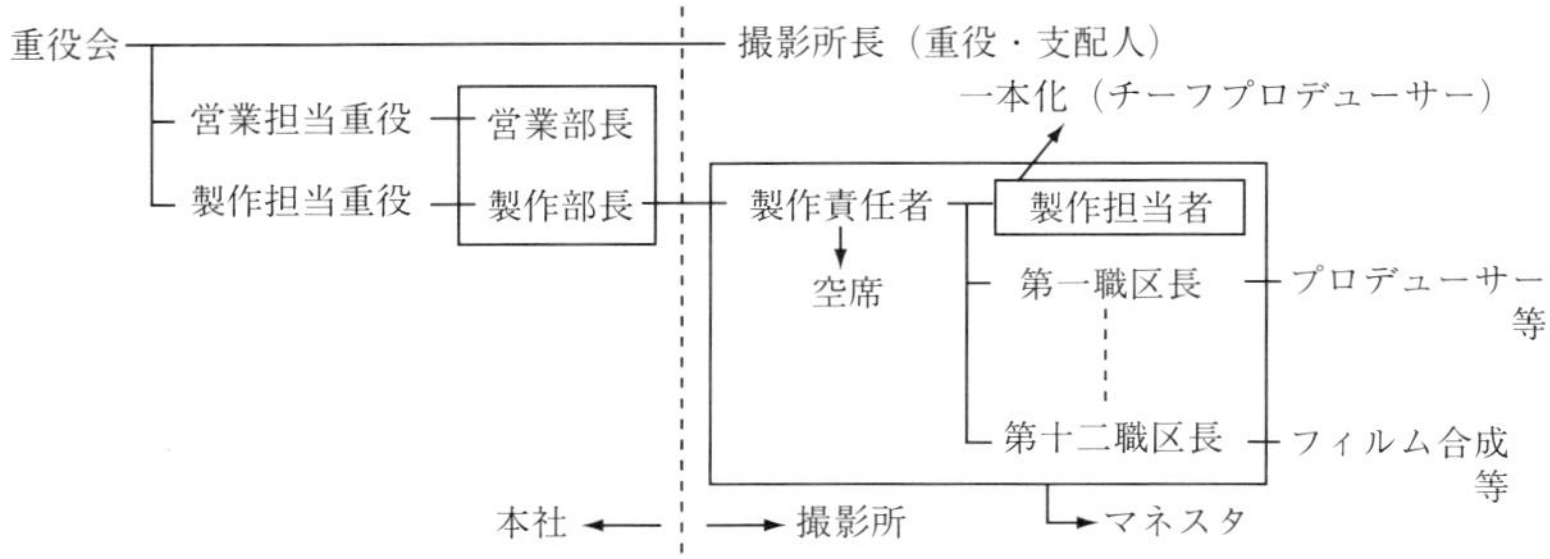


（注）『拡大企画審議会議事録』の発言に基づき作成。

合側からは、組合幹部と各職区の代表、それに「芸術家会議」（映画監督等）代表、合計約三〇名が出席していた。

当然「大衆団交」的進行が予想される。が、実際は全く事態は異なっていた。藤本製作担当者自身が、圧倒的に強力な組合のヘゲモニー下にいたからである。企画審議会の実態は、「本社との闘争」（藤本談）をいかにすすめるかという、組合とプロデューサーによる事実上の作戦会議であった。その結果「生産復興会議」構想をいかに実現させるか等について、活発な討論がなされたが、各プロデューサーが持ちよる企画原案について、藤本制作担当者が注文をつけるようなことが皆無であったのはもちろん、採否が確認されることすらなかった。（ただし、全社レベルの「経営協議会」については、事情が異なる。[6] 年間八十数回に及ぶ経協によって会社が大いに制約されていたことはもちろんそのとおりであったが、その主要議題は基本的に労働条件をめぐるものであった。会社の〈営業〉局面に組合が介入し、規制を加えるものだった、とまでは言いにくい。これと企画審議会における〈生産〉への強力な規制との「ズレ」が、大きな問題になっていったのである。）

③　製作実践

こうした組合規制を支え、支えあうものが、組合の完全な主導下に進められた「製作実践」であった。彼らは映画人としての誇りと気概をもって、伊藤武郎元日映演委員長語るところの「製作三昧」の日々を送っていた。[7] これも伊藤氏が言うように、一年間近くに及ぶ争議を究極において支えたものは、この「製作実践」と、それと不可分の「カツドーヤ（活動写真屋）気質」だったのである。

この点は、争議期間中の会社の態度にも現れている。彼らは「赤色フラクの横暴」を糾弾し、その追放を叫びながら、当の「赤色フラク」の撮った映画については、一貫して「映画自体は優秀」と言い続けざるをえなかった。[8] 映画はイデオロギー性を伴う商品だが、経営側はついに「赤色フラク」作品についてそのイデオロギー性を問うことはできなかったのである。

実際この時期撮られた作品は、狭い「共産」イデオロギー教育風のものとは無縁である。一方で反戦・平和（民主主義）というシンボルに代表されるような人間の幅広いヒューマニティを汲み上げると共に、興行性・大衆性も大いに考慮した、驚くほど柔軟で寛容なものだった。彼らは製作を労働のエロスを充たすだけの自己充足としてではなく、現前資本主義世界を前提とした総体的な「生産」として、遂行したのである。

しかしこの「団結を支えた質」は、同時にアキレスの腱ともなる。経営陣が主張したように、「会社〈〈経営〉〉」を超えた社会編成に無関心な「生産」は、たとえ「映画自体は優秀」だったとしても、「生産破壊者」に転化しうる。その「生産主義的特質」は、争議を「究極的に支え」たと共に、「究極的に制約」せしめるものでもあったのである。

④〈産別型団結〉の特質

撮影所における組合による集団的規制は、ある意味で「生産管理」を超える質を持っていたと言える。職制機構の「のっとり」ではなく、その解体の上に、自前の組織でそれを達成していたからである。「労働」過程は、組合の自律的ヘゲモニー下にあった。

同時に組合は、それを「生産」の過程として遂行しようとする強いモチーフを持っていた。単なる行為自体ではなく、「前にたてられたもの」としてのその実現――現前資本主義世界の下では、商品、及びそれを生産する主体としての「会社」の実現――をも包括した主体たろうとし、それを担いうることによって、労働者諸個人のヘゲモニーを実現していた。

しかしその規制は「営業」に及んでいなかった。撮影所は東宝企業六〇〇〇人のうち一二〇〇人を占めるにすぎない。営業こそ会社の「糧道を断つ」切札であったから、[9]これは争議の帰趨に大きな影響を与えたが、それだけではない。「営業」への関心こそ、逆説的だが、「会社」を超えた労働者諸個人の横断的連帯や、国家や市場との緊張関係へ、自らを導くものだからである。彼らは、「前に立て」ながら、立てたものを実現する――「迂回」をへたにせよ自己充足する――術をもたなかったのである（「術をもつ」ための構想が、他ならぬ「生産復興会議」構想である。それは後に考えることにしよう）。

我々は以上の諸点を、〈産別型団結〉の特質、とさしあたりとらえることにしよう。一九四七年中の時点では、それが〈資本のヘゲモニー〉を構成する団結、まぎれもなく「公正な団結」であった。あるいは当時の〈資本のヘゲモニー〉は、少なくともそれをも包括しうるヘゲモニーであった。

## （2）経営側の闘争態勢

### ①　クーデター

そうした「製作三昧」の日々にかげりが出てきたのは、四七年九月頃からであった。「九月危機」とよばれる経営危機が表面化し、これをきっかけに「新しい第二組合」（注(15)参照）の分裂があった。しかし組合が「エリを正す」必要を強く感じたのは四七年一〇月の「クーデター」以降のことであろう。

即ち、大沢前社長をはじめ、旧製作部門出身の重役陣が一掃され、田辺加多丸社長をはじめ営業部門中心の新重役陣が布かれたのである。[10]（東宝という企業は、映画製作を行なっていた旧ＰＣＬと、興行の旧宝塚劇場とが合併して生まれたもので、両者の対立感情は、平社員から重役にいたるまで根強いものがあった。社員バッジからして旧ＰＣＬは東宝、旧宝塚は東宝、と異なり、製作部門の社員は営業関係者をバッジの形状をもじって「小判」と呼んで卑しんでいた。従って組合側は、争議の窮状のなかでも、製作部門の重役が盛り返して「首切り内閣」を一掃し、自分たちを苦境から救ってくれるのではないかという期待を、かくそうとしなかった。[11]）

これを「クーデター」と見たのは、組合側の認識の甘さである。なぜなら、後述のようにその背景には、東宝の事実上のオーナーで敗戦によって戦犯として追放されていた小林一三の強い意思があり、それをうけた田辺にも充分な準備と戦略構想があったからである。[12]しかしこれを機に組合側も、赤字克服と、それを担う「生産復興会議」構想の早期実現を、真剣に模索することになる。

② 企業刷新要領

四七年一二月二七日、田辺社長が会長に退き、「映画については全く素人」と自他共に認める「雇入重役」の渡辺銕蔵が社長に就任した。[13]組合側にとっては寝耳に水のことであったが、これも経営陣としては充分準備の上のことであった。[14]

田辺と渡辺、それと東京都労委委員長であった末弘厳太郎とは、東大同期の知友であり、イデオロギー的にも「反戦反共四十年」の立場で共通していた。末弘は、表向きにも東宝の協約改定の「私案」を（「公正な第三者」の立場から）提出する（一九四七年一二月一三日付）等の関わりを持っていたが、内々には撮影所の現状を深く憂慮し、その再建のための協力を表明していた。彼らはそうした見地から、「反共の闘士」渡辺を立てると共に、同じく「反戦反共」の北岡寿逸をスカウトし、末弘の腹心の部下であった馬淵威男を「渡辺さんをお助けせよ」として送りこみ、この三者を中心に東宝の「再建」をはかることになったのである。（ただし馬淵の労務担当重役への就任は少し遅れる。）

渡辺は、就任後直ちに、「企業刷新要領」を発表する。その骨子は、映画一本六五〇万円、月二本（正確には「新東宝」と合計して月三・五本）の製作体制の実現であった。（旧来は八〇〇～九〇〇万円、月約一・四本。）彼らは実際には組合がそれをのむとは考えていなかったし、期待もしておらず、本当のねらいは、いわば「アリバイ作り」にあった。つまり「会社としては可能なかぎり再建の努力をしたにも拘わらず組合の協力を得られず」「万策尽き果てて人員整理の止むなきにいたった」との、ストーリーを作る伏線だったのである。

経営陣にとってその第一の障害は、四七年協約であった。そこには人事に関する同意約款があり、協約の一年間の自動延長条項があったから、これが破棄されないかぎり、少なくとも一年間は人員整理は不可能だからである。

彼らは「要領」に従って「努力」の既成事実を積み上げながら、その「ゴリ押し」は慎重に避けつつ、協約の「無効」化の準備を進めたのである。

同時にこの時点で注意すべきなのは、当時の「国民的同意」を代表すると考えられる末弘の態度であろう。彼は、後にも触れるように、彼に対する労働者側の一定の期待（あるいは幻想）を政治的に利用することも含めて、きわめてデマゴギッシュに行動している。しかし「目的のためには手段を選ばず」という行動を是認していたわけでもない。その意味で彼は、当時の国民的同意の忠実なイデオローグ、という総体的な立場を維持したと考えられるが、その末弘においても、四七年末の〈産別型団結〉は、すでに明らかに不公正なものだったのである。

### ③　経営陣の戦略構想

以上のように準備を進めた経営陣にあって、争議の構想はどのようなものであったろうか。

前提として、製作に関し、「経営権」は存在しなかった。手足になるべき「職制」層も撮影所には存在しなかった。撮影所の「マネスタ」は、中立化させるのがせいいっぱいであり、実際彼らは後述のように、「年二八本製作」案（その条件で解雇撤回）の「妥協」案を示し続け、それが容れられず、争議途中で「依願退職」していった。新東宝も含め四つあった第二組合も[15]、撮影所のなかでの勢力は争議の最終局面においてさえ日映演の約三分の一であり、砧撮影所での影響力は争議初期には皆無に近かった。

要するに渡辺社長も言うように、「われわれ僅かに三人（渡辺社長、北岡所長、馬淵労務担当重役）で全国の共産党を相手」にする他なかったのである[16]。

彼らにとっての闘争とは、(1)何もしないこと（兵糧攻め）、(2)「恥ずかしくてお話もできない」借金をすること（兵糧の確保[17]）、(3)援軍のとりつけ（末弘、日経連、吉田茂、GHQ、そして「世論」）、にかぎられると言ってよいと思われる。後に撮影所内に組合分裂組織が出現して以降、資金面で援助したとの噂もあったが、自前の職制機構を持たない以上、分裂組織形成のプロセスでも、結成後でも、それを組織的に援助する術や第一組合「切り崩し」の術はなかった。その点で後の時期の争議→組合分裂とは、決定的に異なるところがあったのである。

しかし彼らの戦略的構想、大局観においては、しっかりしたものがあった。と同時に、「僅か三人」の間にも、微妙な路線上の「ズレ」が存在した。以下それを簡単にまとめてみよう。[18]

渡辺社長。争点は、表面上の「冗員整理」ではなく、「赤色追放」を通じた「生産復興」にある、との大局的見地が一貫していた。

彼は、共産党の戦略を、赤字拡大↓会社崩壊↓生産管理↓産別統一↓全産業の共産化↓赤色革命、と押さえた。実際の共産党にあっては、個別企業レベルからの「生産復興」運動のそれを越えての展開の構想は、いまだ星雲状であった。しかし個別の「生産の主体」の確立をとおした社会革命運動の構想とは、元来そのようなものである他ないだろう。その意味で彼は、共産党以上に共産党の戦略を知っていたのである。

彼にとってこの闘いは「日本を救う緊急重大」な「共産党征伐」であり、「共産党さえやっつければ……あとの経営者が決起する……それが日本再建の念願」（傍点筆者）なのであった。彼にとっての課題は「生産復興」をキーシンボルとして接点にする、労働者諸個人のそれと対抗する新しい〈資本のヘゲモニー〉の形成であった。そしてこのような個別争議の枠をこえた展望の構想は、隠れた当事者であった小林一三とも共通のものだったのである。

彼のこうした観点は、争議終結にあたっての「二〇名自発退職」申出に対する政治感覚にも現れている。彼は「わずか二〇名の共産党員」のことであっても、それが彼にとって「ヘゲモニーの勝利」であることを知っていたために、逆説的にも、争議収拾の先頭に立つことができたのである。

また彼は、組合の撮影所占拠を予測していた。同時にそれが、「会社崩壊」にいたらぬ（彼にとっては）今ならまだ、「生産管理」にはならないと、その性格を読んでいた。そうならない今のうちに、争議は仕かけられねばならなかったのである。

北岡所長。彼の立場も渡辺とほぼ同じと見ることができる。ただ組合に対し、争議中に「彼らも人間的にはいい人」と語ったり、辞意をもらしたりする等、少しく妥協的・動揺的な部分があった。

彼にあってもその時点での工場（撮影所）占拠は、それが新しい〈対抗的ヘゲモニー〉の起点になりうるとは考えていなかった。「日本のストは必ずスト破りが出る」。だから「ストのために工場占拠が必要」（傍点筆者）だという認識に、彼の観点の特徴が出ている。

馬淵労務担当。しかし末弘厳太郎の下で労働行政に従事していた若い馬淵の場合、観点は少し異なっていた。彼にとって「問題は協約」にあり、つまるところ「人事権・経営権」に帰着する。「労使関係の安定」「労働協約の正常化」が目標なのであって、「共産党さえやっつければ……」の渡辺とは、明らかに行動原則上のズレがあったのである。

両者は、馬淵自身の言葉によれば、一つには組合側の占拠で「ムラムラと起こった敵意」、いま一つは日経連、とくに小林一三と会見して、東宝という企業はたとえ潰しても東宝問題は解決しなければならぬという姿勢に強い感銘を受けたことにより、一つに合流する。しかしその底流にある「ズレ」は、争議の経過のなかで常に現れていた。

例えば都労委では、渡辺が常に「共産フラクの破壊活動」をアピールするのに対し、馬淵はそれを抑え、解雇はあくまで「冗員整理」との態度を守ることに努めた。他方で「二〇名退職」による争議の「政治解決」に対しては、解雇は二七四名の「冗員整理」に始まったことだとして、馬淵はそれによる妥結に反対した。一方馬淵の場合、組合による工場占拠は「不明にしてちっとも考えていなかった」。一面で「原則的」であると共に、政治的センスで行動していたのではないのである。協約草案をめぐって「共産党員は解雇」を入れろと固執する渡辺に対し、末弘を説得にかつぎだしてようやく収めたエピソードや、渡辺が争議終結後程なく「お役御免」になったのに対し、馬淵が以降三十余年東宝の経営に携わった事実も、事態の理解の助けになるだろう。

しかしこの両者を対立的なものと考えるのは妥当ではないだろう。両者は「東宝争議」という争議自体の持つ二重の性格の現れとして底流にありながら、また時期ごとにその主要な面を転変させて現せながら、渡辺の「戦略構想」の政治的リーダーシップの下で、「原則的」な労資関係＝〈資本のヘゲモニー〉の確立をはかろうとする、複合的・相互補完的枠組みだったのである。

### （3）組合側の闘争態勢

①「危機」への対応

以上のように態勢を固めていた経営側に対し、組合側は、基本的には、警戒感に乏しい「製作三昧」を謳歌していた、と言える。実際彼らは、後に直面するような彼らの団結そのものにとっての厳しい試練を、「クーデター」や渡辺「企業刷新要領」の出現にも拘わらず、予想していなかった。彼らにとっての「危機」感は、あくまで東宝という企業の「経営危機」についてのものだったのである。

しかしその範囲内では、「九月危機」「第二（五）組合結成」「クーデター」という進展のなかで、危機打開の方途を、組合側も模索していた。（以下主に『拡大企画審議会議事録』による。）

彼らにとって第一の課題は、「年二四本生産体制」の実現、「質と共に量を」の達成にあった。企画審議会における議論の大きな部分はこれにさかれ、そこにおいて組合リーダーたちは、一般下部組合員のこの問題での「危機感」の欠如にいらだちを隠していない。彼らが、「生産」を呑みこんだ自らの団結の上で、応分の責任を果たそうとしていたことは確かである。

しかしそれはそのかぎりでは、いまだあくまで抽象的なかけ声にすぎなかった。具体的な問題として、企画審議会で議論の俎上に載っていたのは、協約改訂問題と、「生産復興会議」構想であった。というより「経営危機」は、これらの問題をとおして、解決されるはずのものと、想念されていた。以下この二つの問題についての、組合の態度を考えてみよう。

②　協約改訂への態度

組合側は、新重役陣との間で、四七年協約の改訂が重大な争点になるとは予想していなかった。彼らは問題は依然として「第一条問題」にあると考えていた。（以下、主に『日映演中央経協議事録』一九四七年一二月二〇日～四八年三月五日による。）

日映演は会社と協約第一条としてユニオン・ショップ条項を結んでいた。そのため第二・第三組合が生まれた時にも、会社は彼らを「新東宝」という別会社に組織することによって「解決」していた。ところがその後も第四・五組合が相次いで生まれ、会社はこの全てに対し、日映演と同じ内容の協約を結んだ。そのためユニオンショップ条項を結んだ組合が複数存在するという変則状態が生じた。これが「第一条問題」である。

組合は、協約問題での労資の主要な争点はこれである、言い換えればこれ以外に問題となる箇所は存在しないと考え、これの解決のために、付随的な点では四七年協約からさらに譲歩する用意を示していた。一つには、「経営危機」打開のためには、彼らにとっても「経営との協力」はある程度必要なものであり、そのためには必要な妥協もありうると考えていたからである。同時に彼らにとって、「労戦統一」は基本的な価値であり、第二〜五組合との「形式的統一」から彼らを「実質的に呑みこむ」という、戦略的意味を持っていたからである。（形式上のユニオン・ショップを生かすために、協約締結主体として「共闘会議」的な交渉団体が構想されていた。）

従って組合側は、先に示されていた「末弘私案」を交渉のたたき台として容認する姿勢を示していた。と同時にそれを超えた、従来の労資関係の枠組みの根幹を揺るがすような、協約問題での経営側の「攻勢」を、予測することはできていなかったのである。

### ③　「生産復興会議」構想

「経営危機」打開の「切札」として組合側が推し進めようとしていたものが、「生産復興会議」構想であった。「二四本生産体制」の受け皿、その「生産の主体」こそ、これであった。（以下、主に『拡大企画審議会議事録』による。）

全員参加の直接民主主義型の集会を最高議決機関とする、労資対等の権力機関の樹立、これがこの構想の骨格である。この下で「民主主義的中央集権制」の原則に従い、経営、労働者組織、「行政機関」が各々、各自の「領分」を忠実・誠実に実行すべし、とするのである（図6-2参照）。

この構想は、四六年に最初に提起された頃の構想と、少し性格が異なる（『生産復興会議の方針と組織』東宝撮影所分会、一九四六年一二月五日）。当初においては、「生産復興会議」が、「経営」をも包みこんだヘゲモニーなのか、「経営」を外においた労働者諸個人（だけ）のヘゲモニーなのかは、あいまいであった（図6-3参照）。しかし「経営危機」の深化のなかで「生産復興会議」は、生産の無二で規範的な主体として、構想のなかで「成長」していった。

この「生産復興会議」の性格については、すでに第2節においてかなり論じておいたから、特にくりかえす必要はないだろう。

「経営危機」の打開にあたって、旧来の「労資関係」の枠組みをこえた、直接的生産者として一元化されたモメントからの権威の創造、しかもそれが（最終的構想では）「会社」をこえた展望を持たないが故に「従業員」として一元化されたモメントからの権威の創造を、それは基本的モチーフとするものであった。

図6-2 「生産復興会議」構想（1947年末）

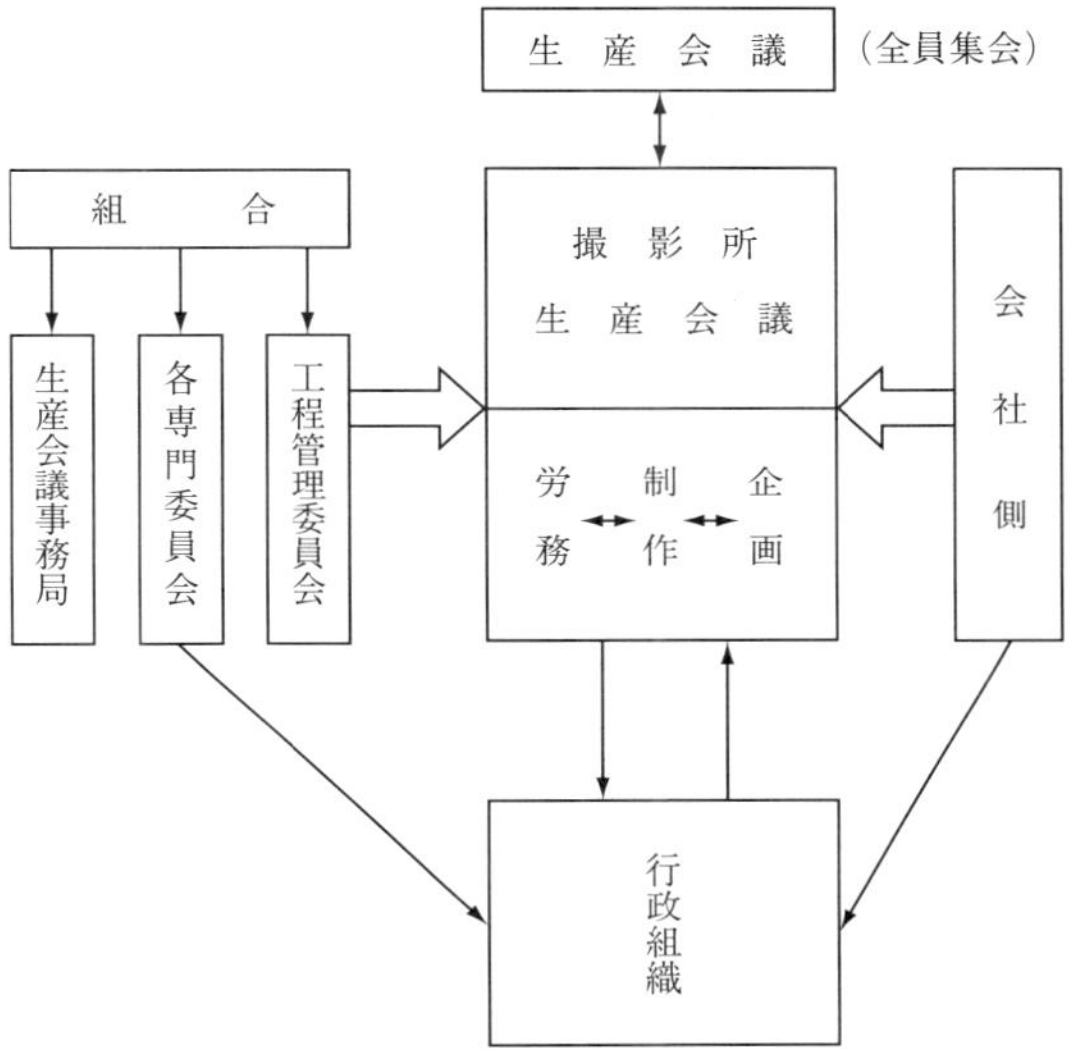


（注）『第27・29回拡大企画審議会議事録』より。

それは、「外なるモノ」の取引の場＝形式としての「労資関係」の枠組みが解決しえない「危機」を、実在の人格的相互扶養行為で代償しようとするものであった。同時にそれを、労資いずれとも異なる「生産の主体」としての「生産復興会議」という、新しい、第三の、超越的「権威」を生みだすことによって果たそうとするものであった。一方それは、労働者諸個人の欲求と希望との観点から言えば、〈営業〉や金融等の領域を、「中央集権」下にあるとはいえ「経営の責任」に付してそれ以上を問わない、〈生産〉をこえる部分についてのある意味での著しい無関心を特徴とするものであった。

それは〈資本のヘゲモニー〉に対抗する、新しいヘゲモニーの構想であったことはまちがいない。それは

図6-3　「生産復興会議」構想（1946年末）

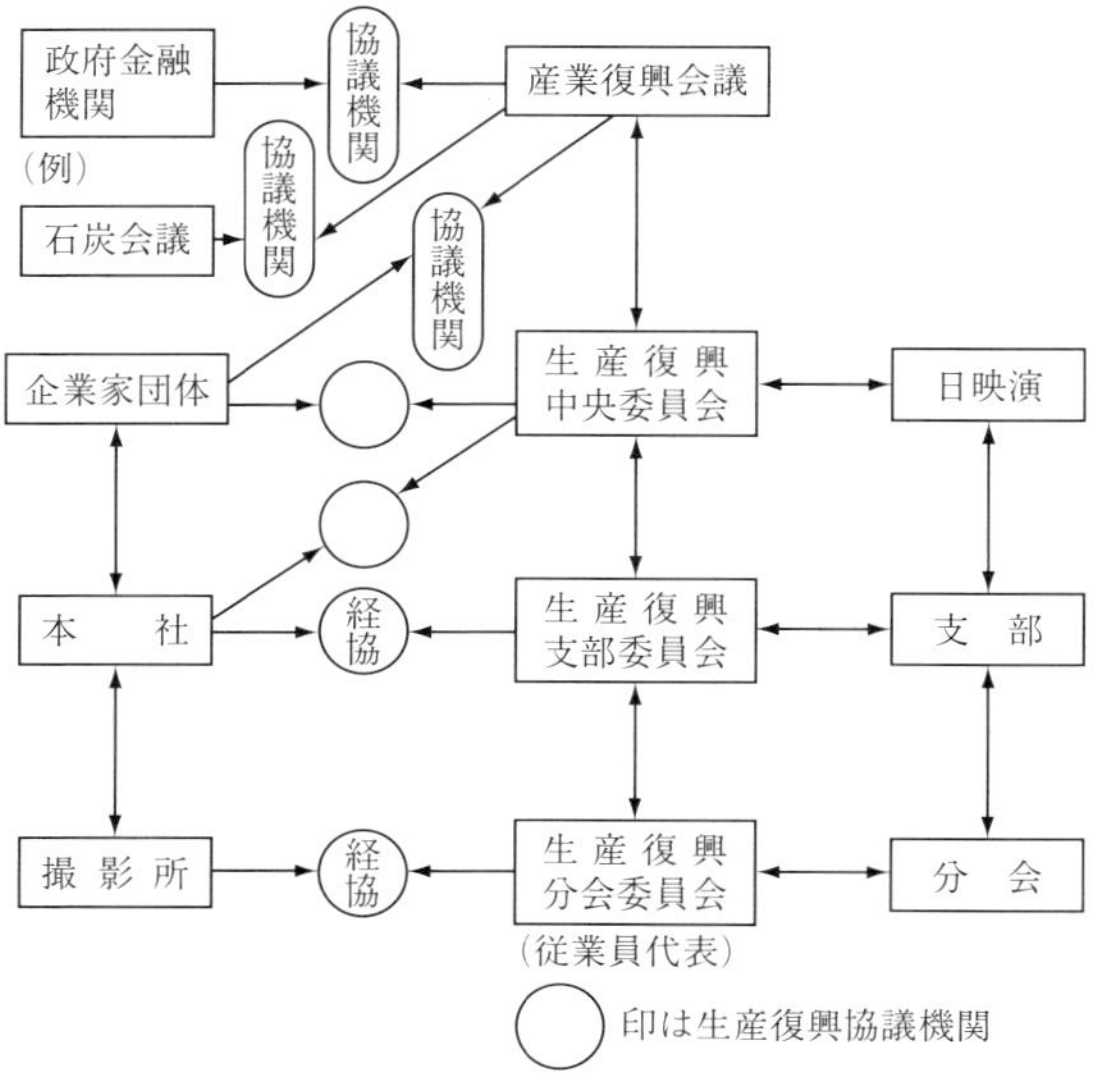


（注）　東宝撮影所分会『生産復興会議の方針と組織』より。

明らかに「外なるモノとしての労働力の公正な取引」の枠組みをこえた、「経営」の再編の試みである。しかしそれは、それを即自的に否定するものとしての「労働の直接的充足」「直接的人格的行為」の立場でもない。「生産の主体」の権威の樹立をとおしての、行為と充足の価値の再認の試みだからである。それは、一方での産報体制以来の日本の固有の歴史形成、他方での経済上の「危機」と経営陣の一定の立直り＝四六年五月以降の〈資本のヘゲモニー〉がともかく再生したという事実＝固有の時代状況の産物としての、特異な形成しつつある〈対抗的ヘゲモニー〉だったのである。（こうした視点からは、「生産復興会議」構想を「日本の資本主義的再建のコース」への「イデオロギー的動員」の回路であったとする山本潔氏の説は、再考を要すると言えよう（山本 一九七七）。（少なくとも東宝における後期の）生産復興会議構想は、〈資本のヘゲモニー〉＝資本主義的再建を前提にしたものとは言えない。確かにそれは組合側の「後退」（と言うよりは経営陣の「立直し」）を前提にしたものであった。しかしそれはその条件の下で、同時に存するきわめて強力な職場規制力を背景にした、「直接的に人格的な欲望充足」を究極的に達成しようとする、新しい「ポジティブ」な戦略構想だった。先に述べた生産復興会議の特質は、確かに〈対抗的ヘゲモニー〉としての「弱点」、ととらえ返すことはできる。しかし日本に固有の歴史形成と、この時期に固有の時代状況にあっては、それはある意味で不可避的なものでもあったのである。）

この構想について特に留意すべきなのは、これがきわめて現実的なものとして、真剣に討論されていた、ということである。組合案をうけて、少なくとも撮影所レベルでは、会社側も真面目にこれを検討していた。これには多分に経営側によるマヌーバーの側面があると思われるとはいえ、四七年一二月末には撮影所「マネスタ」案が提示され、労使の検討に付される段取りになっており、経営側もこれを拒む態度をとっていなかった。経営側にもし〈対抗的ヘゲモニー〉を打ち砕くだけの意思と力がなかったならば、少なくとも撮影所＝工場レベルでは、この新しいヘゲモニーが出現する可能性があったのである。

「生産復興会議」構想は、当時の最先進経営であった東宝においては、組合＝共産党指導部にとって、「危機」に対する、現実的でビジュアルなオルタナティブであった。渡辺ら経営首脳陣にとってもそれはビジュアルな脅威であり、渡辺の脳髄にあったかの「共産党の戦略」も、決して被害妄想の類ではなかったのである。

## 4　労働協約と「冗員整理」（一九四八年一～五月）

この時期は、主として労働協約をめぐって争点が持たれていた一九四八年一～三月期と、その交渉の決裂をうけて発表された二七四名の人員解雇によって争議が本格化し、六月一日の撮影所閉鎖にいたるまでの時期である。この時期は、争議の「真の」争点が、「本当」は誰の目にも明らかでありながら、それが正面から語られることがないという「奇妙」な時期であり、その意味では争議の「初期」段階に当る。しかしその激烈な争議戦術のうちにも、この争議にかけた労資の基本的モチーフは明瞭になっていた。以下この問題を中心に論じてみよう。

### （1）労働協約をめぐって（一～三月）（以下、主に『日映演中央経協議事録』による）

①　会社案発表まで

「企業刷新要領」に基づく経営側の「再建の努力」のアリバイ作りが進むなか、四七年一二月で期限切れになった四七年協約の一年間の「自動延長」条項に基づき、新協約は旧協約で定められた経協の場で、討議されていた。

会社側は、馬淵新労務担当重役の「就任待ち」ということで、一切の確答を避けていた。

組合側は依然として問題は「第一条」と「復興会議」にあり、との認識であった。そのため彼らは、それ以外は「末弘私案」に近い線まで妥協の用意があり、逆に言えば、会社案も末弘案程度、との読みであった。

② 馬淵案の発表

四八年二月二五日、着任した馬淵重役によって、彼が当時「もっとも民主的」と自負する会社案が発表された[19]。第一条のユニオンショップ条項の廃止はもちろんのこととして、人事に関する同意約款の廃止、「職区制」の廃止、「部別協議会」より下部の協議機関（企画審議会や職区協議会）の廃止、等を内容とするものであった。「復興会議」に触れた文言もなかった。

発表の席上組合代表はしばし絶句し、「かなり反動的と思う」とだけ言い残してこれを持ち帰った。以降協約問題について全面対決の状態が続く。しかし経営側の真のねらいは、実は協約の改訂そのものとは、少し違ったところにあったのである。

③ 「四項目要求」

このままでは事態の打開はありえないと見た組合側は、三月二五日ついに渡辺社長の退陣を含む「四項目要求」を発表した。

しかし実はこれは、会社側が「待ち望んでいた」事態であった。会社はこれをうけて経協の席上、「このままではどこまでいっても平行線」だから、「協約を一旦白紙に戻」し「以後正々堂々と団体交渉の場（四七年協約に定められた経協ではなく）で争」うことを提案し、組合側も、「売言葉に買言葉」でこれを承諾した。馬淵は当時を回想してこう語っている。「これで勝ったと思いましたね。協約的には」。

経営側はすでに人員整理の準備を着々と進めていた。しかし四七年協約には、人事に関する同意約款と、一年間の自動延長条項がある。これが生きているうちは、原理的に解雇は行なえなかったはずなのである[20]。

こうして経営側は、彼らの政治プログラムの第一のハードルを越えた。一方組合側は、この時点にいたってなお、自らの団結の直面している事態を正確には把握しえないでいたのである。

事態が明らかになった四月以降、組合側は「無協約状態」が会社の一方的な宣言にすぎないとの主張や「余後効」[21]の主張を行なった。しかし都労委は、争議終結にいたるまで、協約無効との確認も行なわなかったが、それが有効であるという決定も行なわなかった。経営側が行なおうとしていたのは、あれこれの人物の追放自体ではなく、それをめぐっての「闘い」をとおしての、「産別型団結」自体の破壊である。そのためには、都労委の態度は、それはそれで充分だったのである。

## (2)「冗員整理」をめぐって(四~五月)

### ① 諸主体の態勢

経営側は直ちに次のステップに駒を進めた。

四八年四月八日、経営側は、「経営危機」打開・赤字克服のために、三次千数百名にわたる人員整理の第一弾として、撮影所員二七四名の「冗員整理」を行なうと発表し、四月一六日、直接本人宛に指名解雇の通告を行なった(『解雇通知』東宝株式会社撮影所長北岡寿逸、一九四八年四月一六日)。

解雇人員をめぐっても、一〇〇~一五〇名の主要共産党員を切ればよしとする渡辺と、「冗員整理」の体裁が整わねばならぬとする馬淵との間に「ズレ」があり、二七四名という数はその「妥協」の産物であった。従ってそのなかにはかなりの非党員が含まれている。[22]しかし、解雇は撮影所の主要な党員活動家を網羅しており、解雇が「赤色追放」と、それをとおした「産別型団結」解体の企てであることは、誰の目にも明らかであった。

ここに初めて組合側も事態の深刻さを知り、当時の党細胞機関紙編集責任者であった宮森繁の言葉を借りれば、「逃げることもできず闘争にまきこまれていった」のである。[23]

組合は当初整理案に抗すべく、一六日からの七二時間ストにはじまる、全面的な反攻計画をたてた。しかし激論の末これをとりやめ、以降「不服従闘争」「横這い戦術」と自称した戦術をとる。が、これについては項を改めて論じよう[24]。

撮影所の「マネスタ」層に整理案が通知されたのは、公表の前日、四月七日のことであった。彼らは自らが長となっている「職区」の「冗員」についてさえ、事前に何の相談も受けていなかった。そのため実在しない人物が解雇されるという「怪事」も起こった[25]。

彼らは即日集まり、翌八日には、「芸術家会議」とも示し合せて、「年二八本再建」案を会社に申し入れる（会社は人員整理をとりやめる代わりに、組合は年二八本製作を柱とする「企業再建」計画に全面的に協力する、というもの――ちなみに前年度の製作実績は一七本、「企業刷新要領」における目標は二四本、であった）。以降彼らは、都労委で「二八本案」に基づく再建の可能性を論述することを含めて、独自の活動を続ける。組合側も程なく、それは「きわめて苦痛」だが「金融問題」その他の会社の窮状を鑑みて、二八本案を「支持」する態度を表明する（日映演撮影所分会「会社側発表の数字に対する反駁」一九四八年五月二六日）。

しかし経営側の態度は（一月の時点では二四本でも可能だったものが）、「今では手おくれ」であり、人員整理なしの再建はありえない、というものであった。彼ら「マネスタ」は、日常執務する場もないまま、八月経営側の最終的「再建案」に彼らの意見が入れられないのを見て「依願退職」することになる。

②　「真の争点」と都労委

組合側は、当然のことながら、この人員整理を、労組法第一一条違反として都労委に提訴した。

しかしこの段階で特徴的であったことは、この争議の「真の争点」が、争議に関わった諸主体の全てにとってきわめて明瞭であったにも拘わらず、この時期には、「世論」においてもその「凝集点」としての都労委の席上でもそれが直接その正当性を問う形では表面化しなかった、という事実である。

「真の争点」とは、言うまでもなく「産別型団結」とそのあり方、その仕事―職場―経営に対する諸規制の正当性と、その組織者である共産主義者の「責任」とである。このことは、渡辺らにも、組合にも、そして都労委の末弘にとっても、明々白々たる事柄であった。（末弘について言うならば、むしろ彼こそが、国民的「同意」のイデオローグとして、この「舞台」をしつらえた張本人であった。）

もちろん渡辺等は、その「正当性」を問う都労委の場で、「共産党員だから解雇した」という趣旨の「失言」をしばしばくりかえした。しかし基本的には、この時期にあっては、いまだ「産別型団結」そのものの正当性を問う形では争点は提起されず、会社側は、赤字克服のための「冗員」「無能力者」の整理の必要性と、一人一人の指名解雇対象者がそれに「適し」ていることを主張した。組合側も一人一人の解雇者についての解雇理由の不当性と、全体の「企業整備」の必要性への反論の形をとってこれに反撃し、それをとおして、それが労働者団結一般に対する不当労働行為であることを暴露することによって、これに有効に立ち向かいうるものとして闘争を進めた。

もう少し突っこんで言うと、組合側は、「冗員整理」は口実であって、経営側の真のねらいは彼らの労働者団結の破壊にあり、と反撃した。そしてこの時期には、この反論は「世論」として有効なものとみなされていた。「彼らの団結」がたとえ「産別型団結」であろうと、それを理由とした解雇は正当でないという「同意」が、裏を返せば「産別型団結」であろうと労働者団結の一つのあり様として正当であるとの「同意」が、存在したのである。だからこその破壊の「暴露」が反撃たりえたのである。しかしこの論理は、「産別型団結」が労働者団結の一つとしてアプリオリに正当なものでないとすれば、瓦解する。口実は何であろうと、それを問うものとしての解雇は、正当化されうる。その時点では、争点は、「彼らの団結」が、労働者団結一般のあり方の一つとして正当化しうるか否か、その内面の判断に移行する。

東宝争議の「真の争点」が、労資と「国民的同意」の舞台としての都労委において、そこにあったことは、実ははじめから明らかであった。そしてそれは実際、次の時期には舞台の正面に据えられる。しかしこの時期にはそれは「隠され」ていた。あるいは誰もが「見えないふり」をし続けていたのである(26)。

この事情を象徴しているのが、マネスタの「二八本案」の境遇であろう。年二八本の製作は、かつてと比べても同業他社と比べても、格段に高い「生産性」水準である。組合側がそれを「支持」した以上、「真の争点」が本来の意味での「企業整備」にあるのであれば真剣に検討されて当然のものである。しかしそれは、会社側からは、迷惑千万なものとしてけむたがられた。

同時に組合側も、それを中心的争点に押し出す態度をとらなかった。「二八本案」は、言い換えるならば、これまでの撮影所の「生産のあり方」の否定であり、経営側のヘゲモニーによるその「再建」である。これまでの「生産のあり方」と、それへの彼らの団結の関与の仕方についての正当性は問わずとも、団結一般の侵害への暴露の成否が争点であるかぎり、彼らに「二八本案」を「押し上げる」べき積極的理由はなかった。むしろ自らの正当性の根拠への確信＝凝集点を失わしめるおそれのあるものであり、あくまで「統一戦線」的見地からの「支持」にとどめられるべきものだったのである。

## (3)「生産復興」と争議戦術

### ① 組合側の戦術と「生産復興」

「生産復興」をキーシンボルとする新しいヘゲモニーへ向かう組合側の「団結の質」は、争議の戦術を決定するにあたっても、色濃い影響を与えていた。以下その事情を見てみよう。

四月八日の人員整理の発表後、深刻な事態を知った組合側は、直ちに本格的な闘争体制の構築に入り、解雇者名の発表される一六日から、営業部門を含む七二時間の全社ストライキを決行することを決めた。(営業部門のストライキは組合にとって、経営側の「糧道を断つ」「切札」であった。なぜなら先述のように、製作部門は止まってもフィルムのストックがあるのに対し、営業部門のストは、経営側にとって直接日々の営業収入の杜絶をもたらすからである。)

しかし一六日の早朝までにいたる執行部での徹夜の激論をへて、組合側は突然三時間でストを打ち切り、以後彼ら自らが「不服従闘争」「横ばい戦術」と呼んだ闘争に入った。すなわち会社の解雇に「服従」せず、解雇者も撮影所に出勤して「働く」、と共に当然会社はこれを容認しないだろうから、その「生産活動」を妨害している経営側の不当性を、国民的に「横ばい」でアピールしていく、という戦術である。(27)

これを組合側の闘争力量の低さによる戦術の「レベルダウン」、あるいは一般的な宣伝戦と考えるのは、明確に誤りである。現に四月一六日以降、撮影所は、支援部隊を含めて常時二〇〇〇名もの労働者によって事実上占拠され、経営側は、所内にあるフィルムを持ち出すことも、所長が所内に足を踏み入れることも困難な「治外法権」状態となっていた。と同時に組合は、そうした状況下、直接興行用の映画の製作を行なうことはしなかった。（この点が「生産管理」とのちがいであるが、組合が何故「生産管理」を取りえなかったかは、後に論じる。）つまり撮影所の状況は、最も強力なシットダウンストライキが行なわれているのと、何ら変わらない状況だったのである。

そして彼らはそうした状況を創出しておきつつ、自分たちは「働く意思」を持って撮影所に「出勤」している、にも拘わらず経営側の妨害によって就業できない、という主張を、あらゆる時と場所で行なった。そして経営側が六月一日、撮影所の「閉鎖」（ロック・アウト、といっても撮影所が労働者に占拠されている状況には何の変りもない）を公表するや直ちに、組合側は東京地裁に「業務再開」の仮処分の執行を提訴する。それによって組合側は、〃生産復興を担う組合と、それを破壊しようとする経営者〃という「争点」を、「国民的同意」として広めようとしたのである。

言うまでもなくこれは、彼らの「団結の質」と深く関わっている。彼らは、「民族文化」を内容とする「生産復興を担う」ことをシンボルとし、そこに自己の正当性の確信を見出し、「結集体」としての彼らの凝集力の基軸を求めていた。同時に彼らは〈営業〉（さらにはそれに連なる〈経営〉間の有機的連帯）に充分な規制力を持っておらず、カウンターヘゲモニーとしても、その領域を経営の自律性に預託した上で、第三の「生産の主体」の権威に対する同権的・補完的機構として、それを構想していた。そうした彼らにあっては、以上のような争議戦術は、最も自然な選択であり、かつ、現実に最も闘争力を引き出しうる戦術でもあったのである。

徹夜の討論では「生産管理」も有力な戦術の選択肢として討論されたが、採用されなかった。理由は二つあげられよう。第一に、彼らに〈営業〉局面、〈経営〉の「外」に向かっての活動の面での充分な規制力がなかったことである。製作活動だけなら、彼らには「自主管理」を行なうに十二分の力があった。しかしそれを「経営」的に成り立たせるためには、各上映館での上映収入の管理という決定的行動が必要だが、彼らにもその力はなかった。

「自主上映」運動的なものもありえたが、一〇〇〇名の所員を養うだけの成算はなかった。第二に、それと密接に関係するのが、彼らの構想するヘゲモニーの性格である。〈営業〉と〈経営〉の連帯の領域に充分な力を持たぬ彼らは、その領分に責任を負うべき経営を、「同権」的に組み込んだ形での、新しい「生産の主体」の権威の形成の構想を持つ他なかった。その構想から出てきうる戦略は（経営の仕事の乗っ取りではなく）、この新しいヘゲモニーに「同意」する「まともな経営陣」に、今の「首切り内閣」をすげかえることである。そしてその背景として、彼らには旧ＰＣＬ系の重役陣の復帰という（当時の彼らにとってはかなり現実的に見えた）期待があった。そのために必要なことは、なすべきことをなしていない経営側の肩代わりではなく、徹底してなさせないことの暴露による自滅である。彼らの力量からすれば充分行なうことのできた製作活動を組合側が行なわなかった背景には、こうした事情があったと考えられるのである。

② 会社側の戦術と「生産復興」

同様の事情は、経営側の争議戦術の採用に関しても見てとることができる。

経営側にとってみれば、彼らのとりうる最も有効な手段、「切札」は、撮影所の閉鎖（という意思表示を行なうこと――組合側による撮影所の占拠という状況には何の変わりもない）、であった。何となれば、それによって非解雇者への給与支払も停止され、組合側の「糧道を断つ」ことができるからである。また「出社命令」によって、撮影所員の間にクサビを打ち込むこともできる。（もっとも撮影所の状況から見て、そのような人々が実際に「出社」することはむずかしかったであろうが。）

しかし経営側は、そうした手段に直ちに出るような早計な行動はとらなかった。彼らは何度も業務再開の「努力」を行ない、いくども警告を発し、二ヵ月間にわたる「忍耐」を続けた。そして組合側による撮影所の事実上の占拠によってもはや正常な生産活動を行なう条件のないことが、公的機関を含む争議の諸主体にとっても「国民的」にも明白になったと彼らが判断した時、「万策尽きはてた」経営側は、「企業の破壊をさける」ため、五月一日の「休業」（非解雇者への給与は支払われる）をへて、六月一日、撮影所の「閉鎖」に踏みきった。

経営側にとっても、自分たちこそが「生産復興」の担い手であり、組合側こそそれを破壊しようとするものであることをアピールしていくことは基本的モチーフだったのである。

③　ヘゲモニーとしての「生産復興」

以上のような事実は、当時の「国民的」な「公正さ」の同意において、「生産復興」というシンボルをめぐって決定的なせめぎあいが存在したことを示している。それを共通の価値のシンボルとしながら、一方では「赤色追放」をとおしての〈資本のヘゲモニー〉＝資本主義的再建の同意形成と、他方での「民族文化」をとおしての〈対抗的ヘゲモニー〉＝生産復興会議構想の同意形成とのせめぎあいである。そして「生産復興」のシンボルこそが、両者の接点だったのである。

同時にこのことは、労資両主体の闘争力の源泉である、自己の正当性への確信と、それを礎とする「結集体」としての「凝集力」の維持・強化にとって、そうした「生産主義」的モチーフが、当時の日本の歴史社会の息子としての彼らに、いかに大きな意味を持っていたかをも示している。〈資本のヘゲモニー〉〈対抗的ヘゲモニー〉を貫いたヘゲモニー形成のなかで、第三の「生産の主体」の出現と、その権威の下での実在の行為による代償の契機が出現していたのである。

しかし事態を冷静に見る時、「生産復興」をめぐる当時の「国民的」同意の内容は、きわめて急速に流動しつつあったように思われる。「生産復興」への努力はそれとして認めるが、しかしそれはさておき「産別型団結」は「不法」なのではないか、さらにはこの「不法」が実は「生産復興」の最大の障害なのではないか、といった内容へ急速に転変してゆきつつあったように思われる。

「産別型団結」は、自らが「生産の担い手」たることをとおして、自己の凝集力と、その正当性への国民的同意を調達していた。決定的なことは、この両者（「産別型団結」と「生産の担い手」）の連関が分断されつつあった、ということである。この連関の意味が決定的なものだっただけに、この分断の意味も大きい。分断されてしまえば「団結の質」の公正さと不法をめぐる状況は著しい流動性下に移り、戦後日本の「再建」のチャンピオンが、一夜にして最悪の敵役にとって代わりうる状況が生ぜしめられており、かつ「産別型団結」自身のうちに、実はそうした契機が秘められていた。

〈生産復興への通路としての〉「民族文化擁護」というシンボルは、内面的にはきわめて強固なものがあった。しかしそれはすでに「窓がない」状況に追いこまれていたのである。

その意味で、組合側の自己意識と、「国民的」同意形成の間には、明らかなズレがあった。しかしそれは〝共産主義者によって組織された資本主義日本の「再建」の担い手としての「産別型団結」〟〝外なるモノの取引という枠組みに従いながら元来無理であるはずの具体的欲望充足の直接的な実現を「実質化」させようとする「産別型団結」〟が本来持っている「矛盾」を、「生産の主体」を打ち立て、その「担い手」たることをとおして「止揚」しようとした彼らにとって、不可避的なものであった。そしてその点の理解ぬきでは、彼らの「闘争」のいかなる意味も理解できないのである。

その意味で「産別型団結」は、この時代と社会の非常に微妙なバランスの上に立脚していたのであって、それが「赤色追放」か生産復興会議をとおしての「民族文化」かというせめぎあいのなかで結着をせまられるというのは、ある意味で非常に自然な流れであった。

そして東宝の経営陣は、そうした問題構成を鋭く見抜いていたが故に、「丸裸」の集団でありながら、先に述べた事柄をはじめとする適確な行動を取りえたのである。

## 5　東宝争議の諸主体における基本的モメントの性格

紙幅の関係上、本章における争議経過の分析は、以上で打ち切らざるをえない。しかし争議のごく初期にかぎられた以上の検討によっても、第2節で仮説的に示しておいた争議の諸主体における基本的モメントの性格は、充分に明らかとなったものと考える。二つのヘゲモニーの交錯状況のなかでの〈産別型団結〉の質と展開の内容、特にその固有のシンボルの意味が何であったのか、そのなかから戦後〈従業員民主主義体制〉に何がうけつがれたのか、危機＝ヘゲモニーの流動状況のなかでの〈現実の協働社会〉形成の希望の行為の意味とは何なのか、といった論点である。ここでは最後に以下四つにわけて、これら諸点の総括と若干の敷衍を試みたいと思う。

## (1)〈産別型団結〉

〈産別型団結〉は、〈労働〉の完全な制御に基づき、〈生産〉を「直接的に支配」しかねない団結であった。「直接的に支配」してしまえば、それはもはや〈資本のヘゲモニー〉の構成主体ではない。「労働力」の「外」化が成立しないからである。しかしそのまさに「臨界点」に立つ団結であった。

しかしこのことが示しているのは、単なる〈資本のヘゲモニー〉の弱体、ではない。逆説的だが、〈産別型団結〉こそが、〈資本のヘゲモニー〉を代償していた。〈資本のヘゲモニー〉の未成熟は、実在の人格的相互扶養行為によって代償されねばならない。ところがそれを内容として代行したものは〈産別型団結〉であった。「製作三昧」は〈資本のヘゲモニー〉がそれをとおして充たすべきはずのものの代償だが、それを担ったのが〈産別型団結〉だったのである。

それ故〈産別型団結〉は、端的に、生産の「担い手」としての団結であった。「生産の担い手」としての実質の代償によって、自己の「凝集力」を生みだし、「権威」として自己を自立せしめていく団結であった。戦後「危機」の終焉＝ヘゲモニー交錯状況の終焉＝〈資本のヘゲモニー〉の自立以降、日本の労働者団結がこうした規定性を持つことはなくなる。しかしその性格上の特質としては、その後長きにわたってこのモメントは生きつづける。表見上の一八〇度の価値転換にも拘わらず「生産の担い手」としての行為による代償は、日本の労働者団結の基本的モチーフとなっていったのである。

そのことと同時に、彼らの規制力が〈営業〉局面には及んでいなかったこと、というよりそうした〈経営〉間の）領域へのある種の無関心・忌避が存在したことが重要である。このことが彼らの闘争力の、究極の制約の一つとなった。と同時に、彼らが打ち立てるべき〈対抗的ヘゲモニー〉の規定的特質にも色濃い影響を与えたのである。

## (2)〈対抗的ヘゲモニー〉としての「生産復興」

しかしかかる〈産別型団結〉、共産主義者によって主導された〈資本のヘゲモニー〉の代償としての〈産別型団結〉が、本来きわめて不安定なものであったことは言うまでもない。「経営危機」＝〈資本のヘゲモニー〉の危機に対応する形で、それが単に迂回された代償行為としてではなく、直接的欲望充足の立場から自己を再編しようとするのは、見やすい道理である。〈生産復興〉こそそうした、自己形成しつつある〈対抗的ヘゲモニー〉だった。

しかし、〈対抗的ヘゲモニー〉としての〈生産復興〉は、きわめて特異な性格のものであった。それらを細かく見ている余裕はないから、ここでは以下の三点にかぎって、その特質をまとめておくことにしよう。

第一に、このヘゲモニーが、依然として超越的規範＝自我の外傷の、実在の人格的相互扶養行為による代償の契機を含んでいたことである。それは労働の資本の下での「外化」のプロセスとは異なり、基本的には実在の行為をそれ自体直接的欲望充足として編成しようとするものであって、〈資本のヘゲモニー〉下の代償行為と異なる。しかし後述のような、「生産の主体」としての何かの権威の下で、「生産の担い手」としての何かがそれを代償し、その代償を「ヘゲモニー」そのものとは異種的な労働者団体が代行するという基本的構造は、そのまますべりこまされていたのである。

第二に、このヘゲモニーが、自然な欲望充足の直接的に人格的な行為による実現という本来の〈対抗的ヘゲモニー〉の契機の自然な展開としてではなく、「生産の主体」（としての何か）の権威の樹立と、それとの関係での「生産の担い手」としての自己の再編という、それ自体はある種の「迂回」をとりこんでいる、ということである。これは資本に包摂されるものとしての「労働力」の「外化」を容認しない点で〈資本のヘゲモニー〉と異なる。しかしその〈経営〉に対する「支配」も、あくまで「生産の主体」の権威との関係として遂行される。この権威自体は、労働者諸個人にとっても、「外」に「立て」られたものなのである。

第三に、このヘゲモニーは、第三の生産の「権威」が確立されているかぎりにおいて、「経営の責任」（主に〈営業〉の領域）に無関心である。単に「経営の責任」の領域を残した、というだけではない。（その点では〈ソビエト〉型のヘゲモニーも同様である。）「生産の主体」の権威が承認されるかぎりにおいて、直接的欲望充足の見地からの、〈営業〉（間〈経営〉）的活動）へ、そもそも関心が向かわず、単なる権威によるチェックバックの機能としてしかそれがとらえられなかったのである。

以上の特質は、〈生産復興〉の〈対抗的ヘゲモニー〉としての「弱点」、という言い方も可能である。しかしそれは、その表見上の転回にも拘わらず、包摂された〈産報体制〉から〈産別型団結〉へ連なるヘゲモニーにおける〈価値体系〉と、「危機」におけるヘゲモニーの流動状況が生みだした、ある種不可避的なものでもあった。そしてそれらは、来るべき〈従業員民主主義体制〉においても「ポジティブ」に生かされていくのである。

## （3）〈資本のヘゲモニー〉としての「生産復興」

同時に「生産復興」は、〈資本のヘゲモニー〉確立のシンボルでもあった。固有の時代状況に規定されて、〈資本のヘゲモニー〉が提起したのも、「生産復興」を担う「生産の主体」の確立であった。

しかしその内容は、（労働者諸個人における「民族文化」にも対応するものとしての）「赤色追放」であった。彼らは「生産の主体」のあり方として、「経営権」を侵害する「赤色フラク」を批判した。のみならずさらに、その「赤色フラク」が経営＝生産活動の破壊者なのだとアピールした。そして〈対抗的ヘゲモニー〉が約束しているものは「生産の主体」の確立なのではなく、その破壊を通じた「産別統一」→「赤色革命」なのだと主張した。このようなロジックで、彼らは、〈産別型団結〉こそが「生産復興」破壊の元凶なのであって、「赤色追放」こそが「生産復興」の内容であるべきだと主張し、かつそれに成功した。

こうして、「赤色追放」としての「生産復興」のシンボルが、労働者諸個人の「民族文化」としての「生産復興」のヘゲモニーを打ち砕いて成立した時、〈産別型団結〉は終焉した。同時にその時、そのモチーフをもポジティブに「生かす」ものとしての〈従業員民主主義体制〉が、〈資本のヘゲモニー〉として定礎された。

もっともこのプロセスは、「企業整備」から一連のフレームアップをへてレッド・パージにいたる一連の過程として完遂された。「一二〇人自発退職」（組合側の表現によれば「若干の出血」）による収拾に端的に示されるように、東宝争議の結着のつき方は、「象徴」的なものなのであって、「赤色フラク」が物理的に壊滅させられたのではない。しかしこの「象徴」の意味は大きかった。争議によって東宝には、〈産別型団結〉も「製作三昧」の日々も戻ることはなかった。当時の労働者団結の最先進経営である東宝砧撮影所におけるヘゲモニー間抗争としての「象徴」的結着は、その後の労資関係における「同意」のあり方を決定づけた。それは戦後史におけるヘゲモニーとしての〈従業員民主主義体制〉成立の、「不可逆点」となったのである。

## （4）「民族文化」の「窓」

組合側は、「生産復興」の内容として「民族文化」を掲げていた。しかし労資関係の同意形成としての〈公正さの体系〉をめぐるせめぎあいのなかでは、国民的同意は急速に「赤色追放」としての「生産復興」に向かっていた。その意味で、「民族文化」というシンボルには「窓」がなかった。

しかし彼らの内面的凝集力の基軸としての「民族文化」のシンボルの強固さには、驚くべきものがあった。少なくとも撮影所においては、争議集結にいたるまで、彼らは圧倒的多数派であり、被解雇者の団結も固かった（表6-1、表6-2参照）。この点は、後の時期の組合分裂争議とは全く異なる点である。

彼らがこのように強い凝集力を保ちえた第一の理由は、彼らが培ってきた「製作実践」の水準、実在の代償行為の質である。経営側にとっては、彼らに代償させていた行為の「ツケ」を払わねばならなかったのである。

と同時に注目すべきものとして、この争議自体における、彼ら労働者諸個人の、ある種の楽天性、明るさのようなものがある。本章でその点を充分に示しえなかったことが残念だが、それは南国の太陽の明るさではなく、闇夜のなかで強烈なサーチライトに照らされた野外劇場の人工的な明るさである。漆黒の夜霧のなかで四ヵ月間砧の町

**表6-1　在籍者一覧表（1948年10月1日）**

（人）

| | 東撮従組（第二組合） | 中　立 | 日映演 | 非組合員 |
|---|---|---|---|---|
| 非解雇者合計 | 226 | 125 | 496 | 27 |
| うち　出勤命令者 | 226 | 125 | 50 | 27 |
| うち　〃 なき者 | 0 | 0 | 446 | 0 |
| 解雇者にて不服従者 | 12 | 0 | 210 | 0 |
| 総　計 | 238 | 125 | 706 | 27 |

（注）1948年10月1日現在（会社側資料による。『10月1日現在在籍者一覧表』発行主体不明）。

**表6-2　従業員異動調査（1948年9月25日）**

（人）

| | 3.15現在従業員 | 解雇者日映演 | その他 | 8.15現在従業員 |
|---|---|---|---|---|
| 撮影所 | 1,217 | 237 | 0 | 978 |
| （不服従者） | | (182) | | |
| その他 | 4,376 | 399 | 313 | 3,449 |
| （同　上） | | (44) | | |
| 全　社 | 5,593 | 636 | 313 | 4,427 |
| （同　上） | | (226) | | |

（注）1948年9月25日現在（会社側資料による。『従業員異動調査表』発行主体不明）。

の一角に出現した異次元空間の明るさである。ある種のエアポケット、ヘゲモニーの亀裂のなかで、それ自体が直接的欲望充足であるような、くもりのない自由な行為が展開された。

「民族文化」というシンボルには、何故あの時代の日本でそれがヘゲモニーを担いうると考えられたのか、現在の我々には少し理解しづらい面がある。彼らの「製作実践」の産物である映画自体は大変よく理解できるが、それが「民族文化」だと言われても、少し首をかしげたくなる。しかし彼らは砧の町の一角に、たしかにきわめて「民族的」な、日本とこの時代に固有な行為の場を創りだしていた。東宝争議は、来るべきヘゲモニー抗争において、日本の民衆にとって、代え難い、常に立ち戻るべき自由の体験・拠点の一つなのである。

価値規範の実在の人格的相互扶養行為による代償、その扶養の給源としての労資に対する第三の権威の定立、それとの関係での勤労者としての水平性と実在の序列と差別の結合、今日〈腐朽化〉期をむかえつつある日本の労資関係において、そうした日本の労働者団結の基本的モチーフの、一面での抑圧性と、他面での

「実在の行為」の生かされるべき契機が露呈しつつある。その時にこそこのモチーフを自らの「ポジティブ」な存在条件として取りこんだ戦後危機における〈対抗的ヘゲモニー〉形成の体験が、民衆の集合的無意識として甦るのである。

（東條由紀彦）

注

（1）戦後日本の労資の〈同意の組織化〉の制度的枠組みを、〈産業民主主義体制〉の一つの「あり方」としてとらえる立場ももちろん成り立つが、筆者には別の「概念的な把握」をした方が、よりリアルな対象的現実の提示ができるように思われる。

（2）国家はグラムシに語らせれば、「強制のよろいをつけたヘゲモニー」であって「短銃を持ったヘゲモニー」ではない。ヘゲモニーによろいを支える「体力」がなければよろいの存在はナンセンスである。およそ暴力装置とはそうしたものである。

（3）ドイツのレーテやイタリアの工場評議会についても、以下の言説はほぼあてはまると考えられる。またロシアで〈ソビエト〉が〈対抗的ヘゲモニー〉形成の場であったのは、長く見積っても、いわゆる粛清のはじまる頃までのことと考えられる。以後の〈ポストボリシェビズム集産主義〉とでも言うべきヘゲモニーは、直接的欲望充足の立場に立脚したものではない。それは〈資本のヘゲモニー〉一般とはよほど異なることは間違いないが、成熟した現代的な〈資本のヘゲモニー〉形成の経験を持たなかったロシアで（あるいはその故に）、その内容を代行した。いずれにせよロシア「現代化」におけるヘゲモニーのあり方は、別個の実証分析の対象である。

（4）以下、『団体協約書』一九四七年一月一日、東宝株式会社社長、日本映画演劇労働組合（以下「日映演」と略称）東宝支部書記長、日映演書記長、の順に署名、による。

（5）以下は、伊藤武郎元日映演委員長らの発言による（石川征子編　証言集『来なかったのは軍艦だけ』全五冊、一九七六〜一九八〇年、自費出版）。

（6）各年月日『日映演中央経協議事録』による。中央経協の実態については、会社側の作成した『昭和二二年中における当社の中央経営協議会の実態について』一九四八年五月五日、が便利である。

（7）前掲『来なかったのは軍艦だけ』第五冊　伊藤証言参照。それは紛争に明け暮れた一九四六年の言わば「反省」として、組合が努めて作りだした状況でもあった。
（8）例えば『人員整理理由』一九四八年六月一日、東宝株式会社、参照。
（9）会社にはフィルムのストックがあったから、撮影所が製作を中止してもしばらくはもつ。これに反し営業＝映画館をストライキでつぶされるのは死活問題であった。
（10）会社側はこの重役の交代を方針上の変更とは認めていなかったので、「クーデター」の実態を知ることは、今となってはなかなかむずかしい。
（11）『闘争方針』（一九四八年五月六日、共産党東宝撮影所細胞）等は、彼らの重役内派閥争いへの、異常とも言える関心を示している。
（12）馬淵威男氏からの聴き取りによる。
（13）以下細かい事実経過については、労使各々が『年表』をつくっているので参照されたい。両方とも、『東宝争議資料『其ノ二』、東京大学社会科学研究所、一九八六、八九年、の巻末に収められている。
（14）以下主に前掲馬淵氏聴き取り、及び後掲渡辺、北岡氏回顧録による。
（15）一九四六年争議の分裂によって生じ、やむなく企業分割によって対処した第二・三組合である「全映演」の二組合の他、四七年以降日映演傘下で新たに分裂した第四・五組合があった。
（16）他の重役の協力も、先の派閥争いもあってあまりあてにならなかったもののようである。
（17）小林一三の発言、『東宝二〇年史抄』（一九五四年、東宝株式会社）による。
（18）以下主に渡辺銕蔵『反戦反共四十年』一九五六年自費出版、三一七〜三三七頁、馬淵氏聴き取り、北岡寿逸『我が思ひ出の記』一九七六年自費出版、一九六〜二〇一頁、による。
（19）この時の会社側草案そのものは発見しえなかった。しかし四月団交移行直後に締結された「全映演」（先の第二組合）との『労働協約書』（東宝株式会社社長と全映演東宝支部書記長が署名）が、ほぼ会社原案にそったものであることはまちがいないと考えられるので、以下この『労働協約書』に基づいて話を進めることにする。
（20）解雇のためには一年間の自動延長付の一九四七年協約が失効しなければならない。ところが四七年協約で定められた「経協」で労資交渉が行なわれているかぎりは、いくら会社側でも四七年協約が失効しているとは主張できない。経協を

「白紙に戻し」て一般の団体交渉に移るならば、それを証拠として四七年協約の失効を主張できる。組合側は会社側のこのような目論見にまんまと「ハメられた」のである。なおこのあたりの細かい事情は、前掲馬淵氏の聴き取りによる。

(21)　協約失効後も次の協約が締結されるまでは、前の協約が一定条件の下で有効とする法理論のこと。

(22)　会社側が「共産党員」と特定してターゲットをしぼっていたのは、むしろ数十名程度の「札つき」と見られる。『無題(解雇者リスト)』(発行主体、年月日不明)への手がきの書きこみによる。

(23)　宮森繁氏からの聴き取りによる。

(24)　同前。

(25)　組合はこのことを重視し、宣伝ビラ等でさかんにとりあげた。

(26)　会社側については、『解雇通知』をはじめとする一九四八年四・五月の文書と、『東宝撮影所人員整理理由』(一九四八年六月一日、東宝株式会社)に始まる六月以降の文書との間に、論点の大きな転換のあることは明らかである。組合側もこれに対応するわけだが、注目してよいことは、この「争点の移行」の直接のきっかけとなったのが、四八年五月三一日の都労委における「末弘見解」の表明(「組合運動が行き過ぎてゐる場合、その組合が一団となって経営権を侵害した事実があるならば、その首脳者が経営者の手により排除せらるることはあり得る」というもの)であったことである。「真の争点」について「見えないフリ」を最初にやめたのは、国民的同意のイデオローグとしての末弘だったのである。

(27)　これらについても宮森繁氏の発言による。また「横這い戦術」は、東宝のみでなく、この時期以降の産別系組合による国民的同意形成の主軸となっていた(例えば山本『東芝争議』参照)。

参考文献

兵藤釗(一九七一)『日本における労資関係の展開』東京大学出版会。

佐口和郎(一九八六)「産業報国会の理念と組織」『経済学論集』五二巻一・二号。

東條由紀彦(一九九〇)『製糸同盟の女工登録制度――日本近代の変容と女工の「人格」』東京大学出版会。

山本潔(一九七七)『戦後危機における労働運動』御茶の水書房。

山本潔(一九八三)『東芝争議(一九四九年)』御茶の水書房。

# 第7章　東宝争議の再検討

——戦後日本における経営ヘゲモニーの形成過程——

## 1　ヘゲモニーの視点から見る東宝争議

東宝争議は戦後の日本を代表する熾烈な労働争議として知られている。我々はこの争議を「ヘゲモニー」という点から検討してみたいと考えている。

ヘゲモニーという概念はいうまでもなく。A・グラムシによって、マルクス主義の知的伝統の中で提唱されたものである。しかしその理論上の含意は、その伝統の枠をはるかに越えて広がっているように思われる。このことは、他の社会科学上の幾人かの巨人が提唱している鍵になる概念に深く通じるものがあることによってもわかる。

例えば、S・フロイトのキー概念である「抑圧」がそうである。抑圧は本源的には自己のなんらかの意味で性的な要素を持つ欲求に対する禁止のことである。しかし、この禁止は、必ず自己を通して行なわれる。抑圧は自我として自己によるエスとしての自己に対する抑圧である。つまり、一見「外」からのものに見える抑圧は、実は抑圧されるものが、自分自身で作り出したものなのである。

あるいは、M・ウェーバーのキー概念である「支配」がそうである。ウェーバーに従えば、支配とはヘルの意思がディーナーに一方的影響を与える時、広く成立する。だが、支配を成立させているものは、被支配者自身による

「正当化」のプロセスである。つまり、支配も支配するものの恣意によってではなく、支配されるものが相互に造り出した関係なのである。

ヘゲモニーは支配するもの、抑圧するものによって掌握され行使される。しかし、それは支配者、抑圧者の恣意によって成立するものでは全くない。ヘゲモニーとは支配されるもの、抑圧されるものの間で行なわれる、不断の「同意の組織化」のプロセスのことである。つまり、ヘゲモニーを行使するものは支配者、抑圧者であっても、ヘゲモニーを形成するものは支配されるもの、抑圧されるものなのである。

ヘゲモニーという視点から、東宝争議を分析するとは、このような同意の組織化のプロセスとして争議を分析するということである。一九四八年の東宝砧撮影所では「経営のあり方」を巡って、正面から対立する二つの求心性のあるシンボルが存在した。本章ではそれを経営ヘゲモニーと、産別型ヘゲモニーと呼ぶことにしよう。東宝争議はこの二つのヘゲモニーの同意の組織化の激突の場であった。そして、争議に勝利するとは、この争いのなかで、自らのシンボルに対する広範な同意を調達することそのものであった。

もちろん、このようなことは、あらゆる争いごとに見られるものである。東宝争議の場合の特徴は、この二つのヘゲモニーが端的に国民的合意そのものにほかならなかったことである。当時は「戦後危機」と呼ばれる混乱と流動の時期であった。日本の将来全体に関して、いくつかのヘゲモニーが激しく争い、その中で国民的合意も微妙に流動しつつある時期であった。（いわゆる占領軍の「政策転換」も、決してこの組織化された合意から自由に成立したものではなかった。）東宝争議は映画撮影所という点でのその経済実体をはるかに越えた広範な国民の注目を集めた。プーランツァスはこのようなシンボリックな場のことを「政治舞台」と呼んだが、東宝争議の意義はまさしくこの国民的合意の政治舞台としての性格に求められると言えよう。

さらに、付け加えるならば、グラムシがヘゲモニー概念を市民社会概念と不可分なものとして提起したことが重要である。

グラムシは国家のことを「政治社会プラス市民社会、即ち強制の鎧を着たヘゲモニー」と表現している。この言葉から我々は、二重の含意を汲み取る必要がある。

第一に、強制＝暴力装置は鎧と形容されるべきであって、銃や槍と形容されるべきではない。国家権力が銃や槍と形容されることができるならば、国家権力を打倒することは、日本の資本主義であろうが、中国の共産党政権だろうが、全く望みがないことである。なぜなら、どのような抵抗の試みであろうと「最後の手段」として私物化された暴力装置によって、破壊されるほかないからである。幸いなことに、国家権力は鎧である。鎧は中に入っている人物に「体力」がなければ、存在自体がナンセンスである。ヘゲモニーとはこの鎧を支える体力である。そしてグラムシは鎧ではなく、中身の体力＝ヘゲモニーと戦うことを主張したのである。

第二に、グラムシはヘゲモニー概念を「市民社会」の領域においた。市民社会は一方でグラムシの言う「政治社会」と対置される。政治社会は「目的のために、手段を選ばず」の格律通りに人間が行動できる世界のことである。そこでは人間はなんら道徳的制約を受けることなく「自由」に振る舞える。他方市民社会はフッサールの言った「生活世界」と対置される。生活世界とは、人間の行動が、いわば習慣として固定されているような世界のことである。生活世界では人間はなんらかの道徳的価値に関心を持たず没価値的に行動している。市民社会はこの政治社会、生活世界いずれとも異なる。市民社会ではレヒト（公正さ）の体系とでも言うべきものが支配している。そこでは人間は自己を正当化しないで、行動することができない。自らの行動に道徳的価値を見出させない集団は「凝集力」を失い解体する。グラムシはこの自己正当化の能力のことをヘゲモニーと呼んだ。ヘゲモニーは政治社会におけるように反道徳的にも、生活世界におけるように没価値的にも存在できない。そのような人間集団の凝集力としてのヘゲモニー間の抗争のことをグラムシは闘争と考えたのである。

もちろん、グラムシはこのヘゲモニー概念を国家における政治闘争の分析手段として構想した。しかし、充分注意して用いるならば、このヘゲモニー概念を「経営」の分析のために用いることもできるであろう。

通常の経営には安定したヘゲモニーが存在している。というよりも安定したヘゲモニーが存在していた状態、即ち不断の同意の組織化に成功していることが正常な経営の存在条件である。逆に重大な争議の中では、ヘゲモニーは著しい流動状況にある。逆に言えば、安定したヘゲモニーの成立していない状況のことを我々は争議とみなしている。そしてそのようなヘゲモニーの流動化が極端に進んでしまうと、経営がもはや経営でなくなる地点にまで到達する。

このようなぎりぎりの争議を日本社会もいくつか経験しているが、東宝争議はこの中でも最も大規模なものの一つであった。この分析を通して、我々は安定した経営に不可欠なヘゲモニーの内容を理解することができる。そうした視点から、東宝争議を分析することが本章の基本的関心である。

実を言えば、その社会的関心の高さにも拘わらず、東宝争議を本格的に分析した学術論文はほとんど存在しない。だが、戦後史の中で、東宝争議が言及されるのは以下の二つの意味においてであろう。

第一に、一九四九年から経済九原則下の不況の中で始まった企業整備の先駆として東宝争議を位置付ける考え方である。確かに経営赤字が争議の口実には用いられたが、それは単なる口実にすぎず、真の争点が別にあることは争議の関係者すべてがあまりにも明白なこととして知っていたことであった。仮に、争点が冗員整理にあるとすれば、当初の三〇〇名近い解雇が撤回され、組合幹部二〇名の自発的退職で妥結したこの争議は組合側の基本的勝利となるだろうが、そんなことを考えていた関係者は誰一人としていなかった。

第二に、いわゆる占領軍の政策転換の画期として東宝争議をとらえる考え方である。しかし本章のなかで検討するように、占領軍は争議への介入に概して慎重であり、唯一の争議への直接介入と言える八月一九日の仮処分執行への立ち合いも、裁判所の決定に従わない組合の態度は「法廷侮辱」であり、憲法違反であるとして行なわれたものである。この争議への介入が自覚的に位置付けられていたかどうかはきわめて疑わしい。

しかし、以下のように考えれば、東宝争議はきわめて活き活きとした事例として我々の前に現れてくる。

社会秩序と経営の相対的な安定化のなかで、労働組合は何ができるのか。何をしても良いのか。何をしたら経営が経営でなくなるのか。経営者はどこまで「行き過ぎた労働組合」を許容できるのか。何を護れば、自らが経営者でなくなるのか。経営者であり続けるためには、何を保たなければならないのか。労働組合と経営者が、各々自己と自己の行為を正当化するためには何をしなければならないのか。そして、どうすればその正当化に成功するのか。そうした事柄を極限状況の中で示した事例としてである。

同時にヘゲモニーの視点から経営を分析することは、日本の経営の固有の特質を明らかにするためにも有力である。グラムシは陣地戦が主導の西洋に対し、機動戦が可能な東方について、政治社会と市民社会がゼラチン状に融合している、といっている。フロイトは、超自我（良心）が破壊された時の幼児期への退行としての、実在の権威の同一視による代償を問題にしている。ウェーバーは契約と文書化された規則によって正当化される西洋の官僚制に対して、本源的扶養とそれによって正当化された人格的関係に基づく東洋の家産制的性格を問題にしている。その含意は、追って示されるであろうが、こうした概念装置を利用することによって、我々は、日本の経営の他の国にはない性格を分析するための手がかりを得ることができる。

とは言え、実はこうした争議分析の試みは本章が初めてというわけではない。同様の視点からすでに第6章によって行なわれている。ただ、第6章は対象を争議の前半に限定しており、分析は特に一九四八年四、五月期に集中している。本章は言わば、第6章を踏まえながら、東宝争議の全期間にわたる分析と評価を試みるものと言える。従って、本章では、検討の中心は、一九四八年六月以後におかれるが、論旨の進行上必要な限りで、争議の全期間にわたる検討を試みたい。

以下第2節、3節で、第6章を要約して事実経過を一通り確認した後、第4節で本章の中心的検討を行なうこととしたい。（争議の前半期について詳しくは第6章三〇九〜三三二頁を参照されたい。）

## 2　争議前夜

### （1）争議前夜(1)――産別型ヘゲモニーの内実

一九四七年中の撮影所での製作活動はほぼ完全に組合側の規制のもとにおかれていた。約一二〇〇名の撮影所員のうち三〇〇名の党員を擁する共産党細胞の権威は絶大で、党員でないと良い仕事ももらえない状態だったという。他方、撮影所長はいわば建物などの支配人であって、製作・企画の内容には全く権限がなかった。事実上の製作責任者である藤本真澄主任製作担当者と一二名の職区長（東宝株式会社「職制図」による）には事実として何の権限もなく、職制機構は完全に解体していた。この点で四七年中の組合規制は、終戦直後の「生産管理」より高い質を持っていたとも言える。職制機構の「乗っ取り」ではなく、その解体の上に自前の組織でそれを達成していたからである。

以下のような組合規制を支えていたのは、組合の完全な主導下に進められていた「製作実践」であった。彼らは映画人としての誇りと気概をもって「製作三昧」の日々を送っていた。この製作実戦と「カツドーヤ（活動写真屋）気質」は後に一年近くに及ぶ争議を究極において支えたものだった。経営側は争議の全期間にわたって「映画自体は優秀」と言い続けており（東宝株式会社「人員整理理由」一九四八年六月一日など）、組合に赤字を出したことを文句はつけても、作った映画がまずかったという文句を付けることはできなかった。

組合はこうした製作実戦を「民族文化」を守り、それを通して「生産復興」に貢献する活動と根拠づけていた（日映演第七回大会「一般報告」一九四八年一二月一三日など）。この二つが彼らのキーシンボルであり彼らが自己を正当化できる究極の根拠であった。その意味は今日我々には理解しにくいが、以下のようにさしあたり理解すればよいだろう。

一つには狭いイデオロギー的作品ではなく、興行性も大いに考慮した柔軟で寛容な大衆的娯楽作品を製作することである。同時にそれを日本の資本主義的復興を前提とした商品としての生産として行なうことである。彼らは製作を「労働」のエロスを充たす自己充足としてだけでなく、現前資本主義世界全体と相対した「生産」として遂行したのである。

このことは組合規制が営業部門に及んでいなかったこととも関係がある。撮影所は東宝企業六〇〇〇人のうち一二〇〇人を占めるにすぎない。東宝は映画製作以外に直営映画館などを通じて各種の営業活動を行なっていたが、そこでの労資関係はごく普通の関係であった。営業部門のストライキこそ会社の「糧道を断つ」切り札であったから後にこれは争議の行方に大きな影響を与えた。だがそれだけではない。一方でこのことは彼らの製作実践が資本主義的生産を前提としなければならない最大の理由の一つであった。他方でこれは組合の関心が「会社」を超えた労働者諸個人の横断的連帯や、国家や市場との緊張関係へ向かわず撮影所内に閉じ込もってしまう、最大の原因の一つでもあった。

以上のような経営へゲモニーに対する対抗的へゲモニーの一つの存在形態を我々は「産別型へゲモニー」と呼ぶことにしよう。産別型へゲモニーの西欧の工場評議会や終戦直後の生産管理などの他の様々な対抗的へゲモニーと区別される特質については第6章に譲ることにする。(詳しくは主に二九八～三〇一頁及び三三三～三三八頁にかけて書かれている。)

ただここでは一点だけ指摘しておきたい。それは産別型へゲモニーそれ自体において、直接的欲望充足としての「労働」が資本主義的経営としての「生産」を代償するという関係にあったという事実である。これは一つの矛盾であろうが、しばしば「生産主義」的と総括される日本の対抗的へゲモニーに固有のモメントである。実は産別型へゲモニーは経営へゲモニーに対抗したというより代償したのである。

### (2) 争議前夜(2)――経営側の闘争態勢

一九四七年一〇月大沢善夫前社長系の旧製作部門の重役陣が一掃され、田辺加多丸社長系の興業部門中心の新重役陣が布かれた。東宝という企業には、映画製作部門と興行部門との間に重役に至るまで根強い対立があった。組合側としては製作部門出身であり、リベラリストでもある大沢の影響力が低下するのは都合のいいことではなかったので、これをクーデターと呼んだ。しかしこれをクーデターと見たのは組合側の認識の甘さである。なぜなら、その背景には、東宝の事実上のオーナーで戦犯追放中の小林一三の強い意思があり、それを受けた田辺にも充分な準備と戦略構想があったからである。(1)

一九四七年一二月二七日、田辺社長が会長に退き、「映画については全く素人」と自他共に認める「雇入重役」の渡辺銕蔵が社長に就任した。渡辺は、就任後直ちに「企業刷新要領」を発表する。組合側にとっては寝耳に水のことであったが、これも経営陣としては充分準備の上のことであった。

田辺と渡辺、それと東京都労委委員長であった末弘厳太郎とは、東大同期の知友であり、イデオロギー的にも「反戦反共四十年」の立場で共通していた。末弘は、表向きにも東宝の協約改訂の「私案」を（「公正な第三者」の立場から）提出する等の関わりをもっていたが、内々には撮影所の現状を深く憂慮し、その再建のための協力を表明していた。彼らはそうした見地から、「反共の闘士」渡辺を立てると共に、同じく「反戦反共」の北岡寿逸をスカウトし、末弘の腹心の部下であった馬淵威男を「渡辺さんをお助けせよ」として送りこみ、この三者を中心に東宝の「再建」をはかることになったのである。

この五人の間には、かなりの考え方の違いがあった。特に後で述べるように末弘の立場はかなり微妙なものであった。しかしこの五人が共に、単に赤字を出しているからという理由でではなく、「いい映画を作っている」ではすまされない深刻な問題が東宝の経営にはあるという点では一貫して共通の認識を持っていた。そして争議そのものがこの五人の共通の意思から始まったということも明白な事実であった。五人の間の考え方の違いは路線の違いというよりは、ある種の任務分担と考えたほうがよいであろう。

### （3）争議前夜(3)——組合側の闘争態勢

以上のように態勢を固めていた経営側に対し、組合側も無警戒であったわけではない。しかし、彼らの対応は以下の二点に限定されていたといってもよい（東宝撮影所「拡大企画審議会議事録」第二二、二九回、一九四七年一二月）。

第一は、企業としての東宝の赤字をどうするかという問題であった。「年二四本生産体制」の実現、「質と共に量を」の達成、以上はこの時期の組合の中心的スローガンでもあった。企画審議会における議論の大きな部分はこれにさかれ、そこにおいて組合リーダーたちは、一般下部組合員のこの問題での「危機感」の欠如にいらだちを隠していない。組合側は彼らが代償していた経営活動に相応の責任をはたそうとしていたわけだが、もちろんこのことが後に起こる大争議の口実として使われるとは考えていなかった。

第二に、団体協約改訂の問題であった。しかし、これは後にそうなるように現行団体協約の中の「人事に関する同意約款」を含む組合側の既得権益が全面的に否定されるものになるのではないと考えていた。彼らは問題は依然として「第一条問題」にあると考えていた。（第一条問題とは会社が協約第一条として複数の組合とユニオンショップ条項を結んでいた、という問題である。）組合側は、この変則状態が改定されるならば、交渉はごく順調に進むと考えていた。

図7-1　「生産復興会議」構想（1947年末）

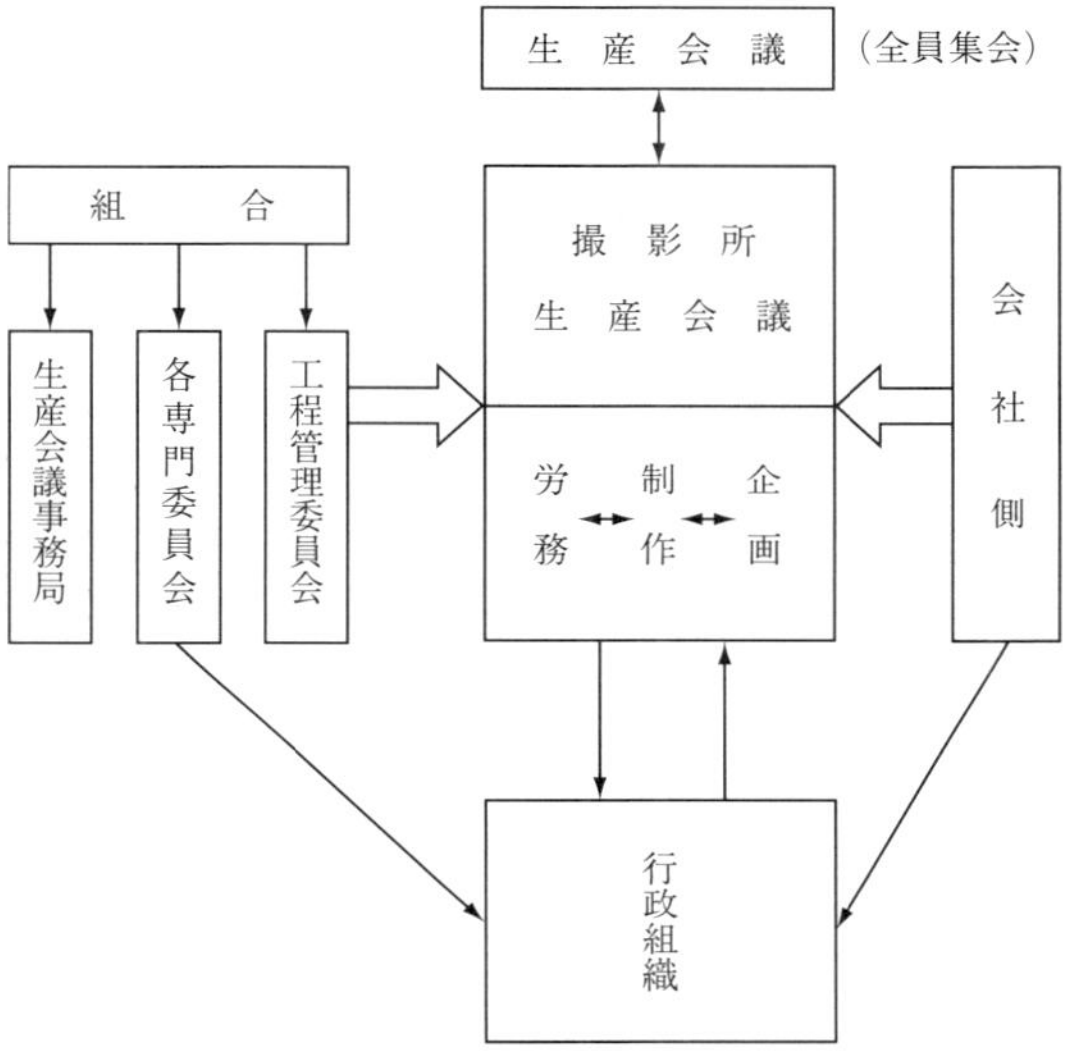


（注）『第27・29回拡大企画審議会議事録』より。

以上を実現するためにも、組合側が経営危機打開の切り札として進めようとしていたものが「生産復興会議」構想であった。生産復興会議とは大よそ以下のようなものと考えてよいだろう。全員参加の直接民主主義型の集会を最高議決機関とする労使対等の権力機関を樹立する。この下で、「民主主義的中央集権」の原則に従い、経営、労働者組織が各々、各自の責任を誠実に実行するというものであった（図7-1参照）。

生産復興会議が生産管理とも産別型ヘゲモニーとも異なる新しいヘゲモニーであったことは間違いない。しかし、本章ではその詳細は第6章に譲り、以下の三点の指摘にとどめたい。第一に、それが労資いずれとも異なる「第三の権威」の創造として考えられたことである。彼らは生産復興会議を露骨に「生産の主体」

と呼んでいた。日本の労資関係はついにそれ自体として規範的に対等な労資、という関係を造り出せなかった。新しい第三の超越的権威を生み出し、それとの関係で、相互の対等性を実現することしかできなかったのである。第二にこの構想は、労働という直接的充足行為自体に価値を与えていない。「生産の主体」の権威の樹立を通して、それに関わっているという点での行為の価値の認知の試みなのである。第三にこの構想は個別経営内については具体的イメージをもっているが、それを超えた社会全体のあり様については著しく無関心である。以上の点から、産業復興という時代状況と日本社会という固有の空間の産物として形成されつつあった特異な対抗的ヘゲモニーだったと言えよう。

ともあれ生産復興会議は経営危機の深化の中で、生産の無二で規範的な主体として構想の中で成長していった。生産復興会議については企画審議会でも最大の検討課題とされ、四七年末には撮影所「マネスタ」案が提示され労資によって検討されることになっていた。経営側に対抗的ヘゲモニーを打ち砕くだけの意思と力がなかったならば、少なくとも撮影所＝工場レベルではこの新しいヘゲモニーが出現する可能性があったのである。

以上のような次第で、組合側は経営危機をただ傍観していたわけでないが、これを生産復興会議構想を中心として攻撃的に打破しようとしていた。組合側には、結局のところ自らが打ち立てている現在のヘゲモニーが打破されようとしているという深刻な危機意識は存在していなかったと考えるのが妥当であろう。

## 3　争議過程（前期）

### （1）第1期　企業刷新要項と団体協約改訂交渉――人員整理の前提づくり

渡辺新社長は就任後直ちに「企業刷新要領」を発表する。その骨子は映画一本六五〇〇万円、月二本の製作体制の実現であった（四七年の実績は一本八〇〇〜九〇〇万円、月約一・四本）。組合は当然のようにこれを拒否した。実は経営側は組合がこの案を受けいれるとは考えていなかったし、期待もしておらず、本当の狙いはいわば「アリバイ作り」にあった。つまり「会社としては可能なかぎり再建の努力をしたにも関わらず組合の協力を得られず」「万策尽き果てて人員整理の止むなきにいたった」との、ストーリーを作る伏線だったのである。具体的にもこれも一種のデモンストレーションとして『炎の男』の製作予算の執行を拒否したこと以外に特別なことは行なっておらず、撮影所の風景も四七年中とたいして変わらなかった。

経営陣にとってもう一つの障害は四七年協約であった。そこには採用解雇を含む人事については組合の同意を要するという規定があり、しかも協約の一年間の自動延長条項があったから、これが破棄されないかぎり、少なくとも一年間の人員整理は不可能だからである（東宝株式会社と日本映画演劇労働組合（以下日映演と略称する）との「団体協約書」一九四七年一月一日）。

「企業刷新要領」に基づく経営側の「再建の努力」のアリバイ作りが進む中、四七年一二月で期限切れになった四七年協約の一年間の「延長」条項に基づき、新協約は旧協約で定められた経協の場で、討議されていた（「日映演中央経協議事録」一九四七年一二月二〇日〜四八年三月五日）。

四八年二月二五日、着任した馬淵重役によって、彼が当時「最も民主的」と自負する会社案が発表された。第一条のユニオンショップ条項の廃止はもちろんのこととして、人事に関する同意約款の廃止、「部別協議会」より下部の協議機関（企画審議会や職区協会議）の廃止、等を内容とするものであった。これは組合側の既得権益をほとんど拒否するものであり、しかも「生産復興会議」に触れた内容もなかった。

発表の席上組合代表はしばし絶句し、「かなり反動的と思う」とだけ言い残してこれを持ち帰った。

以降協約問題について全面対決の状態が続く。しかし、経営側の真の狙いは、もちろん協約改訂も重要だが、実はそれとは、少し違ったところにあった。

このままでは事態の打開はありえないと見た組合側は、三月二五日ついに渡辺社長の退陣を含む「四項目要求」を発表した。

しかし、実はこれは、会社側が「待ち望んでいた」事態であった。会社はこれを受けて経協の席上、「このままではどこまでいっても平行線」だから、「協約を一旦白紙に戻」し「以降正々堂々と団体交渉の場（四七年協約に定められた経協ではなく）で争」うことを提案し、組合側も、「売言葉に買言葉」でこれを承諾した。馬淵は当時を回想してこう語っている。「これで勝ったと思いましたね。協約的には」[2]。

経営側はすでに人員整理の準備を着々と進めていた。しかし四七年協約には、人事に関する同意約款と、一年間の自動延長条項がある。これが生きているうちは、原理的に解雇は行なえなかったはずなのである。

こうして経営側は、彼らの政治プログラムの第一のハードルを越えた。一方組合側は、この時点にいたってなお、自ら団結の直面している事態を正確には把握しないでいたのである。

事態が明らかになった四月以降、組合側は「無協約状態」が会社の一方的な宣言にすぎないとの主張や旧協約の「余後効」の主張を行なった（日映演撮影所分会「会社側発表の数字に対する反駁」一九四八年五月二六日等）。しかし都労委は、争議終結にいたるまで、協約無効との確認も行なわなかったが、それが有効であるという決定も行なわなかった。経営側が行なおうとしていたのは、あれこれの人物の追放自体よりも、まずそれをめぐっての「闘い」を通しての「産別型へゲモニー」自体の崩壊である。そのためには、都労委の態度は、それはそれで充分だったのである。

### （2）第2期　冗員整理と撮影所閉鎖——生産復興のシンボルをめぐって

経営側は直ちに次のステップの駒を進めた。

四八年四月八日、経営側は、「経営危機」打開・赤字克服のために、三千数百にわたる人員整理の第一弾として、撮影所員二七四名の「冗員整理」を行なうと発表し、四月一六日、直接本人宛に指名解雇の通告を行なった。解雇人員をめぐっても、一〇〇〜一五〇名の主要共産党員を切ればよしとする渡辺と、「冗員整理」の体制が整わなければならないとする馬淵との間にズレがあり、二七四名という数はその妥協の産物であった。従ってその中にはかなりの非党員が含まれている。しかし、解雇は撮影所の主要な党員活動家を網羅しており、解雇が「産別型へゲモニー」解体の企てであることは、誰の目にも明らかであった[3]。

ここに初めて組合側も事態の深刻さを知り、当時の党細胞機関紙編集責任者であった宮森繁の言葉を借りれば、「逃げることもできず闘争にまきこまれていった」のである。[4] 組合は当初整理案に対抗するべく、一六日からの営業部門も含めた七二時間ストにはじまる、全面的な反攻計画を立てた。しかし徹夜の激論の末これを取り止め、以降「不服従闘争」「横這い戦術」と自称した戦術をとる。これについては別に改めて論じよう。

撮影所のマネージメントスタッフ（マネスタ）層に整理案が通知されたのは、公表の前日、四月七日のことであった。彼らは自らが長となっている職区の「冗員」についてさえ、事前に何の相談も受けていなかった。そのため実在しない人物が解雇されるという「怪事」も起こった。

彼らは即日集まり、翌八日には、「芸術家会議」とも示しあわせて、「年二八本再建」案を会社に申し入れる。（会社は人員整理を取り止める代わりに、組合は年二八本製作を柱とする「企業再建」計画に全面的に協力する、というもの――ちなみに前年度の製作実績は一七本、「企業刷新要領」における目標は二四本、であった。）以降彼らは、都労委で「二八本案」に基づく再建の可能性を論述することを含めて独自の活動を続ける。組合側も程なくそれは「きわめて苦痛」だが「金融問題」そのほかの会社の窮状を鑑みて、二八本案を「支持」する態度を表明する（前出「会社側発表の数字に対する反駁」）。

しかし経営側の態度は（一月の時点では二四本でも可能だったものが）、「今では手遅れ」であり、人員整理なしの再建はありえない、というものであった。彼ら「マネスタ」は、日常執務する場もないまま、八月の経営側の最終的「再建案」に彼らの意見が入れられないのを見て「依願退職」することになる。本来「マネスタ」層は職制機構として、会社の利益を代表して行動するはずのものであるが、それがこのように経営側にとって煙たがられる存在であったことは後に大きな意味を持ってくるだろう。

組合側は、当然のことながら、この人員整理を労組法第一一条違反として都労委に提訴した。

しかしこの段階で特徴的であったことは、この争議の「真の争点」が争議に関わった諸主体の全てにとってきわめて明瞭であったにも拘わらず、この時期には、「世論」においてもその「凝集点」としての都労委の席上でもそれが直接その正当性を問う形では表面化しなかった、という事実である。「真の争点」とは、言うまでもなく、産別型ヘゲモニーとそのあり方、その仕事—職場—経営に対する諸規制の正当性と、その組織者である共産主義者の「責任」とである。このことは、渡辺らにも、そして都労委の末弘にとっても、明々白々たる事柄であった。（末弘について言うならば、むしろ彼こそが、国民的合意のイデオローグとして、この「舞台」をつくった張本人であった。）

もちろん渡辺などは、その正当性を問う都労委の場で、「共産党員だから解雇した」という趣旨の「失言」をしばしばくりかえした。しかし基本的には、この時期にあっては、いまだ産別型ヘゲモニーそのものの正当性を問う形では争点は提起されず、会社側は赤字克服のための「冗員」「無能力者」の整理の必要性と、一人一人の指名解雇対象者がそれに「適し」ていることを主張した（東宝株式会社「企業整備に依る東宝撮影所解雇者名と理由表」四月（日付不明））。組合側も一人一人の解雇者についての解雇理由の不当性と、全体の「企業整備」の必要性への反論の形をとってこれに反撃し、それを通して、それが労働者団結一般に対する不当労働行為であることを暴露することによって、これに有効に立ち向かいうるとして闘争を進めた（日映演中央闘争委員会「東宝問題の真相Ｎｏ．２」五月二九日等）。

東宝争議の真の争点は労使と国民的同意の舞台としての都労委において、先に述べた所にあったことは実は始めから明らかであった。そしてそれは実際、次の時期には舞台正面に据えられる。しかしこの時期はそれは「隠され」ていた。あるいは誰もが「見えないふり」をし続けていたのである。

この時期で注目されるもう一つの点は、労資双方の争議戦術の決めかたである。これは労資双方にとってキーシンボルであった「生産復興」理念と深く関わっているのだが、以下その事情を見ていこう。

四月八日の人員整理の発表後、深刻な事態を知った組合側は、直ちに本格的な闘争体制の構築に入り、解雇者名の発表される一六日から、営業部門を含む七二時間の全社ストライキを決行することを決めた。しかし一六日の早朝までにいたる執行部での徹夜の激論をへて、組合側は突然三時間でストを打ち切り、以後彼ら自らが「不服従闘争」「横這い戦術」と呼んだ闘争に入った。即ち会社の解雇に服従せず、解雇者も撮影所に出勤して「働く」。と共に当然会社はこれを容認しないだろうから、その生産活動を妨害している経営側の不当性を、国民的に「横這い」でアピールしていくという戦術である。[5] これを組合側の闘争力量の低さによる戦術のレベルダウン、あるいは一般的な宣伝戦と考えるのは、明確に誤りである。現に四月一六日以降、撮影所は支援部隊を含めて常時二〇〇〇名もの労働者によって事実上占拠され、経営側は所内にあるフィルムを持ち出すことも、所長が所内に足を踏み入れることも困難な「治外法権」状態となっていた。と同時に組合は、そうした状況下、直接興行用の映画の製作を行なうことはしなかった。（この点が「生産管理」との違いであるが、組合がなぜ生産管理を取りえなかったかは、第6章を参照されたい。）つまり撮影所の状況は、最も強力なシットダウンストライキが行なわれているのと、何ら変わらない状況だったのである。

そして彼らはそうした状況を創出しておきつつ、自分たちは「働く意思」を持って撮影所に「出勤」している、にも拘わらず経営側の妨害によって就業できない、という主張を、あらゆる時と場所で行なった。そして経営側が六月一日撮影所の「閉鎖」（ロック・アウト、といっても撮影所が労働者に占拠されている状況には何の変わりもない）を発表するや直ちに、組合側は東京地裁に「業務再開」の仮処分の執行を提訴する。それによって組合側は、「生産復興を担う組合と、それを破壊しようとする経営者」という争点を国民的合意として広めようとしたのである。

同様の事情は、経営側の争議戦術の採用に関しても見て取ることができる。

経営側にとってみれば、彼らの取りうる最も有効な手段、「切り札」は、撮影所の閉鎖である。何故ならこれによって、非解雇者への賃銀支払いも停止され、組合側の「糧道を断つ」ことができるからである。

しかし経営側は、そうした手段に直ちに出るような早計な行動は取らなかった。彼らは何度も業務再開の「努力」を行ない、幾度も警告を発し、二ヵ月間にわたる忍耐を続けていた。そして組合側による撮影所の事実上の占拠によってもはや正常な生産活動を行なう条件のないことが、公的機関を含む争議の諸主体にとっても国民的にも明白になったと彼らが判断した時、「万策尽き果てた」経営側は、「企業の破壊を避ける」ため、五月一日の「休業」（非解雇者への給与は支払われる）をへて、六月一日、撮影所の「閉鎖」に踏み切った（東宝株式会社、五月二六日等）。経営側にとっても、自分たちこそが「生産復興」の担い手であり、組合側こそそれを破壊しようとするものであることをアピールしていくことは基本的モチーフだったのである。

以上のような事実は、当時の国民的な公正さの同意において、生産復興というシンボルをめぐって決定的なせめぎあいが存在したことを示している。それを共通のシンボルとしながら、一方では「赤色追放」を通しての「経営へゲモニー」＝産業民主主義的再建の同意形成と、他方での「民族文化」を通しての「対抗的へゲモニー」＝生産復興会議構想の同意形成とのせめぎあいである。そして「生産復興」のシンボルこそは、両者の接点だったのである。同時にこのことは、労使両主体の闘争力の源泉である、自己の正当性への確信と、それを基礎とする「結集体」としての「凝集力」の維持・強化にとって、そうした「生産主義」的モチーフが、当時の日本の歴史社会の息子としての彼らに、いかに大きな意味を持っていたかを示している。経営へゲモニー、対抗的へゲモニーを貫いたへゲモニー形成の中で、第三の「生産の主体」の出現と、その権威の下での実在の行為による代償の契機が出現していたのである。

## 4　争議過程（後期）

### （1）第3期「末弘見解」の発表――「産別型へゲモニー」の否定

五月三一日都労委の席上でいわゆる「末弘見解」が発表された。これによって、真の争点が一挙に表面化することになった。即ち、五月までは、その争議の争点が一九四七年中の労働組合の活動の正当性をめぐるものであることは経営側、組合側、都労委の末弘、三者いずれにとっても明白であったにも拘わらず、表面上は「冗員整理」をめぐって争われるという奇妙な状態であった。それがこの見解発表によって、すでに述べた産別型へゲモニーの是非という「核心に触れてきた」のである。

末弘見解は口頭で示されたものなので、正確な文言を確かめることができない。しかし最も信頼できる資料に従えば、以下の如きものであった。

昨五月三一日午後三時より都労委にて第五回委員会開催、個人審査を続行したが会社側は組合指導者なるが故に解雇した事実は全くないとの自説を主張した。併し、末弘会長から組合運動が行き過ぎてゐる場合、その組合が一団となって経労《ママ》権を侵害した事実があるならば、その組合の首脳者が経営者の手により排除させられることはあり得るし、又個々の組合員が経営権を侵害した場《ママ》も同様である。東宝にはその様な事実があったのではないか、との質問あり渡辺社長、馬淵労務担当より昨年の実情に付き説明した。更に次回に於いて具体的に之を挙証する予定である。問題の核心にふれて来たので、組合はしきりに防戦してゐる（「本社通報労務情報」六月一日）。

以下、末弘、組合側、経営側三者がどのように対応したかを検討してみよう。

まず、見解を発表した末弘厳太郎についてである。当初検討したように、末弘は争議が始まるはるか前から一九四七年中の東宝での組合活動が「行き過ぎた」ものであるという明確な認識を持っていた。そして末弘は旧東宝社長田辺と充分協議の上争議を始めた当の人物である。従って、末弘の場合、問題はむしろ、なぜこの見解を六月になるまで発表しなかったのかにあるだろう。どうして労資双方に二ヵ月間にわたって多大な犠牲を強制した上で、六月になってその見解を発表したのだろうか。

核心はやはり「生産復興」のシンボルにあるだろう。生産復興は経営へゲモニー、産別型へゲモニー双方にとってキーシンボルであった。即ち両者いずれにとっても、それぞれ正当性が与えられるのは生産復興に貢献することによってであり、正当性を失い、「凝集力」を失い解体するのは生産復興の阻害者となることによってであった。東宝争議は非常にスキャンダラスな事件であった。有名女優を先頭に連日連夜二〇〇〇人もの集団がある種のお祭り騒ぎを繰り広げており、マスコミに取り上げられない日はないほどであり、広い社会的関心を集めていた。決定的なことはこの状況下で占拠が解かれるならば、生産＝映画製作を再開することを経営側はくりかえし言明していたのにも拘わらず、占拠中の組合によっては、製作活動は行なわれていなかったことである。その限りで、生産を阻害しているのは組合であることは、明白であった。末弘にとってはまず必要なのは、「行き過ぎた組合活動」とはどのようなものであるかを広く国民に示すことであった。ついで、「行き過ぎた組合活動」によって、生産が阻害されることを事実として示すことであった。そのため二ヵ月間の実体験が必要だったのだと言えよう。

次に組合側である。組合は都労委での審査が「末弘見解」のように展開することを全く予想していなかったと見られる。

我々は当面具体化しなければならない多数の問題に直面し、戸《マ》ま《マ》どいした。都労委闘争、裁判所、基準局対策、全従業員の生活費解決策、家族対策、事業活動、団体交渉、他分会対策、「友の会」運動、共同防衛闘争など……中略

以上の最も顕著な事例は①都労委闘争など、交渉戦術に期待をかけすぎ闘争の重心を移そうとしたこと、②第八軍に呼ばれた経過、③六月十八日のキタオカとの会見、④分裂分派策動に対する闘争の弱さなどに現れている（共産党東宝撮影所細胞機関紙「星」六月二九日）。

都労委に「期待をかけすぎ」た組合側であるが、六月の闘争方針、七月の闘争総括いずれを見ても、「末弘見解」に対する戦略的対応は存在せず、戦術的問題に終始している。他方、組合側の都労委における対応としては「組合活動は、経営権を認めた団体協約の枠内で行われたものであり、組合活動の行き過ぎ＝経営権の侵害は存在しなかった」と主張した。

第九条　経営権　会社の経営はすべて会社の責任で行われることを組合は認識する。従って映画演劇の製作、

配給及び興行、並びに会社の運営は会社の権限で行われることを組合は認める（前出「団体協約書」）。

しかし組合は四七年中、団体協約の規定をはるかに超えた強力な規制を行なっていたことは末弘、経営側、組合側いずれにとっても周知のことであり、それを否定する組合側の主張は明らかなデマゴギーであった。

そもそも組合が自己の正当性を主張するためには、末弘の言う「組合活動の行き過ぎ」があるからこそ、生産復興が可能なのだと言わなければならなかったはずである。にも拘わらず、組合側は、四七年中の自らの活動実体を否定し、それが「経営の無能力」によるものだと主張した。この時点で組合側は事実として存在した対抗的ヘゲモニーとしての産別型ヘゲモニーの正当性を維持できなくなっていたのである。

最後に経営側を見てみよう。経営側は末弘見解の示された次の日である六月一日には以下のような基本方針を示している。

> 会社は経営上の立場より極端なる共産党フラク活動による秩序の破壊経費の濫費を防ぎ赤字の根源を一掃する必要を痛感してゐる事は事実である。従って出来る範囲に於て之を断行したいと考へた事も明白である。併しこのことは何等十一条違反ではない。なぜならば正当なる労働組合を断圧《ママ》しようと云ふのではなく、況んや健全なる労働運動の弱体化を図ろうとするものでもないからである。……中略
> 右の理由に依り会社は当然之等正当ならざる組合活動を当時行ひ来たった組合幹部を冗員整理の際経営権の名に於て馘首し得るものと考えるが今回採りたる会社の方針は縷々申し上げたる如く冗員整理でありその間設けた一定の整理基準に該当するものに限り解雇することとした（前出「東宝撮影所人員整理理由」）。

以前にも述べたように末弘と労務担当重役馬淵は師弟関係にあり、争議中も何度か会っている。手回しの良さから考えて経営側が末弘からなんらかの示唆を得ていたことは間違いないだろう。

しかし、七月以降の経営側の態度と比べるならば、この基本方針がかなり抑えられた調子であることも注目される。一つにはこの時点で、経営側にとって、末弘の立場を有利なものにしておかなければならなかったという事情もあろう。しかし、それだけではなさそうである。重要なことは、この時点で撮影所内部には、管理者レベル従業員レベルいずれにおいても会社の立場を代弁する勢力がいまだに存在しなかったことである。経営側にとって、事態の根本的解決のためにはまだある程度「時間を稼ぐ」必要があったのである。

以上のような事情から経営側は活動の重点を「行き過ぎた組合運動」の暴露に移しつつ、その他の各種の「条件整備」を進めることになる。撮影所「再建築」の策定、日映演以外の各組合との妥結条件確定などである。そしてその中には撮影所内の「民主化勢力」との接触もあった。各種の状況を総合的に見て、東宝争議においては、組合分裂に対する経営側の役割は大きなものとはいえない。しかし、事前に一定の情報交換、その他が行なわれたことは馬淵も否定していない(6)。

最後に、この時期にも現れていたヘゲモニーの日本的特質にも触れておこう。一つには冗員整理という建前が、末弘の一言によってたちまちそれと全く次元の異なる「行き過ぎた組合活動」にすりかえられていた手続きの鮮やかさである。このことはシンボルを「実質が代償する」にあたっての「昇華」のレベルの低さ、即ちフロイトのいう「退行的性格」を示している。実在の権威が価値の葛藤を伴わず容易に同一化されてしまう日本のヘゲモニーの特質を示している。

もう一つは、組合運動が行き過ぎている場合、その代表者が解雇されるのも当然という末弘の論理である。経営側はもちろん組合側もこれに全く抗弁できなかったが、これにも留意が必要である。法治主義の原則からいって、本来何らかの悪い結果にペナルティが課せられるのは、その人物の持っていた権限と結果の間に因果性が明証される場合のみである。何の予測可能性も権限もないにも拘わらず、ただ代表であったというだけで責任をとらされるというのもまた日本のヘゲモニーの特質と言えよう。彼は集団の責任を全人格的に代償しているのである。

## （2）第4期　営業部門ストライキと組合分裂——赤色追放への道

六月二八日から組合側は「切り札」である本格的な営業部門のストライキを断続的に行ない始めた。先に述べたとおり撮影所の閉鎖中も経営側はストックフィルムなどを利用して映画興業を続けていた。営業部門ストライキはこの興業収入を絶つ、即ち会社の糧道を絶つ切り札と言えるものであった。組合側は争議の膠着状況を打開するためにこれに打って出たわけである。

しかし、この戦術は組合側も当初から認識していたように両刃の剣であった。そもそも組合側が当初考えていた「長期ゼネスト」を中止し、撮影所占拠による「不服従闘争」に入ったのは、ストライキという戦術が「生産復興」に反する恐れがあるものと確認したからであった。

従って、このストライキは経営側にとっては、自らの戦略の進行にとって、ある意味で大きなチャンスであった。経営側は、これを「日映演共産フラクの無謀極まる破壊戦術」（「本社通報労務情報」七月二日）と口をきわめて攻撃した。

両者の関係は一挙に険悪化した。と同時にこのストライキは組合分裂の決定的な引き金となった。七月六日撮影所内における初めての分裂組織「東宝民主化クラブ」が結成された。

> 撮影所では予て共産フラクの独裁組合の非民主的行動に厳正な批判を加へつつあった有志が「共産党は組合員を一路暴力革命に駆りたててゐる。この共産フラクの責任を追求《ママ》し組合の自主性を確立する」目的を以て東宝民主化クラブを結成し声明書並に趣意書を発表現幹部派に公然反対意志を表明した。之に対し組合幹部は闘争委員会拡大闘争委員会を開きこの民主化クラブの結成を拒否して来たが（民主化クラブ側は）之には飽く迄闘うことを申合はせてゐる（「本社通報労務情報」七月六日）。

戦後の日本の労働争議の場合、ほとんどのケースは組合分裂が起こった場合経営側の様々な支援を得て、第二組合側（分裂側）が急速に勢力を増やすのが通例である。しかし、後述のように東宝争議の場合、そのような展開を辿ったわけではない。争議妥結に至るまで、撮影所内では日映演（第一組合）が圧倒的に多数派であり続けた。従って、その意味で組合分裂が争議の決定的分岐点であったというわけではない。しかし、それとは別の意味でこの組合分裂は争議の展開に大きな変化をもたらした。

一つには東京地裁がこの分裂をもって「就業の意志のある人」の出現と見なしたという事情がある。しかし、この点に関しては次項で改めて論じることとし、ここでは問題を東宝企業内に限定して考えてみることにしよう。

第一に、経営側は、この組合分裂以後日映演との団体交渉を拒否するようになった。

会社としては過去の経験に徴し共産フラクの支配する非民主的組合は真の従業員の利益を代表する組合とは考へられない。従って今後撮影所の再開に関しても新しく生まれ出でんとしてゐる民主化勢力の確立を俟って之と協議し再開を図りたい方針である（「本社通報労務情報」七月六日）。

（一）、会社は今回の紛争議《ママ》を最後に会社内部の一切の禍根を一掃し直に民主的自主的労組と相協力して企業再建の基礎を樹立したいと考えている。
（二）、撮影所再開に関し日映〔演〕撮影所分会と協議することは同組合が共産党の支配下にある限り、その交渉は絶望的であり到底成果を期し〔難〕い実情にある（東宝撮影所従業員組合（第二組合）に対する「会社側回答要旨」七月一八日）。

経営側は組合分裂まで、日映演の活動内容は否定していたが、日映演自体は撮影所の従業員を代表する労働組合と認めていた。しかし、第二組合が結成された以上「日映演相手にせず」の態度に出たわけである。対抗的ヘゲモニーとしての産別型へゲモニーはすでにこの前の六月期に組合側自身によって、否定されるに至っていたことは確認したとおりである。しかし、この七月以後争点は新しい段階に移行することになった。産別型ヘゲモニーの内容だけでなく、その担い手をも解体することが争点となってきたのである。この時期以後経営側はしばしば露骨に「赤色追放」を口にするようになる。この立場は、一年後であればおそらく、国民的同意を得たことであろう。そして日本の経営へゲモニーがこれにつづく、レッドパージをへて、確立したことも周知のことである。東宝の経営側の立場は言わば、これを先取りするものであったが、一九四八年七月の段階でこの立場が正当化され国民的同意を組織化できるかどうかは後に問題となることだろう。

第二に、経営側は日映演の解体を撮影所再開の前提条件とするようになった。

撮影所の共産派組合は七月五日声明の民主化クラブの動きに驚き、その切崩しに狂奔すると同時に、彼等自ら民主化を唱え、所謂偽装民主化運動に署名を求めて、大勢を知らない組合大衆を再び共産党の掌中に収め様と、懸命の努力をしている様であるが、会社としては、共産党の影響下にある非民主的組合とは絶対に妥協出来得ない一線のあることを知っているので、撮影所組合が真に民主化され再生出来ない限り、再開を論ずることは出来ない（「本社通報労務情報」七月八日）。

実は、七月の時点で撮影所内ではなく東宝全社をとれば、希望退職者などによって会社側の当初予定していた約一二〇〇名の人員整理はほぼ達成されるに至っていた。また、組合側は人事権（必要要員数の決定及び要員配置権を含む）が会社側にあることを明確にした団体協約を結ぶ意志を明らかにしていた。また、解雇問題については、東宝も他の労働組合と同一の内容の協定を結び、直ちに製作を再開する意志を明らかにしていた。（会社側と他の組合との協定書には一定の条件付きで、「今回の撮影所整理については組合は一応会社の措置を是認する」ことも含まれていた（東宝株式会社と東宝撮影所従業員組合との「協定書」七月二一日）。）

従って、この時点で本来であれば争議解決の条件はほぼ整っていたと言わなければならない。しかも、撮影所の再開は「生産復興」のシンボルであった。経営側は「生産復興」のシンボルである撮影所再開を中断してまで「赤色追放」を遂行する立場に移行したのである。この立場が国民的同意を得られるか否かも後に問題となってくるだろう。これ以後撮影所の速やかな再開、生産＝映画製作再開は組合側のシンボル（生産復興）となっていく。次に組合分裂に対する組合側の対応を見ておこう。

当時は全国的にも民同（民主化同盟）が発生しつつあった時期であり、組合分裂自体に対しては組合も当初から非常に神経質であった。しかし、組合分裂の動きがかなりはっきりした段階でも組合の対応は必ずしも強力なものとは言えなかった。

我々の闘争の弱点、①分派策動に対する闘争は極めて微温的である、②「友の会」の組織化等にも全力が集中されなかった。前者が微温的だったのは、敵が分派策動によって我々に主要打撃を与えようとした作戦を決定的に見ぬいていないからであり、後者に全力が集中されなかったのは、現在の諸問題を解決する扇のカナメの位置に「友の会」運動があることを把握できなかったためであり、結局、敵の作戦を封じながら、敵に対して主要打撃を与え得なかったのである（前出「星」六月二九日）。

組合側は分裂派に傾く組合員を「切り崩された」というよりは「生活苦に負けた」人たちととらえていた。[7] 組合側が民主化クラブのメンバーを除名したのは七月一二日になってからである。それも、二三名の発起人のうち一名だけであり、この一名も必ずしも分裂活動の首謀者というわけではなかった。

しかし、七月一五日、民主化クラブが正式に第二組合（東宝撮影所従業員組合）を結成すると日映演も態度を硬化させた。

彼らを除名した後の組合側の基本戦術は分裂派の撮影所立ち入りを実力で阻止するというものであった。

八月二日、分裂派東撮従組（民ク）派は所内音響技術課に書記局を設置したが、拡大職場会議の圧力をもって之を所外に出した。これより撮従の所内侵入の動きは活発となった。八月九日、午前一〇時半再び民主化クラブは音響技術課に書記局を設置、所内の不平分子と呼応して、分裂宣伝に従事した。組合は闘争委員会、拡大職場会議で追い出しを決議、午後三時彼らを所外に放逐した（日映演東宝撮影所分会「今次闘争の経過」一〇月三〇日）。

この戦術は、それ自体としては有効なものであったといえる。第二組合は結成時にすでに一〇〇名を超える人員が加入していたが撮影所内に活動拠点を持たない彼らにとって、その後の組織拡大は必ずしも順調なものとは言えなかった。会社側の資料によっても、争議終結の時点で第二組合・東撮従組が組織人員二三八名であったのに対し、日映演は七〇〇名以上を擁していた（「一〇月一日現在在籍者一覧」（発行部署不明の会社側文書））（表6-1（三三七頁）参照）。しかし、この点での問題はむしろ、なにゆえ第一組合が分裂派の実力排除という強硬手段を取り続けることができたかにあるだろう。究極的には、経営側による争議の争点の移行によって、経営側が撮影所内の所員の同意の組織化を進めることがそれ以上困難であったからと考えるのが自然であろう。即ち、経営側は産別型ヘゲモニーの否定から、その担い手の排除＝「赤色追放」に目標を進めていた。そしてそのためには、撮影所再開の延期もやむを得ないとの立場に移っていた。その点では生産復興＝速やかな製作活動の再開はむしろ組合側の中心主張となっていた。このことへの組合側の同意形成の困難が、他の争議のように組合分裂が第一組合の急速な解体に結びつかなかった、事情の根底にあると考えなければならないだろう。

ここでも最後に組合分裂に見られたヘゲモニーの日本的特質に触れておこう。

ある理念が否定されることとその担い手が物理的に排除されることとはいまさら言うまでもなく千里の隔りがある。ところが、東宝争議の場合、見られたことはこの両者が連続的につながっているという日本の思想である。両者の限定的な相互浸透が、理念と担い手との同一視、あるいは、理念が理念だけで確立することができず、それに人格性の支えがないと不安になってしまうという、日本のヘゲモニーの一面を示していると言える。

### （3）第5期　撮影所明け渡しの仮処分執行と「末弘斡旋案」——国民的合意の試行錯誤

組合分裂は争議の進展にもう一つの大きなきっかけを与えた。

経営側は、もちろんのこととして、組合による撮影所占拠が始まった後直ちに撮影所明け渡し仮処分の執行を東京地方裁判所に求めていた。日本の法体系からいって、法解釈的にその正当性は明らかなので、問題はそれがいつ執行されるかにあった。裁判所も東宝社内の状況や国民的世論の動向に無関心にその決定を下せる状況にはなかった。ある程度条件が整う迄に裁判所が出していた理屈は「今仮処分を行なっても撮影所で就業する意志のあるものが全くいないのだから、経営側に訴えの利益がない」というものであった。ところが東京地裁は第二組合の成立をもって「就業の意志のある人々」の出現と見なし、仮処分執行の手続きに入ったのである。

この東京地裁の判断に後に述べるような日本の中枢権力の意向がなんらかの形で反映していたのかどうかはよくわからない。しかし、東京地裁にしろ、後述の中枢権力にしろ、この時期東宝争議の展開の仕方や結着のつき方について、最も高度な政治判断が国民全てに求められていたことは明らかなように思われる。

それが一種物々しいセレモニーとも言える武装対決という表現になった意味は後に検討してみることにするが、ともかくこの時期に東宝争議にあるケジメをつけなければならないという合意は広く形成されつつあった。前の時期の対決が経営側のいわばオーバーランによって、収拾のつかないものになりつつあるという認識が、皮肉なことに争議への権力的な介入の必要を招いたという事情がその底流にはある。

六月下旬からGHQが争議に強い関心を持つようになった。組合側はしばしばGS（民政局）労働課から呼び出しを受けている。のみならず、横浜の米第八軍司令部からも呼び出しを受けている。そこで行なわれたことは基本的に事情聴取だけであるが、後者（第八軍）では事実上マッカーサーに継ぐ権力者であるアイケルバーガー中将がこの問題に関心を持っているという説明があったことは、注目される。（「沖縄での強制労働という手段もある」等の圧力もあったというが争議に関する具体的な指図はなかったようである。)[8] 他方、経営側もこの時期、当時政権から離れていた前首相吉田茂から事情を聞かれている。ここでも吉田が経営側の言い分をアイケルバーガーが関心を持っているので伝えると述べている。[9] 末弘は、首相の芦田均とも上述の会談を仲介した麻生とも知友であったから、末弘も当然この経緯を知っていたと考えるのが自然であろう。

しかし、どのような事情があれ、占領軍が個別争議に直接介入するということは到底考えられなかった。第一に、そのような国民的合意が存在するとは到底言いえなかったし、第二に、占領軍もそれを正当化する論理も凝集力ももっていなかった。

東京地裁の仮処分執行は、この状況に大きな変化を与えた。八月一三日、以下のような決定が東京地裁民事第一四部で申し渡された。

（一）所内の不動産に対する組合の占有を解き会社の委任する東京地裁執行吏の保管に移すこと
（二）執行吏は会社の申出に依り右不動産を会社に〔保〕管を命ずること
（三）組合の事務所は認められること
（四）業務執行を妨げない限り組合員の立ち入りは許されること
以下略（東京地方裁判所民事第一四部「仮処分決定書」八月一三日）

数名の執行吏による第一回目の仮処分は門前で令状を読み上げるだけで簡単に追い返された。

八月一四日午前八時より執行せられた砧撮影所仮処分は雨中行はれたが組合代表土屋精之（闘争）委員長を先頭に組合員が正門に集合し執行吏を入場せしめないので三宅弁護士、春田弁護士より執行の理由並びに法秩序に従はれたき旨を懇懇申渡した後業務執行が組合員のため妨げられたことを確認し一旦引き揚げた（「本社通報労務情報」八月一六日)。

これを受けて八月一九日第二回目の仮処分の執行が行なわれた。この時は、二〇〇〇名の支援者を含む撮影所占拠中の組合に対し二〇〇〇名の武装警官、騎兵隊、戦車、航空機を含む米占領軍とが対峙する事態となった。これが世にいう「来なかったのは軍艦だけ」の事件であるが、多少のやりとりの後占拠者が退場して事件は終わった。表面的には空前の「弾圧」事件であるが、これについても考えておくべき点が二つある。

一つは、これに至る米占領軍の態度である。中枢者が何を考えていたのか、今となっては想像することができるだけである。しかし、その公表された立場は決して争議の内容が気に入らなかったからではないし、争議の方向を特定の方向に向けようとしたからでもない。彼らは争議自体ではなく、「没価値的」に、ただ一回目の仮処分に対する組合側の行動が「法的侮辱」であり、「憲法に反する」、それゆえ、法を守ること一般のために立ち会い者として出動した、というものであった（当日報道機関への説明。八月一九日)。「超憲法的存在」である占領軍でさえ「公正さの体系」から自由であったわけではなく、「法の支配」の実現として「弾圧」を行なった。撮影所の門前で対峙していたのはヘゲモニーなのである。

第二は、この事件にいたる組合側の事情である。八月一九日直前の細胞会議には当時の日本共産党書記長徳田球一が参加している。徳田はいかなる経路によってであるかは、明らかにしなかったが、次に予想される仮処分執行に占領軍が出動することをあらかじめ知っていた。その上で徳田は、東宝争議に対して、これまでのような外部からの支援が困難であることを説明した。当時はいわゆるマッカーサー書簡と政令二〇一号によって特に公務員労働者は重大な岐路に立たされていた。その中で、半ば非合法活動であり共産党にも大きな負担をかける職場離脱闘争がすでに始まっていた。主として、デモンストレーション効果しかない東宝争議にこれ以上の支援を続ける余裕はなくなっていることを徳田は説明した。争議はもはや収拾すべき段階に入っている、そのために「若干の出血」はやむを得ない。当初の二七〇名全員をやめさせるわけにはいかないが、五〇名になるか、一〇〇名になるかは状況次第だが、何名かの退職によって争議を妥結させる段階にきている。それが徳田の説明であった。そのために徳田は、予想される占領軍の出動に対して、実力で対抗してはならないと指示した[10]。以上の徳田の考えは基本的に東宝争議の現状と共産党が直面している状況に従ったものであり、その限りで、妥当な判断だったと言える。ただし、その際占領軍との対決を避けるという考えには、公正な労働者団結のあり方をめぐって、その段階で決定的な対決をすることに対する国民的同意が得られないであろうこと、その点で占領軍がいまだ公正さのシンボルを失ってはいないこと（即ち依然として「反ファシズム解放軍」であること）の判断も伴っていただろう。以上のような次第で、八月一九日の仮処分執行での武力対決は回避されたのである。

　ところがこの仮処分執行に対して、これまでの経緯から見ると一見奇妙な提案を末弘は行なった。即ち、予想される仮処分執行での武力衝突を避けるための「末弘斡旋案」を提示したのである。

　この斡旋案に対して経営側はこれまでの経緯からして、大きな期待を寄せていた。

> 都労委の末弘案はおそらく十八日頃（多少後れるかも知れないが）提示されると云はれてゐる。今回の紛争議《ママ》に終始中立的立場で審理を続けられた末弘会長の提示案は此の際重大な意義を持つものと考える（「本社通報労務情報」八月一六日）。

しかし、「末弘斡旋案」は経営側にとっては意外なことに到底経営側の受けいれられるものではなかった。以下が「末弘斡旋案」の骨子であった。

> 一、会社は日映演砧分会と協議して撮影所再建案を建てるがそれについてはその他の関係組合の意見を聴いて出来得る限り実情に側した無理のない案を立てることに努力されたい。
> この協議はこの申込書を当事者から受託してから一週間以内に終了されたい。

二、人員整理の問題は再建案の一部としてこれを解決すること、但しその際日映演砧分会としては出来る限り会社の整理原案を尊重されたくその代わり会社も再建案に吸収して解決し得るべき人事は成るべくその方法によって解決する方針をとられたい。

以下略（都労委委員長末弘厳太郎より会社への「申請書」）

この案はこの時期の経営側にとって、受けいれられないものだった。経営側の立場を再度確認すると以下のとおりである。第一に、当初の二七〇名の人員整理案が受けいれられない限り撮影所の再開を議論することはできない。第二に、少なくとも第一の条件が認められない限り、日映演（第一組合）と団体交渉を行なうこと自体を拒否する。

八月一七日朝来《ママ》末弘会長申入案に関して重役会議に協議した結果少なくとも会社の人員整理案を組合が受諾せざる限り斡旋に応ずるわけには行かないとの結論にて到達し別紙の通りの回答を携へ、馬淵、北岡両重役が中労委に末弘会長を訪問し詳細を述べ組合が整理案を受諾することが交渉の前提条件なることを回答した（「本社通報労務情報」八月一七日）。

同時に以下のような社長表明を発表し、会社の立場を再確認した。

一、日映演東宝撮影所分会が依然として会社の人員整理並に経営方針に反対してゐる限り会社は之と再建案其の他一切の交渉を行ふ意志《ママ》はない。
二、会社はその経営権に基き会社と協力する従業員と共に速やかに再建を図る。
三、今後会社の経営は特定政党の支配下にある従業員に左右せらるることは徹底的に排除し経営の健全化を図る。

昭和二十三年八月二十日

署名略（「社長表明」八月二〇日）

他方組合側は先のような徳田の指導を受けている現状では末弘案を拒否する理由は何もなかった。組合側は末弘斡旋案を「条件付きで受諾」した。

八月十六日夜十時末弘申入書が出た。

八月十七日、組合は条件付き受諾、会社は回答しなかった（前出「今次闘争の経過」）。

再建案を繞って午後も協議を進めてゐる中午後四時並に八時二回に亘り都労委の使者として磯村、三段崎両使用者側委員森田監事が来社され「組合も条件付で受諾したので会社もなんとか条件付きで受諾できぬか」と申入れがあった（「本社通報労務情報」八月一七日）。

即ち都労委末弘に対する労使の立場は一八〇度逆転してしまったのである。しかしこれに関しては二点ほど確認しておくべきことがある。

第一に、この時期の組合の立場である。撮影所「再建案」が経営側のヘゲモニーとして出されていることが明白である以上、末弘斡旋案の受諾は彼らがかつて保持していたものをほとんど放棄することを意味していた。産別型ヘゲモニーは経営側や都労委によって否定されただけでなく、組合側自身によって自己否定されるに至ったのである。しかし、この時期の争点は産別型ヘゲモニーの正当性だけでなく、その担い手であった共産主義者の追放か防衛かに移っていた。その意味で組合側にとって、一見有利なこの時期の局面転換が、組合側にとって争議当初よりはるかに後退した地点で起こったものであることは忘れてはならない。

もう一つは、この時点での末弘の立場の問題である。末弘が初めから、産別型ヘゲモニーの内容を否定する立場にあったことはくりかえし述べてきたとおりである。そして、その「責任をとる」意味で産別型ヘゲモニーの人格的な代表者を解雇することもありうるという立場であった。しかし、末弘は産別型ヘゲモニーの担い手であった共産主義者全ての追放やその組織していた労働組合を破壊する意図はなかった。末弘にとってもメインシンボルは生産復興であった。産別型ヘゲモニーは生産復興に反する点で、否定されるべきものであった。しかし、正常な経営へゲモニーが確立される以上、そのもとに生産復興に協力するものは全て結集される必要があった。共産主義者もそれを第一の目標として掲げている以上、その例外ではありえなかった。ところで、事実として、日本の戦後の産業民主主義はレッドパージと共産党自身の分裂により、共産主義者を徹底して排除した上に初めて成り立ったものであった。そのプロセスは一九四九年からすでに始まっており、経営側の赤色追放の立場は一年後であればほぼ間違いなく公正なものとして国民的同意を得られたであろう。しかし、一九四八年八月の時点では、経営ヘゲモニーはまだそこまで成熟していなかった。この時点では、経営側が明らかに「行き過ぎ」ていたのである。この意味で、それを制止しようとした末弘はやはり国民的合意の忠実なイデオローグであったと言えよう。

最後にここでも、この時期のヘゲモニーの日本的特質に触れておこう。

一つは、仮処分をめぐる、武力対決問題である。ヘゲモニー概念の核心は「公正さ」のシンボルである。それは、理念であって、いかなる政治の延長としての暴力がそのもとで行使されるとしても、その理念を害することは、ある意味で自殺行為である。暴力にはそれを正当化するための論理が、ヘゲモニーの維持のためには不可欠なはずである。この点で、自らのヘゲモニーに最も忠実であったものが占領軍であったことは明らかである。彼らの自己正当化は「法廷侮辱」が許し得ないという一点に集約されていた。これに対し占領軍と対決することになった組合側も、占領軍に争議の早期解決を期待した経営側も、武力衝突が争議の争点を不明確にするものとしてこれを回避しようとした末広も、自己正当化の論理はいずれも明確なものとは言えなかった。彼らは、手段主義的、あるいは機会主義的であり、暴力が自らの目的に利用できる限り、その正当化の論理があいまいなものでも、利用することをはばからなかった。実際三者が仮処分執行にあたっての各々の態度をいかに正当化していたかは、あいまいでよくわからない部分が多い。実は彼らは自らのヘゲモニーに「実在の権威」を密かに持ち込んでいたのである。あるいは言い換えれば、彼らが典型として代表している日本のヘゲモニーの中核には、「実在の権威」が正当化の手続きと乖離したまま、取り込まれていたのである。これはフロイトがいう、超自我を破壊された時に、人間がとる幼児体験の再現としての「権威の同一視」そのものである。日本のヘゲモニーにはこうした退行的性格が深く固着している。日本のヘゲモニー間の抗争には理念と理念の争いからずれた地点で、実在の権威と実在の権威が争うことを容認する部分がある。「実力と実力の争いとしてでないとケジメが着かない」部分が残ってしまうのである。

もう一つは末弘が代表していた国民的合意としての生産復興の理念の問題である。生産復興の担い手でありうるか否かは、本来であれば労働過程に対する関わり方にまで遡及して検証されなければならないはずである。末弘の当初の立場も産別型ヘゲモニーの正当性に関する限りではこの立場に近かった。しかし、争議の進展に従い生産復興の担い手であるか否かは、結果として出された製作本数その他に対する責任問題に移し代えられていった。結果として、経営の赤字、あるいは撮影所の閉鎖を招いたのは「組合運動の行き過ぎ」か「経営者の無能力」かが争われ、その代表者の結果としての責任が問われても、労働過程に対する関わり方まで検討が及ぶことはなかった。そして、組合側がかつての産別型ヘゲモニーの内実を放棄して以後は、露骨に言えば生産復興を叫んでさえいれば、生産復興の担い手でありうるかのような状態となっていた。少なくとも一九四八年八月の末弘の頭の中にあったものは、組合側が産別型ヘゲモニーの内実を自己否定した以上生産復興に協力するもの全てを統合することであった。ここでは生産復興のシンボルの内容は非常に希薄なものとなっていた。そこには具体的な内容についての価値規範的拘束性が乏しかった。ここには、日本のヘゲモニーのウェーバー的に言えば、実質＝目的合理的性格、フロイト的に言えば、昇華のレベルの低さが示されている。このことは一見すると組合側に有利なように見える。しかし、後の時期に組合側や共産主義者が一旦生産復興の阻害者であると認められると、なんらその実際の行動が準拠されることなくヘゲモニーから排除されることを意味する。そしてこのことは、一九四九年以後実際に起こったことであるし、その後も形を変え、日本社会で何度もくりかえされてきたことなのである。

### （4）第6期「末弘覚書」と団体交渉の再開――対抗するヘゲモニーの「政治的方向感覚喪失」

仮処分執行によって撮影所の様相は、かなりかわった。とは言え、この変化は労資双方の実力の力関係によるものではなく、外圧的な事件によるものだったから、極端な局面の転換が生じたわけではない。撮影所の風景の変化は、むしろ前述の徳田の指示による共産党の態度の変化によるものと考えたほうが自然かもしれない。

まず先の引用に示したとおり、仮処分は組合側の撮影所内の立入を禁止するものではなかったから、撮影所には七〇〇名を超える第一組合員が常時出所していた。数も減り、また組織的な動員によるものではなかったが、かなりの外部の支援者もその中に含まれていた。この点で撮影所を実効的に支配していたのは依然として組合側の方であったと考えるのが自然である。

> 撮影所では、仮処分命令に基き日映演の業務妨害行為の取締に努力してゐるが、日映演側は依然として外部団体を引き入れ、不許可の部屋を無断使用しつつある状況なので執行吏も事を重視し、最近連日現地に赴き命令の徹底に努力してゐる（「本社通報労務情報」九月一日）。

しかし仮処分は当然のことながら、会社側及び三〇〇名を超える第二組合・中立者の撮影所内の立ち入りも認めていた。（八月三日の分会総会で、役員改選に不服な組合員約一〇〇名が第二組合には加入しないものの「中立」を宣言して第一組合から脱退していた（「日映演東宝撮影所分会総会議事録」八月三日）。）従って、組合もこれまでのような、撮影所の一元的支配によって、会社利益代表者及び第二組合員の撮影所内立ち入りを実力阻止するという戦術はとりえなかったし、環境がそれを許しても、この時期の組合側には、もはやその力は残されていなかったと考えたほうがよいだろう。もう一点、組合側の財政収入は主として占拠中の撮影所で行なわれる各種イベントによるカンパ収入であったから、組合側は、仮処分執行後は、財政的にも非常な困難に直面することになった。

この時期の組合側の組織方針は従って、ほぼ以下の二つに限定されていたと見てよかろう。

一つは行商その他による長期的財政収入の確保である。（次の資料の「文化事業班活動」とは、各映画館に女優などが赴きカンパを訴えるといった程度のものである。）

九月一日、短期解決のためには長期の肚構えとその生活の裏づけこそ必要である。組合は文化事業班活動の他に、今日から反ファッショ宣伝をかねた行商活動（飴、石鹸）を開始した（前出「今次闘争の経過」）。

ただし、この時期部分的ながら組合側の手によって映画の製作活動が再開されたことには留意が必要であろう。とは言え、これは財政収入をもたらすものではなく、もっぱら「組合は製作活動も行なっている」という宣伝効果を狙ったものであった(11)。

九月八日、事業班活動の一環として芸術協会作品「風の子」スタッフが石川ロケに出発した（同前「今次闘争の経過」）。

第二にそれゆえ、先の徳田の指示もあり、組合側は主としてその力点を「短期解決」に向けることになった。そのために最も力が注がれたのは都労委の末弘の利用であった。先の時期について述べたとおり、すでに八月の「末弘斡旋案」の時点で末弘の立場は組合側にとって文句をつける内容ではなかった。この時期も組合側は都労委で様々な申し立てを行ないつつ都労委での活動を様々な形態で宣伝した。

日映演撮影所分会では末弘斡旋案が近日中に提案され之に依り組合に有利に解決するとの一方的宣伝を行ってゐるが十日頃に斡旋案が出ると云ふが如きは全くデマであり且つ新聞紙上に報道されてゐる組合の妥協案が事実とせば全然話にならない勝手極まるものである。若しこの様な線で纏まると考へてゐるならば甚だしき認識不足と考へざるを得ない。殊に組合は中正なるべき都労委を組合のみ有利な存在であるかの様に宣伝することはこの際慎むべきであろう（「本社通報労務情報」九月九日）。

組合側は都労委を「公正な第三者」とまで呼び（日映演東宝分会連合会「紛争解決に対する組合の態度」九月四日等）、都労委の斡旋に従う組合側と、争議の引き伸ばし＝生産復興の阻害を行なう経営側という宣伝を各所で行なった。共産党の教義からすると、都労委はブルジョア国家権力の一端のはずであるが、この理論との整合性が省みられることもなく、都労委について冷静な評価がされるのは争議終結後であった。

他方、経営側の状況も見ておこう。

経営側のこの時期の主な活動は、いわゆる第二組合による分裂工作であったが、それは必ずしも充分な成果が得られたものではなかった。この種の争議の場合、職制機構が経営側の手足となって重要な役割を果たすのが普通であるが、東宝の場合その核になる中間管理職層は存在しなかった。撮影所内での会社側の利益代表者は、はじめに述べたとおり、藤本主任製作担当者、一二名いる職区長を中心とするマネージメントスタッフ（マネスタ）であった。しかし彼らは、争議開始直後の四月八日「二八本案」を発表し、その後も「中立」の立場を執り続けた。（二八本案とは単純にいうと、年間二八本の映画製作をノルマとして課す代わりに人員整理をやめるというもの。）マネスタ層は本音を言えば経営側として迷惑な存在であった。マネスタ層は断続的に退職していったが、九月一日藤本主任と六名の職区長が依願退職することによって事実上消滅した。経営側には撮影所内で手足となって働く職制層はいなくなったのである。

一、撮影所再開を機会に撮影所部課長中左記の人々に退職して貰うこととなった（六名氏名略）。

二、尚撮影所製作者主席藤本真澄氏より退職願出があり、事情止むを得ないものと認め依願退職の手続きをとることとなった（「本社通報労務情報」九月二日）。

それゆえ、第二に事前の職制機構を持たない経営側にとりえた戦術は、間接的なものであるほかなかった。この切札と見なされたのは撮影所の所員に対する「出勤命令」であった。経営側は仮処分執行を受けて九月一日撮影所の「再開」を宣言した。(念のためにいうとこの「再開」は先から問題になっている撮影所の「再建」のことではない。「再開」後も撮影所で製作活動は行なわれていなかった。ただ、経営側の撮影所の管理権が確立したので、建物の管理や道具類の保守のために、一定数の撮影所員が「出勤命令」を受けることになったということである。)撮影所員の何割かが「再開」によって、出社命令を受けることになった。このことは重要な意味があった。即ち、出社命令を受けた所員には賃銀が支払われることになる。それに対して、出社命令を受けていない所員は依然としてノーペイである。これを分裂工作に利用しようとしたのである。第二組合、中立、組合未加入者には全員四二八名に出社命令が出された。それに対し第一組合員七〇六名のうち出社命令を受けたのは五〇名であった(発行部署不明の会社側の書類(無題)による。表6-1(三三七頁)参照)。これが不当労働行為と認定されることは明らかであったが、都労委での審査には時間がかかる。組合側と同じく「短期解決」を考える経営側はこれにより一挙に切り崩しが可能だと考えたのである。

ところが、会社側の意に反し、これによって、第一組合を脱退するものはほとんどいなかった。産別型ヘゲモニーは、この時点では労働過程にまで遡及しての存在根拠は失っていた。しかし、裏付けを欠いたものとはいえ、生産復興を叫びその内面化に成功している限りにおいて、産別型ヘゲモニーは「担い手」としてはまだ自己を正当化し、凝集力を保ち、組織的に自己を防衛する力は保っていたと言えよう。またそれが、一九四八年九月の状況であった。

しかし、ともあれ以上のような経緯で組合側経営側とも決め手を欠き、ある種手詰まりの状況となっていった。紛争の長期化を懸念する点では都労委の末弘も同様であったと見られる。末弘は九月一六日「末弘覚書」を発表した。この末弘覚書は先の「末弘見解」「末弘斡旋案」と異なり、労資双方に一定の行動を要請したり、都労委での審査の方向付けを行なったりするような性格のものではない。都労委のこれまでの審議の中間取りまとめ、中間報告という性格のもので、特に具体的提案を含むものではない。しかし、長文にわたるこの覚書のニュアンスを正確に伝えることは容易ではないが、先の「組合活動の行き過ぎ」の論理に従うとしても、それによって大量の解雇が正当とはされないことを予見させるようなものであった。

　覚書はまず全体として経営側の言動に批判的なニュアンスのものが多かった。

> 個々の被解雇者について時《ママ》に解雇を正当ならしむべき理由があるかどうかを検討した。そしてこれによって会社は色々と解雇の理由付けをしているが、結局組合を弱体化することによって組合との取引関係を不当に会社に有利ならしめようと企てたのではない〔か〕ということが委員会のしんさ《ママ》の目標となった。……中略本審査に当たって最も委員会の注目を惹いたのは、解雇理由に関する会社の説明が人によって必ずしも一致しないのみならず時によって動揺したことである（末弘都労委委員長「東宝事件覚書」九月一六日）。

もちろんこの覚書も経営権を侵害するような「組合活動の行き過ぎ」があった場合その責任者が解雇されうるという論理を維持している。しかし、覚書はこの論理に従っても、解雇される者の数はかなり限定されるというニュアンスを含んでいた。

> 日映演の行動は全体として「正当」の範囲を超えていたが、もしそうであったとすればこの行き過ぎを矯正するに必要な程度において会社が責任者の解雇を行うのは当然である。この点に関する委員会の審査は次の二時期に分けて行われた。渡辺社長就任前、この時期における日映演の行動は一般的基準からいえば相当の行過ぎは感ぜられる。しかしこれは結局協約第三九条にいう組合の経営参加権の範囲に関し、当事者双方の解釈意見に違いがあり同時に会社側の態度が全体として消極的であったために発生した「経営権の争奪」とも見るべき現象であって、その為組合のみを非難するのは当たらないというのが多数委員の見解であったということができよう（末弘都労委委員長「東宝事件覚書」九月一六日）。

国民的合意のイデオローグとしての末弘にとって東宝争議はすでにその目的を達成していた。このうえは、生産復興のためにも一刻も早い紛争の収拾が必要であった。この覚書は末弘のこうした立場の端的な表明と言えよう。末弘の覚書の発表は都労委の結審以前の争議の早期解決の必要性を経営側にも認識させた。

他方、組合側は、末弘覚書の発表を好機ととらえ、九月三〇日から団体交渉の再開を要求し、最後の力を注ぎ、九月の下旬営業部門の二度目の長期ストを準備した。

九月二十日、東宝連合会は会社に対し、九月三十日までに正式交渉を開始せよ、應じない場合は十月一日を期し全国一斎ストライキに突入する旨申入れした。組合の包囲環は一斎スト目指して日々に圧縮された（前出「今次闘争の経過」）。

他方経営側もこの時期「恥ずかしくてお話もできないような金」に手を出す状況であったから[12]、営業部門のストライキは痛手であった。

日映演では九月二十四日附社との交渉再開を申し入れてきたが会社は諸般の事情を慎重協議の結果日映演との紛争の根本理由である人員整理案に付き協定交渉することは差支えないとの結論に到達し左の会社側希望条件が入られるならば交渉に応ずるとの回答を為した。

希望条件

一、被馘首者および共産党員は交渉委員中に含めないこと。

二、撮影所再建案に付いては紛争解決後東宝労連をも含め全社的に協議すべきこと。

右の条件に付き組合側も之を諒承し交渉委員名を通告して来たので会社は之を確認した（「本社通報労務情報」九月三〇日）。

覚書

会社は組合と九月三十日より正式に団体交渉を開始し東宝再建（撮影所再開を含む）のために現在までの紛争一切の解決を誠意を以て当る。

一九四八年九月三十日（署名略）（東宝株式会社と日映演東宝分会連合会との「覚書」）

人員整理案を承諾することが団体交渉再開の前提というのがこれまでの会社側の態度であったから、この覚書は明らかに経営側の譲歩である。しかし、ともあれこれによって、紛争が新しい段階を迎えるに至ったのである。

最後に、ここでもこの時期のヘゲモニーの日本的特質について触れておこう。

まず第一は末弘の「行き過ぎた労働運動」の論理の役割である。この論理は本来理念的原則であり、T・パーソンズの言葉を借りれば「普遍主義的」に適用されるべきものである。しかし、実際にはそうはならなかった。かつて六月の段階では、争議の進展のために利用され、この九月には争議収拾のために利用された。しかも、その際、同一の論理のように見えながら、微妙にニュアンスの力点をすりかえられていた。その意味で、この論理も機会主義的、パーソンズの言う「個別主義的」に利用されたのである。その場の局面局面で普遍的理念に実質的差異を忍び込ませることは日本的ヘゲモニーの一つのあり方である。

もう一つは、団体交渉再開に対する経営側の条件である。本来これは組合と会社との問題なのであるから「解雇者」はともあれ、その代表者に共産党員が含まれるかどうかは、全く選出母体の裁量の範囲であり、他方がとやかく言うべき問題ではない。ここでも交渉の「実質的」進展のために普遍的規範が犠牲にされているのである。

### （5）第7期　争議の妥結——妥結の論理と新しいヘゲモニー

一九四八年一〇月七日会社側は以下のような骨子の撮影所再建計画要綱を発表した。

会社は撮影所再建案に付き、慎重検討を加へた結果、昨日（七日）別記の如き再建要綱を決定した。之によれば今後砧撮影所は全面的に貸スタヂオとする方針を採り貸スタヂオ、マネージャーを中心としてその設備、機材、人員を広く日本映画製作に提供する。特定プロダクションに対しては賃金を供給しその作品の提供を受け東宝のマークで上映する。

之等の契約は一切本社に於て行ふ。

馘首対象者に含まれない以外《ママ》の芸術家で、貸スタヂオ制度に依り会社を離れる人々のために芸術家集団を構想してゐる。之の交渉も一切本社で行ふ予定である。

右の貸スタヂオ要員はM・Sを含めて四四〇名程度を予定してゐる。……中略

（一）貸スタヂオ要員（四四〇名）と現在人員との間に約一九〇名の余剰人員を生ずるが之は自然減耗、配置転換による整理方針を採り、此の際、更に馘首を行ふ意思はない。

（二）馘首対象者が別にプロダクションその他の方法にて会社と契約成立した場合には貸スタヂオの使用は妨げない。

（三）二七〇名の馘首者中、若干名の者に関し必要に依り再開後、再雇用してもよろしい。

（四）二七〇名に含まれる芸術家以外の芸術家の集団に対しては会社は年保証をする。久保、安恵両氏はこの芸術家集団に入って貰ひ年保証する予定である。

（五）組合としては再建案並びに如上の会社方針を了承し速かに人員整理案を一応承認すること。

（以下略）（東宝撮影所「撮影所再建計画要綱説明」一〇月八日）

即ち、撮影所従業員を四四〇名の直接雇用労働者と、それ以外の独立プロダクションを通した間接雇用労働者とに分けて雇用しようという案である。右の文章だけではわかり難いが、経営側が「芸術家会議」との交渉で、現在直接雇用されているプロデューサーや演出家の作るプロダクションとは優先的に契約することを約束していた。

従って、この案に従えば、二七〇名の解雇者を含めて、現在撮影所従業員の大方が再雇用されることがほぼ約束されるものであった。

（一）プロダクションに契約せられ、その芸術的責任部門を受けもつべき作業をする人達を、左の一、または二つの集団とする。即ち会社の決めた責任者の下に、親会社的存在とし、会社との間に綜合的な特殊契約を結ぶ。

Ａ　芸術家集団

Ｂ　演技者集団

（二）この集団の人々の特長《ママ》は、会社の契約するプロダクションと作品ごとに契約されるが、会社の間接的保護を有する契約者であることであり、従って原則としては会社の契約するプロダクションとのみ契約する人達の集団であることである。（外部との取引は妨げないが、常にプロダクションとの契約が優先する）（東宝株式会社「撮影所再建計画綱案『四』」一〇月七日）

妥結の方向はほぼ見えた案であったが、しかし、交渉はその後も難航した。「人員整理案を一応承認」にこだわる経営側と「最終的整理者は再建案の具体的検討の中で」という組合側の主張との対立が埋められなかった。これは一見すると理念と理念、建て前と建て前、との争いのように見える。しかし、それは妥当な見方ではない。露骨に言えばこの争いは撮影所を最終的に退職するのを誰にするかということをめぐる争いであった。経営側はそもそも二七〇名の人員整理案を発表したときから、その中で、絶対に外せない有力共産党員四九名のブラックリストを作成していた。[13]経営側は最終的整理者がこれに当るようなフリーハンドを得ておきたかったのである。これに対し組合側は、交渉過程で、最終的整理者の氏名をできるだけ具体的に、かつ数も少数に確定しておきたかったのである。

解決を急ぐ組合側はこうした状況を受け、一〇月一七日からの最後のスト指令を背景に最終的決断を行なう。即ち、最終的退職者の氏名を組合側から提案することによって解決を図ろうとしたのである。一〇月一八日の夜、共産党グループ会議において、自発的退職者二〇名の名簿を作成し、深夜経営側との秘密会談がもたれ、経営側もこれを了承し、当該二〇名以外の再雇用を約束することによって、争議は急遽収拾されることになったのである。

十月十八日夜九時から一時四十五分まで共産党グループ代表としての伊藤中央委員長、宮島連合会議長は東宝対策委員会の認めた形で田辺会長、馬淵副社長と私的会談を行った。会社は共産党問題を彼らの問題の焦点とし、会社の戦術もそれに終始、交渉がデッドロッタ《ママ》にのりあげた原因の多くは此の問題であった。共産党細胞は自らの手でこの交渉のガンをテツケツすることを決意したのであった（前出「今次闘争の経過」）。

会社側の記録は以下のとおりである。

日映演幹部二十名の自発的退社申出によって交渉再開の端緒を得た。
会社日映演両者最高幹部会談は十八日徹夜続けられた結果さきに会社が提示した諸条件を受諾する旨組合幹部より申出あり会社は日映演と十九日正式交渉を再開し同日午後九時別紙「争議解決に関する覚書」に仮調印をみるに至った。
この間の詳細な事情については後報するが取り敢えず右覚書を特報する。
尚自発的に退社する幹部は
（氏名略）
他三名である（「本社通報労務情報」一〇月二〇日）。

一〇月一九日会社と組合は争議解決に関する覚書に仮調印した。以下がその全文である。なお、覚書中「二二」の措置によって二七〇名の解雇者中二〇名の組合幹部と自然退職者を除く撮影所員全員の雇用が保障されることを会社側は口頭で約束しており、またそのとおり実行された。

覚書

会社と組合は相互に以下の各項を確認し、ここに争議解決に関する覚書に仮調印を行う。

一、組合は会社の経営形態、規模、生産計画、所要人員の決定に関する一切の権限は経営者に属することを認める。但し会社は組合員の労働権を尊重し、生活権に対し十分な理解を与えることを約束する。

二、組合は日映演に所属する従業員に付いての会社の整理案を一応承認することを前提とし次の処理を速やかに行なうことに同意する。

(一) 全国を通じて組合幹部（氏名別記）は自発的に会社に辞表を提出する。

(二) 撮影所については左の通りとする。

イ、会社は教育映画関係者（旧資料調査室員を含む約五〇名）については目下会社で立案中の別会社の設立または他会社と提携によりできるだけ多く就業の機会を与えるよう努力する。

ロ、会社はイ項並びに退職手続き完了者を除く一般従業員については撮影所の再建計画とにらみ合わせて再雇用をはかることとし、その数は最低八〇名を下らないことを約束する。

ハ、会社は契約者四十名については目下新設準備中の芸術家及び演技者集団の運営方針の決定をまって他の契約者と同様に取扱う。

(三) 会社は本社及び各地支社従業員については合計十名内外を再雇用することとし本社又は各地方支社毎に協議を行う。

(四) 会社は演劇部従業員については配置転換をはかることを前提として若干名を再雇用する。

三、会社と組合は都労委、地裁、地検に対する諸提訴を相互に取下げる。

四、組合は従来の団体協約は昭和二十三年三月三十一日で有効期間満了となり、従って現在は無協約であることを確認する。ただし会社は他の組合員との間に差別待遇しない。
五、組合は会社の撮影所再建案を承認する。
六、組合は三月二十五日附けの四要求を撤回する。
七、会社は社内の平和と秩序を保持するために、事業場内における政党活動に対し必要な制限を加える。
八、組合は会社に他の組合が併存している間は相互に尊重し合い絶対に刺激的行為を慎むと共に、会社と組合は他の組合の意向を尊重し、今後の組合の統一について誠意を以ってその達成に努力する。
九、前記各項を組合が認めることを条件として会社は直ちに撮影所のロックアウトを解き、組合員に対し東宝労連と同一条件による貸付金を支給する。
十、以上の処理の実施については細項は別に決める。
　昭和二十三年十月十九日
（署名略）（東宝株式会社と日映演東宝分会連合会との「覚書」一〇月一九日）

この妥結条件に対する労使の見方はかなり微妙であった。

まず経営側であるが、争議を担ってきた経営幹部の間にかなりの意見の相違があった。特にこれまで、最も強い反共的立場を執ってきた渡辺社長がこの解決を歓迎したのに対し、最も原則的な「労使関係制度」を追求してきた、労務担当重役馬淵が、この解決に難色を示したことは象徴的である[14]。馬淵はもともと赤字克服のための人員整理として案を出したのだから、こういう解決では筋が通らないと考えたのである。実際経営側は争議終結に当ってのまとまった声明書を出していない。会社が今までとってきた原則的な立場からすると、説明のしようのない解決だからである。

しかし、これを会社側が強いられた妥協と考えるのは妥当ではないだろう。後に組合側の立場の説明で触れるようにこの解決は基本的に安定した経営へゲモニーの成立を約束するものであった。渡辺社長の態度は立場の後退というよりは彼の政治的センスの現れと見たほうがよいだろう。

しかし、この渡辺の立場は一九四八年一〇月の日本という固有の時間と空間において、正当化されるものであった。一九四九年の第四次争議を経て渡辺社長が程なく退陣したのに対し、労務担当重役馬淵が亡くなるまで三〇年近く東宝の経営を支え続けたことも注目に値する。安定した経営へゲモニーにおいて必要とされるのは渡辺のような人物ではなく馬淵のような人物だったのである。

他方、組合側はどうだったであろうか。実は組合側は、二〇名の自発的退職で手が打てるとは考えていなかった。経営側は恐らく難色をしめすであろうので、三〇名五〇名と小出しに自発的退職者の数を増やし、適当なところで妥協を図ろうというのが組合側共産党グループの考えであった。従って、二〇名で手が打てたことは組合側にとって望外の幸運であった。日映演分会連合会議長宮島義男は「経営側は餌に食いついてきた」と表現している[15]。従って、組合側が争議総括に当り、被害を「若干の出血」(日映演「第七回定期大会一般報告」一九四八年一一月一三日)と受け止めたことも必ずしも虚勢を張ったものとも言えない。このことは、争議終結に当っての以下の声明文にも現れている。

紛争解決の条件については、あながち我々の徹底的な勝利と言えないものがある。しかしながら民主的映画を製作し得る実力と正義とはこれを獲得《ママ》している(日映演東宝撮影所分会「声明書」一〇月二〇日)。

皆さんもご存知の様に、我々は諸般の情勢を考えて、民主的映画製作の中心勢力を維持した侭、新たなる闘争の足係りと余力を確保した状態で若干犠牲を佛《ママ》い、一応紛争を妥結しました(東宝撮影所分会臨時総会「感謝のメッセージ」一〇月二三日)。

組合側は二〇名の犠牲を払ったものの、二百数十名の党組織が維持された以上、後はなんとでもなると考えた。

しかし、事情はそのように単純でなかったのは言うまでもない。争議終結覚書を正直に読めば、彼ら組合側は組織の維持と引き換えに、彼らが産別型へゲモニーとして獲得してきた内実のほとんど全てを放棄したことを示している。最初述べたように産別型へゲモニーは、そのもとでの豊富な製作活動・生産実践に支えられ始めて成立しえたものであった。それを欠いたままの状態ではいかに巨大な組織があろうともへゲモニーの正当化はなしえないことを彼らは理解できなかった。その意味で組織はへゲモニーであるよりもへゲモニーの着ている鎧である。彼らはそれが理解できなかったのである。

このことについて筆者は、別の機会を借りて大略次のように述べている（東條由紀彦「東宝争議資料解題」『東宝争議――一九四八年資料　其の二』東京大学社会学研究所）。

実際彼らは、二〇名の退職は「若干の出血」にすぎず、数百名の党組織が守られた以上、中心幹部等はすぐにも育つ、と考えていた。彼らに課せられた新たなへゲモニーの段階の「団結の質」の形成のために、彼らが明確な「路線」を持っていたならば、あるいはそうであったかもしれない。しかし彼らは、主体的な構想においても、当時の日本の歴史社会との係わりにおいても、そうした立場にはなかった。強力な党組織も、それさえ存在すれば状況にいかようにも対応できる原資、といったものではないということ、それは彼らが組織した産別型へゲモニーと、それに基づく製作実践とが逆にそうした党組織のあり様をも形成せしめていったのであり、それが截断される時に課せられる試練につき、彼らは充分な意識を持ってはいなかったのである。

と同時に、総括の基準として、労資関係に関する制度上の諸問題よりも、むしろ「民族文化を守り」「生産復興を担う」主体勢力としての活動に、主要な関心が注がれていることが注目される。

すなわち、七ヶ月の間に、我々は民主的文化のために共に闘う熱意と勇気とを持つ人々が、いかに多いかという事実を知り、たがいに同じ血が通っていることを感得した。今や、ファシズムに抗し、日本文化を守る広汎な組織に協力《ママ》に推進しつつある。今次の解決に際して、かちとり得なかったものは、今日よりの広汎な文化闘争により必ずかちとり、真に日本の民主化に寄与しようと、いま我々は決意をかためた（前出「声明書」）。

我々の闘争は終了したのではありません。我々の闘争は新しい形態の闘争に直ちに入りました。それは日本映画の防衛闘争、生産闘争です。皆さんが「東宝映画を守る会」「日本文化を守る会」「映画サークル」等の全国的組織の下に結集されつつある事は我々の今後の闘争を決定的勝利に導く基盤となる事を確信しております。我々は皆さんの共同出資によってファッショ的商業主義を排し皆さんの希望する民主的な映画を製作する事を用意しています（前出「メッセージ」）。

この点についても筆者は以下のように述べたことがある（前出「東宝争議資料解題」）。

これも、制度上の問題では、見るべきものは残しえなかったから、という面もあるが、それだけではない。彼らには、（実際それは事実そのとおりなのだが）、彼らの高い「団結の質」を可能ならしめたものは、彼らの「カツドーヤ」としての能力であり、その製作実践である、それゆえそれが温存されている限り（つまり優秀な「カツドーヤ」でもある共産党員が現に撮影所で映画を撮っている限り）いつでも巻き返しは効く、という意識があった。ここでも、彼らの共産主義者としての有機的組織力、強い労働者団結と規制力、その豊かな製作実践、それらが、むしろ相互を不可欠の条件として、成り立っていたこと、それらのどれかが原資となって他を補いうるというものではなく、どれを欠いても彼らの「団結の質」はありえず、それが分断されようとしている現在（一九四八年一〇月）こそ、実は最大の試練に直面しているのだということは、充分に自覚されることはなかった。そのことは、皮肉な結果を招くことになる。妥結後の体制下、彼らに再び「制作三昧」の日々が戻ってくることはなかった。彼らの「映画を、それも優れた映画を作っているのは自分たちであって、それについて何も知らないワタナベやマブチではない」という強い自負と「自分の腕が確かな限り、どう転んでも自分たちが食いっぱぐれることはないし、自分の節をまげて頭を下げてまで映画を撮らせていただく義理もない」という確かな自信が、彼らの熾烈な闘いを支えていた。それがゆえに、彼らは、東宝ではいい映画が撮れないとなると、歯が抜けていくように、監督もプロデューサーも退社していき、後には乾燥した抑圧の世界しか残らなかった。そしてこの事態は、争議の妥結の時、二〇名の優秀な映画人が「自分たちはやめてもどこでもいい映画は撮れる」という自信の下、「自発的に退社」した時に、暗示されていたのである。もちろんこうした経過は、全てが否定されるべき性格のものではない。そうした映画人たちは、「独立プロ運動」という形で、日本に新たな文化の泉を掘り起こした。東宝の砧撮影所の最後の自主製作作品が今日でも愛されている日本大衆映画の傑作「青い山脈」であったことは、このことを象徴している。

最後にここでもこの時期の経営へゲモニーの日本的特質について触れておこう。とは言え、この問題については、本節中にも各所で触れているので、ここではこの争議の奇妙な終わり方についてのみ、注意を促しておきたい。

この争議の妥結条件は、それだけを見れば、それまでの半年間の争いがいったい何の意味があったのかを疑わせるようなものである。しかし、こういう解決は日本の場合、東宝争議以外でもしばしば見られたものである。グラムシの言う「東方」での政治社会と市民社会の論理の混在。フロイトの言う超自我（良心）の規範の実在の権威による代償。ウェーバーの言う契約ではなく扶養を給源とする人格的家産制的関係。パーソンズの言う普遍主義的基準によらないその場限りでの個別主義的な業績評価。そうした様々な要素がこの解決の中には混在している。

東宝争議を一つの典型としてこの時期ようやく日本に安定した経営へゲモニーが成立した。しかしそれは、その出生の時からこのような刻印を伴っていたのである。

## 5　経営へゲモニーの成立

以上のようにして日本の経営へゲモニーの一つの時代の典型が成立した。もちろんこれはこの時期に続くレッドパージによる共産主義者の徹底した排除の前の時期であり、その意味でいまだ過渡的なものである。しかしこの時期すでに日本の経営へゲモニーの主要な特徴は争議の過程でも現れていた。

我々はこの過程を西欧の産業民主主義体制に対する「従業員民主主義体制」とでも言うべきものの成立過程として描いている。筆者はこれを否定される原基となった産別型へゲモニーの性格から解き明かしている（第6章二九八〜三〇九頁）。本章でもその論旨に変更はないので、その説明はそれにゆずり、ここでは一点だけ論点をとりあげ結びに代えたい。それはヘゲモニー間抗争の焦点であった、生産復興のシンボルについてである。

くりかえし述べてきたように、生産復興にいずれが貢献しているかというのが東宝争議での労資それぞれの正当化に当ってのキーシンボルであった。しかしこれまでの検討を経て、我々はこのシンボルが労資いずれにとっても、労働過程に根を下ろした具体的なものであると言うよりは、ある種抽象的な象徴に近いものであったと考えることができるだろう。

まず経営側から見てみよう。彼らにとっての生産復興とは具体的にはいったい何を指しているのだろうか。この点ではそもそも映画産業という産業が、生産手段や有形消費財を提供するのではなく、大衆に娯楽を提供すると言う産業であったことに注意しなければならない。映画製作は他の産業とは違って、製作活動を行なってさえいれば生産に貢献していることにはならない。作られる映画の内容次第なのであって、良い映画を作れば、それを通じて日本国民に活気を与え、生産復興に貢献していることになるし、つまらない映画を作れば国民の時間を無駄に使っただけで、生産を阻害していることになる。しかし、経営側はついにそうした「いい映画」を作るという積極的な意味での生産復興を自己主張することができなかった。彼らは、争議の最初から最後まで、共産党支配下の撮影所で作られた映画を「映画自体は優秀」といいつづけるほかなかった。彼らが主張できたことは、共産党員たちが作った映画は優秀でも、そのままでは会社は潰れてしまう。結局、会社を潰さないためには、自分たちの言うようにやるほかない。そのような主張であった。経営側がいう生産復興とは、結局会社を潰さないという以上のものではなかった。映画の中身に関しては、組合側の実績に頼るほかなかったのである。これでは、最終的に撮影所内の組合を組織として、破壊することができなかったのも当然というほかあるまい。最終的に経営側が確立することのできた経営へゲモニーとはこの水準のものであった。経営側が、映画の内容にまで責任を負えるようなヘゲモニーを樹立するには、まだ相応の時間が必要だったのである。

次に組合側を見てみよう。彼らの場合の生産復興シンボルはいっそう奇妙なものであった。先に述べた様な意味での「いい映画」を作るという、生産の実績も可能性も彼らの側にあった。その意味で彼らは経営側よりはるかに有利な位置にいたはずであった。しかし彼らは結局それを生産復興のシンボルと結びつけることに成功できなかった。彼らは、自分たちの製作活動を「民族文化を守る」という言葉で表現した。これらが当時の日本共産党の方針と関係していたことは言うまでもないが、当時の映画産業を民族文化と表現したことは、今日の我々から見ると明らかに異様なものに思われる。伝統芸能でもない、娯楽映画や大衆演劇がいったいどういう意味で「民族文化」でありうるのであろうか。彼らは民族文化というシンボルを国民的合意とすることに結局成功しなかった。民族文化というシンボルには、結局「窓」がなかったのである。彼らが成功するためには、「いい映画を作る」という実践活動を中心に、一方ではそれを生産復興というシンボルに結びつけ、他方ではそれを民族文化というシンボルに結びつけなければならなかったはずである。しかし、当時の国民的合意の中でこの三者は結局裁断されたままであった。国民的合意のイデオローグとしての末弘が結局そうした組合側の主張に全く関心を示さなかったことは、この象徴的表れと言えるだろう。いい映画を作るという実践活動と生産復興と民族文化という三つのシンボルを相互に結びつけられなかったことは、彼らが争議に敗北し、ヘゲモニーを失った究極的な理由であろう。

しかし、他方で、彼らの内面的凝集力の基軸としての「民族文化」のシンボルの強固さには驚くべきものがあった。彼らが最終的に組織的に解体されなかった理由がそのシンボルにあることは疑いえない。そしてこのシンボルの背景が、彼らの培ってきた「製作実践」の水準にあったことはくりかえし述べてきたとおりである。結局経営側は彼らの、経営活動に対する組合による実在の代償に対するツケを払わなければならなかったのである。

この点についても筆者は以下のように述べている（第6章三三六〜三三八頁）。

民族文化を守ると称して行なわれた組合側の争議行為には、ある種ふっきれた明るさのようなものがある。それも南国の太陽の明るさと言うよりも、闇夜の中で強烈なサーチライトに照らされた野外劇場の人工的な明るさである。ある種のエアポケット、ヘゲモニーの亀裂のなかで、それ自体が直接的欲望充足であるような曇りのない自由な行為の場が展開された。東宝争議は、実は結末によってではなく、それにいたる行為の場として多くの人々によってくりかえし語られている。このことを理解しないでは、決して東宝争議を理解することにはならないだろう。そのようなくりかえし蘇る民衆の集合的無意識、記憶としての東宝争議の核心にあるシンボルが民族文化という言葉の中に込められている。

ともあれ、以上のような経緯で、終戦直後の混乱期をくぐりぬけた初めての安定した経営ヘゲモニーは成立した。東宝争議は、そのプロセスの忘れられない一コマとしてくりかえし言及されてきた。東宝争議は重要な産業分野であったわけではなく、また占領軍の政府のせまい意味での政策形成に大きな位置を占めたわけでもない。しかし時代の転換点としての戦後危機から、やがて来るだろう新しい転換点のために、K・ポランニーの言うサブスタンシャル（生計維持的）な「経営」の成立を学ぼうとするものに、東宝争議は教訓を与え続けるだろう。

（東條由紀彦・劉隼）

注

（1）元東宝労務担当重役馬淵威雄氏からの聴き取りによる。
（2）馬淵威雄氏からの聴き取りによる。（なおこの問題についての経緯は、録音を行なっていない座談において主に示されたので、資料集『東宝争議』にも収録されていない。東條のメモによる。）
（3）「無題（解雇者リスト）」（発行主体，年月日不明）への手書きの書き込みによる。
（4）宮森繁氏からの聴き取りによる。
（5）いずれも宮森繁氏からの聴き取りによる。
（6）馬淵威雄氏からの聴き取りによる。

（7）当時の日映演委員長伊藤武郎氏からの聴き取りによる。
（8）宮森繁氏からの聴き取りによる。
（9）馬淵威雄氏からの聴き取りによる。
（10）以上、伊藤武郎氏からの聴き取り等による。
（11）宮森繁氏からの聴き取りによる。
（12）馬淵威雄氏からの聴き取りによる。
（13）四月一六日発行の解雇者リストに対する経営側（記入者・部署不明）の書き込みによる。
（14）馬淵威雄氏からの聴き取りによる。
（15）宮島義男氏からの聴き取りによる。

# 第8章　戦後占領期中小炭鉱における組夫と従業員

## ――北海道茅沼炭鉱を中心に――

### 1　現象学的に見る日本の労働組合形成過程

日本の労働組合を、現象学的に照観してみるとどうなるであろうか。「企業別組合」と言って片付けるのは簡単である。だがそれを「純粋経験」する場面を考えてみると、あれこれの制度論的規定性に先立つような、特有の心的態度がうかびあがってくるように思われる。

筆者自身にとって最も原緒的な経験は、会社（筆者の場合は大学）をやめた時、何ら特別な脱退手続きをとることなく、「自動的」に組合を離脱させられた、ということだろう。ある宗団《Gemeinde》への帰属が、ある社団《Verein》(1)への所属の内属とされることは、「たまたま」ある社団が他の社団と重なりあう形で組織される、ということとは、全く別の事柄である。日本の「企業別組合」が、後者として組織されたものであったならば、日本の労働組合の歴史もずいぶんとちがったものになっていたであろう。日本にも激烈な解雇争議をたたかった戦闘的労働組合が数多く存在した。しかしそれらの組合が、つい最近にいたるまで、最終的退職者を保持したまま組合として持続するということが、発想されさえしなかったことは、注意されてしかるべきである。

このことは、日本の労働組合それ自体が、仕事を共通にしている、あるいは少なくとも同じ「場」で労働していることを根拠としたゼクテ《宗派》的結合ではなく、一定の緊張関係を保ちつつ、共通の「主《Herr》」をいただくことを根拠としたキルヒェ《教会》的帰属に基づいて成立していることを意味している。「主」とはさしあたり雇「主」であり、「主」である以上労働組合自体にも直接「支配」を及ぼしている。当該のキルヒェからの追放の権力を保っている以上、「主」の影響力は組合に対してウェーバー的な意味で十二分に一方向的だと言ってよいだろう。

　それでは、一定の緊張関係を保ちながらも組合がこの「主」の「支配」を「正当化」している根拠は何なのであろうか。これも最も原緒的なレベルにまで還元してみるならば、この「主」が生産の「主」体である、という他ないであろう。この「主」（雇主）の様々な属性を次々にはぎとっていって、それでもなお彼に残るものは、たとえそれがフィクションであるとしても、彼がこのキルヒェの究極的存在根拠即ち「生産」を、人格的に体現していること以外にはないからである。労働の「主」体は彼ではない。しかし生産の「主」体は彼である。

　従って、つまり「生産の主体」を「主」にいただき、その「支配」を正当化するキルヒェである限りにおいて、日本の労働組合は、まず何よりも「生産の担い手《Träger》」である。日本の労働組合は、純粋経験において、それ自体「生産組合」である、と言う他ない。日本の「企業別組合」は、単に何らかの二次的理由で「企業別」に組織されることになってしまった労働組合、といったものではない。ゼクテ的結合に基づく社団、という「産業民主主義」的文脈での労働組合ではないある種の宗団としての内属を、「生産の担い手」となった時点から持ちつづけてきているのである。

　誤解のないように言っておくが、このことはアプリオリに日本の労働組合を否定的にとらえようということではない。否筆者は、現前する現代的世界の閉塞を打開する可能性の決定的契機すらそこに見ている。だがその可能性を計量するためにも、この鬼子とでも言うべき「労働組合」が何を生みだしてきたかを、とりわけその悲劇的結末に留意しながら、真剣に見すえておく必要がある。安易な、あるいは怠惰な期待にとびつくことは、あまりにも危険である。可能性はあるが、それはきわめてあやういバランスにかろうじて依存している、と考えるべきだろう。

　そうした日本に固有の労働組合の出発点として、我々はさしあたり敗戦直後、占領期の検討からはじめるのが一番自然であろう。もちろん戦前の労働組合にも、ここで述べたような内属ははっきりみてとれるし、最終的にはそれとの連続、あるいは断絶関係を検討することは、戦後の労働組合を充分に理解するためには不可欠な作業となるだろう。しかしその作業は、他に考慮すべき留保があまりにも多岐にわたり、本章で取り扱うには荷がかちすぎるから、機会を改める他ない。

本章では、以上の限定を付した上で、「日本の労働組合」が、その出発点から保持していた固有の問題構成を、労働組合と、当時「組夫」と呼ばれた人々との関係、という切断面から見てみたい。「組夫」について語ることは、実はそれ自体が、ここまでの議論でも犯しすぎた結論先取を更に進めることになるので、ここではこれ以上の前おきを述べることはひかえたい。「組夫」についてどれだけリアリティーのある像を示しえるか、ということが、実はこれまで述べてきたような文脈での「日本の労働組合」についてどれだけリアリティーのある像を提示しうるかに直結している。その本章の立場に再度注意を求めて本題に入ることにしたい。

## 2　敗戦前夜北海道における炭鉱組夫組織

炭鉱の歴史を検討する際、飯場制度の変遷は、最も主要なテーマの一つである。細かい論点をあげればきりがないが、本章で必要な限りでふれておくと、おおよそ以下のようなことになるであろう。

ほぼ明治年間を通じて、飯場組織は、生産のための組織でもあった。いわゆるサブコントラクトシステムである。飯場頭は、主として出炭量に応じて元請代金をうけとり、その内から自らの採量で鉱夫に賃銀を支払い、同時に飯場での日常生活の世話だけでなく、坑内外の労働も指揮した。

大正年間に入る頃から、飯場組織の、労働指揮機能はしだいにうばわれていった。鉱夫は炭鉱の直雇の鉱員となり、会社の技師や係員が生産活動を指揮するようになった。飯場の機能は、鉱夫の日常生活の「世話」と、仕事場まで鉱夫を送り出す「出稼《しゅっか》」、及び補助的な監督作業に限定されるようになった。

昭和期に入るあたりから、飯場組織は最終的な解体過程に入った。飯場の鉱夫たちは、飯場から会社の「寮」や「社宅」に移され、日常生活の管理や「出稼」作業も、会社直雇の「寮長」その他の会社係員が行なうようになった。飯場はこわされ、飯場頭たちは山をおりていった。

以上がおよそ通説的に理解されていることだが、昭和期以降の変化については若干の注意が必要である。確かに飯場の親方連は説喩されて山を下りた。しかしその下で働いていた「世話役」のほとんどは、「勤労課係員」などとして会社に雇用され、各「詰所」に配置されて、鉱夫の「出稼」作業等に従事した。またその他にも多く「寮長」の下で各寮の「世話役」に任じられ、鉱夫の日常生活管理に当った（北海道立労働科学研究所『炭鉱下請の研究』一九五一年、九五頁）。従って、飯場組織と、それに代わった「寮＝詰所」体制とが、実態的にどの程度異なるものであったのかは、別途検討を要する事柄である。しかしともあれこれによって、だいたいにおいて、鉱夫を扱うものとしては、空間的に「飯場」は消滅したし、鉱夫の日常生活を管理する者は会社の係員となった。従って本来の意味の飯場制度が、少なくとも直雇鉱夫については、部分的なものとなった、とは言ってよいだろう。

しかしそれ以外に、注意しておかなければならない重要な事柄が二点ある。

第一は、当時炭鉱で働いていた者は、「炭鉱夫」(2)だけではない、ということである。それ以外に、主に土木作業に従事する「炭鉱労働者」が多量に存在した。

例えば北炭の場合、一九四四年「庶務課」管理のものだけで一一一件の土木建築請負契約を結んでいる（以下、北海道炭鉱汽船（以下「北炭」と略称する）「社内工事請負契約」一九四四年による）。額は四〇〇〇円から二四万円に至るものまであるが、大方一～五万円程度である。以下、できるだけひかえ目にみつもって、どの程度の土木労働者がいたと考えられるか、簡単に計算してみよう。（後の例でも同じだが、請負工事従事者の数は、会社が直接雇用しているわけではないので、正確な数を文書で確認することは困難である。）

請負額一件平均二万円と考える。うち労務費は二五％、五〇〇〇円と考える。労賃一人当り一日一円として五〇〇〇人・日になる。年二五〇日働くとして常時二〇人が働いていることになる。（これは後述の後日の平均常時労働者数から見て、だいたい妥当と考えてよい数である。）これが一一一件あるわけだから常時約二〇〇〇人が働いている計算になる。

庶務課以外でも、施設課、資材課等でも土木工事は発注しているわけだから、常勤土木労働者はその数倍にはなるはずである。当時の北炭の日本人鉱夫の数は二万人を上回るものではないから、これは決して無視してよい数字ではない。彼らが一般的に言われる意味での「組夫」である。

重要なことは、彼ら組夫は、後に述べるようにかなりその内実を失いつつあったとは言え、それ自体としては明白に飯場制度の枠内で働いていたことである。それも明治時代の、まだサブコントラクトシステムが充分に機能している形態での飯場制度に、である。

先の北炭庶務課の例では、一一一件のうち三五件を、二つの組で請負っている。六〇件を五つの組で請負っている。これらの組は「〇〇組××鉱業所出張所」等と名づけられた、組独自の建屋・飯場――いわゆる「タコ部屋」である――を炭鉱内の敷地に持っていて、組夫たちは常時そこに寄宿しながら、次々と請負われる土木工事に従事していたのである。

要点を二つだけ確認しよう。一つには、「鉱夫」については、昭和初期、たしかに飯場制度はほぼその形態をとどめていなかった。しかし「炭鉱労働者」全体となるならば、まだ非常に多くの人々が、飯場の下で生活していた。もう一つは、「鉱夫」については、その大方が共通の「主」を持つ従業員となっていた。しかしその外縁にはその「支配（＝ヘゲモニー）」からはずれた多数の、しかもそれだけではなく明らかに劣等な生存条件におかれていた「組夫」たちが存在していた。諸般の事情から判断するに、この両者は、所属する宗団＝キルヒェ的帰属を異にしていたと考える他ない。戦前から、社員＝雇員問題は、鉱夫たちの「人格承認」をめぐって、最も重要な関心であったことは、周知のとおりである。実際戦時期の北炭でも、雇員から社員への登用問題は、鉱夫たちの最も大きな関心の一つであった（北炭「社員採用関係資料」一九四〇～四二年）。だが戦前の炭鉱は、少なくとも同じ「場」で働きながら、「人格承認」を、自らも周囲も問題にすることすらなかった「組夫」と、三層の重層構造を持っていたのである。

第二の論点に移ろう。更に象徴的なことに「組夫」は、土木作業等のみに従事していたのではない。つまり「組夫」の一部は、直雇の「鉱員」と同じ、「鉱夫」の仕事にも従事していたのである（以下の記述は主として、北炭『北炭七〇年史稿本』一九六三年による）。

北海道地方鉱山局に届出られた、敗戦時の北海道炭鉱夫の労務構成を見てみよう（北海地方鉱山局「北海道石炭鉱業労務者構成調査表」一九四五年）。むろん正確な数字とは考えがたいが、それは大略以下のようなものである（坑内夫・抗外夫総計）。

| | |
|---|---|
| 日本人鉱員 | 四万四七三四人 |
| 半島人（朝鮮人）鉱員(3) | 三万八三六四人 |
| 勤報隊等 | 四二六一人 |
| 臨時夫 | 三四七六人 |
| 請負夫 | 六三七六人 |
| 総計 | 一〇万二二三六人 |

これが狭い意味での「鉱夫」の内訳であること、「請負夫」が「組夫」をさすことは、他の記述等から考えてまちがいない。

このケースの場合、問題構成は一層鮮明に現れてくる。というのはこの場合、「組夫」は（後述のように従事する職種の比率にかなりのちがいがあるとはいえ）、直雇「鉱員」と、（同じ「場」で働くのみならず）全く同一内容の「仕事」に従事しながら、飯場組織に包摂され、従って同一の「主」＝ヘゲモニーを構成することなく、差別的重層構造の中にくみ入れられていることになるからである。これが直雇の「鉱員」四万五〇〇〇人に対し六〇〇〇人以上にのぼっていたという数字は、軽視されるべきではなかろう。

ただし管見の限りでは、北炭等大手で「組夫」が「鉱夫」として働いていた徴候はない。ほとんどが本章の主要なフィールドである茅沼炭鉱をはじめとする中小炭鉱に見られたものである。（またそれが、本章が茅沼炭鉱をフィールドに設定した理由でもある。）

以下その茅沼炭鉱を中心に、いわばその極限的事例における「組夫」（及びその対極に形成される宗団としての労働組合）、というテーマを追ってみることにしよう。

## 3　茅沼炭鉱における組夫組織

### （1）戦時期〜敗戦時の茅沼炭鉱組夫

茅沼炭鉱に関する文書史料は必ずしも豊富に残されているわけではない。主な史料ブロックは閉山時に預託されて現在北海道開拓記念館に所蔵されているものと、『開鉱百年史』及び『茅沼炭鉱労組十五年史』編纂時に蒐集されて泊村役場その他に残された編纂史料であるが、いずれも占領期については断片的なものである。従って基本的な調査方法は、聴き取りによって基本的事実を聞き、可能な限り文書史料によってその裏付けを得る、という形にならざるをえなかった。[4] ただ幸いなことに事実関係に関する証言はほぼ一致しており、信頼性はかなり高いとは言える。

以下その方法に従って、事実関係を追ってみることにしよう。

茅沼炭鉱の場合、一九四一年度から、従来土木作業に従事していた組夫を坑内夫として利用することが開始された（前掲『開鉱百年史』）。組夫組織を「炭鉱夫」として利用することは、遅れていた茅沼炭鉱でも大正年間にはなくなっていたから、ある意味で「時代に逆行」するものであった。経営の方でも、これがうまくいくかどうかの確信はなかったであろうが、深刻な人手不足の中で、やむをえない措置としてとられたものであった。

この試みについては、二点ほど留意が必要である。

第一は、この時期の飯場組織には、「中飯台」層が欠落していた、ということである。

筆者が『近代・労働・市民社会』第10章「『タコ人夫』社会と同職集団」で示したように、「中飯台」層は、土工部屋の労働の中核を担う層であると共に、いずれ「上飯台」へと昇進し、将来の部屋のリーダーとなるべき層である。これを欠いているということは、従って一つには、この時期の土工部屋（組）がもはや飯場組織として自己を再生産できない存在となっていた、ということを意味する。つまり将来上飯台となるべき中飯台層がいないわけだから、上飯台層が高齢化して部屋をはなれれば、組は縮小するしかなく、やがては消滅する運命でしかなかったのである。（聴取でも、「見習」層である下飯台から直接上飯台に抜擢されるような例は見聞されなかったことが確認されている。）いま一つは、中飯台層がないために、飯場組織が請負作業集団として自律性を失っていたこと、もはや労働を有機的に組織する力を失っていたこと、である。この時期の坑内作業では、上飯台層も何ら労働内容を指揮する力を持っていなかった。作業の指揮は、会社直雇いの技師、係員が行なっており、上飯台層が行なっていたことは、これら会社職員の「命令絶対服従」を下飯台層に強制すること、なかんずく逃亡を監視することであった。そのため、この時期の飯場組織は「内にかかえこまれた他者」としての下飯台層への攻撃性のみが突出することになっていたのである。

こうした変化は、すでに昭和初期にははっきり形をとりはじめていたことは、各種史料で確認できる（例えば前掲『炭鉱下請の研究』九五頁以下）。ともあれ少なくとも戦時期には、炭鉱夫組織は、本来の飯場組織の解体途上、それもほぼ最終局面を迎えていたことは確認されておくべきことである。実際聴取によっても、鳥打帽にサラシを巻いた「渡り土工夫」（彼らは「中飯台」層に属する）が、茅沼炭鉱の各部屋をひんぱんに訪れていたが、彼らに行なうべき仕事はなく、旧来の伝統で「一宿一飯の義理」はうけとることができたが、雇われることは全くなく、次の日には炭鉱を去っていったということである。

第二は、彼ら組夫が従事した職種の問題である。彼らがついた仕事が、「掘進夫」と「充填夫」に限定されていたことは、全ての証言が一致するし、また後述の史料によっても間接的にうらづけられる(5)。

炭鉱で採炭作業を行なうためには、まず炭層に達するまでの坑道を掘らねばならない。この土と岩を掘って（つまり採炭作業は行なわずその前段として）坑道をつくるのが掘進夫の仕事である。ついで掘進夫が掘った坑道の崩落を防ぐために支柱をたてて補強するのが充填夫の仕事である。この後を次いで採鉱夫が、残柱式なり長壁式なりの方法で採鉱作業を行なうわけである。

組夫たちの仕事が、掘進作業に限定されていたことに関しては、三つばかり確認しておくべきことがある。一つには、彼らの職種が掘進夫と充填夫に限定されていたのは、この二つの仕事のグレードが低いから、というわけではない、ということがある。掘進夫は採鉱夫に次いで「グレードの高い」仕事であり、直雇の場合の賃銀水準は、採鉱夫よりわずかに低いだけである。充填夫も「坑内夫」であり、「坑外夫」や、坑内夫でも運搬夫等より仕事のレベルは上である。つまり組夫は、仕事の内容という点では、決して縁辺的部分であったわけではなく、むしろ中核作業を担っていたのである。それでは（常識的に考えれば彼らには補助的な仕事が回されて当然のように思われるのに）、彼らが仕事の内容では中核的位置を占める掘進を担わされた理由は一体何だったのだろうか。これが二つ目の問題である。彼らの作業が本来土木作業であるから、掘進作業が最も類似性が高い、ということもあるが、主要な理由ではない。聴き取りでも、屋外の土木作業の経験は鉱内作業にはほとんど役に立たず、直雇いの鉱員の場合でも土木作業の経験の有無は、ほとんど考慮されなかったという。また、坑外夫は逃亡の恐れがある、ということも付随的なものであったという。決定的な理由は、これによって組夫が一般鉱員から「隔離」できる、ということである。鉱員は「寮」に住み、組夫は組の「部屋」に住んでいたから、日常的に顔をあわせる機会はもともと少ないのだが、茅沼では寮と部屋とは、川をはさんで意図的に往来困難な場所に立てられていた。採鉱場へ向かう道も川をはさんで別々であった。入坑時間、出坑時間は、意図的に一時間ずらされていた。そして、掘進作業は完全に坑内作業であり、多数の坑道は、直雇の鉱員担当のものと、組夫担当の坑口とに、明確に区分されていた。こうして一般鉱員と組夫は、全く出くわすことがないように管理されることになった。そのために組夫は、坑内労働で、しかも採鉱夫のように他の諸職種と出会うこともなく、坑口毎に一括管理できる掘進作業に、集中的に投入されることになったのである。しかしだからと言って、鉱員と組夫は、全く別の仕事をしていたわけではない。これが三つ目のポイントである。組夫が掘進作業以外に従事することはなかった。しかし直雇い鉱員は掘進作業に従事しなかった、ということではない。多数の直雇い掘進夫が存在した。つまり坑口こそちがえ、組夫は、鉱員と全く同一の仕事をしていた。組夫は、広い意味での仕事の「場」を共有するだけでなく、構成比率こそちがえ、一般鉱員と、「仕事」の内容をも共有していたことも、まちがいないのである。

以上のように、茅沼炭鉱の組夫は、一方で意図的かつ厳重に、直雇い鉱員との面接関係から遮断されていた。でありながら、広い意味では、一般鉱員と全く同一の「仕事」を共有していた。このことが、本章のはじめに提起した問題について、核心的意味をもつことは、もはや言うまでもないだろう。

以上を確認したうえで、最後に、終戦時つまり一九四五年八月一五日の時点をとって、かかる坑内労働に従事していた組夫がどの程度の数いたのかを点検してみることにしたい。

しかし、この肝心の数字について、決め手となる経営資料が存在しない。各飯場の請負組夫は、会社の直接雇用ではなく、かつ各飯場（組）との請負契約は、「掘進一メートル当りの単価」または「出稼（在籍ではなく実際に入坑した組夫）数当りの単価」を定めるだけのずさんなものであったので、間接雇用鉱夫の数を、経営が常時つかんでいたわけではない。また先述のように、飯場は鉱員の居住区から完全に分離されていたから、聴き取りで正確な数を知ることはむずかしい。ただ各年度末に鉱山局等に報告するための「調査」を行なっているので、以下のような手続きでおおよその数をつかむことはできる。

敗戦の時点で、茅沼炭鉱には約五五〇名の朝鮮人鉱員がいた。この数字は、彼らの帰国に際し鉱山局に列車乗車のために提出したものなので、ほぼ正確である（前掲北海地方鉱山局『報告書』）。記述史料に、終戦時の朝鮮人直雇い鉱員は、全鉱員の約六〇％であった、とある（前掲『組合一五年史』稿本）。これが正しいとすると終戦時の日本人鉱員の数は約三七〇名、となる。これは聴き取りによる数値とほぼ一致する。また一一月に鉱員「ほぼ全員」が参加して開かれた後述の組合結成大会の参加者が約三〇〇名とされており（前掲『開鉱百年史』）、一九四五年中は各種資材、とりわけ電力供給が非常に悪く、鉱夫全体の数はほとんどふえていないから、日本人鉱員の数三七〇名という数も、だいたい妥当とみられる。他方「特別調査団」による報告（北海道常駐炭鉱特別調査団『茅沼炭鉱総評』）で、一九四五年度末の「出炭量」と「鉱夫一人当り出炭量」がわかる。この「鉱夫」には、すでに帰国した朝鮮人鉱夫は含まれず、他方「請負夫」は含まれていることは、記述内容から明白である。その数値から逆算すると、日本人直雇い鉱員と組夫を合計した鉱夫の数は約八〇〇名となる。これから先の一般鉱員の数をひくと、組夫の数は約四三〇名、となる。この数値は、聴き取りによる数値よりかなり多い。しかし聴き取りでも「三〇〇名程度はいた」とされており、後述の各種事情から見ても、三〇〇～四〇〇名はいたと見るのは自然である。

つまり終戦時、坑内組夫の数は、直雇い日本人鉱員とほぼ同数、朝鮮人鉱員を入れても全鉱夫の三分の一近くに達していた。決して「例外的」な鉱夫ではなかったのである。[6]

## （2）敗戦直後の茅沼炭鉱

以上述べてきた組夫組織の、その後の変遷を論じる前掲として、本項では、敗戦からおおよそ一九四六年九月頃までの、茅沼炭鉱の一般鉱員の方の動向を見ておきたい。

敗戦を境に、その後の茅沼炭鉱を実効的に支配したのは、朝鮮人鉱夫たちであった、と考えるのが自然である。彼らは敗戦の時に、「組合」を制度的に結成したかどうかは不明だが、彼らが収容されていた「寮」を自主管理状態においた。彼らは数的にも多かったし、日本人鉱員たちと較べて、結束力の点でも志気の点でもはるかに高かった。配給物資は「出稼数」に応じてもたらされたので、彼らは「出稼」はしたが、坑内で実際に働くことは放棄していた。送られてきた配給物資の分け前をまず取るのは彼らであり、その残りを日本人鉱夫たちが分配した。その他、戦時中に特に行ないの悪かった「寮長」や「係員」の各種の糾弾行動をさかんに行ない、特に身に覚えのある日本人は、避難していた。ただ彼らは、日本人に割当てられた配給物資を横領したり、糾弾行動でもケガをさせたりすることはなかったようである。その意味では、彼らは「支配者」として、充分統制がとれていた、とも言える。

これに対し、山中の炭鉱では、軍や警察は全く統治能力を失っており、志気の低い日本人職員・鉱員にも、対抗するだけの力は全くなかった。こうしたことは、当時の北海道炭鉱では程度の差はあれ見られたことだが（例えば前掲『北炭七〇年史稿本』）、茅沼炭鉱の場合その「程度」が、かなり極端なものであった、と言える。

これに対し、四五年一〇月には、北海道駐屯の米第八軍歩兵師団司令官の名前で、以下のような内容の「布告」がなされた（同「布告文」、典拠は前掲『北炭七〇年史』による）。①「日本人を虐待」してはならない。②配給は「各国籍労務者に対して均一」でなければならない。③以上が守られない場合、当該朝鮮人は本国「帰還の順序を最終」にする。④「連合国軍は石炭を必要」としており「増産に協力」することを「要望」する。これによって鉱内は多少平穏にはなったようだが、就労状況等にたいした変化はなかったらしい。

彼ら朝鮮人労働者は、結局一二月には「意気揚々」と帰国することになるが、彼らの以上のような行動は、後の日本人鉱員の「組合結成」に、非常に大きな意味を持つことになった。

四五年一〇月になって小樽から産別会議のオルグが入るようになり、茅沼炭鉱の鉱員中に、たちまちにして一二〇名もの共産党細胞が生まれることになった。当然ながら彼らは早急に労働組合の結成に向けて精力的に活動をはじめた。他方、保守派の古参鉱員を中心として「愛山同志会」なる組織がつくられた。両者の思惑には、もちろん大きなズレがあったが、両者が協力、合同する形で、四五年一一月、組合結成大会が鉱員ほぼ全員の参加で開かれた。組合はただちにユニオンショップ協定を含む労働協約を結んだので、直雇鉱員全員が組合に加入することになった（前掲『開鉱百年史』）。

この組合結成に関しては、四点ほど留意すべき点があろう。

第一は、彼らが組合結成へ向かった動機の問題である。彼らの関心の第一は、「生産復興」にあった。この点では「愛山同志会」派はもちろん、共産党細胞の方も同様であった。彼らは「三大スローガン」をかかげたが、その第一は「生産復興」であった（前掲『開鉱百年史』）。

当時の日本の労働組合へゲモニーにとって、いかに「生産復興」のシンボルが大きな意味をもっていたかは、本書第6章及び第7章でも述べているので、ここではくりかえさない。ただ茅沼炭鉱にとっては、一般的に言えるもの以上にこの意味は大きかった。

一つは、既述の朝鮮人労働者の問題である。彼らの行動を「妨害」とまで認識していたかどうかは微妙な問題だが、少なくとも結果的に彼らが生産活動の「阻害」要因になっているとの認識は、日本人一般鉱員に共通したものであり、かつそれは非常に深刻なものと考えられた。共産党と「同志会」が思惑をこえて共同した最大の理由もそれであった。いま一つは、生産活動が、配給物資の割当てと直結していたという問題である。配給は「出稼数」に応じてなされたから、「生産復興」は、彼らの第二スローガンである「生活権確保」に直結していた。

以上のような次第で、茅沼炭鉱においては「生産復興」は、当時の日本社会一般におけるもの以上に切実な問題であった。茅沼炭鉱労組は、強力な共産党組織をかかえながら、生産にさしさわりのあるような争議行為をほとんど行なっていない。またその活動の中心は、経営協議会での討議を基礎にした、増産活動にあったという[7]。こうした点で、茅沼炭鉱労組は、当時の日本の労働組合の特質をある意味でデフォルメされた形で保持していた。そしてこのことが、後述のような彼らの組夫に対する認識や対応にも、大きな影響を与えていたと考えられるのである。

第二は、彼らの工職間差別に対する態度の問題である。一般に、戦後の日本の労働組合の結成にあたっては、工職間格差の問題が、戦前来の社員―雇員差別の問題をひきずる形で、第一義的な関心となっていたことは、よく知られた事実である。このことの結果として、組合の工職一体組合としての出発、組合内での少なからず共産主義思想の影響をうけた「インテリ」職員のリーダーシップ、既存の職制機構をそのままとりこむ形での特有の職場規制力、といった特質が生じた、と考えられている。だが一般に炭鉱の場合、もちろん茅沼炭鉱の場合も、少し事情がちがっている。茅沼炭鉱の場合も他の炭鉱と同様、組合は鉱職別立てであった。また聴き取りによれば、職員層の中には共産党の影響力はほとんどなく、後述のように工職両組合が合併したあと、職員が組合運動のリーダーシップをとることもほとんどなかったと言う。

だが以上の点をとらえて、炭鉱夫の場合工職差別撤廃の要求、あるいはシンボルの、組合運動における意味が小さかった、と考えるのは、間違いであろう。一九四三年の時点での職員名簿が完全な形で残っているが（『堀川（総務課職員）メモ』一九四四年、に書きこまれている）、約二五〇名の職員のうち、技師や鉱内係員の数は意外なほど少ない。職員は、職員・準職員・ほとんど女性からなる事務員からなっており、その数はほぼ三分の一ずつである。（この三つの身分は戦前来の、社員・社員見習・雇、に対応している。）だが大方の職員の作業場は、「経理課」や「庶務課」等、採鉱場から遠くはなれた本社建屋内で、鉱員層と面接関係にはない。最も関係の深かった「勤労課」でさえ、「出稼（社宅・寮から入坑すること）」を「奨励」するまでが仕事であって、坑内外の作業場までつきあうことはない。炭鉱の場合、一般の工場のように、日常的に面接関係にあるような職制＝中間・末端管理職としての職員層、といったものは事実上存在しなかった。技師の仕事は鉱員の作業の細部に関わるものではなかったし、作業場係員の仕事も検査・監視であって、職場の作業集団は、事実上鉱員自らの自律的集団にまかされていたのである。また言うまでもなく、職員層の社宅と鉱員層の社宅・寮は、地理的に全くはなれた場所にたてられており、「配給所」近辺を除けば、日常生活上で接触することもあまりなかった。

にも拘わらず、組合の「工職対等」要求は強かった。組合の三つ目のスローガンは「差別待遇をやめよ」であり、先述のように、増産や賃銀水準については概して会社と摩擦を起こすことをきらっていたから、事実上この問題が、会社との主要な係争点になっていた。以下その特徴的な例をいくつかあげてみよう。

一つは文字通りの「差別待遇をやめよ」であり、「風呂の利用法」から「賃銀体系（賃銀水準、ではない）の一本化」にいたるまで広範囲にわたった。しかし「風呂の利用法」にしても、社屋でデスクワークをしている職員と、炭じんにまみれて出坑している鉱員の「風呂の使用法」を「対等」にすることは、常識的に考えても容易ではなかろう。ましてや定額時間給をもととした月給制をとる職員層と、いまだ出来高＝出炭量に応じた日給月給制をとる鉱員層の「賃銀体系をそろえる」ことなど、簡単にできるはずがないだろう。にも拘わらず組合はこうした点にひどくこだわり、たとえさまつなことでも、これに関わる問題で成果をあげることを、非常に重視したのである。

いま一つは、労働協約の問題である。この時期の炭鉱の労働組合は、「工職一本」協約にひどくこだわった（北海道労働科学研究所『北海道における労働協約の推移』一九五九年、六頁以下）。それが不可能な場合でも、可能なかぎり工職「同一内容」の協約を追求した（前掲『北海道における労働協約の推移』六頁以下）。その結果結ばれる協約は、無内容な「法三条」的なものとならざるをえなかったが、それに代えても、組合は「形式上」の「工職対等」の方を選んだのである。このことは、日本の労働協約や団体交渉に対する、ある種特有な態度の、一つの源流と考えられるが、このことにも工職格差の問題が大きな影響を与えていたことは、注意されてしかるべき事柄である。結局茅沼炭鉱では、遅れてできた職員組合を、強力に働きかけて吸収してしまい、「工職一体組合」も「工職一本協約」も実現してしまうのである。更に組合が「鉱員からの職員登用」を強く要求し、実際に行なわせていたことも無視できない。

以上の経緯をみてくると、筆者には、最後の「登用」問題のようにねじれた形での問題にせざるをえないほど、労働内容や日常生活でのちがいがあるにも拘わらず、というより実はあるからこそ、鉱員たちの「工職対等」の心性は、むしろ他産業以上に強かったのではないか、とも思われる。

第三は、彼らの組夫に対する態度の問題である。組合の組夫に対する基本的態度を一言に要約すれば、完全な無視である。組合は組夫たちを組織対象にしなかったし、その点では共産党細胞も同じであった。後に、「臨時工」に対してはある程度は行なっていた、組夫自身の組合結成に対する助力も、全く行なわなかった。（この点では、この時期の炭鉄では、一般にユニオンショップ協定を結ぶ際に、「従業員は組合員でなければならない」との規定にだきあわせて、「組合員は従業員でなければならない」とされていたことが注目される（前掲『北海道における労働協約の推移』六頁以下）。これによって組夫やその他の間接雇用労働者は、「主」がちがっているという理由で、原理的に組合から除外される。こうした規定はもちろん経営側からもちこまれるものである。しかしそれが、問題でありうるとも想念されなかったことは、充分留意されてよいことであろう。）また、彼らに代わって、彼らの労働条件について話しあうことすら行なわなかった。

組合が事情を知らなかったから、ということはありえない。たしかに組夫は、居住区画も労働現場も、一般鉱員と出くわすことのないよう、厳重に隔離されていた。出稼点検・「奨励」も飯場の幹部が行ない、勤労課係員が出向くことはなく、部屋幹部の方から報告にきた。（ウソをついても鉱内係員がいるのでいずれは発覚することであり、この点で信用を失うことは配給をめぐって致命的なことなので、偽って報告されることはなかった。）しかし後述のように毎月一〇名程度の鉱夫から餓死者等が出ており、その時には埋葬許可を得ねばならず、最低限鉱業所附属病院の医師と数名の勤労課員が検死の立合いに向わねばならなかった。そして彼らを通じて、飯場が非常にひどい状態にあることは、広く一般鉱員に知られており、死人をめぐっては近在の村民でも噂話を知らない者はいなかったほどであった。

一方で職員との「差別待遇をなくせ」と叫びながら、他方で組夫の問題については意図的に関心を持つこと自体を回避しようとした組合、あるいは一般鉱員に何故このようなことの内面的合理化が可能であったのか。この問は本章の検討の核心をなすものであるが、それについては項を改め、次項でまとめて考えることにしたい。

### （3）占領期の組夫組織(1)——一九四五年八月〜一九四六年九月

前述のように、敗戦によって軍・警察の統治能力がなくなり、山間の茅沼炭鉱はある種の無政府状態になっていた。この状況を背景に、各組の幹部たちは、出稼人数に比例して供給される物資の横ながし（つまり組夫たちに食べさせず市街地へもっていってヤミで売る）をはじめた。これはたいへんなもうけを生んだらしく、請負単価と組夫への支払賃銀の差額、という本来の飯場の収入源をはるかに上回ったという。経営側も組合も、（更には地元の警察も）このことはもちろん承知していたが、飯場の幹部層はそれだけでも五〇人近くおり、しかも暴力行為に手なれていた（と少なくとも考えられていた）ので、結局「見て見ぬふり」をすることになった。そしてそうしている限り、組夫たちが暴力をふるったり、（配給物資をよけいにとるといった）「迷惑をかけ」たりすることもなかったという。

しかしこの「横ながし」は、組夫たちにとほうもない惨状をもたらした。一九四五年八月から一九四六年八月までの間に、鉱業所附属病院が確認した検死報告書だけによっても、約一一〇名の組夫たちが死亡し、死因も露骨に

「栄養失調」ないし「餓死」と記録されている。一一〇名という数は、在籍する組夫の約三人に一人である。また、四五年八月以前、及び四六年九月以降は、「栄養失調」「餓死」を死因とした検死報告書は一例もない。

もちろん組夫の全員に全く食糧がわたらなかったというわけではない。先述の『事故報告書』には、罹災時の鉱夫の栄養状態を「栄養佳良」「栄養普通」「栄養不良」の三つに区別されている。その『報告』には、組夫の場合は「茅沼鉱業所内川口組出張所」等飯場の住所が明記されているから、特定できる。事例の数が少ないので判断には多少注意が必要だが、組夫でも「不良」の例は一つもない。つまり出稼できる（配給物資を稼いでこられる）うちは最低限の食糧だけは与え（配給物資はもちろん食糧だけに限らない）、出稼できなくなると全く無駄口になるわけで、ろくに食事も与えられなくなった、ということなのであろう。また在籍者の三分の一の死者を出しおそらくそれを上回る病弱者を出して、その補充が問題のはずだが、大阪周りで「食糧豊富、北海道茅沼炭鉱」という看板を出すだけでいくらでも人は集まった、という。

もちろん、こうした現象は、当時の特異な時代環境と炭鉱の地理的位置、ということも影響していよう。終戦直後の、それも山間のある種の無政府状態、極端な食糧・就労機会不足、非常な情報流通の悪さ、といった極限的状況のもとで起こったこと、と考えるのが自然であろう。実際に一般に飯場では、タンパク質の不足は深刻で野生動物の補食等を要し、苛酷な労働・日常生活ではあったが、米だけは腹一杯たべさせていたことは別の機会に述べたとおりであり、茅沼でも、敗戦以前、及び後述の一九四六年九月の事件以降はそうであった。しかしこの事例は、「中飯台」層を欠き（象徴的には中飯台から選出される「飯場取締」は、平土工夫の利害を代表した交渉役という性格を強く持っていたことも、別に示した所である）、「同職集団」としての再生産構造・自律性を失い、「内にとりこまれた他者」としての「下飯台」層への攻撃性のみが突出してきたこの時期の飯場の一面を、極限的なかたちで示していることもたしかである。

他方この事件を「見て見ぬふり」をした、経営側・組合も、たしかに無法状態で「手の下しようがない」という面があったとはいえ、何らかの自分たちの態度を「正当化」する、ある種倫理的な理屈をもたないわけにはいかなかったであろう。この項でその内容を考えてみることはしないが、この態度とそれを正当化した論理こそが、生活世界レベルでの日本の労働組合の特質として、その後もひきずられていくことになるのである。

最後に、以上のような状況下での、一九四六年九月の段階での組夫の数量的検討を行なって本項を終えたい。

まず、直雇鉱員と組夫を合せた「鉱夫」総数であるが、先述の資材状況、電力供給にさしたる進歩がみられず、出炭量も大してのびておらず、鉱夫総数も一九四六年度末でも二〇％程度しか増えていない。次にその内訳だが、この時期、組夫の労働生産性の悪さとその改善がきびしく指摘されていた（以下前掲『茅沼炭鉱総評』による）。出稼率は一般鉱員の八八％に対して約一〇％、坑内実労働時間も七時間弱に対して約三〇分、低かったと見られる。「調査団」は、配給量の見直しを暗に示唆しながらこの点に是正を勧告しており、ただでさえ問題があると認識している組夫で経営側が増員をまかなったとは考えがたい。逆に後述の史料によって、四六年度末の組夫の数約三〇〇名弱という数字にまちがいはほとんどなく、後述の事情により、四六年九月の時点では、組夫数はこれより相当多かったのもほぼまちがいない。先述来の「力関係」によって請負額は「既得権益」として固定化していたという証言もあり、組夫の総数は、構成員は大幅に入れ変わっていたが、全体の三〇〇～四〇〇名という数はあまり変わっていなかった、と見るのが自然であろう。ともあれ四六年九月の時点でも約三〇〇～四〇〇名、全体鉱夫数の三分の一以上の組夫が存在したのである。

### （4）占領期の組夫組織(2)——一九四六年九月～四七年一月

一九四六年九月、ある進駐軍駐屯地内での土木作業における事件をきっかけに、飯場（タコ部屋）の当時の実態をGHQが掌握するところとなった。GHQはただちに「タコ部屋の解散を指示」し、日本政府も政令、いわゆる「タコ部屋禁止令」を発した。全国一斉に臨検が行なわれ、GHQはこの実態を重要視し、それに第八軍の要員を積極的に同行させた。

しかし厳密に言うと、この「命令」は、新たな法規範を創造したものではない。その内容は大むね以下のようなものである（前掲『北炭七〇年史』）。

①　労働強制を含む虐待は禁止される。

②　身体の物理的拘束（外カギ、窓格子等）は禁止される。

③　何故ならそういう行為は刑法に違反しているからである。

④　今後そうした違反行為があれば刑法にもとづき処罰される。又過去に行われた行為についても時効でない限り訴追される。

即ち、現状は刑法に違反しているので、刑事犯罪一般として取り締まる、というのであり、後述するような、制度としての飯場制度自体の根幹を法規範的に非合法化したものではない。しかし全国一斉に臨検が行なわれ、少なからぬ摘発者を出し、とりわけ占領軍関係者がこれに同行した（というよりむしろリーダーシップをとった）ことは、飯場に大きな変化をもたらし、茅沼炭鉱の場合も同様であった。

正確な日付けはわからないが、九月の「命令」発布から間もない日、占領軍のジープに乗ってＭＰ一名と数名の日本人警官が現れた。ＭＰは上記の趣旨、及び「今後自由に離山する権利」のあることを述べ、その旨の布告文を貼りつけた。更に窓格子と外カギをその場ではずし、先の「証拠」として、当日一日、村を下りて「自由に行動」させるとして組夫全員を外に出し、そのまま帰った。（茅沼炭鉱は山が直接海に面しており、組夫たちは隣接する漁村で同情して出される魚を生のまま食べ、なかには食い逃げまがいのことをする者がいて苦情が出るほどだった、という。）「命令」発布自体ももちろん重要だが、筆者には、占領軍が来て行なったこのシンボリックな行動自体が大きな意味を持ったように思われる。つまりこの「事件」によって、警察＝日本の公権力が、炭鉱に対する統治能力・秩序維持能力を回復したのである。

以来警察官はたびたび組夫居住区に足をふみ入れ、点検と、過去の「刑法違反」のとり調べ（をするフリ）をした。窓格子、外カギはなくなった。配給の横ながしは不可能になり、「食糧豊富」（だけ）は現実になった。悪質幹部は摘発を恐れて逃亡し、「比較的いい幹部」だけが残り、過度の虐待行為もなくなった。そして少なからぬ者が

「自由の身」になって、山を去っていった。

しかしこうした変化はあったとはいえ、二点ほど留意しなければならないことがある。

第一は、虐待行為等は刑事裁判として取り締まられることになったが、後述する、飯場制度を最終的に維持する「システム」が非合法化されたわけではない、ということである。即ち、「周旋屋」の存在、飯場からの「周旋料」の支払い、それが組夫の「前借金」として支払われ、それの担保としての期末精算払いの賃銀をおさえること、通常一年間の就労義務を伴う有期間雇用契約、等である。山から「自由」に「逃亡」が可能にはなったが、借金が多ければ前借金は残るし、稼ぎが上回る場合は「捨て金」になってしまうことに変化はなかったのである。更に、組夫たちの基本的な生活＝労働のあり方が、根本的に変わったわけでもない。「待遇」は比較的「マシ」になったものの、世話役に強制されて「出稼」し、坑内で一日中監視をうけ、怠けると物理的制裁をうけ、一般鉱員から完全に隔離され、日常の衣食料は全面的に飯場が管理し、事実上自由行動の余地はない、といった点で特に変わる所はなかった。要するに、刑法に抵触するような取扱いはなくなったものの、「やってることは全く同じ」であることは、当事者たちも、それを横目で見ていた一般鉱員、経営、組合いずれにとっても、共通の認識だったのである。

第二に、そうでありながら、逆説的だが、先述のジープ事件のあった後も、組をはなれて山を下りるものは、全体から見ると比較的少数にとどまった、ということである。後述のように、一九四七年初期の「組夫」在籍者が、二七六名であったことは、ほぼまちがいない。我々の計算では、多目に見積ったとしても、山を下りた組夫の数は、組夫全体の三分の一程度ということになる。「虐待」の程度がマシになり、何より「食糧豊富」が事実そうなった以上は、組夫は、客観的に見て、当時の労働事情にあっては、特に不利な職業というわけでもなくなっていた。もちろんもはや転業する気力を失った者や、帰るあてのない者の存在等も無視できない理由だが、一九四六年九月の「タコ部屋禁止令」以降も、飯場はその基本的な骨格を維持しつづけた、つまり「タコ部屋」はなくならなかったのである。（この点では通説的には、一九四六年九月以降「タコ部屋」は急速に解体した、とされているから、注意が必要である。）

### （5）占領期の組夫組織(3)――一九四七年一月〜一九四八年四月

一九四七年初期（正確な期日は不明）の経営協議会で、経営と組合の間で、組夫の清算能率についての協議がもたれている。（組合が、組夫の労働条件等については全く関心を持たなかったにも拘わらず、組夫の「生産能率」については積極的に話しあったことは、本章全体の我々の関心からしても、注目しておくべきことだろう。）会社はこの場に討議資料を出している（茅沼炭鉱『参考書類・経営協議会資料』正確な期日は不明）。文書は断片的にしか残っていないのだが、実はこれが、占領期の組夫について一番実態のわかる文書史料である。

資料には、各坑道毎の組夫一名あたりの掘進距離等が、一九四六年九〜一二月にわたって詳しく載せられている。筆者にはその「能率」がよいものなのか悪いものなのかを批評する能力がないが、付随的にいろいろな事実が確認できる。坑道は各坑口毎に一括して一つの組に請負われていること、その坑口が四つあるからこの時点での組は四つだったこと、そして組夫の合計は二七六名であること、等である。

二七六名の内訳は、先述のように大方は掘進夫と充塡夫に限定されているが、約八〇名「掘進採鉱夫」なるカテゴリーに分類されているものがいる。先述のように掘進夫は土と岩を掘るだけが仕事なのだが、掘進途中で、目標にはない付随的な炭層にぶつかることがある。これは、後からではなく、掘進途中に採鉱してしまった方が都合がいい。「掘進採鉱夫」は、そうした連中で、それを入れることによって、組夫の「隔離」は更に完全なものになる。このことは、一九四六年五月頃に、組夫内で「先山（採鉱夫）の経験のある者の募集があった」との証言とも合致している。

この協議は、おそらくそのための準備として行なわれたものと考えられるが、それをうけて、一九四七年度末、全ての組夫に対して、希望者全員を、会社の直雇いとするという趣旨の通知を、会社は行なった。といっても、もちろん正規従業員ではなく「常傭臨時工」（明らかな形容矛盾の言葉だが、正規従業員以外の有期間雇用労働者のことを、当時広くこう呼んでいた）としてである。会社は後になって、これを生産効率その他を理由としたものではなく、「温情的措置」によるものであることを強調している。後述のようにこのことは、後の常傭臨時工の整理に際して重要な問題となるのだが、一九四七年の段階での経営側の率直な考え方としては、おそらく偽りではないだろう。

これによって、組夫は、最終的に消滅する条件はできた。が、実際には、それでも組夫・飯場・タコ部屋はしぶとく残った。かなりの数の組夫が、常傭臨時工への採用に応じなかったのである。臨時工とはいえ、会社の直雇いとなれば、会社の居住区に住み、一般鉱員にまじって働き、組合加入への道も開かれる。（炭鉱の労働組合の場合、常傭臨時工の加入資格を与えている例も少なくなかった（後述注（8）を参照のこと）。ただし、ユニオンショップ協定にあるにも拘わらず実際に加入している者は少なかったが。）同じ従業員として、共通の「主」をいただく宗団への帰属のチャンスは、はるかに高かったはずなのである。

にも拘わらず多数の（後述するが約一〇〇名程度が見込まれる）の組夫が、飯場に残ったのは何故であろうか。「組夫の中には身も心もタコになりきっていて、強制されないと働けない者もいた」（傍点筆者）「組としてはそういう連中の面倒も見ないわけにはいかなかった」。飯場組織の論理はこういうものだった。この表現は、組夫に対する幹部や一般鉱員の見方を、ある種凝縮しているような所があり、それは後に検討する。ただ組夫の方が、ある種の心的負担・緊張関係が軽減されている部分はたしかにあるだろう。それはフロイト的に言えば、幼児期への退行現象そのものであるが、そうした退行性の極限として、組夫制度は当時の社会で未だ存在根拠を持っていた、あるいは当時の日本社会が、そういう退行的部分を保持するための〃余地〃をかかえこまざるをえなかった。そういう面もたしかにあったのである。

こうして約二七〇名の組夫は、「常傭臨時夫」となって会社の寮等へ移ったものと、飯場に残って組夫を続けることになった者と、二手に分かれることになった。この最後に残された組夫の数を検討することで、本項をまとめることにしよう。

この時の「常傭臨時夫」数はわからないが一九四八年度末の「常傭臨時夫」数については確実な資料があって、在籍数は一七〇名である（茅沼炭鉱株式会社『茅沼炭鉱危機突破運動に就いて』一九四九年）。会社側は「温情」によって採用した臨時夫は生産能率が悪いと考えており、四九年度も三〇名を削減する計画であったから、一九四七年度始めから四八年度末にかけて、「常傭臨時夫」を増やしたとは考えがたい。しかし他方、四九年度の三〇名の減員は、会社側からの新たな提案としてなされており、この時期の労資関係から見て、会社側が組合への提案なしに、四八年度以前に臨時夫を削減した可能性も小さい。一九四八年度末の在籍者数一七〇名は、一九四七年度初めの数が、ほぼそのままもちこされてきている、と見るのが自然である。以上を前提とするなら、一九四七年度初めに残った組夫の数は約一〇〇名強となる。また聴き取りに従って、この時に川口組以外の部屋は撤退した、と考えるのも自然である。（炭鉱の飯場は、最低七〇人程度は一部屋で管理しないと収益は上がらない、と考えられていた。）

　一九四八年度末についての、組夫一〇〇名、常傭臨時夫一七〇名という数は、その時点ではもはや、一三九二名の直雇の鉱員に比し、少数にすぎない。そして後述のように、最後に残った川口組も、一九五〇年には茅沼炭鉱からその「出張所」を撤退している。収益確保のために最低必要な七〇名が、もはや維持できなくなり、組夫たちの「面倒をみる」建前もなくなった以上、自然なことでもあろう。

**図8-1　組夫制度**

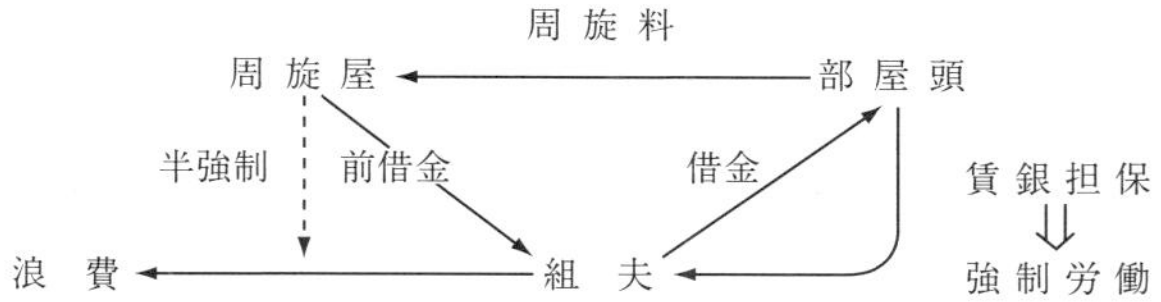


### （6）占領期の組夫組織(4)――一九四八年四月〜一九五〇年三月

　一九四七年九月に施行された労働基準法、及び四七年一一月に施行された改正職業安定法は、炭鉱の飯場組織にも、決定的な影響を与えた。両方はもちろん、一九四六年九月の「タコ部屋禁止令」をうけつぐものであったが、質的な段階を画するものであった。即ち、「タコ部屋禁止令」が、基本的に刑法に基づき、広い意味での「虐待」を刑事犯罪として処罰する、というものであったのに対し、両法は、明確に組夫制度を念頭におきながら、飯場組織が制度的・「システム的」に存立が不可能になるような、新たな法規範を創造するものだったからである。その意味を検討するために、まず組夫制度を維持するための「システム」を素描してみよう（図8-1を参照されたい）。

部屋頭が「周旋屋」に「周旋料」をわたす。周旋屋はその一部を組夫に「前借金」としてわたす。と同時に周旋屋は意図的に組夫にその金を浪費させる。ある程度組夫がたまると周旋屋はそれを集団で部屋頭に送る。部屋頭の「帳場」では、周旋料相当分を、組夫の組に対する借金として「ツケ」てある。組夫の賃銀は期末精算払となっており、部屋はその賃銀を「前借金」に対する担保としてとっておく。期末に賃銀が「前借金」を上回る場合は、その額を精算払して組夫は解雇される。以上が一年契約でくりかえし更新される。

順序は逆になるが、その方が話がわかりやすいので、改正職業安定法の方から話をすすめよう。この法律によって「労働者供給請負業」が禁止されることになった。「周旋屋」がこれに相当することは言うまでもなく明々白々で、周旋屋は完全に非合法となった。更に飯場自体が、炭鉱に対する〝労働者供給請負業〟に相当する、という解釈をまぬがれることが困難となった。

何人も……労働者供給事業を行い、又はその労働者供給事業を行う者から供給される労働者を使用してはならない（第四条）

というのが本文であるが、労働省は〝非労務提供業者（労働者供給業者ではない請負業者）〟の認定基準として、以下のような条文を含む細かい条件をつけたからである。

自ら提供する機械・設備・器材……若しくはその作業に必要な材料、資材を使用し、又は専門的な企画・技術を必要とするものであって、単に肉体的な労働力を提供するものではないこと（職安法施行規則第四号第四項）

組夫組織が、これまでの形のままで、この〝労働者供給請負業〟の規定をまぬがれることは、事実上不可能であった。

一方労働基準法の方は、組夫制度を利用することの内面的インセンティブをひどくそこなうことになった。

賃金は、毎月一回以上、一定の期日を定めて支払われなければならない。ただし……（労基法第二四条第二項）

使用者は、前借金その他労働することを条件とする前貸の債権と賃金を相殺してはならない。（同法第一七条）

これによって前借金の担保として賃銀をとることが、従ってそれを根拠として労働を強制することができなくなった。前借金があろうがなかろうが、賃銀は毎月満額支払わねばならず、しかもそこから前借金相当額を控除することができないのであれば、労働者に前借金を与えておくメリットは何もない。結局飯場は、普通の「終身雇用」労働者を雇っていることと異なる利便を、「組夫」から引きだすことはできなくなってしまったのである。

これに対する組夫組織の対応は、主に以下の二つであった（これについても図８－１を参照されたい）[8]。

一つは、組夫たちが「常傭臨時工」（炭鉱の場合は「常傭臨時夫」、他に「常傭現業員」あるいは単に「現業員」等と呼ばれた）として親企業に雇用される。茅沼炭鉱ではすでに一九四七年から行なわれたケースである。詳述はしないが、この場合、単純に組が解散・消滅したと考えない方がよい。すでに老齢化していた部屋頭は通常説諭されて引退したが、部屋の幹部たちも「勤労課係員」等として丸がかえで雇われる場合が普通であった。元組夫たちは会社の寮等にうつされたが、その生活管理は寮の「世話役」や現場「詰所」の「係員」として採用された元部屋幹部たちが行なう場合が多く、実態としてその変化を過大評価することは危険である。ただこの手続きによって、元組夫たちも共通の「主」をいただく宗団、共属関係に、形式的に入ることになった。少数（炭鉱の場合は結構多かった）は、正規従業員組合への加入が「許され」、一定数は彼ら独自の組合をつくることを「許され」た。しかし経営者側は、（多くの場合正規従業員組合もこれに異をとなえなかった）彼らを、①温情によって雇用された、②能力的に劣る、作業員であると公言し、③いずれ本採用によってなくしたい、が、④現状（不景気）では「臨時工」待遇はやむをえない、としていた。しかし労資ともこれは不正常な状態だと考えていたので、この制度は、その制度的枠組みを維持しながら、しだいに後代のいわゆる「臨時工」――本工の見習、試用、「資格」取得、そのための選抜身分――へと性格を変えていく。

もう一つは、組を維持したまま、組夫を「組下労働者」（炭鉱の場合は「組下鉱夫」、他に「組下現業員」「請負現業員」、更に単純に「請負夫」、時には従来と変わらず「組夫」とも呼ばれた）に再組織することである。一九四八年度からは周旋業者が利用できず、遠隔地から組夫を新たに調達することは困難になった。また組夫を「有期間労働者」として、旧来の「タコ部屋」に収容して働かせる場合は、組自体が「労働者供給請負業」とみなされることをまぬがれることはむずかしくなった。そこで「組」の下に組夫を二～三〇人単位で分割して更にペーパーカンパニーである「組下会社」を作り、組幹部をその責任者とし、組夫はその常勤（終身雇用扱い）労働者とし、「組」は親会社から特定の「作業」を請負う「元請」業者となり、原材料の調達等の仕事を行なっていることとして、その個別の「工事」を「組下会社」に「受注」させる、という手続きがとられた。（小規模の「組」は、組全体が常勤労働者を雇う「組下会社」となるケースもあった。）組下労働者は、従来からいた組夫でひきつづき北海道に残るものと、新しく地場周辺から集めることによって確保された。（景気が悪かったので、このこと自体はさほど困難ではなかったらしい。）「部屋」は形式的には廃止され、工場の外の近辺の「下宿」に住まわせたり、（特に炭鉱の場合は）旧来の「部屋」を親会社の所有に移して改築して用いたり、あるいは親会社の他施設を転用する等して代用された。

実の所を言うと、先の条文を正直に読む限り（特に生産手段の保有）、こうしてできた「組下会社」も、明らかに「労働者供給請負会社」の規定はまぬがれがたい。しかしその点では、後代の「社外工」を擁する「労務下請会社」（いわゆる「協力企業」）も、規定をまぬがれがたい点では同然であろう。政策当局は、「周旋」された遠隔地労働者でなく、賃銀後払いでなく、有期間雇用労働者でなく、旧来の「タコ部屋」が物理的になくなっている、以上の条件を満たしていればそれ以上「組下会社」の合法性を追及することはしなかったのである。（その結果、充分な成果を上げたとして、一年後には「組下会社」は許可制から届出制に改められた。）

こうして従来の組組織の多くは、かろうじて合法性を維持したが、こうした状態もそう長くは続かなかった。

「組」は実際には別に資材の調達等の仕事をしているわけでは全くないから、親企業にとっては何らメリットのない中間搾取者、「無用の長物」でしかなくなったからである。多くの部屋頭は、説諭されて程なく引退し、親会社は、多くの場合元は幹部であった者を頭とする「組下会社」と直接契約することになった。（またこの会社も先の条件を充たしている限り、更に法的に追及されることはなかった。）

図8-2　飯場組織の変遷

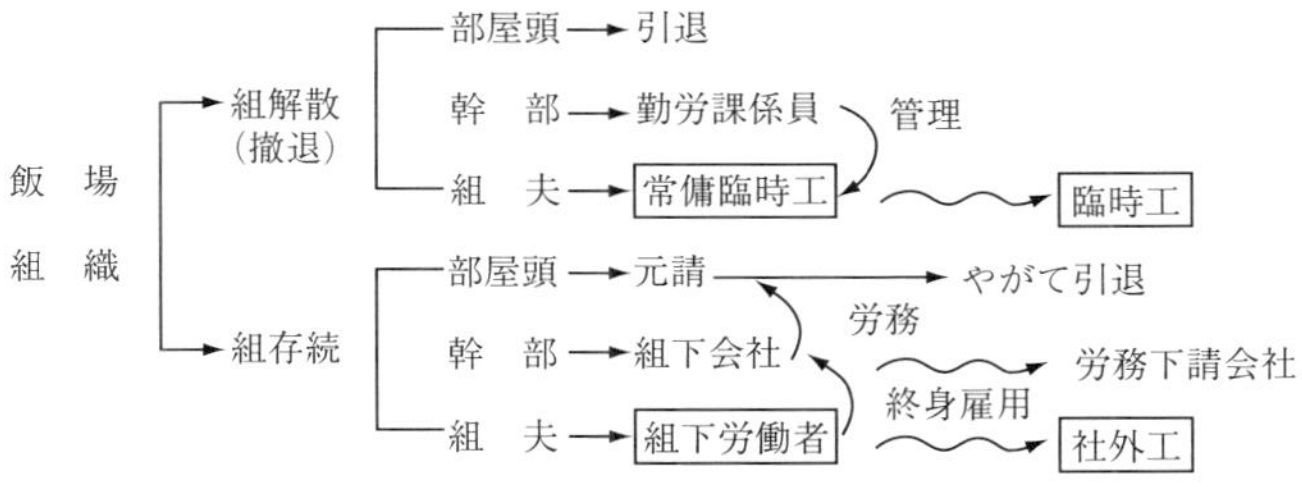


こうして一九五〇年代初頭には、重工業大経営や炭鉱の「本業」分野では、本来の組夫制度、飯場組織、いわゆる「タコ部屋」は、一応消滅するに至った、と言ってもよいだろう。そしてそれに代わる形で、いわゆる「社外工」制度がととのえられていくことになる。共通する「主」をいただくことによって共通の宗団を作っている正規労働者とそのことを共属のための根拠、条件としている従業員組合、その縁辺でそうした「ヘゲモニー」の境界線を定めている「常傭臨時工」、そしてその「経営ヘゲモニー」の地平からはずされてパリア身分に自らの身をおくことによって、逆にその「ヘゲモニー」の宗団性を維持し、その攻撃性、他者性のハケ口になっている組夫、という固有の階層構造は、一応なくなった。しかしその構造は、同じく〃共通する「主」〃をいただくことによって共通の宗団を作っている「本工」とそれを共属の条件としている本工組合、その「登用選抜身分」として境界線上にいる「臨時工」、そして旧来の組夫のヘゲモニー機能を組夫からほとんどそのままうけつぐことになった「社外工」という新たな階層構造の、直接の母胎となった。事実造船、鉄鋼等の分野では、一九五五年頃には、本工—臨時工—社外工、という新たな階層構造がゆるぎなく確立していた（例えば東京大学社会科学研究所『造船調査』等）。日本の経営ヘゲモニーの、面接関係に立脚した固有の差別—構造は、ゆるぐことなく再生産されたのである（図8-2参照）。

炭鉱の場合、斜陽産業であったために、こうした展開が典型的な形ではみられなかった。特に「常傭臨時夫」については、茅沼炭鉱の場合にはもちろんそうだが、他の大手でも、そうであったようである。

しかし「組下労働者」～「社外工」の方は、いぜんとして鉱夫として無視できない数が働いていた。例えば一九五三年で坑内六二四件、坑外七〇件の「請負工事届」が職安に提出されており、請負金額で見て坑内の圧倒的（八八％）部分は掘進作業である。就労のべ人員も六ヵ月以上にわたるものだけで、坑内六八八五人・日、坑外一二五三人・日になる。他方一件当りの使用労働者数は、六ヵ月以上のものだけでも、大手四社で坑内三〇人、坑外一六人にすぎない。これは旧来の組夫組織で行なうには、小さすぎる規模であり、「社外工」制度を利用したものであることは明らかである。もはや一般鉱員と隔離した形での使用は困難な状態だったと言ってよいだろう。

茅沼炭鉱の場合でも、昭和三〇年代末（最も遅いもので確認できるのは一九六四年）に至るまで、「水平掘進」等に請負夫を利用している。だがその規模は、ほとんどが人員三〇名、期間も一ヵ月程度である。ただ逆説的だが、「隔離」が困難になったということは、社外工が一般鉱員の面接関係にしだいに入りこんでいった、ということであり、本章で問題にしている、同じ「場」で同じ「仕事」をしていながら、彼らが何故同一の宗団への帰属を拒否されなければならないのか、という問題を、実は更に尖鋭につきつけるのだ、ということだけは確認して、次に進むことにしたい。

しかしこの間も、組夫は少数とはいえ、炭鉱でその存在に固有のインパクトを与えつづけたし、更に次節で述べるように、その解体と重なりあう形で、新たに固有の差別構造＝経営内の異種性・他者性の論理の形成のひきがねとなっていった。以下その事情を節を改めて検討してみよう。

## 4　占領期労働組合の組夫認識

前節（2）で述べたように、占領期の組夫が最も悲惨な状況におかれていた時、強力な共産党細胞をかかえていたにも拘わらず、労働組合のとった態度は、完全無視であった。彼らの固有の要求は、「工職対等」――より正確にいえば、「ある何か」としての「主」による「待遇」の格差の是正――であった。この点ですでに彼らは、自己の固有のヘゲモニーを、一方の「彼岸化」された「主」との関係での〝水平性〟と、他方で「パリア（賤民）」化された組夫層と「地平を異にする」ことによる〝水平性〟の獲得によって代償しようという契機を内包していた。従って彼らは、「生産復興」の「担い手」となることによって、「生産の主体」に対する自己の固有の意義を高めようというモチーフを、あらかじめ強く持っており、それが組合の、第一の目標におかれていた。そのことは、一方で「生産の主体」に共属する宗団からはずれた層としての組夫層に対する他者性、攻撃性によってむしろ増幅する面を持っていた。と同時に、配給制度――とりわけそれ（及び「生産復興」のための資材）と「生産量」とのリンク制が行なわれたこと――と結びついて、本来であれば組合の第一義的要求であり、組合が何らかの意味での協働性に立脚している限り、同じ「場」で働き、同じ「仕事」をしている組夫層のそれにも当然関心が向けられるはずの、「生活権確保」の要求を、それに従属させることになった。

こうして「生産復興」「生活権確保」「差別待遇をなくせ」、という組合の三大スローガンは、その字義通りの内容をはなれて、固有の特異な意味を構成することになっていったのである。

組夫組織の存在形式が大きく変わっていった一九四六年後半から一九四八年初頭にかけての時期でも、この事情は何ら変わるところはなかった。組合の基本的な態度はいぜんとして無視、ないし無関心であって、茅沼炭鉱においても、より大きい範囲の全国的レベルにおいても、彼らがこの問題に積極的に介入したと見られるふしはない。

もっともこれには、この時期の組合が、「内部抗争でいそがしかった」という事情もある。言うまでもなく共産党系と、反共派（茅沼炭鉱の場合は旧「愛山同志会」系と、共産党系から分かれた民同派）の抗争である。結果的には、通例と同じく、この争いは反共派の勝利に終わり、「健全な労資関係」（以下前掲『茅沼炭鉱総評』による）が確立するのだが、一九四八年前後に行なわれたこの種の抗争には共通した特徴があった。即ち単純化して言えば、本書第6章及び第7章で示したようにこの抗争は、端的に「いずれが生産復興の担い手たりうるか」の争いだったのである。そうである限り、この時期の労働組合が、結成直後のヘゲモニーの性質をひきついでいることは、物理的に「抗争でいそがしい」以前にある種当然のものだったのである。

本節での課題は、こうした当時の日本の労働組合の基本的モメントがなぜそれほどの影響力を持ちえたのか、ということをさぐることにある。といっても本書全体の性格からして（また紙幅上の問題もあるので）、何故、組夫が、「生産の主体」に対して、「地平を異にする」ものとして、経営ヘゲモニーから排除され、完全な無視の状態におかれたのかという点にしぼられる。だがそのことによって、日本の労働組合の出発点からの突出した性格が、ある面で浮き彫りになるだろう。

とはいえ、労働組合は組夫を無視していたわけだから当時の文書史料から、彼らの組夫観を検討することは不可能である。可能な方法は、一つは聴き取りによることである。以下その特徴的な声を聞いてみよう。（当然のことであるが、語り手は、現在の組夫についての見方を語っているわけではない。現在については、そうした見方はまちがっていたと考えている。当時の自分自身の見方を語ってもらったものが、以下の内容である。）

「自業自得」というのが、典型的な一つの見方である。

「自業自得」
「自分で自分の身をもちくずした連中」で「手のほどこしようがない」
「身も心もタコになりきっていて、強制されないと働けない」者たちで、飯場が「面倒を見るしかない」

彼らは、市民社会の一員としての、人格的資質に欠けている、ということなのであろう。易しく言えば、「一人前の人間」でないのである。後述のように「産業民主主義」の理念の根底は、労働者は「労働力」は売るが「人格」は売らない、ということにある。そのための決定的契機が「人格承認」である。このことは、フィクションではあるが、日本の支配的ヘゲモニーも、建前としてはみとめた。それが「市民（＝皇民＝従業員）」として彼らを認めるということであった。だが組夫はそれを認められていない。彼らは市民としての「人格的欠損」がある。ということは「労働力の売り手」としての資質において欠けている所がある。組合が一般鉱員が、自らの心的態度を「合理化（合法化）」できた根拠の一つは、我々の言葉におきなおせばそういうことになろう。

いま一つの典型的な見方は、彼らを「刑事犯」と同様のものと見る見方である。

「冤罪ならいざしらず、刑事犯で刑務所に入っている連中の面倒まで組合が見なければならないのか。（組夫は刑事犯と同様の連中なので、組合がサポートする限度をこえている——筆者）」

飯場には「刑事犯や共産党員」がたくさん入りこんでいて「もうシャバには出られない」連中、昔は「特高なども入りこんでいた」

「共産党や刑事犯」に刻印されているのは彼らのパリア性である。これまでの歴史で、プロレタリアを欠いたブルジョア社会はなかった。プロレタリアを排除、抑圧することの対極に市民社会は成立する。ここでの発言には組夫たちを賤民視することによって、自分たちの市民としての存在を確証する、というほどの積極性は見られないようである。しかし自分たちの態度の内面的正当化にあたって、組夫たちを賤民の立場に追いやることが「できる」ということが、大きな支えになっていることは明らかである。

最後に特徴的な見方は、自分たちと組夫たちとの面接関係である。

「多くの者は、噂では聞いていたがあまりよくわかってなかった」
「よく知らなかったし、知ろうともしなかった」
「よくわかっていなかったので、切実さも少なかったと思う」

すでに述べたように、組夫たちは一般鉱員から、慎重に遮断されていた。しかし「人格的結合」のないことが、相互の共属、宗団関係の絶対的障害と常になるわけではない。だが日本の場合、ヘゲモニー形成において、単に働く「場」や「仕事」を共通にするだけでは、相互の結合関係に不安をきたしてしまう、ということは、戦前来見られたことであった。自己の（今の場合は労働組合）正当性が（今の場合は労働者の利害を代表すること）脅かされている時に（今の場合は、共属関係にはないとはいえ組夫たちの利害を無視すること）、「知ろうとしない」こと、つまり退行によって問題を回避しようとする所にも、それはよく現れている。面接関係による補償が、自分たちの価値規範的拘束性からの避難所、つまり超自我の要求する「良心」的行動の代償になっているのである。

要約すれば、市民でないもの＝人格に欠損があり、賤民であり、面接関係を断たれているもの、との関係で自分たちの宗団性を保持している、その事実（というべきか論理というべきかフィクションというべきか、とにかくそうした心的態度を成り立たせているもの）が逆にその対象を市民として承認しないことの根拠となっていく、という共振現象とでもいうべきものが、ある特異な状況の中でハドメを失ったその帰結、とでも言えるだろう。「あの頃（あるいはあの時）は特別だったから……」というのも、共通して聞かれる言葉である。

組合の組夫に対してとった態度をもう一つうかがう方法は、彼らの「常傭臨時工」に対する態度から、類推してみることである。もちろん組夫と臨時工とでは、その立場は大きく異なる。「常傭臨時工」は、一応は「主」を共有し、面接関係もあり、完全にヘゲモニーの外に排除された存在ではない。現に、建前的にではあれ正規従業員組合への加入を認められた場合もあるし、彼ら自身の組合を結成する――「地平」は異にし、共属関係に立つ宗団ではないとはいえ、一つのヘゲモニー＝正当化された市民社会形成に「準ずる」地位をうけとる場合もあった。しかし彼らは、いわばヘゲモニーの「縁辺」＝宗団の境界上に立つ存在として、その宗団に帰属するために何が条件になっているのか、その限界を示している面もある。ここでは北海道地労委の調査を手がかりに検討してみたい。

調査は、二部に分かれており、一部は一一事業所（うち炭鉱三ヵ所）について、「常傭臨時工」についての労働環境、就業規則等について詳細な調査報告が出されている。その中の項目の中に、労資双方から「常傭臨時工」についての「見解」を求めている部分がある。詳しくふれている余裕はないから、ここではその「見解」について、「平均的」な回答を紹介してみることにする。

まず経営側だが、こちらは照会されたほとんどが回答をよせている。内容を見ると、だいたい次のようなものが多い。

①　常傭臨時工は、元組夫、又は事故罹災者の家族等を「温情的に採用」したものである。

②　従って正規従業員より能力的に劣る。

③　本来の従業員のあるべき姿ではないのでなくしたいが、右記の事情があるので、本採用のやり方をとれるのは一部である。退職待ちということになる。

④　しかし景気動向とかがあるので全廃するのは困難である。

⑤　従って現在の所は、特別な手を打ってはいない。

組合の回答はもっと苦汁に満ちている。まず回答自体を行なっていない例が多い。回答を行なっているのは、比較的ましな対応を行なっている所だが、それでも大方次のようなものが多い。

①　不正常な制度なので、基本的に正規従業員に登用する方向でなくすべきである。

②　しかし経営側の言い分（「温情」「能力」「景気」）にも「一理ある」ので、にわかに解決するのはむずかしい。

③　そういう実情なので、常傭臨時工の登用についても、現在の労働条件についても、現在具体的には何もやっていない。

④　組合員資格は、現在すでに与えている例、将来与えるとしている例も少数あるが、たいがいは彼らが独自の結合をつくることに協力する、としている。だがこれについても、現在のところ特別なことはなにもやっていない。

こうした発言は、以下のような内容を切々と訴える現業員組合（常傭臨時工の独自組合）の「見解」と、非常な格差がある。

①　我々は正規従業員と全く同じ仕事をしている。

②　にも拘わらずどうしてこのような目にあうのか。実態はどうでもよいから、とにかく正規従業員にしてほしい。

このことは調査の第二部で行なわれている、具体的な地労委での係争でも明らかである。十数例ある係争例のうち、とにかく何らかの形で正規従業員が関わったのは次の二例だけである。

A．経営側と現業員組合との争いの「調停を行なった」。（正規従業員組合は、現業員を何らかの形で代表する姿勢をとっていない。戦前の警察が行なった「事実調停」と基本的に変わるところはない。）

B．正規従業員約一〇〇名の零細炭鉱で、六名の現業員が正規従業員組合への加入を認められて加入したところ解雇された。本工組合もこれと争い、現業員を本採用する方向で和解した。（常傭臨時工が本工組合に加入した、というだけで紛争になる。しかも解決方法は本工登用による。）

組夫とちがって、彼らは「主」を共有しており、組合もこれを無視してはいない。しかし経営へゲモニーの境界的な所で非常に不安定な立場におかれている。人格的資質の欠損（「能力」）、賤民性（温情）、面接関係の遮断（「別組合」）という特徴はここでもはっきりみられ、ただ彼らは「温情」によって経営へゲモニーの縁辺に立つことができたのである。つまり産業民主主義の（その固有の代償物としての「従業員民主主義」の）フィクショナルではあれ前提であった「人格承認」を、半ばしか獲得していない（残りは「温情」）のである。

「温情」によって雇われる、ということの一番あたり前の例は、事故で罹災して坑内労働ができなくなって、雑役夫として雇われる、といった例である。全く同じ仕事をしながら、常用臨時工がうけとった経営へゲモニーにおける「地平」の中での地位はこれと同性格のものであった。そしてこの「地平」からさえずり落とされた、「地平」自体を異にする、従って関心すらもたれない層として、組夫が存在したのである。

## 5　占領期経営のヘゲモニーの特質

筆者は、一九二〇年代初頭、深刻な所有喪失の不安の中から、「前へ逃走」することによって成立してくる、現代市民社会というヘゲモニーの特質について、かつて大方次のように述べた。

今世紀初頭、労働者の人格的自立の要求と、生産の非人格化の要請（テイラー・フォード方式の本来の意味である）がぶつかりあった。様々な起伏をへながら結局労働者は、自己を、「非人格的」労働力とその「人格的」所有者へと分裂させることによって、これに対処するほかなかった。しかしここで、「労働力の所有」なるものはフィクションであり、「本当は」誰もがそのことを知っている。実在しているのは、万古不易の人間の行為としての労働であって、これを「非人格的」労働力とその「人格的」所有者とに分裂させるのは、道理をひっこませる無理である。

それを「労働力」という「外なるモノ」の取引関係という形式において処理することを可能ならしめているものは、労働者自身の、そうした外なるモノの「所有・取引」者、即ち市民＝ブルジョアとしての自己編成であり、その「同意」を通してのことである。象徴的に言えば、この枠組みは、労働者自身が「本源的かつ概念的」にはそうしたものではないにも拘わらず、労働という行為をなす主体ではなく、あたかも「労働力」という外なるモノの「所有・取引」者であるかのような「ふりをする」ことに支えられて成り立っているのである。資本家的経営が生産過程・労働力の社会的再生産の過程を「自律的」に編成する、と言っても、それは自ら専決的にそれを達成するのではなく、労働者諸個人との相互的な主体的行為の関わりの中で、その〈同意の組織化〉を通して達成するのである。こうして成立してくるヘゲモニーとしての「産業民主主義体制」を、我々は図８‐３のように図示することができるだろう。

だが、内面的価値規範を実在の権威によって代償するその固有の退行的性格のために、日本の市民社会は、生まれながらに特異なヘゲモニー的特質をもっていた。

**図8－3**　古典的産業民主主義のヘゲモニー

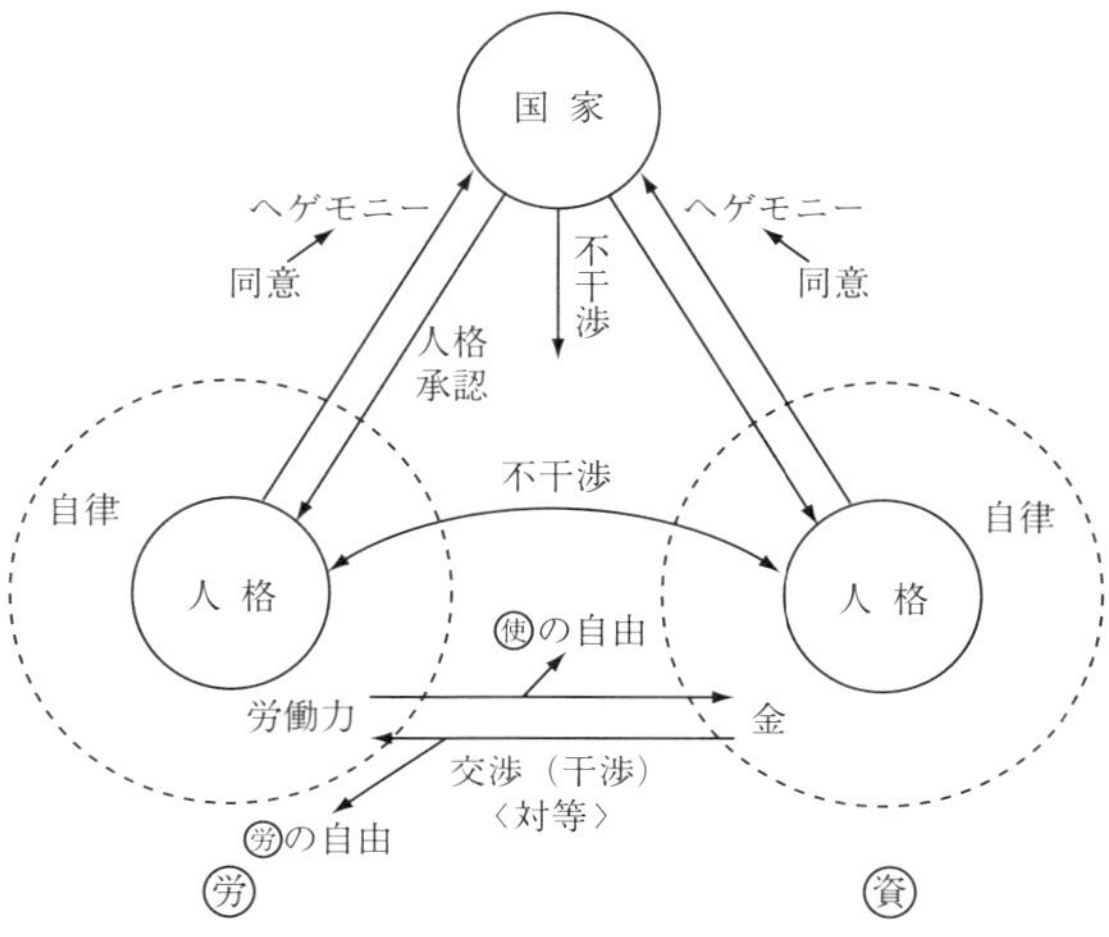


日本の経営ヘゲモニーは、構造的視点からも、また歴史的視点からも明らかに〈産業民主主義体制〉とは異なる。そして、その原型を歴史的に見れば、一九二〇年代中葉に成立した〈工場委員会体制〉にある。

〈工場委員会体制〉とは、制度的に見れば労使懇談制のことである。それは、内容的には、「実質性」の原則によって、人格的関係による代償を約束した。形式的には、「平等」要求を労使相互の関係としての「対等」的解決ではなく、「第三の権威」に対する「水平」的解決に付した。伝統的権威の連鎖として立てられた究極的権威に照らして「水平」な位置に、実在の差別と序列が組み込まれた。

このようにして、日本の労資関係の基本的モチーフができあがった訳であるが、この特徴を端的にまとめれば以下のようになろう。

① 外面的非人格的規範関係の、実在の人格行為による代償・無限定的取り込み。
② 人格的扶養の給源としての、労資に独立の「第三」の権威の樹立。
③ 「権威」との関係で、労資・労働者間の実在の序列と差別の、「水平」主義的取り込み。

そして、ここにおいて成立した現代国家は、「権威」として、「人格を認める」「第三の主体」の出現のことであり、〈産報体制〉は、このモチーフをさらに「退行」させていった行き着く先であった。

こうした〈工場委員会体制〉は終戦と共に解体されたが、そのヘゲモニーとしての特質は戦後においても〈従業員民主主義体制〉として引き継がれていった。その特徴は以下の三点にまとめられよう。

図８－４　工場委員会体制のヘゲモニー

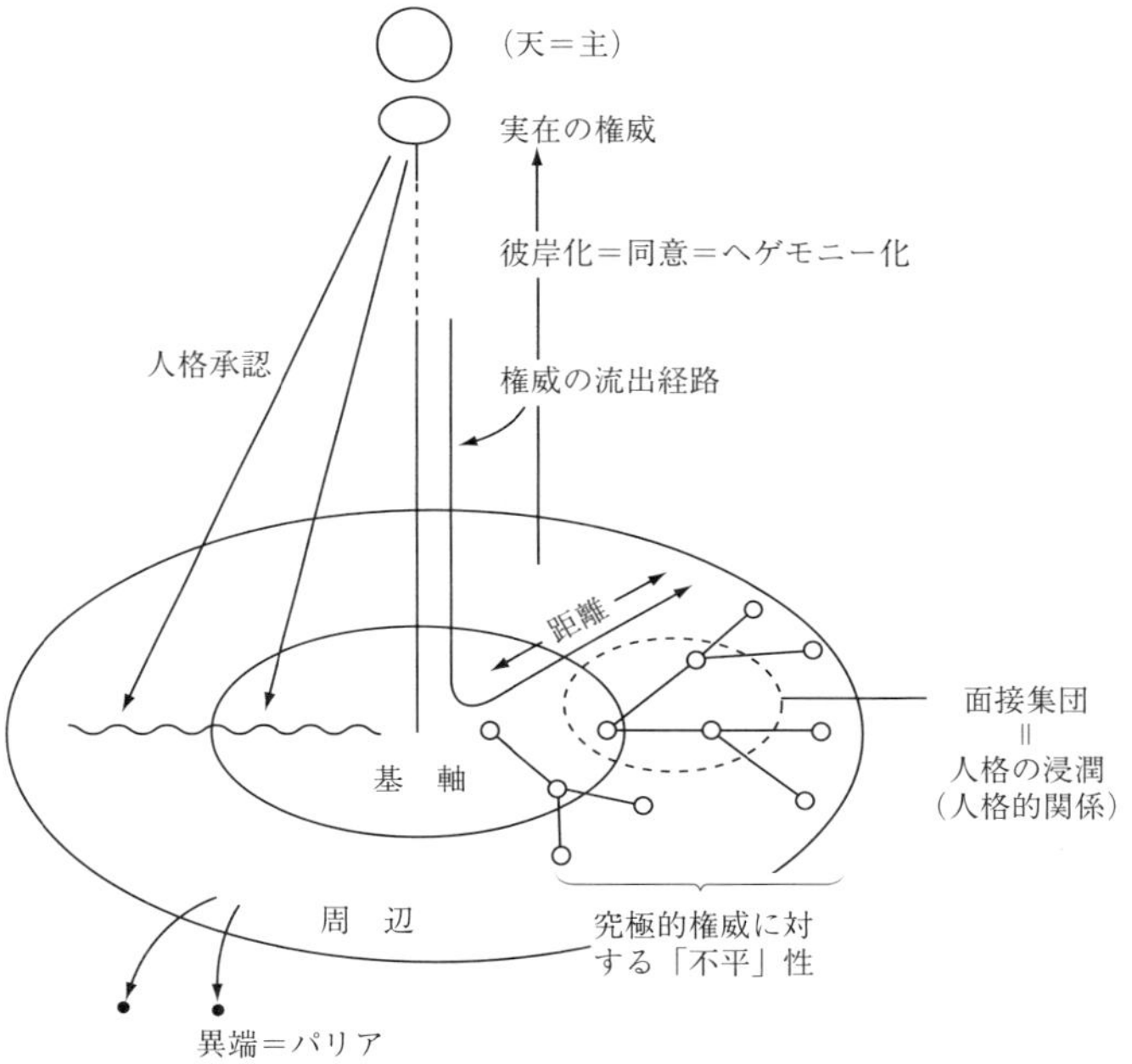


①「第三の権威」「生産主体」としての「会社」の出現。
②「会社」との関係で「水平主義」的に取り込まれた、秩序と差別。
③「会社」構成の実在的人格関係による、「非人格」的労働力取引関係の代償。

これは、擬似普遍主義的権威つまり「人格を認める主体（権威）」としての国家が「会社」にとりかわっている以外は、戦前の〈工場委員会体制〉のモチーフとほとんど変わる所がない。

例えば岩田龍子[9]らが言うような、結局日本人はムラやイエといった「共同体」のシステムや価値観を戦後は「会社」のなかに見出し育んできたという観点は、こうした事柄をいわば素朴に表現したものなのであろう。

以上のヘゲモニー的特質を図解してみれば図８－４のようになるだろう。

だが本章の検討を終えた我々は、こうしたヘゲモニーのモデルを、更に以下の点で補強することができるだろう。

日本の市民社会の「従業員社会」としてのヘゲモニーは、「彼岸化された実在の権威」との関係だけでなく、「地平を異にするパリア」としての「組夫（的存在）」との関係で自己を同定する。

**図8-5　従業員民主主義のヘゲモニー・Ⅰ**

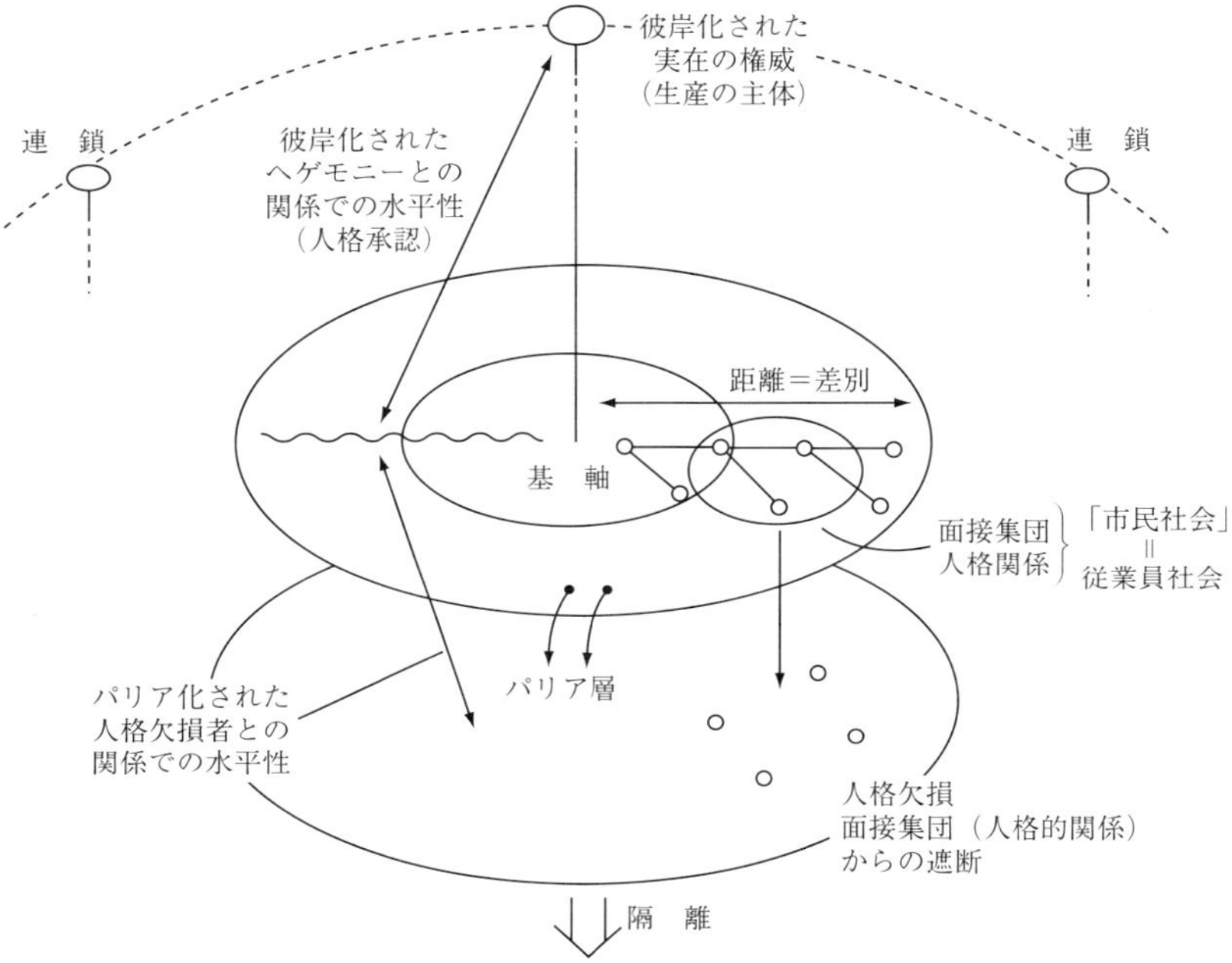


組夫は、共属する宗団としての市民社会から慎重に排除される。彼らは①市民＝労働力の「売手」としての固有の人格を欠損しており、②犯罪者同様「自業自得」の賤民性を帯び、③従って宗団の面接関係から遮断される。こうして市民社会の下に、プロレタリアというもう一枚の「水平」な層が形成される。そしてその「境界線」上に「常傭臨時工」をおくことによって、市民社会の外縁が明確化される。

こうした事柄は、一面で日本の市民社会の攻撃性――すなわち退行性でもあるが故に、内面的緊張を「ふりむける」対象に、実在の人格をもってこざるをえない、という『近代・労働・市民社会』第10章の議論を補強するものである。と同時に、日本の市民社会が「単一の市民社会」のフィクション性に耐えがたいために、ひそかに持ちこまざるをえない、面接関係に基づく固有の複層性の反映でもある。

とするならば、対極に彼岸化される「実在の権威」の方も、固有の攻撃性と複層性をとりこまざるをえないだろう。

我々は日本の市民社会のヘゲモニー図を、図８－５～図８－７のように補強しなければなるまい。

こうして我々は、ようやく当初の問題提起に立ち戻ることができる地点にきたようだ。

労働組合とは、言うまでもなく一つのヘゲモニーである。それが共有する〝主〟との共属関係に基づく宗団性を存在根拠としている、ということは、それが日本に固有の市民社会を構成するのに、ある決定的役割を占めてきた、ということを示している。

日本の労働組合が、労働者のヘゲモニーとして、どのような困難と可能性を持っているのか、それにふれている余裕はもはやない。ただそれが、少なくとも本書で示してきたような、日本の市民社会の特質に内在することなしには、決して見えてくるものではない、ということだけは、述べておきたい。

（東條由紀彦）

図８－６　「生産復興」のヘゲモニー

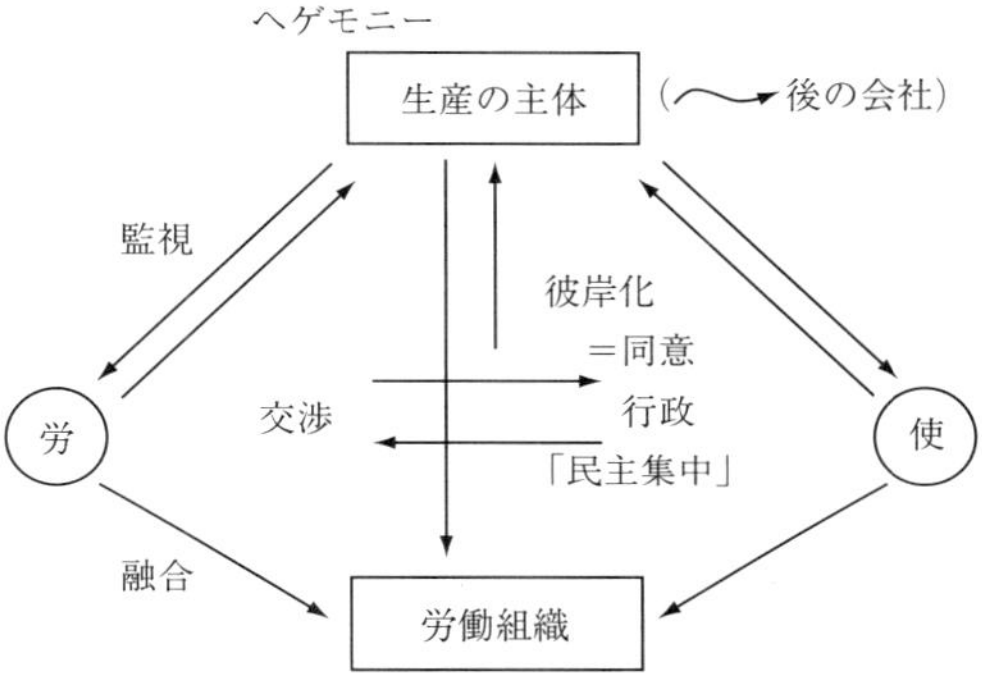


図８－７　従業員民主主義のヘゲモニー

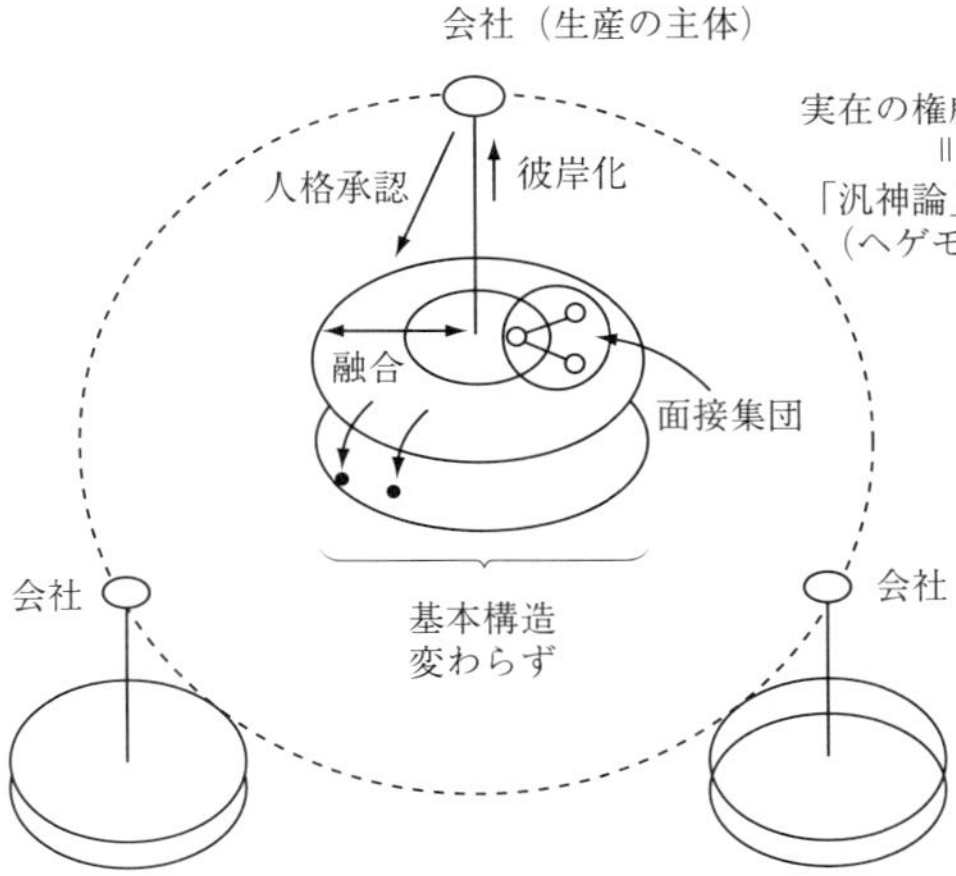


## 注

（1）宗団・社団の概念は、M・ウェーバー『支配の社会学』四節「カリスマ的支配」におけるものである。後述のゼクテ、キルヒェ、支配等についても同様である。

(2)　本章では、坑内夫・坑外夫、直接夫、間接夫を問わず、土木作業等以外の、何らかの形で採炭作業に関わりのある作業を行なっている労働者を「炭鉱夫」または「鉱夫」と呼ぶ。それ以外の、土木作業等を含めて、とにかく炭鉱という場所で働いている者全てを指して「炭鉱労働者」と呼ぶことにする。他方、「鉱夫」のうち、会社直雇いの正規従業員を、当時の呼び方に従って「鉱員」と呼ぶことにする。この三者を明確に区別することは、本章の作業の上では絶対に欠かせないものである。

(3)　誤解のないように付言すれば、強制連行で連れてこられた朝鮮人鉱夫も「組夫」ではなく直雇の「鉱員」である。(「徴用」という形式で各炭鉱に配属されたのだから当然でもある。) 後述のように、聴き取りでは、「組夫」よりは「半島人」の方がまだ待遇はよかったと明言されている。

(4)　主な対象は二名の勤労課係員と一名の組合幹部である。他に郷土史家による、組夫経験者と「組」経営者の聴き取り記録を利用させていただいた。前者は茅沼炭鉱で実際に働いていた方だが、後者は「茅沼出張所」の「上部団体」の組本部の幹部である。

(5)　また、後述の『事故報告書』でも、組夫が掘進現場以外で事故に遭った記録は一例もない。

(6)　なお、茅沼炭鉱にも、以上のような坑内組夫だけでなく、一般土木作業に従事する組夫がいた。しかしこれらは、坑内作業を請負った組織と全く別の組が従事しており、かつ地元の、飯場組織にくみいれられていない素人日雇い土工夫(「信用人夫」)によって担われていた、という。これらの炭鉱労働者も、もちろん無視していいわけではないが、史料的制約も大きいので、本章では残念ながらとりあげることはできない。

(7)　前掲「特別調査団」の「総評」でも、「当鉱の労資関係は極めて明朗であり、労資互いに信頼し相協力して増産に努力し着々成果を収めていることは喜ばしい」とされている。(ただしこれは、後述の組合内抗争がほぼ決着しつつあった一九四三年度末についての評価である。)

(8)　以下の諸点は、北海道労働科学研究所『炭鉱下請の研究』一九五九年、『炭鉱に於ける組夫の労働事情』一九五九年、『石炭産業における労働契約の推移』一九五九年、及び北海道地方労働委員会『常傭臨時工についての調査報告書』で、だいたい確認できるが、一部は聴き取りで補った。

(9)　岩田龍子の著書の中で主に『日本的経営の編成原理』(一九七七年、文眞堂)の内容を念頭に置いている。

あとがき

近代において人々は、村や同職集団など多元的な市民社会の複層的構成をつくりだしており、資本家的経営もそれをポジティブな存在条件としていた。（その様相は、前作『近代・労働・市民社会——近代日本の歴史認識Ⅰ』で詳しく具体的に論じられている。）

ところが前世紀世紀転換期、その市民社会を資本は攻撃した。労働者諸個人は所有を抽象されて、かつてない不安が社会を包んだ。工場の中で労働者諸個人は、市民から無一文のプロレタリアへ転落した。

その過程で近代の人々は、「前へ逃走」した。自己を「人格」と「労働力」に分裂させ、「外なるモノとしての『労働力』」と、その人格的『所有』者」へと自己を再編し、外には何も所有していないが、万人が「労働力」だけは「所有」しているという一点に賭けた、現代の単一の市民社会の同意を形成していった。（もちろん〝モノとしての「労働力」を「所有」する「人格」〟とはフィクションである。しかし人々は、何も所有しないことに耐えきれず、唯一それよりマシな選択としてフィクションとしての「労働力」の「所有」に同意したのである。）

これが、新たな「資本のヘゲモニー」だが、それは実に多様なあり方で現れた。単純化していえばその典型は、相互の「人格」的部分には決して干渉しないが、「労働力」部分についてはその「公正」なあり方として徹底して干渉する、産業民主主義体制＝福祉国家体制である。しかしそれと対比して考えれば、時間的にも空間的にも全く固有なものとして、日本の「ヘゲモニー」は展開してきた。（「資本のヘゲモニー」もそれに対する「対抗的ヘゲモニー」も。）

本書は以上のような問題意識で、前作『近代・労働・市民社会』の続刊として書かれたものである。（可能であればシリーズの三冊目として『美の階級闘争と友愛主義』《又は美の階級闘争と労働世界》（仮題）を出版したいと思っている。）我々の時期区分は独特であるが、我々の言うその近代から現代の移行期を中心に、事例研究と、そこから導かれた理論をとりあつかっている。

本書を世に出すためにもたくさんの人々の助力をえた。まず、志村光太郎君にお礼申しあげたい。二つの章の共同執筆をお願いしたうえ、体調不良の私をかかえて、編集の仕事を献身的にやっていただいた。私を歴史研究の第一歩から導いて下さった髙村直助先生、原朗先生、石井寛治先生の諸先生にお礼申しあげたい。労働問題研究をその何たるかを一から教えて下さった戸塚秀夫先生、山本潔先生、兵藤釗先生、中西洋先生にお礼申しあげたい。その援助なしには、何もできなかったであろう明治大学経営学部の教職員、学生の皆さんにもお礼申しあげたい。いつも頭をリフレッシュしてくれた神田ＤＥＮＫＥＮの友人たちにもお礼申しあげたい。

ミネルヴァ書房社長の杉田啓三氏にお礼申しあげたい。今日の出版事情で、どうなるかわからない本書のような本を出していただいて心から感謝している。最後に編集の河野菜穂さんにお礼したい。僕の悪文には手を焼かれたことと思うが、河野さんから提案があれば河野さんの声は天の声、読者の声と思って、そのほとんどに聞き従ったつもりである。

髙村先生の喜寿の祝いがあって、もう何年たつだろうか。先生は相変わらず、しめきりから一分も遅れることなく自由存分に執筆活動を続けていらっしゃるだろう。僕の方は五〇歳で死んでもよいように仕事をするつもりだなどと大言壮語しながら、今だに先生と約束の調査すらはじめていない。入るべき穴もない状態であるが、人生のゴールを先のばしにしてでも、できるだけのことをしてみたいと思っている。病気がそれを許してくれることを願いつつ。

二〇一六年四月

東條由紀彦

## や　行



## ら　行



## わ　行

## な　行



## は　行



## ま　行

## た　行

## さ　行

# 索　引

## あ　行



## か　行

《**執筆者紹介**》（執筆順，執筆分担）

東條 由紀彦（とうじょう・ゆきひこ）

奥付編著者紹介参照。

序章（共同執筆）・第1・2・3・4（共同執筆）・補論・5・6・7（共同執筆）・8章，あとがき

志村 光太郎（しむら・こうたろう）序章（共同執筆）・第4章（共同執筆）

国際人材戦略研究所研究主幹。

明治大学大学院経営学研究科博士後期課程単位取得退学。

劉 隼（りゅう・すん）第7章（共同執筆）

イギリス在住。証券会社勤務。

明治大学大学院経営学研究科博士前期課程修了。

《編著者紹介》


東條 由紀彦（とうじょう・ゆきひこ）

明治大学経営学部教授。経済学博士。

1953年　宮崎県生まれ。

東京大学文学部国史学科卒業。東京大学大学院経済学研究科修了。

東京大学社会科学研究所助手，小樽商科大学商学部助教授を経て，現職。

主著　『〈シリーズ　あしたのために２〉互酬――惜しみなき贈与』（共著，明石書店，2015年）。

『〈シリーズ　あしたのために１〉討議――非暴力社会へのプレリュード』（共著，明石書店，2013年）。

『ヘゲモニー・脱ヘゲモニー・友愛――市民社会の現代思想』（共著，ミネルヴァ書房，2011年）。

『近代・労働・市民社会――近代日本の歴史認識Ｉ』（ミネルヴァ書房，2005年）。

『製糸同盟の女工登録制度――日本近代の変容と女工の「人格」』（東京大学出版会，1990年）。



MINERVA 人文・社会科学叢書 ㉑⓪

「労働力」の成立と現代市民社会

――近代日本の歴史認識Ⅱ――

2016年５月30日　初版第１刷発行　　〈検印省略〉

定価はカバーに
表示しています

編著者　東條由紀彦

発行者　杉田啓三

印刷者　坂本喜杏

発行所　株式会社　ミネルヴァ書房

607-8494　京都市山科区日ノ岡堤谷町１

電話代表　(075)581-5191

振替口座　01020-0-8076





冨山房インターナショナル・新生製本

ISBN 978-4-623-07632-1

Printed in Japan